WEG

IN DIE ZUKUNFT

STUDIES

IN THE HISTORY OF RELIGIONS

(SUPPLEMENTS TO *NUMEN*)

XXXII

WEG
IN DIE ZUKUNFT

LEIDEN
E.J. BRILL
1975

WEG IN DIE ZUKUNFT

FESTSCHRIFT FÜR
PROF. DDr. ANTON ANTWEILER
ZU SEINEM 75. GEBURTSTAG

HERAUSGEGEBEN VON

ADEL-THEODOR KHOURY

UND

MARGOT WIEGELS

LEIDEN
E. J. BRILL
1975

Mit freundlicher Unterstützung der
Gesellschaft zur Förderung der
Westf. Wilhelms-Universität zu Münster

INHALTSVERZEICHNIS

PROF. DDr. ANTON ANTWEILER
ZU SEINEM 75. GEBURTSTAG

Am 12.10.1975 feiert Univ.-Professor DDr. Anton Antweiler seinen 75. Geburtstag.

Als Sohn des Bildhauers Anton Antweiler und seiner Ehefrau Maria geb. Grassi in Köln geboren, besuchte er dort die Volksschule und das humanistische Gymnasium. Nach dem Studium der Philosophie und Theologie an der Universität Bonn (1920-24) promovierte er in Philosophie (1924). Nach einer zweijährigen Tätigkeit als Gymnasiallehrer in Opladen (1925-27) wurde er 1927 zum Studium beurlaubt. 1927-30 studierte er Mathematik und Physik in Köln. 1933 erfolgte in Bonn seine Promotion zum Dr. theol. und 1935 seine Ernennung zum Dr. theol. habil. Sein Antrag auf eine Dozentur wurde vom NS-Kultusministerium abgelehnt (1936). Nach dem Krieg habilitierte er sich 1945 für das Fach Fundamentaltheologie in Bonn. 1950 wurde er zum apl. Professor ernannt und erhielt 1951 einen Lehrauftrag für scholastische Philosophie. 1953 wurde er zum ord. Professor für praktische Philosophie und Geschichte der Philosophie nach Eichstätt berufen, und von 1954 bis 1967 war er ord. Professor für Allgemeine Religionswissenschaft an der Kath.-Theol. Fakultät der Universität Münster.

Seine wissenschaftliche Tätigkeit und seine Veröffentlichungen (sein Schriftenverzeichnis weist bis 1974 mehr als 300 Titel an Büchern, Aufsätzen und verschiedenen Beiträgen auf) zeugen von einem sehr regen, aufgeschlossenen und vielseitig interessierten Geist. Antweiler hat sich ausgiebig mit folgenden Themenkreisen befasst: Naturwissenschaft, Philosophie, Theologie (Priesterausbildung, Seelsorge, Kirchenleben, Glaubens-und Sittenlehre...), Religionswissenschaft und Dialog der Religionen, Entwicklungshilfe und Sozialwissenschaften, Zukunftsplanung. Bis vor einigen Jahren blieb aber sein geistiger Einfluss auf einen Kreis von Schülern und Freunden beschränkt, und seine wissenschaftliche Leistung war nur in der Fachwelt bekannt. Dann plötzlich entdeckte die breite Oeffentlichkeit in ihm den mutigen Verfechter unbequemer Einsichten, und sie schenk-

te seiner Stellungnahme über den Pflichtzölibat der Weltpriester besondere Aufmerksamkeit. So musste seine Analyse
der Enzyklika «Sacerdotalis Caelibatus» in wenigen Mona-
ten dreimal aufgelegt werden (*Zur Problematik des Pflichtzöli-
bats der Weltpriester*, Münster 1968, 77 S.).

Trotz seines wiederholten Eingreifens in die Auseinandersetzung um die Zölibatsfrage in Presse, Rundfunk und
Fernsehen meint Antweiler jedoch, dass man den Zölibat
erst richtig einschätzt, wenn man ihn im Lichte des gesamten Komplexes des Lebens und Wirkens des Priesters betrachtet. Diesem Anliegen hat er auch viele Jahre, genau seit
1932 (*Vom Priestertum*, Essen 1932, 152 S.) eine Anzahl von
Studien gewidmet. Die letzte trägt folgenden Titel «Ziel
und Spielraum der Priesterausbildung. 1. Teil Grundlagen», *Theologie und Glaube* 57 (1967), 411-426; «2. Teil.
Möglichkeiten», *ebd.* 58 (1968), 131-148. Wie der Titel der
Studie deutlich erkennen lässt, muss die Frage nach der
Lebensform und der Wirkungsart des Priesters innerhalb
eines grösseren Fragenkomplexes gesehen werden. Es handelt sich dabei um die Aufgabe der Kirche überhaupt in
einer Gesellschaft, deren Gestalt im Wandel begriffen ist
und deren künftige Formen sich noch nicht gebildet und
gefestigt haben («Die Aufgabe der Religion», *Theologie und
Glaube* 51 (1961) , 336-346). Antweiler geht es also um das
umfassende Problem der Rolle der Religion in der neu entstehenden Gesellschaft und um die Möglichkeit der Zusammenarbeit aller gesellschaftlichen Gruppen und Institutionen bei der Errichtung einer menschlicheren Welt, in der
der Mensch seine eigene Befreiung fördert und durch die
Ausübung seiner Freiheit eine immer engere Verbindung
mit Gott erlebt.

Um diese lebenswichtige Aufgabe zu bewältigen, müssen alle Kräfte der Menschen mobilisiert werden. Alle Menschen sollten sich dieser ihrer Verantwortung bewusst werden
und sich an der Suche nach der angemessenen Lösung der
anstehenden Probleme beteiligen, und jeder muss bereit sein,
von den anderen zu lernen. Darum plädiert Antweiler für

eine fruchtbare, zielbewusst geplante Entwicklungshilfe, die den unterentwickelten Ländern ihren Anteil an den Gütern der Zivilisation und der Kultur sichert, sie aber auch in die Lage versetzt, ihren Beitrag zur Lösung der Probleme der Menschheit zu leisten (u.a. *Entwicklungshilfe. Versuch einer Theorie*, Trier 1962, 212 S.).

Dieser Beitrag ist um so notwendiger, als es illusorisch wäre zu glauben, dass das Abendland die Probleme der Menschheit allein lösen könnte. Der ständige Kontakt mit den verschiedenen Kulturen und Religionen der Erde zwingt dazu, den Menschen jeglicher Herkunft und Eigenart mit Offenheit zu begegnen, auf ihre Sorgen einzugehen und mit ihnen in ein fruchtbares Gespräch zu treten («Der Westen und die Entwicklungsländer», *Monatsschrift der Vereinigung deutscher Auslandsbeamten* 27 (1964), 309-330). Diese Aufgeschlossenheit allen Menschen und all ihren Problemen gegenüber ist bei Antweiler geradezu vorbildlich. Seine vielen Reisen in ferne Länder haben seine natürliche Fähigkeit in dieser Hinsicht noch gestärkt.

In diesem kurzen Überblick können wir unmöglich auf alle Seiten der wissenschaftlichen Tätigkeit Antweilers ausführlich eingehen. Wir hätten dann von seinen philosophischen Schriften und von der religionswissenschaftlichen Sammlung, die er mit Scharfsinn und sicherem Kunstgespür aufgebaut hat, sprechen müssen. Wir hätten auch seine Bemühungen, ins Gespräch mit den Vertretern der verschiedenen Natur- und Geisteswissenschaften zu kommen, und zwar im Hinblick auf die Bestimmung der Gestalt des zukünftigen Menschen, zu erwähnen. Eines muss jedoch hervorgehoben werden. Antweiler ist nicht nur der nüchterne Wissenschaftler und der engagierte Intellektuelle, er ist auch ein nachsichtiger Mann, geistreich ohne Bitterkeit und humorvoll mit sicherem Geschmack, ein angenehmer Gesprächspartner, der durch den Meinungsaustausch genausoviel den anderen zu verstehen sucht, als ihm seine eigene Überzeugung darzulegen. Diese offene und warmherzige Haltung ist eine christliche Grundeigenschaft, die in der Gestalt des «neuen Menschen» nicht fehlen darf.

A.-Th. Khoury

DIE ZUKUNFT DER RELIGION

von

C. J. Bleeker

Ein religiöser Mensch, der aufrichtig gläubig ist, kann sich nicht vorstellen, dass die Religion je von der Erde verschwinden würde; denn er ist davon überzeugt, dass er eine ewige Wahrheit besitzt, die den Jahrhunderten Trotz bieten kann. So bekennt sich der Christ freudig zu der Wahrheit des Wortes des Hebräerbriefes 13,8: «Jesus Christus ist gestern und heute derselbe und in Ewigkeit.» Seiner Überzeugung nach bringt dieses Wort den Gedanken, dass das Evangelium unvergänglich ist, zum Ausdruck.

Dennoch hat es einen guten Sinn, über die Zukunft der Religion nachzudenken und einen Versuch zu machen, in wissenschaftlicher Weise die Frage zu erörtern : Hat die Religion tatsächlich eine Zukunft? Es erregt vielleicht Befremdung, dass ein Religionshistoriker, der berufen ist, die Geschichte der Religionen zu studieren, sich untersteht, Zukunftsspekulationen zu entwerfen. Das wäre ein Missverständnis. Erstens wird man *A. Toffler* zustimmen müssen, wenn er in seinem höchst interessanten Buch «Future Shock» sagt: «It is time to erase, once and for all, the popular myth, that the future is unknowable[1]». Die Zukunft mag in Nebel gehüllt sein, die neue Wissenschaft der Futurologie hat gezeigt, dass sich mit streng wissenschaftlichen Mitteln ein Bild der zukünftigen Ereignisse zeichnen lässt. Deshalb soll zweitens der Religionshistoriker einmal den Mut aufbringen, mit den Kenntnissen, die die Religionsgeschichte bietet, und mit der Methode, der die Religionsphänomenologie sich bedient, die gestellte Frage zur Klarheit zu bringen. Man hört zu viel loses Gerede über die Zukunftsperspektiven der Religion. Es soll einmal von einem Sachkundigen gezeigt werden, wie es faktisch um die Sache steht. Obendrein gibt es verschiedene Gründe, dieses Problem in Angriff zu nehmen. Ohne Vollständigkeit zu erstreben, könnte man die folgenden Beweggründe nennen:

---

[1] *A. Toffler*, Future Shock, 1970, 417.

1. Die Zukunft als solche besitzt für die Leute dieses Jahrhunderts und besonders für die jüngere Generation eine erhöhte Bedeutung; denn wir leben in einer dynamischen Welt, in der sich, besonders in den letzten Jahrzehnten, in einem erstaunlich schnellen Tempo ungeheure Veränderungen vollzogen haben. Dabei vergisst man die Vergangenheit. Das heutige Geschlecht ist daran überhaupt nicht interessiert. Man ist völlig fasziniert von der Zukunft, die sowohl ungeahnten, nicht geträumten Wohlstand als auch die Gefahr der Vernichtung der menschlichen Kultur in sich bergen kann. Es kann nicht Wunder nehmen, dass viele Leute sich ständig fragen: Was wird das Jahr 2000 bringen? Also geht es heute um die Zukunft und deswegen auch um die zukünftige Existenz der Religion.

2. Menschlich betrachtet ist es nicht selbstverständlich, dass die Religion im allgemeinen und das Christentum insbesondere ewig fortbestehen werden. Die Religionsgeschichte lehrt nämlich, dass wichtige und einflussreiche Religionen, die Jahrhunderte lang Tausende von Menschen geistig genährt haben, gestorben sind. Man denke nur an die imposanten Religionen von Alt-Aegypten und Alt-Mesopotamien, auch an den Manichäismus, der tausend Jahre standgehalten hat und der seine Anhänger in einem Gebiet hatte, das sich ausdehnte vom Atlantischen Ozean bis zum Grossen Ozean. Das Verschwinden solcher Religionen ist ein rätselhaftes Geschehen, das niemals rational erklärt werden kann. Aber es ist eine unleugbare Tatsache. Man kann sich die Frage stellen: Weshalb sollte dieses Los nicht auch dem Christentum, ja der Religion als solcher beschieden sein? Das ist eine schlimme Möglichkeit, der man ins Angesicht sehen sollte.

Nun hat man in gewissen buddhistischen Sekten tatsächlich auf diese Möglichkeit Rücksicht genommen, ja sie sogar vorhergesagt. Diese Einsicht stimmt durchaus zu dem Grundsatz der genannten Religion, die bekanntlich einen pessimistischen Blick auf die Welt und das Menschenleben hat. Buddha hat ja gelehrt: Wir leben in einer Welt voller Schein und Leiden, in der nichts Bleibendes und Dauerhaftes zu finden ist und aus der man sich durch die erlösende Einsicht retten soll. Besonders in Zeiten gesellschaftlicher Auflösung und allgemeinen Elends fingen die Buddhisten an, am ewigen Fortbestehen der Lehre Buddhas zu zweifeln, weil sie das Gefühl hatten, dass die Menschheit in sittlicher und religiöser Hinsicht in Verfall geraten war. In den Kreisen der japanischen Jodō-shu (der Sekte des reinen Landes) hat man in dieser Hinsicht merkwürdige Ansichten entwickelt. Man teilte die Geschichte des Buddhismus in vier Perioden ein: 1. in die ersten fünf Jahrhunderte nach Buddhas Tod, die die Blütezeit seiner Lehre waren, 2. in die darauf folgenden tausend Jahre, in denen man, in Widerspruch mit Buddhas Absicht, in Bilderverehrung verfiel 3. in die nächsten tausend Jahre, die die letzten Tage von Buddhas Gesetz bedeuteten, 4. in die Periode der Vernichtung dieses Gesetzes, die Epoche, in der die heutige Generation lebt. Merkwürdig ist hier die tragische Gewissheit, dass die Wahrheit, die man lieb gewonnen hat, zu Grunde gehen wird.

Dies ist also ein Beispiel dafür, dass sogar die Anhänger einer Religion von deren Untergang überzeugt sind.

3. In diesem Jahrhundert verdient auch der immer schneller fortschreitende Prozess der Säkularisation, der Entchristianisierung und Entkirchlichung Aufmerksamkeit. Es scheint mir überflüssig, den historischen Gang und die Ausdehnung dieses Prozesses aufs neue zu skizzieren. Dieses Problem ist so oft von fähigen Schriftstellern beschrieben worden, es gibt so viel Literatur über dieses Thema, und die Ereignisse sind so allbekannt, dass ich mich der Aufgabe enthoben halten kann, im Rahmen dieses kurzen Artikels ein Bild des Herganges dieser Entwicklung zu bieten. Obendrein würde eine solche Skizze sehr unvollständig bleiben. Man kann höchstens darauf hinweisen, dass die Religion in diesem Jahrhundert in gewissen Ländern, z.B. in Russland und China, von einem militanten Marxismus aus der Oeffentlichkeit vertrieben worden ist, ohne dass dies die totale Vernichtung der Religion verursacht hätte. Jedenfalls ist das Ergebnis des genanten Prozesses allgemein bekannt: Die Religion verliert immer mehr ihren Einfluss auf die Gesellschaft, die Kultur und die einzelnen Menschen. Deshalb hat man unser Jahrhundert etwas tendenziös als die nach-christliche Zeit charakterisiert. Dass eine geistige Bewegung, die sich die Gott-ist-tot-Theologie nennt, hochkommen konnte, ist ein Zeichen an der Wand. Man hat gewiss Veranlassung, die Frage zu stellen: Wohin geht diese Entwicklung? Wird die Religion immer mehr Gebiet verlieren und schliesslich ganz verschwinden?

Die Frage nach der Zukunft der Religion ist aktuell, aber nicht neu. Man hat dieses Problem schon öfters zur Sprache gebracht und dabei manchmal den Untergang der Religion prophezeit. Um ein berühmtes und bekanntes Beispiel aus der neueren Geschichte zu zitieren: Vor ungefähr einem Jahrhundert hat der französische positivistische Philosoph *A. Comte* eine deutliche negative Antwort auf die gestellte Frage gegeben. Er entwarf ein Schema der Entwicklung des menschlichen Denkens, das in drei Perioden eingeteilt ist. Die erste Periode heisst die theologische. Die Menschen jener Zeit konnten noch keine zuverlässigen Wahrnehmungen machen, die sie die Gesetze der Natur lehrten. Deshalb liessen sie sich von der Phantasie führen, die ihnen allerhand Göttergestalten vorzauberte, zuerst in fetischistischer Erscheinung, darauf in polytheistischer Form und schliesslich als Monotheismus. Die zweite Phase kann man als die metaphysische kennzeichnen, weil der Verstand den Menschen gelehrt hat, das Weltgeschehen auf philosophische Ideen zurückzuführen. Die dritte Periode, in der wir heute leben, trägt ein positivistisches Gepräge: Man hat gelernt, nur positiven Tatsachen Wert beizulegen. Dieser Geschichtsphilosphie zufolge hatte die Religion nur Existenzrecht in der Jugend der unerfahrenen Menschheit. Die heute noch vorhandenen Überreste der Religion sind nicht mehr zeitgemäss und werden absterben. Diese positivistische Auffassung der Religion hat grossen Erfolg gehabt. In populärer Form taucht sie noch täglich auf beim ungebildeten Menschen der Strasse, der die Religion für Altweiberklatsch hält. Intellektuelle werden diese Einsicht in mehr parlamentarischer Sprache ausdrücken, aber der Inhalt ist derselbe: Die Religion ist hoffnungslos veraltet.

Die These von Comte ist eine dogmatische Konstruktion. Man kann sich die Mühe ersparen, sie zu bekämpfen, denn der Gang der Geistesgeschichte hat sie schon widerlegt. Der Gottesglaube hat sich behauptet. Kritische Geister haben immer wieder verkündigt, dass die Einsicht der Vernunft und die Resultate der modernen Naturwissenschaft der Religion die Existenzberechtigung entzogen haben. Die Gläubigen kümmern sich nicht um dieses Urteil und halten überall in der Welt fest an religiösen Vorstellungen und Bräuchen, die «aufgeklärte» Geister als völlig altertümlich betrachten.

Viel faszinierender und geistreicher als die rationalistischen Theorien von Comte und seinen Anhängern sind die Betrachtungen des holländischen Verfassers *S. Vestdijk* in seinem Buch «De toekomst der religie» (Die Zukunft der Religion)[2]. Leider ist es im Rahmen dieses Artikels nicht möglich, seine Ausführungen in befriedigender Weise wiederzugeben. Denn der grösste Teil dieses Buches besteht in einer originellen Analyse von drei religiösen Typen, die ich kurz erwähnen werde, die man aber nicht zu kennen braucht, um Vestdijks Ideen über den in Rede stehenden Punkt zu verstehen und zu würdigen. Ich beschränke mich deshalb auf Vestdijks Ansichten über die Zukunft der Religion im eigentlichen Sinne des Wortes. Vestdijk ist kein erklärter Gegner der Religion. Er hat nur einen Widerwillen gegen das Christentum, dem er Intoleranz vorwirft. Auch unterliegt es keinem Zweifel, dass er dem Gottesglauben keinen metaphysischen Wert zuerkennt, sondern die Religion als eine Projektion menschlicher Ideale betrachtet. Dennoch schreibt er der Religion in gewisser Hinsicht eine Zukunft zu. Aber dann müssen gewisse Formen von Religion verschwinden. Das gilt namentlich vom Kalvinismus, der sich seiner Meinung nach auf den ersten der von ihm unterschiedenen religiösen Typen gründet. Das ist der metaphysische Typus, der offensichtlich seine Glaubenswelt durch Projektion hat entstehen lassen. Aber auch die Römisch-Katholische Kirche wird untergehen, wenn auch nach einem ausgedehnten Endkampf. Die Zukunft gehört einer Art von Buddhismus, in dem die Motive der zwei anderen religiösen Typen, nämlich der soziale und der mystisch-introspektive, verschmolzen werden. Es wird ein neuer Typus des «homo religiosus» entstehen, der sich durch eine unbefangene Haltung gegenüber der Sexualität und durch eine in religiöser Hinsicht befriedigende Stellungnahme hinsichtlich des Ressentiments und des Todes kennzeichnet. Vestdijk erreicht diese Schlussfolgerungen, wie er meint, dank seiner psychologischen Analyse der gegenwärtigen religiösen Situation. Er ist sich dessen bewusst, dass er damit eine furchtbare Waffe führt. Wie er mit schneidendem Sarkasmus bemerkt, kann das psychologische Verstehen destruktiver wirken als die rationalistische Bekämpfung der Religion. Tatsächlich verschwindet die Religion in Vestdijks psychologisch verstehender Analyse in eine schattenhafte Zukunftsperspektive.

Vestdijk ist — oder besser gesagt — war, denn er ist verstorben, nicht empfänglich für theologische Gegenargumente; denn er meinte, alle theologischen Thesen als Projektionen des metaphysi-

---

[2]   1947

schen Typus entlarven zu können. Man kann ihn nur mit seiner eigenen Methode des «liebevollen» Verstehens bekämpfen, aber dann mit einer Methode des Verstehens, die religionsgeschichtlich besser begründet ist und die den religiösen Erscheinungsformen vorurteilslos entgegentritt. Vestdijks Auffassung der Religion ist diejenige eines Ungläubigen, eines Mannes, der gewisse Formen der Religion von vornherein ablehnt. Wer über die Zukunft der Religion sinnvoll reden will, soll, wie auch seine persönliche Haltung der Religion gegenüber sein möge, klar einsehen, dass Religion nur richtig verstanden werden kann, wenn man sie auffasst als die ehrliche Ansicht von religiösen Menschen, die fest davon überzeugt sind, dass sie Gott kennen.

Wird die letztgenannte Überzeugung sich behaupten können? Die Zukunft, auch diejenige der Religion, ist unseren Augen verhüllt. Niemand kann darüber etwas mit Sicherheit sagen. Wir sind alle Brot essende Propheten. Man kann aber über die Zukunft nur vernünftig reden, wenn man bewaffnet ist mit gediegenen historischen Kenntnissen. Denn obgleich die Zukunft unerwartete und überraschende Ereignisse verborgen hält, sie wird jedenfalls zeigen, wie gewisse Gedanken und Tendenzen, die aus der Vergangenheit stammen und deren Strombett uns heute noch unbestimmt vorkommt, anfangen, sich entschieden in eine gewisse Richtung zu bewegen. Statistiken über den heutigen Status der Religion, z.B. über die Entkirchlichung, besitzen für die Zukunftsschau nur sehr relativen Wert, weil sie ihre Data einem zu kleinen Segment der neueren Geschichte entleihen. Theorien wie von Comte und Vestdijk wirken denn auch nicht überzeugend, da sie das Problem auf zu kurze Sicht betrachten. Man muss viel weiter zurückschauen, um die Schärfe des Blickes zu bekommen, der die Zukunft einigermassen enträtseln kann.

Die Religionsgeschichte öffnet die erwünschte breite und tiefe historische Rückschau, indem sie die folgenden wichtigen Tatsachen über den Verlauf des religiösen Lebens der Menschheit bereitstellt.

1. Die zur Verfügung stehenden Informationen zeigen, dass die Religion ebenso alt ist wie die Menschheit als Geschlecht des «homo sapiens». Schon in prähistorischer Zeit kann man die ersten Regungen des religiösen Bewusstseins beobachten. Es bestand in schaudernder Ehrfurcht vor den Toten und in der Zuneigung zu

ihnen, im Staunen über die Arten der Tiere, die als übermenschlich Wesen erfahren wurden, in der Verehrung des sich ständig erneuernden Naturlebens, das sich besonders in der Frau offenbart, die Kinder gebärt, und in der Anbetung der Sonne. Vergebens hat man in der Prähistorie den Ursprung der Religion zu entdecken versucht, insofern man darunter den Punkt verstand, an dem man die Religion aus natürlichen Ursachen hätte ableiten können, womit man die Religion «erklärt» hätte. So etwas gibt es nicht. Die Religion, der Glaube sind «sui generis» und entspringen spontan. Das gilt sowohl für die Prähistorie wie für die Gegenwart.

2. Dieser anfängliche Typus von Religion lebt weiter bei den sogenannten primitiven oder schriftlosen Völkern. Sie entbehren keineswegs eines ästhetischen und religiösen Gefühls. Ihre Kunstwerke zeugen von einer hohen künstlerischen Begabung, und ihre Mythen und Riten offenbaren tiefe religiöse Intuitionen. Aber ihre kulturelle Entwicklung hat sich in einem sehr langsamen Tempo vollzogen, und auch ihre Religion trägt das Merkmal der Unreife. Nun ist es wichtig festzustellen, dass ein neuer Typus von Religion zwischen 4000 und 3000 vor Christus in den Gegenden entstanden ist, in denen man am frühesten mit der Landwirtschaft angefangen hat. Das geschah im Niltal und in Mesopotamien. Sobald hier der Vorhang, der die Prähistorie von der verifizierbaren Historie scheidet, aufgeht, das heisst, wenn die schriftlichen Texte erscheinen, sieht man einen neuen Typus von Kultur erscheinen, der schon ausgereift und stilvoll ist und der von einem originellen religiösen Bewusstsein durchdrungen ist.

3. In diesen alten Zeiten hat es augenscheinlich einen kulturellen Zusammenhang gegeben, der sich von Aegypten über Mesopotamien bis in das Tal des Indus erstreckte. Wenn man Griechenland und China dazunimmt, lässt sich in diesem Teil der Erde während des letzten Milleniums vor Christus eine merkwürdige und sinnreiche religionshistorische Dynamik nachweisen. Diese Einsicht verdanken wir *R. Otto*. In einem gedankenreichen Aufsatz über «Parallelen und Konvergenzen in der Religionsgeschichte»[3] weist er darauf hin, dass diese Entwicklung zwei Wellenkämme aufzeigt. Im 8. und 7. Jahrhundert traten in Israel die ersten Propheten auf, entstand in Griechenland ein hoher Typus von

---

[3] *R. Otto*, Das Gefühl des Überweltlichen (Sensus numinis), 1932, 282 ff.

Religion, entwickelte sich in Indien der Brahmanismus und brach in China die historische Zeit an, die ein Aufblühen der chinesischen Weisheit einleitete. Zwischen dem 6. und 4. Jahrhundert predigten in Israel Ezechiel und der sogenannte zweite Jesaja einen universellen Monotheismus, glänzten in Griechenland die grossen Philosophen, Sokrates, Plato und Aristoteles, verkündigten in China Laotse und Konfuzius ihre originellen Lehren und verbreite in Indien Buddha seine Heilslehre.

Der Anfang unserer Zeitrechnung bedeutete in vielerlei Hinsicht einen Wendepunkt. Nicht nur durch die Geburt von Jesus von Nazareth, den die Christen als ihren Herrn, als den Chritus ehren. Auch in Indien fanden entscheidende Ereignisse statt. Der Brahmanismus festigte sich nach Jahrhunderten der Vorherrschaft des Buddhismus wieder und ging einer neuen Blüte entgegen. Im Buddhismus vollzog sich eine wichtige Wendung, die die Heilslehre Buddhas in eine ausgesprochene Erlösungsreligion umwandelte. Das Judentum erlebte damals eine schicksalsschwere Stunde, weil es sich von der heiligen Stadt Jerusalem mitsamt dem Tempel loslösen und sich auf eine ganz neue geistige Existenz einrichten musste.

Leider ist es nicht möglich, den Rhythmus des religiösen Lebens während der neueren Geschichte genau zu bestimmen, denn die religiöse Einheit ist in immer stärkerem Masse zerplittert, und die Situation der Religionen ist unübersehbar geworden. Dennoch lässt sich, wie H. Frick klar und eindeutig ausgeführt hat[4], etwas sagen über die Dynamik, die sich in den sogenannten höheren Religionen vollzogen hat und noch immer vollzieht. Man kann feststellen, dass die Nachfolger des Stifters führende Persönlichkeiten, zum Teil Theologen sind, die die offenbare Wahrheit durchdenken, theologisch verarbeiten und peinlich genau vor Entweihung durch Ketzerei zu hüten versuchen. Die heiligen Schriften werden kanonisiert. Es bildet sich ein Stand von Priestern und Theologen, für welche die Pflege der Frömmigkeit zum Beruf geworden ist. Die Tradition fängt an, ihren Druck auszuüben, und tötet manchmal den lebendigen Glauben. Dagegen erhebt sich immer wieder der Widerstand. Das ist der Protest von Reformatoren von grösserem und kleinerem Format, die merkwürdigerweise dann und wann in jeder Religion auftreten. Ihre typische

---

[4] *H. Frick*, Vergleichende Religionswissenschaft, 1928.

Tat ist, dass sie auf die Urwahrheit ihrer Religion zurückgreifen, um in dieser Weise den erstarrten Glauben wieder zu beleben.

Es leuchtet sofort ein, dass dieser historische Rückblick drei wichtige Konklusionen bringt, die wertwoll für die Prognose über die Zukunft der Religion sind, nämlich: 1. Wer die Religionsgeschichte vorurteilsfrei studiert, muss zu der Schlussfolgerung kommen, dass die Religion offenbar dem Wesen des Menschen inhärent ist. Das heisst nicht, dass faktisch jeder Mensch gläubig sein sollte. Es gibt bekanntlich einen ausgedehnten Atheismus. Das ist ein Problem für sich, das hier nicht in Angriff genommen zu werden braucht. Aber grundsätzlich ist der Mensch als solcher für die Religion prädisponiert. 2. Wie undurchsichtig der Verlauf der Religionsgeschichte im grossen und ganzen sein mag, es lässt sich nicht leugnen, dass sich stellenweise eine Logik offenbart, die die Überzeugung hervorruft, dass sich im religiösen Leben der Menschheit ein höherer Sinn entfaltet. 3. Eines der am meisten in die Augen fallenden Phänomene der Religionsgeschichte ist die Art und Weise, wie sich die Religion wiederholt erneuert. Es kommen in jeder Religion dann und wann Reformationen und Réveils vor.

Es erheben sich also zwei Fragen: 1. Hat die Religion noch eine Zukunft? 2. Wenn man die erste Frage bejaht: Wie wird die Religion der Zukunft sich gestalten?

Was die erste Frage anbelangt, kann man ruhig schliessen, dass die oben mittels der Religionsgeschichte gewonnene Einsicht uns die Freimütigkeit gibt zu behaupten, dass die Religion nie sterben wird, solange es Menschen auf der Erde gibt. Man kann diese These auch noch auf andere Weise erhärten, indem man von den konstitutiven Faktoren im Bilde des Menschen ausgeht. Es ist klar, dass die Menschen in den verschiedenen Epochen der Geschichte verschieden gedacht, gelebt und reagiert haben. Die Moral z.B. ändert sich ständig. Es wird heute kolossal viel darüber geredet, dass ein ganz neuer Menschentypus, der vielen ererbten Ideen, auch der Religion, den Garaus macht, im Entstehen begriffen ist. Aber es fragt sich, ob diese Aenderungen im Benehmen der Menschen nicht oberflächliche und vorübergehende Erscheinungen sind. Denn der Mensch ist und bleibt Mensch, das heisst, es gibt in seinem geistigen Habitus gewisse konstante Faktoren, die immer wieder die Grundlage der Religion bilden. Als solche könnte man nennen: das Verlangen nach Befreiung von Angst durch ein

Gefühl religiöser Zuversicht; den Widerwillen gegen die Niedrigkeit des Lebens, der geboren ist aus der Sehnsucht nach Schönheit, Begeisterung und Transzendenz; den Wunsch, vom lastenden Schuldgefühl erlöst zu sein und vom nagenden Bewusstsein der Insuffizienz; die Sehnsucht nach einem erneuerten Leben, das sinnvoll wird durch den Dienst an einer heiligen Aufgabe. Solche Gefühle sind rein menschlich und werden immer wieder in Menschen aufsteigen, solange die Erde bevölkert sein wird, und können ihre Befriedigung am besten in der Religion finden.

Die zweite Frage ist schwieriger zu beantworten. Eins steht jedenfalls fest: Die Zukunft, auch die der Religion, liegt nicht in der direkten Verlängerung der Gegenwart. An diesem Punkte machen die Entwerfer von Zukunftsbildern immer wieder ihre grossen Fehler. Sie zeichnen nicht eine echte Zukunft, die etwas Unerwartetes, Erstaunliches an sich hat, wie man von der Zukunft erwarten darf, sondern sie übertreiben und akzentuieren nur ihre eigenen Erwartungen. Ihre Zukunftsspekulationen bewegen sich also innerhalb der Grenzen der Kultur ihrer Zeit. Dass dieses Urteil zutrifft, hat der holländische Philosoph *C.A. van Peursen* in seinem interessanten Buch «Strategie van de cultuur» (Strategie der Kultur)[5] aufgewiesen, und zwar anhand von Vorhersagen — teilweise durch Zeichnungen illustriert —, die *A. Robida* 1879 gemacht hat. Dies bedeutet in unserem Falle, dass die vielen Analysen der heutigen religiösen Lage und die entsprechenden Statistiken, aus denen man bisweilen eine Tendenz zum Untergang der Religion herausinterpretieren zu können meint, nur einen sehr relativen Wert besitzen. Man sollte sich das Zukunftsbild der Religion aus anderen Bauelementen bilden, nämlich aus Kenntnissen, die die Religionsgeschichte bietet und aus den oben beschriebenen konstanten Faktoren des menschlichen Geistes. Allerdings muss man auch unerwarteten Ereignissen, in der Form religiöser Réveils, in seiner Zukunftskonzeption Raum bereiten.

Versuchsweise könnte man folgende Thesen über die Gestalt der Religion der Zukunft aufstellen:

1. Es bildet sich allmählich eine Weltkultur. Deshalb erwartet man in gewissen Kreisen auch eine allgemeine Weltreligion. Ich bin der Überzeugung, dass der Gang der Religionsgeschichte und die Struktur der heute lebendigen Religionen dieser Erwartung

---

[5] 1970

widerspricht. Das Grundschema der verschiedenen Religionen, besonders der Weltreligionen des Buddhismus, des Christentums und des Islams ist so verschieden, dass nicht einzusehen ist, wie sie sich jemals amalgamieren sollen. Überdies wird einerseits die Welt immer pluralistischer und sucht andererseits der religiöse Mensch in der Uniformierung des öffentlichen Lebens gerade in seinem Glauben das Eigene und Besondere. Man muss also in der Zukunft mit einer Vielheit von religiösen Typen rechnen: mit aufgeklärten, mystischen, traditionellen, altertümlichen, bizarren Formen.

2. Die Religion wird sich auf Dauer nur behaupten können, wenn sie sich reinigt von veralteten und religiös minderwertigen Vorstellungen, Kulthandlungen und Praktiken. Das ist die Forderung, die man heute den Religionen allgemein stellt. Die Frage, ob die Menschheit geistig vorwärts schreitet, ist sehr schwer zu beantworten. Jedenfalls ist es klar, dass das Niveau der Kultur, an der auch die Masse teilhat, gestiegen ist, so dass jedermann höhere Anforderungen hat, nicht nur, was die Wohnung und die Kleidung angeht, sondern auch, was die Religion betrifft. Reformation sollte die ständige Parole aller Religionen sein, und zwar nicht im Sinne einer rationalistischen Anpassung an den Geschmack der Zeit, sondern als eine Säuberung, die die Religion in den Augen unserer Zeitgenossen authentisch und akzeptabel macht.

3. Für den religiösen Menschen ist der Glaube die höchste Wahrheit, die eigentlich Welt und Leben völlig beherrschen sollte. Das ist aber ein frommer Wunsch, der nie verwirklicht werden kann. Man hat das Geschichtsbild öfters in dem Sinne verfälscht, dass man den Eindruck erweckte, als hätte die Religion gewisse Kulturen, z.B. die primitiven, die antiken oder die orientalischen ganz und gar durchdrungen. Der Religionshistoriker ist des besseren belehrt. Er weiss, dass der Glaube niemals die Gesellschaft und das Leben der Individuen vollständig in den Griff bekommen hat. Was die Zukunft angeht, ist es gut möglich, dass der Einfluss der Religion auf das öffentliche Gemeinschaftsleben stellenweise eher abnimmt als zunimmt. Aber es wird fortwährend grössere oder kleinere Gemeinschaften geben, in denen die Flamme des lebendigen Glaubens lodert. In der Vergangenheit hat die Kirche immer gewusst, dass die Zahl der wahren Christen nicht mit der Zahl ihrer Mitglieder zusammenfiel. In der Zukunft wird

es noch schwieriger sein zu bestimmen, wer religiös ist und wer nicht. Das zu wissen, ist ein Geheimmis Gottes. Ein verstorbener holländischer Professor der Journalistik behauptete immer, dass die Masse vernünftiger sei, als man meint. Als Variante dieses Wortes könnte man sagen, dass der Mensch, auch in der Zukunft religiöser sein wird, als man denkt. Das ist kein frommer Wunschtraum, sondern eine Schlussfolgerung, die aus richtigen religionsgeschichtlichen Kentnissen und aus vertraulichen Mitteilungen, die Personen aus allen Schichten der Gesellschaft über ihre religiösen Zweifel und ihre religiöse Gewissheit machen, hervorgeht und zu der die Ehrfurcht vor dem Menschen als solchem uns zwingt.

HEIL UND WOHL

Einige Überlegungen

von

A.-Th. Khoury

Dieser Beitrag will in die Problematik der Heilsvermittlung
einführen, und zwar vom Standpunkt der Religionsphänomenologie her, und einige der aus der vorgelegten Analyse sich ergebenden
Probleme in ihren wichtigsten Aspekten herausstellen und formu-
lieren.

I. Heil und Wohl

A. *Religionsphänomenologische Analyse*

Unter den vielen Aspekten, die die Heilsbedürftigkeit des
Menschen aufweist, seien vor allem folgende hervorgehoben:

1. Die anthropologischen Aspekte der menschlichen Heilsbedürftigkeit. Der bio-psychische Aspekt: Seine tiefe Heilsbedürftigkeit
erfährt der Mensch — vor allem im vorwissenschaftlichen Stadium
seiner kulturellen Entwicklung — im ursprünglichen angstvollen
Gefühl, in einer geheimnisvollen und feindlichen Welt unberechen-
baren Mächten ausgeliefert zu sein. Dieses Gefühl vertieft sich
durch die Erfahrung der eigenen Unzulänglichkeit, das Leben vor
Krankheit und Leid zu schützen und vor allem vor dem unerbitt-
lichen Ende, dem Tod, zu bewahren.

Der ethische Aspekt: Mit der Zeit tritt der ethische Aspekt
des Heiles immer stärker in den Vordergrund. Über das immer
vorhanden gewesene Gefühl der kultischen Unreinheit hinaus
kommt das moralische Schuldgefühl auf. Vor der überweltlichen
Instanz, welche die Welt regiert, fühlt und bekennt sich der
Mensch schuldig; daher sucht er bei Gott Vergebung für seine
Verfehlungen und Beistand bei seinem Streben nach Tugend und
moralischer Gerechtigkeit.

Der metaphysische bzw. mystische Aspekt: Eine weitere
Vertiefung des Gefühls der Heilsbedürftigkeit führt manche geistig
begabte oder mystisch veranlagte Menschen zum Erlebnis der
metaphysischen bzw. mystischen Heilsbedürftigkeit des mensch-

lichen Daseins. In der unentrinnbaren Abhängigkeit, der unüber-
windbaren Unzulänglichkeit, den unüberschreitbaren Grenzen des
Menschen erfahren sie die absolute Tiefe der menschlichen
Heilsbedürftigkeit: Der Mensch ist nicht der absolute Herr über
Welt, Leben, und Tod; der Mensch erlebt die wesensmässige
Gottesferne und seine eigene absolute Unfähigkeit, Gott zu werden.

2. Die Dimension des Heiles. Die Erfahrung seiner Heilsbedürftigkeit ruft im Menschen das Verlangen nach Heil wach. Dieses Heil
weist hauptsächlich drei Dimensionen auf.

Das kosmische Heil: Zur Sicherung und Steigerung seines
Lebens im Privatbereich, in Familie und Gesellschaft verlangt der
Mensch nach einem heilen Kosmos, dessen Kräfte voll funktions-
fähig sind und in dem die Naturphänomene ihren gewohnten harmonischen Verlauf nehmen.

Das diesseitige Heil verwirklicht sich in einer heilen Gesellschaft, in der Friede und Ordnung, Gerechtigkeit und Glück herrschen, und in einem heilen Leben der einzelnen, das die Überwindung von Gefahren, Not, Krankheit und Leid, die Bewahrung
der kultischen Reinheit, die Vermeidung bzw. die Vergebung der
Sünden und endlich womöglich die Herstellung des Kontakts bis
hin zur Vereinigung mit der dem Menschen entgegenkommenden,
ihre Ferne selbst überbrückenden Gottheit umfasst.

Das eschatologische Heil beinhaltet die Errichtung der vollkommenen Gesellschaft im Gottesreich, oder, in seiner jenseitigen
Dimension, die Überwindung des Todes, die Verlängerung, Erfüllung oder auch Umwandlung des Diesseits, was man als Selig-
keit und ewige Gottesgegenwart zu bezeichnen pflegt.

B. Problemstellung

Nach diesem kurzen religionsphänomenologischen Überblick
sollen die Probleme, die sich daraus ergeben, erörtert werden.

1. Die Ebenen der Heilsvorstellungen

Zunächst stellen wir fest, dass die Aussagen über die Heilsgüter
auf verschiedenen Ebenen stehen, der des Mythos, der der Glaubensüberzeugung und der der menschlichen Erfahrung.

Zum Mythos bzw. zur Glaubensüberzeugung gehören die
Aussagen über die heile Welt in ihrem ursprünglichen Zustand und

über dessen Wiederherstellung durch Kulthandlungen, Wiederkehren der Weltzeitalter oder eschatologische Erfüllung. Zu derselben Kategorie gehören weiter die Aussagen über die heile Menschheit in ihrem paradiesischen Zustand und über dessen Wiederherstellung durch messianische Gestalten oder bei der endgültigen Restauration am Ende der Welt; ferner die Aussagen über die Wirksamkeit der verschiedenen Riten und Kulthandlungen; endlich die Aussagen über die Heilswirkung einer welttranszendenten Instanz.

Zum Bereich der menschlichen Erfahrung gehören die Aussagen über den Wert der Heilsgüter in ihrem physischen, psychischen, moralischen und mystischen Aspekt für den einzelnen und für die Gesellschaft.

2. Zusammenhang und Unterschied von Heil und Wohl

Die Bestimmung des Zusammenhanges und des Unterschiedes von Heil und Wohl scheint mit der Feststellung der Ebenen der Heilsvorstellungen und den entsprechenden Aussagen eng verbunden.

Es wäre verfehlt, wollte man den Begriff «Wohl» auf eine minimale Forderung nach Sicherung des biologischen Lebens, nach wirtschaftlichem Gedeihen und gerechter Sozialordnung beschränken. Das Wohl der Menschen und der Gesellschaft besteht in der Befriedigung ihres Verlangens nach harmonischem Leben in all seinen Dimensionen und Aspekten. Das harmonische Leben aber umfasst nicht nur die Sicherung des materiellen Wohlstandes, sondern auch die Befreiung von den Aengsten und Zwängen des Lebens und die ethische Befriedigung des moralischen Empfindens. Dementsprechend besteht das Wohl der Gesellschaft in ihrer harmonischen Ordnung, welche das eben beschriebene Wohl der Menschen ermöglicht. Man kann also nicht behaupten, das Heil habe einen geistig-geistlichen Inhalt (moralische Gerechtigkeit und mystische Gottvereinigung), während das Wohl nur das materielle Wohlergehen bedeute. Wenn man von den mythischen bzw. glaubensmässigen Aussagen absieht, so kann man feststellen, dass das Heil in seiner diesseitigen Dimension und das Wohl in seinem vollständigen Umfang denselben Inhalt haben.

Und doch sind Heil und Wohl nicht einfach identisch, und das gerade, weil das Heil Dimensionen aufweist, die nicht zum Diesseits gehören, weil es über das Wohl hinausgeht, und zwar in eine Richtung, die den Horizont des Wohles übersteigt. Das Heil, auch in seinem diesseitigen Inhalt, ist nur durch seine religiöse Relevanz begreiflich, durch seinen Bezug auf eine übermenschliche und überweltliche Instanz, auf die das Wohl nicht unbedingt direkt ausgerichtet ist. Jenseits des rein anthropologischen Horizontes des Wohles öffnet sich die Perspektive des Transzendenten, das als erste Ursache und letztes Fundament das Heil bewirkt und garantiert.

Heil und Wohl sind also zu unterscheiden. Da aber das Wohl mit dem diesseitigen Heil inhaltlich fast identisch ist, kann es zum Zeichen des Heiles werden, zum Ausdruck der Wirkung der göttlichen Gnade und zur Offenbarung der Menschenfreundlichkeit Gottes. In der Tat wurden in einer bestimmten Epoche der Religionsgeschichte manche Aspekte des Wohles als Zeichen der Heilserfüllung betrachtet. Ungestörter Verlauf der Naturerscheinungen, Wohlergehen und Reichtum, soziales Ansehen, friedliche Zeiten usw., all das wurde als Zeichen des Wohlwollens der Gottheit, also als Zeichen des erlangten Heils angesehen. Umgekehrt wurden die Naturkatastrophen, die Krankheit und der Misserfolg im Leben als Zeichen des Unheils bewertet.

Mit der Verinnerlichung des Heilsbegriffes und dem Aufkommen der moralischen Werte wurde dem religiösen Menschen immer deutlicher, dass das materielle Wohlergehen nicht unbedingt als Zeichen des Heiles und das Scheitern als Zeichen des Unheiles zu deuten sind. So nahm man immer mehr an, dass nur die moralische Gerechtigkeit und die mystischen Erlebnisse als mögliche Zeichen der Heilserlangung betrachtet werden können. Man kennt in der Religionsgeschichte die Kritik, die fromme Geister an der moralischen Gerechtigkeit und sogar an den mystischen Erscheinungen geübt haben, die in ihrer Sicht keine absolute Zeichenhaftigkeit dem Heil gegenüber besitzen. Dennoch behalten sie relativen Wert, den genauer zu bestimmen nicht leicht fällt.

Aber auch wenn das Wohl nicht undifferenziert als Zeichen des Heiles zu deuten ist, so kann man sich dennoch fragen, ob das Heil sich nicht doch in einem bestimmten Masse in Wohl ausdrückt. Konkreter und deutlicher gesagt: Man kann nicht mit Sicherheit vom Wohl auf das Heil schliessen; aber kann das Heil ohne wohltuende Auswirkung bleiben? Zwischen Wohl und Heil besteht dieselbe Spannungslinie, die man zwischen den Polen Diesseits-Jenseits, Immanenz-Transzendenz, Welt-Gott usw. findet.

3. Für den säkularisierten Menschen, der keinen Bezug auf Gott oder etwas Überweltliches anerkennt, verliert die religiöse Komponente des Heilsbegriffes ihre Bedeutung. Das Heil unterscheidet sich dann nicht mehr vom Wohl, es sei denn, man spricht dem Heil eine ideologische Dimension zu. Nach dieser Auffassung bestünde das Heil in einer ständigen Überwindung des gegenwärtigen Wohles zu einem Dauerzustand hin, der als Ideal für die nächste Zukunft hingestellt oder als Erfüllung am Ende der Geschichte angenommen wird. So bleibt das Wohl bzw. das säkularisierte Heil im Bereich der menschlichen Lebenserfahrung bzw. der menschlichen Utopie.

II. Heilsvermittlung

A. Religionsphänomenologische Analyse

1. Heilswege. Im Leben der einzelnen und der Gemeinschaft erfolgt die Heilsvermittlung auf dem Wege der Magie oder der Religion. Die Magie ist der Versuch, die heiligen Mächte, die die Welt regieren und die kosmische Ordnung aufrechterhalten, durch technische Praktiken zu zwingen, den Interessen des Menschen und seinem Verlangen nach Heil in dessen verschiedenen Dimensionen und Aspekten dienlich zu sein.

Religion bezeichnet dagegen die Haltung des Menschen, der sich in den Dienst der Gottheit stellt und hofft, durch Flehen und Opfer die göttliche Gunst zu gewinnen, welche ihm, seiner Familie, der Gesellschaft und der ganzen Natur das Heil garantiert. Gott gewährt das Heil entweder unmittelbar, und zwar spontan oder auf die Bitte des Menschen hin, oder mittelbar durch einen Heiland oder Erlöser, ob nun dieser Heiland eine mythische oder historische Gestalt ist.

Eine dritte Form der Heilserlangung begegnet in der Auffassung, dass der Mensch durch eigene Anstrengung, aus eigener Kraft, ohne fremde Hilfe das Heil erreichen kann. Das typische Beispiel dieser Auffassung stellt der Hīnayāna-Buddhismus dar. Die Erwachung, die befreiende Erlösung wird durch die Anspannung der meditativen Kräfte des Menschen erreicht.

2. Ort der Heilsvermittlung. In primitiven, einheitlichen Gesellschaftsstrukturen ist das Individuum fast vollständig in der Gemeinschaft aufgelöst und daher bezüglich der Heilsvermittlung

völlig auf die Gemeinschaft angewiesen. Es wird da kaum ein Unterschied zwischen eigenem und gemeinschaftlichem Heil gemacht.

Der Durchbruch des Individualismus bewirkt eine gewisse Trennung des einzelnen von der Gemeinschaft. Die Gemeinschaft ist nicht mehr der einzige Ort der Heilsvermittlung. Der einzelne sucht sein Heil unmittelbar von der transzendenten Instanz zu erhalten, unabhängig von oder gar im Gegensatz zu seinen gesellschaftlichen Bindungen.

In der neueren Zeit trägt das Bewusstwerden der unaufhebbaren personalen Bindung des Individuums an die Gesellschaft dazu bei, zwischen diesen beiden Polen ein Gleichgewicht zu suchen. Der einzelne ist nicht mehr der automatische Mitgewinner des Heiles innerhalb der Gemeinschaft, er hat seinen eigenen Beitrag zu seinem und der Gesellschaft Heil zu leisten, aber er ist sich zugleich dessen bewusst, dass er sein eigenes Heil kaum ausserhalb der Gemeinschaft erreichen kann.

B. Problemstellung

1. Heilswege. Die erste Spannungslinie zeigt sich hier bei der Frage, ob der Mensch aus sich selbst, aus eigener Kraft sein Heil erreichen kann, oder ob er auf fremde Hilfe angewiesen ist. Diese Frage fällt mit der Bestimmung der Begriffe von Heil und Wohl zusammen. Wenn das Heil eine religiöse, transzendente Relevanz besitzt, so kann der Mensch nur durch den Beistand des Transzendenten, das als Ursache und Garant des Heiles angesehen wird, zum Heile gelangen. Sogar der Buddhismus, der die Heilserlangung aus eigener Kraft lehrt, ist im Laufe seiner Entwicklungsgeschichte zu der Auffassung gekommen, dass die Mehrheit der Menschen ohne die Hilfe von Bodhisattvas und Buddhas keine Hoffnung auf Heil hat. Wenn man aber das Heil in den immanenten Weltbereich stellt und ihm jede transzendente Dimension abspricht, so betont man, dass der Mensch der Urheber seines eigenen Heiles ist. Hier bilden die verschiedenen Utopien und die weltimmanenten Eschatologie-Vorstellungen das Gegenstück zur religiösen Transzendenz. Fraglich ist es, ob diese Utopien von besserer Qualität sind als die religiösen Heilsvorstellungen.

2. Zeit der Heilserfüllung. Die Frage nach der Zeit der Heilserfüllung wurde schon im Laufe dieser Darstellung unter ver-

schiedenen Gesichtspunkten gestellt und beantwortet. Nach der religiösen Heilsvorstellung erfolgt die Heilserlangung initial in jedem einzelnen Menschen und in jeder Gesellschaft schon hier auf Erden; das Heil erreicht aber sein Vollmass erst am Ende der Zeit, wenn Gott sein Reich errichten wird, und seine endgültige Form erst, wenn das errichtete Reich seine jenseitige Gestalt annehmen wird.

Die säkularisierte Alternative zur religiösen Vorstellung besteht im Glauben an die Verwirklichung des menschlichen Glücks durch die Ausrichtung der Geschichte auf eine völlig harmonische Zukunft hin und die entsprechende Gestaltung der Gegenwart im Hinblick auf diese Zukunft. Oder man meint, das Glück sei dadurch zu erreichen, dass die Menschen durch aufgeklärte Kritik an der bestehenden Gesellschaftsordnung eine bessere Ordnung vorplanen und auch darauf hinwirken, aus einer mangelhaften Gegenwart eine immer ein Stück bessere nächste Gegenwart zu schaffen. Der letzte Garant des Heiles bzw. des Glücks ist je nachdem entweder eine Mischung von Geschichtsdeterminismus und menschlicher Tätigkeit oder das unablässige Engagement des Menschen selbst oder endlich, in und zugleich jenseits der menschlichen Aktivität, das Transzendente, Gott.

3. Das dritte Problem bezieht sich auf den Ort der Heilsvermittlung und weist zwei verschiedene Aspekte auf.

Zunächst hängt die Frage mit der ganzen Problematik der Beziehungen zwischen Heil und Wohl zusammen. Hat das Heil eine gesellschaftliche Dimension, oder kann man es vollkommen unabhängig vom Wohle der Menschen erlangen? Ist das private Heil echt, wenn es seine Bindung an die menschliche Gesellschaft übersieht? Auch wenn das Wohl nicht unbedingt als Zeichen der Heilsverwirklichung anzusehen ist, so fragt es sich dennoch, ob das Heil nicht erst in seinen wohltuenden Auswirkungen im Leben der einzelnen und der Gesellschaft seinen überzeugenden Ausdruck findet. Denn wie der einzelne, so soll auch die Gesellschaft das Heil erlangen, und wie der einzelne ohne die Gesellschaft im Normalfall praktisch lebensunfähig ist, so darf das Heilsstreben des einzelnen die gesellschaftliche Dimension des Heiles nicht übersehen.

Der zweite Aspekt des Problems der Heilsvermittlung betrifft die Beziehung zwischen der religiösen Gesinnung des einzelnen und der Bindung an eine Religionsgemeinschaft mit ihren verschiedenen Institutionen. Anders und klarer ausgedrückt: Wird das Heil unabhängig von der Glaubensgemeinschaft erlangt oder in und dank der Glaubensgemeinschaft?

Das Heil des einzelnen kann auch ohne die Vermittlung der Gemeinschaft oder gar trotz der Gemeinschaft erfolgen, und zwar unmittelbar unter dem Einfluss des göttlichen Beistandes. Dies geschieht dort, wo der Gläubige durch kritische Reflexion zur Überwindung der mangelhaften Seiten der Institutionen seiner Glaubensgemeinschaft, zur Erkenntnis der heilsträchtigen Wahrheit und zur Führung eines entsprechenden, moralisch einwandfreien Lebens gelangt. Aber auch wenn das Heil durch die Gemeinschaft vermittelt wird, so findet die Heilserlangung letzten Endes konkret immer im Leben des einzelnen statt. Und auf dieses Ziel hin, d.h. die Heilsverwirklichung im Leben des einzelnen, muss sich die Glaubensgemeinschaft ausrichten.

Es muss aber festgestellt werden, dass im Normalfall die Heilsvermittlung durch die Gemeinschaft und dank ihren verschiedenen Institutionen erfolgt. Wenn auch diese Institutionen zum grössten Teil Werk der Menschen und folglich eine Mischung von Gutem und Schlechtem sind, so enthalten sie dennoch die religiösen Elemente, die die Heilsvermittlung erst ermöglichen. Die initiale Möglichkeit des Heiles findet der einzelne in der lebendigen Tradition seiner religiösen Gemeinschaft, auch wenn er sie später überwindet. So erfolgt die Erlangung des Heiles im Normalfall immer innerhalb der jeweiligen Glaubensgemeinschaft. Auch dort, wie z.B. im alten Buddhismus, wo ein direktes Erreichen des Heiles durch den einzelnen als möglich angenommen und angestrebt wird, erkennt man bald, dass auch der Wandermönch die Gemeinschaft braucht zur Verwirklichung seines Heiles, zur Bestätigung seiner Heilsbestrebungen und zur Unterstützung seiner heilsbezogenen Anstrengungen.

Gleichwohl bleibt eine Spannung bestehen zwischen der Lebensführung des einzelnen und den Anforderungen der Gemeinschaft, zwischen Freiheit und Gesetz, Charisma und Institution, Mystik und Kult usw.

Zum Schluss sollen die sich aus dem Gesagten ergebenden Fragen an die Religionen formuliert werden.

1. Wirklichkeit des Heiles

In einer säkularen Welt, in der durch den Fortschritt der Wissenschaft der Kosmos entnuminisiert und der Glaube entmythologisiert wird, fragt sich der moderne Mensch, ob er noch an die Existenz eines Transzendenten glauben kann und wofür er einen Gott noch braucht. Und wenn der Mensch der Schmied seines eigenen Glücks ist, welche Rolle spielen noch Heilande und messianische Gestalten in unserem Leben?

Beinhaltet das Heil wirklich mehr als das Wohl? Sind die religiösen Heilsvorstellungen mehr als der mythologische Ausdruck der menschlichen Wunschträume? Wenn ja, worin besteht das Mehr des Heiles über das Wohl hinaus, und was verleiht den religiösen Vorstellungen ihren Wirklichkeitscharakter?

2. Zusammenhang von Heil und Wohl

Inwieweit besteht noch die Zeichenhaftigkeit des Wohles gegenüber dem Heil? Welche Gestalt soll das Wohl annehmen, um Zeichen der Heilserlangung sein zu können? Umgekehrt: Kann das Heil als echt betrachtet werden, das keine Auswirkungen zum Wohl des Menschen und der Gesellschaft zeitigt?

3. Heilsvermittlung

Wie soll die Religion aussehen, damit sie als Ort der Heilsvermittlung angesehen werden kann? Wie müssen die Institutionen der Religion eingerichtet werden, damit sie die Menschen wirksam auf Gott, den Urheber und Garanten des Heils, verweisen, damit sie die Heilsverwirklichung im Leben der einzelnen ermöglichen und erleichtern?

Wie soll sich die Religion reformieren, damit sie ihre gesellschaftskritische Funktion wirksam wahrnehmen kann? Wie weit soll das praktische Engagement der Religion als Glaubensgemeinschaft gehen, damit ihre Heilsbotschaft glaubhaft bleibt und zur Schaffung einer humaneren Welt beiträgt, welche ja in einem bestimmten Mass auch zum Sakrament und Instrument des Heiles werden kann, ohne dabei jedoch ihren Transzendenzbezug aufzugeben?

FRAGEN UND FORDERUNGEN
AN DIE MORALTHEOLOGIE

von

Wilhelm Heinen

Fragen und Forderungen der Moraltheologie an die Christen gehören seit Bestehen dieser theologischen Disziplin zu ihrem Inhalt und zu ihrer Methode.

Fragen und Forderungen an die Moraltheologen und an die Fachvertreter finden sich nachdrücklich in decidierten Formen in der Zeit der Aufklärung, seit der Mitte des 18. Jahrhunderts. In diesem Jahrhundert haben sich die Fragen und Forderungen zu echten Herausforderungen entwickelt, und zwar auf allen Gebieten des menschlichen, in sämtlichen Bereichen des gesellschaftlichen Lebens, in Politik, Gesetzgebung, in Rechtssprechung und besonders in Produktion, Wirtschaft und im Verkehrsleben. Der Appell an Vernunft und Moral der miteinander verstrittenen Interessentengruppen und Völker ist in der Regel die ultima ratio, nicht nur in den Informations-Medien, sondern ebenso auf internationalen Tagungen, Konferenzen, in den amtlichen Verlautbarungen. In den Aussagen und Veröffentlichungen der verschiedenen Bereiche der Wissenschaft, nicht nur der Geisteswissenschaften (Theologie, Philosophie, Philologie), sondern ebenso in den Human-Wissenschaften (Anthropologie, Psychologie, Soziologie, Pädagogik) wird deutlich mit ethischen und moralischen Fragen und Forderungen argumentiert[1].

I. *Warum wird die Moral so offenkundig beschworen und gefordert?*

Offenbar weil man den Menschen meint, der sich in seinen Kontakten (Begegnungen und Beziehungen) schwierig, ratlos oder unentschieden erfährt. Nachdem der Mensch, auch der christliche, sich als schwierigstes Problem aufgegeben ist, versucht man durch

---

[1] H.J. *Girock* (Hrsg.), Mass-stäbe für die Zukunft. Neue Aspekte christlicher Ethik in einer veränderten Welt. Hamburg 1970. H. *Kremp*, Am Ufer des Rubikon. Eine politische Anthropologie. Stuttgart 1973. A. *Gehlen*, Moral und Hypermoral. Frankfurt 1969. A. *Plack*, Die Gesellschaft und das Böse. Eine Kritik der herrschenden Moral. München ⁹1969

Aufforderung an Vernunft und Gewissen sein Sichgeben und Verhalten zu Ordnung und Frieden zu rufen. Auch der nichtreligiöse, der im Glauben und Lieben unentfaltete Mensch hat noch die Ahnung, ein mehr oder weniger klares Wissen von dem «Instinktenthobensein des Menschen»[2], von seiner relativen, in Relationen sich bewährenden Freiheit zu dem unerlässlichen Sichentscheiden und zu der daraus sich ergebenden Verantwortung[3]. Das Sein, Werden, Können und Sollen des Menschen, sein Sinnsuchen und Forschen nach dem optimalen Gelingen seines vielfach bedrohten Lebens, stehen im Vordergrund allseitigen Interesses.

Ein zweiter Grund für das öffentliche Beschwören der Moral liegt wahrscheinlich in dem Urwissen jedes Menschen, dass in dem Miteinander-und Füreinander-Dasein und -Handeln die unentbehrlichen Bedingungen und Garantien für das Gelingen menschenwürdigen Lebens liegen und auch in Zukunft bleiben werden. Gemeint ist das wechselseitige Verwiesensein und das daraus sich ergebende Angewiesensein des Menschen auf das persönliche Du und auf das ebenso wichtige Wir der Gruppe und der Gemeinschaft. Nachdem eine wachsende Zahl von Menschen, besonders in zivilisierten und technisch hochentwickelten Nationen mit diesen scheinbaren Selbstverständlichkeiten in Verzug oder Widerstreit geraten ist, wird die Vernunft beschworen, wird die Moral reklamiert. Indirekt sind auch die Familien, Schulen, Kirchen, Rechtsprechung und Strafvollzug angesprochen und aufgefordert[4].

Ein dritter Grund für das Fordern einer wirksamen Theorie und Praxis der Moral wird offenbar in dem vielseitig manifest gewordenen Dreischritt: Repression (Unterdrückung, Verdrängung) — Depression (Niedergeschlagenheit, Unlust, Verdrossenheit) — Eruption (Ausbruch, Aufbegehren, Rebellion bis zu Anarchie). Dieser Dreischritt findet sich nicht nur in dem Leben einzelner

---

[2] A. *Vetter*, Natur und Person. Umriss einer Anthropognomik. Stuttgart 1949. *Ders.*, Wirklichkeit des Menschlichen. Freiburg—München 1960. S. 125 f. *Ders.*, Personale Anthropologie. Freiburg—München 1966. S. 64 f.

[3] H. *Rombach* (Hrsg.), Die Frage nach dem Menschen. Aufriss einer philosophischen Anthropologie. München—Freiburg 1966. A. *Rauscher* (Hrsg.), Das Humanum und die christliche Sozialethik. Köln 1970

[4] Fr. *Groner* (Hrsg.), Die Kirche im Wandel der Zeit (Festg. f. J. Kardinal *Höffner*). Köln 1970. M. *Busch*-G. *Edel* (Hrsg.), Erziehung zur Freiheit durch Freiheitsentzug. Internationale Probleme des Strafvollzugs an jungen Menschen. Neuwied — Berlin 1969

28

Menschen, vielmehr in Gruppen und in ganzen Bevölkerungs-
schichten, ferner in bestimmten Altersstufen und Berufen. Unter-
suchungen zu Kausalitäten (Ursprüngen) und Finalitäten (Zielen)
dieses Dreischrittes sind noch selten wegen der Spezialisierung in
den sogenannten Human-Wissenschaften.

Innerhalb der Hochreligionen und der christlichen Konfessio-
nen sind die Fragen und Forderungen nach einer menschenkundigen, gültigen Ethik und Moraltheologie besonders deutlich und
wiederholt in den vergangenen 10 Jahren gestellt worden[5].

Die Vorstellungen von dem Menschen, für den eine gültige
Ethik oder Moral gefordert wird, sind so verschieden wie die
Autoren, wie ihr Denken, Sprechen und Argumentieren. Speziell
Seelsorger und Religionslehrer waren mit manchen vereinfachen-
den oder verallgemeinernden Aussagen, Forderungen oder Urteilen
in der gängigen Moraltheologie unzufrieden. Die Forderungen
nach einleuchtenden Begründungen sittlichen Sollens, nach
Wegweisungen in der praktischen Erfüllung des Gesollten oder
Verbotenen sind nicht erst seit Friedrich Nietsches anklagenden
Veröffentlichungen erhoben worden. Kulturkritik und Gesell-
schaftskritik enthielten fast ausnahmslos auch eine Kritik an der
herrschenden Moraltheologie und an den Moralpredigern der
Kirchen. Die Fragen und Forderungen mancher Moraltheologen in
allen Jahrhunderten seit Bestehen dieser theologischen Disziplin
betreffen keineswegs nur die Methoden und Anwendungen der
sittlichen Pflichten oder Anforderungen, vielmehr die Lehrinhalte
selbst und vor allem die Imputation, also die Zurechnung oder
Anlastung menschlichen Agierens, Reagierens oder Unterlassens.
Simplifizierungen, Generalisierungen und Übertreibungen in der
allgemeinen Moraltheologie (Gesetz, Gewissen, Freiheit, Schuld,
Metanoia = Wandlung) wie in den speziellen sittlichen Forderungen (Glauben, Hoffen, Lieben, Gebet, Opfer, Gerechtigkeit und
Liebe zu Mitmenschen und zu der Entfaltung der eigenen Person)
bewirken Misstrauen und Ablehnung in den Menschen[6].

Im Brennpunkt der Kritik stand nicht nur die seit ca. drei

---

[5] G. *Teichtweiler* -W. *Dreier* (Hrsg.), Herausforderung und Kritik der Moraltheologie. Würzburg 1971. F. *Böckle*-E.W. *Böckenförde* (Hrsg.),Naturrecht in der Kritik.
Mainz 1973

[6] J. *Fletcher*, Leben ohne Moral? (Orig. Titel: Moral Responsibility. Situation
Ethiks at work). Gütersloh 1969. R. *Italiaander* (Hrsg.), Moral — wozu? Ein Symposium.
München 1972

Jahrhunderten überbetonte und dadurch desintegrierte Sexual-Ethik, die bis in diese Gegenwart auf eine Reintegration und auf eine Reduktion wartet. Gefragt und gefordert werden persongemässe Antworten auf die direkten Fragen nach dem Wie der Erfüllung des Gesollten, ferner auf die indirekten Fragen nach dem Warum des Gebotenen oder Verbotenen. Die seit dem Aufbruch des menschlichen Unbewussten (seit der Mitte des 19. und besonders im 20. Jahrhundert) sich mehrenden indirekten Fragen und Forderungen in dem Sichäussern und im Verhalten der Menschen aller Altersstadien und Berufsstände wurden und werden in Moral- und Pastoraltheologie bisher kaum beachtet und darum in Erziehung und Seelsorge erst sporadisch ausgewertet[7].

II. Wer oder was ist mit den Fragen und Forderungen gemeint?

Gefragt sind selten Definitionen, Urteile, Deklarationen. Gefordert sind heute weder spitzfindige Kasuistik noch eingehend differenzierte Sündenregister. Gesucht und erwartet werden von der Moraltheologie:

a) Ermutigung und Hilfen im Werden und Reifen des christlichen Menschen

Nachdem in diesem Jahrhundert mit zwei Weltkriegen und einem ungeahnt rasanten Aufschwung in der Technisierung, Mobilisierung, in der globalen Kommunikation, Ehen und Familien den bisher niedrigsten Stand an Erziehungsfähigkeit und Bildungspotenz erreicht haben, sind Millionen von Kindern und Jugendlichen in einen Notstand ihres Werdens, in bisher unbekannte Reifungs-Verzüge geraten. Diese Notstände und Verzüge äussern sich in: Sprechstörungen, Leistungsschwund in Schule und Ausbildung, in Krankheiten, Unfällen, Delikten, Vergehen, in Rebellion bis zu Anarchie, in Sucht, Rauschgiftkonsum, nicht selten in Suicidversuchen und in perfekten Selbsttötungen. Bevor die Frage nach den Schuldigen — wie gewohnt — gestellt wird, sollten drei andere Fragen beantwortet werden: 1. Was ist hier und früher geschehen? 2. Wo haben die genannten Vorgänge oder Prozesse ihre Quellen oder Ursprünge? 3. Auf welche Ziele sind

---

[7] H.J. *Schultz* (Hrsg.), Was weiss man von der Seele? Erforschung und Erfahrung. Stuttgart—Berlin 1967. W. *Heinen*, Das Gewissen—sein Werden und Wirken zur Freiheit (hgg. v. H. *Kramer*). Würzburg ²1971

diese Fragen gerichtet, auf Sachzusammenhänge oder mehr auf Personen (in Familie und Beruf), oder auf Aenderungen und Wandlungen in Institutionen (Kirche, Schule, Parlament, Produktion, Handel, Verkehr)?

Diese Fragen dienen nicht einer Exkulpierung oder Freisprechung von Schuldigkeit und Schuld. Vielmehr sollen sie einer gerechten, das heisst human-christlichen Schuldfeststellung dienen. In dem genannten Fehlverhalten drängt sich nicht selten ein echter Notstand im Werden und Reifen der Kinder und Jugendlichen in einer beziehungsschwachen Leistungs- und Konsum-Gesellschaft in unser verengtes Blickfeld. Moralisierendes Verurteilen und Strafen, wie die Gesetze es vorsehen, erweisen sich als unzureichende Mittel oder Hilfen. Wirksame Hilfen erfordern ungewöhnlich grosse Geduld und ausserordentliche Mittel und Methoden persönlichen Beistandes. Auf dieser Assistenz wird seit Ende des 2. Weltkrieges in allen Bereichen des privaten und des öffentlichen Lebens mit einem bisher einmaligen Einfallsreichtum, mit bisher ungewohnten Formen der Aufsässigkeit, des Aufbegehrens, des Widerstandes insistiert . Die Zahl der Verstehenden ist, gemessen an der Zahl der Herausfordernden, bedrohend gering[8].

b) Gefordert sind Antworten auf Fragen nach dem Können, Sollen und Dürfen des Menschen

Liegen diese Antworten nicht in Geboten, Verboten, Gesetzen und Normen vor? Warum werden sie ignoriert oder abgelehnt, demonstrativ übertreten? Darf man bei solchen Ablehnungen oder Übertretungen von Normen oder Gesetzen ohne weitere Untersuchung auf Böswilligkeit, Überheblichkeit oder auf Feindseligkeit der Demonstrierer, Protestierenden und Gesetzesverächter schliessen?

Da jeder Mensch das richtige Verhalten an Vorbildern absieht und durch Verehren der Vorbilder sich zu eigen macht, erhebt sich die Frage, ob wortreiches Ermahnen und beschwörendes Anfordern heranreifender Kinder und Jugendlicher ausreichen, um diese das Sollen, Können, Dürfen überzeugend und wirksam annehmen zu lassen? Wie antworten Moraltheologen, Seelsorger, Lehrer, Eltern auf diese Zusammenhänge? Bisher erwecken die

[8] P. *Seidmann*, Moderne Jugend. Eine Herausforderung an die Erzieher. Zürich—Stuttgart 1963. K. *Barth*, Die Revolutionierung der Schüler. Hintergründe, Ziele, Abwehr. Mannheim 1969

Antworten und Verhaltensweisen der genannten Gruppen in der Regel den Eindruck der Hilf- oder Ratlosigkeit. Die stereotypen Klagen und Vorwürfe, moralisierendes Verurteilen und das Rufen nach Bestrafung bleiben in der Regel wirkungslos. Sind die geforderten Personengruppen zu dem Vorbilden und Ermutigen fähig und bereit?

c) Gefordert sind Helfer zur Aufarbeitung von Schuld und Sünde[9]

Um Schuld und Sünde als eine der schwierigsten Aufgaben im Leben, speziell im eigenen Leben, erkennen, anerkennen und aufarbeiten zu können, genügt weder ein Wort der Verzeihung, noch das Sakrament der Sündenvergebung (Beichte). Jeder Schuldiggewordene braucht einen Helfer, der ihn ermutigt zu dem Anerkennen und zu dem Bekennen der Sünde. Ist da nicht der Beichtvater der Zuständige? Oder für manche der Psychotherapeut? Wer dem Entstehen von Schuld und Sünde in dem Lebensprozess der Menschen aufmerksam und behutsam nachspürt, das heisst nicht nur rational-deduktiv, sondern auch emotional-intuitiv, der wird den relationalen oder sozialen Ursprung von Schuld und Sünde deutlich erkennen. Der wird auch die Unentbehrlichkeit des Du und des Wir, besonders des Ur-Du Gottes in dem Prozess der Versöhnung, Verzeihung, der Vergebung von Schuld und Sünde vorbehaltlos anerkennen.

In der Bejahung und Erfüllung der Schuldigkeiten gegenüber dem Du und dem Wir, in Relation zu der Entfaltung der eigenen Person werden das lebenslang während Verwiesensein und zugleich Angewiesensein jedes Menschen auf die Mitmenschen in jeder Lebenssituation deutlich. Dieselbe Feststellung gilt für das Bestehen jeglicher Schuld und jeder Sünde. Die Frage nach diesem Bestehen von Schuldigkeit, Schuld und Sünde gehört nicht erst in dieser Zeit, vielmehr in allen Jahrhunderten christlicher und ausserchristlicher Menschheitsgeschichte zu den Urfragen, die beharrlich gültige Antworten fordern. Die Formen der Bewältigung dieser menschlichen Urerfahrung sind so zahlreich und schwierig, dass sie hier nur kurz skizziert werden können. Verneinung, Bestreitung, Ablehnung berechtigter Forderungen und Schuldigkeiten sind

[9] F. *Böckle*, Grundbegriffe der Moral. Aschaffenburg ⁷1972. W. *Heinen*, Schuldigkeit, Schuld, Sünde in moralanthropologischer und moraltheologischer Sicht, in: *Ders.*, Begründung christlicher Moral (hgg. v. W. *Dreier*). Würzburg 1969. P. *Schoonenberg*, Theologie der Sünde. Zürich — Einsiedeln — Köln 1966

zu allen Zeiten praktiziert worden. Entweder erklärte man sich als nicht betroffen, als inkompetent, oder ausserstande zu sein, das Geschuldete zu geben oder zu unterlassen, oder man stellte sich taub oder blind. Es gab und gibt die Zusage, die dann aber im konkreten Augenblick nicht eingelöst wird. Bekannt sind das Verschieben, Abschieben des Geschuldeten auf andere, weil man den Einsatz der eigenen Person, der eigenen Zeit und der persönlichen Mittel vermeiden will, das Hinauszögern der geschuldeten Gabe, Hilfe oder Leistung, in der stillen Erwartung, dass sich andere «erbarmen» oder sich des «Falles» annehmen.

Aehnliche Vorbehalte, Vorurteile und Ausreden finden sich bei den wirklich schuldig Gewordenen. Im Vorbehalt fühlte man sich nicht angefordert oder zu Unrecht einbezogen in eine Gruppe, die durch Tat oder Unterlassung effektiv schuldig geworden war. Das Vorurteil gegen Personen, Gemeinschaften und gegen das eigene Gewissen soll nicht nur abschirmen oder das Sichversagen rechtfertigen, es soll auch die verwirkte Schuld praktisch leugnen. Auf derselben Linie liegen die Ausreden nach der schuldhaften Situation, nach dem Tat-Geschehen oder nach dem Versäumnis.

Wirksam sind in diesen drei genannten Formen der Schuldabweisung die überall wirksamen psychischen Reaktionen der Verdrängung und des psychischen Widerstandes, die während der gesamten Lebensdauer von ungeahnter Bedeutung sind, weil sie weitreichende Konsequenzen und tiefgreifende Wirkungen haben. Verdrängung von Schuld und Sünde mögen für eine Zeitspanne, selbst von Jahren, gelingen. Als Symptom des Widerstandes gegen die eigene Wandlung kehrt die nicht anerkannte Schuldigkeit und Schuld beharrlich und unabweisbar — nicht nur im Traum — immer wieder. Fehlleistungen, Unfall, Leistungsausfall, Krankheit können Ausdruck nicht nur von Schuldigkeits-Verweigerung, von verdrängter Schuld, sondern ebenso von Reifungs-Verzügen sein, die sich bekanntlich in hartnäckigsten Schuldgefühlen äussern.

Das Phänomen des psychischen Widerstandes gegen Ansprüche und Schuldannahme ist im Leben jedes Menschen ebenso allgegenwärtig wie die Bereitschaft zur Projektion, die dem Reifungsprozess dienlich, aber ebenso auch hinderlich sein kann. Die projektive Selbstentlastung (der oder die anderen sind schuld, ...) findet sich bei Kindern und Erwachsenen. Der indirekte Ruf nach Beistand und persönlicher Hilfe in der projektiven Verschiebung oder

Verdrängung von Schuldigkeit und Schuld ist unverkennbar, wird jedoch nicht selten überhört.

III. Antworten und Hilfen einer menschenkundigen christlichen Moraltheologie

a) Primär ist die Vorbild-Hilfe der Eltern, speziell der Mutter, in der Entfaltung des kindlichen Urtrauens über das Zutrauen zu dem stabilen Vertrauen zu nennen, weil ohne bestätigendes, ermutigendes Vertrauen, als tragende Urfähigkeit des Menschen, weder Glauben, Hoffen und Lieben, noch Gewissen und Verantwortung als sittliche Grundpotenzen zu christlichen Tugenden entfaltet oder ausgezeugt werden können. Die Gnade — als Gottes Anruf-Liebe und Ermächtigung des Menschen verstanden — ist bereits in diesem Vertrauen ermutigend wirksam.

Das menschlich-christliche Vertrauen bleibt für die Dauer des lebenslangen Reifungsprozesses der Töchter und Söhne zu Frauen und Männern, zu Müttern und Vätern, zu ehefreien Priestern und Ordensfrauen, für das Gelingen ihres Lebens und Dienens die unentbehrliche Urbedingung, die Grundwelle ihres Lebensflusses, die Brücke zu Begegnungen und Beziehungen. Die Zahl der Menschen, die an unentfaltetem Urtrauen, an gestörtem Zutrauen und an blockiertem Vertrauen leiden, ist in unserer Gesellschaft nicht annähernd zu beziffern, weil das Eingeständnis dieses Mangels erschwert wird[10].

b) Christliche Moraltheologie zeigt den Weg durch Ermutigung im Vertrauen, Erwarten und Verlangen zu dem Gelingen christlichen Hoffens. Weil jeder Mensch aus der Liebe seiner Eltern gezeugt, aus einer «hoffenden Mutter» in diese Welt geboren worden ist, so ist und bleibt sie das Urbild, der Archetypus jedes menschlichen und damit auch jedes christlichen Hoffens (Mater ecclesia). Das strebende Verlangen als männlich-paternales Element christlich-menschlichen Hoffens ist ebenso auf das Vertrauen der emotional-kardialen Personmitte (Herz) angewiesen, wie das Erwarten, das Richtung und Ziel menschlichen Hoffens anzeigt

---

[10] J. *Grundel*-H. *van Oyen*, Ethik ohne Normen? Freiburg 1970. M. *Oraison*, Eine Moral für unsere Zeit. Olten — Freiburg 1968. J.M. *Todd*, Probleme der Autorität. Düsseldorf 1967. D. v. *Hildebrand*, Christliche Ethik. Düsseldorf 1959. H. *Kramer*, Die sittliche Vorentscheidung—ihre Funktion und ihre Bedeutung in der Moraltheologie. Würzburg 1970

und durch die christliche Botschaft auf das Endzeitliche orientiert wird.

Mit menschlichem Hoffen und christlicher Hoffnung erhalten menschliches Leben und Streben Sinn und Zweck. Mit Zweck ist das Ziel menschlichen Strebens und Bemühens gemeint. Sinn meint das allen Geschöpfen, speziell dem Menschen einerschaffene transzendente, jenseits dieser Welt liegende Ziel — Gott, das vom Menschen in Hoffen, Lieben und Glauben erfahren und angenommen und damit auch angestrebt wird. Von der Moraltheologie werden persongemässe und den Lebensstadien entsprechende Hilfen und vor allem Helfer erwartet, die dem Christen in seinem Hoffen ermutigend beistehen. Das Schuldigbleiben dieser Hilfen und Helfer in der Moraltheologie ist generell in dem Nichtkennen des heutigen Menschen, speziell seiner Werde- und Reifungsprobleme zu finden, weil Moraltheologen sich primär für Normen sittlichen Verhaltens interessieren, das heisst zuständig erachten[11].

c) Vom Vertrauen zu dem Gelingen christlichen Liebens

Von der Moraltheologie wird in diesem Jahrhundert ausser der Aussage über Wesen und Formen der christlichen Liebe mit allem Nachdruck direkten Fragens und indirekten Suchens gefordert, dass sie lehrt und aufzeigt, wie das Lieben vom Kindesalter bis zum Sterben eines Menschen sich entfaltet, in gültigen Formen der Begegnung und der Beziehung gelingen kann.

Dass mit dem Doppelgebot der Gottes- und Menschen-Liebe die universalste Forderung an den Menschen gestellt worden ist, war bereits im Alten Bund ausgesprochen. Das spezifisch Christliche in diesem Gebot ist primär die vorbildliche Liebe des Mensch gewordenen ewigen Sohnes, der die Seinen bis zur Selbsthingabe in den Kreuzestod liebte. Ferner gilt die christliche Liebe auch dem Gegner und Feind. Wie ein Mensch als Christ zu dieser umfassenden Liebe fähig wird, danach ist die Moraltheologie seit Beginn der christlichen Kirche, besonders nachdrücklich in dieser Epoche der Geschichte, gefragt, weil die Grundbedingungen des Menschwerdens: Ehe und Familie, Begegnung und Beziehung, noch niemals bisher in dem Umfang, in der Intensität behindert und von Grund auf in Frage gestellt worden sind. Da Wissenschaft und

---

[11] H. Ch. *Dechêne*, Geschwisterkonstellation und psychische Fehlentwicklung. München 1967. H.E. *Erikson*, Kindheit und Gesellschaft. Stuttgart ²1965. W. *Heinen*, Werden und Reifen des Menschen in Ehe und Familie. Münster 1965

Technik ausserstande sind, dem Menschen zu dem gültigen, christlichen Lieben zu verhelfen, so ist der Mensch auf den Mitmenschen verwiesen, auf ihn angewiesen in dem lebenslang währenden Prozess des Sichübens und des Sichbewährens in jenem christlichen Lieben. Die zahlreichen technischen Hilfen in Familie, Haushalt und Beruf haben in ungezählten Menschen ein illusorisches Eigenständigkeitsgefühl, ein Unabhängigkeitsstreben genährt, die der Kontaktbereitschaft entgegengewirkt haben. Dass die durch Maschinen gewonnene Eigenständigkeit oder Unabhängigkeit nur eine relative, das heisst scheinbare ist, wird erst allmählich über die durch Kontaktunfähigkeit entstehenden Erkrankungen oder Störungen erkannt[12].

Der mit sich selbst, mit dem Du und Wir, mit Gott und der Welt verstrittene Mensch dieser Zeit ist dabei, Ehe und Familie, als die Grundschule menschlichen und christlichen Liebens neu zu entdecken — und zwar nach der Methode: Was am heftigsten kritisiert, am entschiedensten bestritten und abgelehnt, ja bekämpft wird, ist zutiefst ersehnt, wird mit aller Energie gesucht. Diese scheinbare Paradoxie gehört zu der Widersprüchlichkeit, zu der dialektischen Widerständigkeit menschlichen und auch christlichen Wesens. Das stärkste christliche Symbol dieser paradoxalen Widerständigkeit des Menschen ist

der gekreuzigte «Menschensohn», Jesus der Christus.

Der Beginn christlichen Anruf-Liebens und des Antwort-Liebens liegt in der Familie. Diese lebt und wächst aus der christlichen Ehe, die unter dem Zeichen des Kreuzes als Symbol der Selbsthingabe geschlossen wurde, gelebt, erlitten und bestanden wird. Aus der in Selbsthingabe und Leid bewährten Elternehe gewinnen die Söhne und Töchter die Vorbilder für das eigene Werden und Reifen in der Liebe. In einer von solcher Liebe bestimmten Ehe und Familie gelingen die psychische Entbindung der Söhne und Töchter von den Eltern, ihre Freisetzung zu dem Eingehen in eine selbst gewählte neue Bindung (Ehe, ehefreier Priesterdienst, Ordensleben unter dem dreifachen Gelübde), die in relationaler Freiheit und Verantwortung — wieder in der an Vorbildern eingeübten Liebe gelebt werden sollen. Der Mangel an Vorbildern

---

[12] A. *Le Gall*, Die neue Rolle des Vaters. München—Luzern 1972. G. *Mendel*, Die Revolte gegen den Vater. Eine Einführung in die Soziopsychoanalyse. Frankfurt 1972. H.E. *Richter*, Eltern, Kind und Neurose. Stuttgart 1963

echten christlichen Lebens in Ehe, Familie, Beruf und Gemeinde (inklusive Ordenskonventen) ist durch das Verhalten von Kindern und Jugendlichen unter anderem auch deutlich demonstriert.

Dass christliche Moraltheologie auf die Bedeutung der Eltern-ehe für die psychische Entbindung der Töchter und Söhne von den Eltern, für deren Ehe - und Berufsfähigkeit mit allen Erkenntnissen einer personalen Anthropologie, das heisst mit allem gesicherten Wissen vom Menschen dieser Zeit nicht nur hinweisen, vielmehr mit allen Mitteln tätig werden muss, wird jeder aus seinen Erfahrungen bestätigen können[13].

In den kinderreichen Familien vergangener Zeiten war die starke «Horizontale» der Geschwisterreihe eine unersetzliche und wirksame Hilfe für die «psychische Entbindung» der Kinder von ihren Eltern, speziell von der Mutter, jener stärksten personalen Urbeziehung in dieser Welt. Das Alleinkind wie auch das zweite Kind in einer Ehe bedürfen besonderer Helfer, um die «zweite», psychische Entbindung von der Mutter und das Sichlösen vom Elternhaus in dem Lebensstadium zwischen 12. und 21. Jahr bestehen zu können. Auf die Unerlässlichkeit dieser «Entbindung» oder Freigabe von den Eltern ist bisher nur eine verschwindend geringe Zahl von Eltern, Erziehern und Seelsorgern aufmerksam geworden. Die unverkennbaren Reifungs-Verzüge, die sich in Schwierigsein, Erkrankung, Leistungsschwund, Unfall und Delikten äussern, werden entweder falsch diagnostiziert und darum nicht therapierbar, oder als schicksalhafte Folgen der rasant technisierten und dadurch entpersonalisierten «Gesellschaft» hingenommen. Die zahlenmässig zunehmende, psychisch bedingte, Ehe-Unfähigkeit und die vorzeitige Invalidität im Beruf haben nachweisbare Störungen im Leben und Reifen der Kinder und Jugendlichen und zudem enorme materielle Belastungen sowohl in Produktion, Wirtschaft und im Versicherungswesen als Folgen gezeitigt.

Hat die Moraltheologie in diesen Fragen und Konsequenzen überhaupt eine Aufgabe, das heisst, ist sie in ihren Forderungen und Urteilen für den Reifungsprozess der Christen kompetent? Wenn sie das Sollen und Können aus dem Sein und Werden der Menschen verbindlich aussagen, dazu die mögliche Realisie-

---

[13] L. *Berg*, Familie in sozialtheologischer Perspektive. Münster 1973. J. *Bowlby*, Mütterliche Zuwendung und geistige Gesundheit. München 1973. K. *König*, Brüder und Schwestern. Geburtenfolge als Schicksal. Stuttgart — Göttingen 1972

rung des Geforderten stadiengemäss berücksichtigen soll, dann kann sie von den zahlreichen Reifungsbehinderungen durch gestörte, oder menschlich nicht zustande gekommene Ehen nicht wegblicken. Mit der über drei Jahre währenden Diskussion um die Novellierung des § 218 StGB und mit den bevorstehenden Forderungen in der Eherechts-Reform sind diese anthropologischen Fragen um das Gelingen menschlichen Werdens und christlichen Lebens eindeutig, wenn auch nicht offenkundig angesprochen. Noch besteht sowohl in den Verantwortlichen der Kirchen und der politischen Parteien eine deutliche Scheu, über dieses Grundproblem der psychischen Entbindung offen zu sprechen, weil zu viele persönlich betroffen sind. Wie schwer es ist, das sich oder gar anderen einzugestehen (psychisch an den Ursprung fixiert zu sein), ist nicht nur dem Psychologen verständlich. Alle Versuche, durch Verhaltenspsychologie, sozialanthropologische oder curriculare Modelle diesem Grundproblem beizukommen, oder die echte Freisetzung (Entbindung von den Eltern) der Jugendlichen zu erreichen, haben das urständige Reifungsproblem entweder verdeckt, verschoben, oder in politische, theologische, pädagogische oder sozialkritische Theorien «eingekleidet». Von einem ehrlichen Angehen dieser offenkundigen Fixierungen kann nicht einmal bei den Therapeuten der verschiedenen «Schulen» (Freud, Adler, Jung, Szondi, Schultz-Hencke u.a.) die Rede sein. Der Hauptgrund dürfte in den sehr verschiedenen Auffassungen oder Strukturbildern vom Menschen und von seinem Reifungsprozess liegen, von denen man in den Bemühungen um den Menschen ausgeht. Warum das von A. *Vetter*[14] entworfene Strukturbild der Person von Fachpsychologen nur vereinzelt bejaht und in der Psychotherapie verwendet wird, hat weithin persönliche Gründe, die hier nicht dargelegt werden können. Ein beachtlicher Grund ist ohne Zweifel in den verschiedenen Auffassungen von der anthropologischen, psychologischen und moraltheologischen Funktion des Gewissens zu finden. Der Moralanthropologie fällt in dem anstehenden Klärungsprozess um das Gewissen eine indispensable Aufgabe zu.

---

[14] A. *Vetter*, Personale Anthropologie. Aufriss der humanen Struktur. Freiburg—München 1966. *Ders.*, Die Erlebnisbedeutung der Phantasie. Stuttgart 1950

d) Entfaltung und Bildung des Gewissens[15]

Wie das Gewissen das Wertvolle vom Wertwidrigen, Recht von Unrecht, Gutes von Bösem im Leben des Menschen mit den Menschen in der konkreten Situation unterscheiden und sich entscheiden lässt, wird von jedem innerlich erfahren, dessen Gewissen in der «Grundschule» des Vertrauens, Hoffens, Glaubens und Liebens gebildet worden ist.

Nach den Einsichten von Th. *Müncker* und A. *Vetter*, die unabhängig voneinander das Gewissen als Funktion der gesamten menschlichen Person, das heisst aller somatischen und psychischen Anlagen erkannten und in der emotional-kardialen Mitte des Menschen orteten, äussert sich diese Urinstanz für das sittliche Werden und Handeln primär in einer Regung oder Erregung des Gefühls. Bereits im drei- bis vierjährigen Kind seigt sich in konkreten Situationen des Lebens das noch relativ unklare gefühls-betonte Fragen nach dem Dürfen, Sollen oder Versagthaben. Auch in Familien oder Ehen, in denen die Eltern nicht ausdrücklich Gebote oder Verbote im Sinn einer sittlichen Ordnung aussprechen oder urgieren, orientiert sich das Kleinkind unbewusst an dem Verhalten seiner Eltern und seiner älteren Geschwister, und zwar mit allen fünf Sinnen: tastend, sehend, hörend. Das Klein-kind bis zum dritten Lebensjahr ist überdies durch den Dauer-kontakt mit dem Unbewussten seiner Mutter verbunden, nimmt an dessen Bildern, Symbolisieren, Erinnern und an den Gemütsregun-gen der Mutter teil. Sind beide Eltern mit ihrem Unbewussten ausgesöhnt, so ist eine wichtige Bedingung für das reifende Ge-lingen der Ehe erfüllt[16].

In einer solchen Ehe ist der Gefühlskontakt zwischen Mutter und Kind normal. Er begünstigt die wechselseitigen psychischen Induktionen (nicht nur über Tast- und Blickkontakte, sondern be-sonders über die Stimme der Mutter oder Stellvertreterin) und entfaltet das Urtrauen im Kind zu einem Zutrauen, das allmäh-lich zu einem stabilen Vertrauen wird, vorausgesetzt, dass die

---

[15] G. *Griesl*, Gewissen. Ursprung—Entfaltung—Bildung. Ausgburg 1970. W. *Heinen*, Das Gewissen —sein Werden und Wirken zur Freiheit (hgg. v. H. *Kramer*). Würzburg ²1971. R. *Swoboda*—J. *Buchmann* (Hrsg.), Die Wende zum Gewissen. Hamm (Westf.) 1968

[16] A. *Dührssen*, Psychogene Erkrankungen bei Kindern und Jugendlichen. Göttin-gen ⁶1967. W. *Heinen*, Um die Seele des Kindes. Hamm ⁶1972. H.E. *Richter*, Patient Familie. Entstehung, Struktur und Therapie von Konflikten in Ehe und Familie. Hamburg 1972

Ehe der Eltern in einem festen Vertrauen radiziert. Mit diesem Zutrauen zwischen Mutter und Kind hebt die Weckung der Gewissensanlage im Leben eines Kindes an. Wie jedes Erkennen mit den Sinneseindrücken beginnt, so auch jedes Erlernen und Erfahren. Das trifft auch für die Entfaltung der Gewissensanlage im Kleinkind zu, an der sowohl Eltern wie die Geschwister mitwirken.

Wie die Mutter vornehmlich das Wertunterscheiden vorbildet, weil sie über die bessere, sichere Intuition von Natur aus verfügt (Werte werden primär intuiert, sekundär rational erkannt), so vermittelt der Vater primär (nicht exklusiv) das Vorbild im Sichentscheiden. Diese beiden psychischen Grundakte des Gewissens (Wertintuieren, Werterfassen und Sichentscheiden in der Wahlsituation), vorgebildet durch die Eltern, werden in der Gruppe der Geschwister, ferner in Kindergarten und Schule eingeübt und das ganze Leben hindurch verfeinert, neu abgestimmt, dem Lebensalter entsprechend inhaltlich variiert, korrigiert oder bestätigt. Wie das geschieht, unter welchen Hindernissen, Störungen und Widerständen, sollte die Moralanthropologie heute nicht nur den Priestern, Religionslehrern und allen in der Seelsorge tätigen Frauen und Männern vermitteln, sondern auch den Eltern, den ersten Lehrern und Seelsorgern der Kinder. Gegenwärtig erfahren Eltern und Lehrer Näheres über Existenz und Funktion des Gewissens über den Umweg des Fragens nach den Ursprüngen der Fehlleistungen ihrer schwierigen Kinder und Jugendlichen.

Hat die Moraltheologie auf die Fragen und Forderungen von Atheisten, Antitheisten und den sogenannten Glaubenslosen nichts zu antworten[17]?

Die direkten und die noch weit zahlreicheren indirekten Fragen und Forderungen eines *Ludwig Feuerbach* oder des besser bekannten *Friedrich Nietzsche* werden in dieser Zeit des eruptiven und aggressiven Gottsuchens schon eher verstanden als zu Lebzeiten der genannten Gottsucher. Das eindeutig moralisierende Aufbegehren Nietzsches gegen das Christentum, sein vehementes Eintreten für den verkannten und in Unfreiheit gehaltenen Menschen war die eruptive, mit unvergleichbarer Sprache und von Bildmächtigkeit bestimmte Ankündigung all dessen, was sich in diesem

---

[17] A. *Exeler* (Hrsg.), Fragen der Kirche heute. Würzburg 1971. W. *Weber* (Hrsg.) Macht—Dienst—Herrschaft in Kirche und Gesellschaft. Freiburg1974. J. *Rudin* (Hrsg.) Religion und Erlebnis. Ein Weg zur Überwindung der religiösen Krise. Olten—Freiburg 1963

Jahrhundert in kritischen Forderungen an die Kirchen, an die Machthaber und Besitzenden in Staat ind Gesellschaft politisch und sozialkritisch artikuliert, was sich in Rebellion, Revolution, in Störungen und Zerstörungen, in Geiselnahmen und Erpressungen in hochtechnisierten und darum überaus «neuralgischen» und neurotischen Staatsgebilden manifestiert hat und noch täglich droht. Alle Fragen nach dem Woher, Warum und Wozu können mit verstandesmässigen (rationalen) Argumenten beantwortet werden. Bemerkenswert ist , dass die Antworten und Argumente entweder nur wenige Menschen kaum überzeugen, oder die grössere Zahl zu Widerspruch und Widerstand anregen. Das Agieren und Reagieren der Menschen in sämtlichen Bereichen, von der Familie bis in die Schulen und Universitäten, von den Betrieben über den Strassenverkehr bis zu den Krankenhäusern und zu den Strafanstalten, sind in bisher unbekanntem Masse symptomreich und symbolgesättigt, so dass sie Rätsel über Rätsel aufgeben[18]. Die Appelle an die Vernunft und an den Willen der Menschen wirken entweder sporadisch oder nur zeitweilig. Das Verhalten motorisierter Menschen spricht jeder Logik Hohn und wurde in bestimmten Zeiten und Ballungsräumen zu einem psychologischen Problem von höchster Dringlichkeits- und Gefahrenstufe. Der moralische Appell an das oftmals beschworene Gewissen scheint auf taube Ohren, auf unentwickeltes Gefühl zu treffen. Busse und Strafe sind in den Verdacht der Unwirksamkeit geraten. Das Bestreiten von Schuld und Sünde ist im Vormarsch. Gefordert sind Emanzipation und Chancengleichheit für alle. Diese und ähnliche Vorgänge lassen nach den Ursprüngen und nach den Zielen derartigen auffälligen menschlichen oder besser menschenfeindlichen Verhaltens forschen. Die Entdeckungen der Psychologie verweisen auf das Unbewusste, das bisher erst von relativ kleinen Gruppen interessierter Forscher ernst genommen wird.

---

[18] Ch. *Zwingmann* (Hrsg.), Zur Psychologie der Lebenskrisen. Frankfurt—M.1962 W. *Bitter* (Hrsg.), Freiheit ohne Autorität? Stuttgatt1972.W. *Heinen*, Liebe als sittliche Grundkraft und ihre Fehlformen. Freiburg ³1968. H. *Kramer*, Unwiderrufliche Entscheidungen im Leben des Christen. München — Paderborn — Wien 1974

IV. Die Bedeutung des Unbewussten für die Wandlungen in der Moraltheologie[19]

Die philosophischen und theologischen Forschungen des 19. Jahrhunderts, die soziologischen und psychologischen Forschungen des 20. Jahrhunderts nach den Ursprüngen des Atheismus und Antitheismus haben auf den Wandel in den Gesellschaftsstrukturen und auf die konservativen Formen theologischer Aussage, kirchlichen und religiösen Lebens hingewiesen. Die Analysen der Glaubenskrise in zahlreichen Angehörigen sämtlicher Hochreligionen in aller Welt haben noch andere Quellen und Motive für die Schwäche und Unterentwicklung menschlichen und christlichen Glauben-Könnens entdeckt: die rasante Technisierung und die damit verbundene Dissoziierung der Menschen in der technisierten Gesellschaft; ferner die Annahme der Kirchen und der Bildungsinstitutionen: Ehe und Familie geschähen und gelängen wie das organische Wachsen oder wie das Wetter. Als dritte Quelle hat man das sogenannte Unbewusste im Menschen entdeckt, das sich seit einigen Jahrzehnten mit zunehmender Intentsität in allen Bereichen des privaten und auch des öffentlichen Lebens als Gegenspieler des Bewusstseins, der Vernunft und des krampfhaft wollenden Menschen bemerkbar macht und sich sogar durchsetzt. Gemeint sind die irrationalen Vorgänge im Leben des Einzelnen, der Familien und der Gesellschaft. Nicht die Realität dieser irrationalen Vorgänge ist etwas Neues, sondern das Ausmass und der Formenreichtum dieser Aufbrüche und Wirkformen des Unbewussten geben den bewusstseinsorientierten Menschen, Gesellschaften und Kirchen Rätsel und Geheimnisse auf. Eine von Intellekt oder ratio bestimmte Theologie findet schon seit Jahrzehnten bei zahlreichen Gläubigen keine Aufnahme; sie löst eher Bedenken und Zweifel aus. Die herkömmliche Gebots- oder Verbots-Moral, eine an den Willen sich wendende, statt an die Personmitte, an das Herz des Menschen appellierende Ethik löst eher Verlegenheit oder Widerstand statt Zustimmung und Bereitschaft bei zahlreichen Christen aus.

Der mannigfache Widerstand in politischem und im religiösen Leben kennzeichnet Krisenprozesse nicht nur in Glauben und

---

[19] C.G. *Jung*, Über die Psychologie des Unbewussten. Zürich 1948. C.A. *Meier*, Die Empirie des Unbewussten. Zürich 1968. F. *Seifert*, Tiefenpsychologie. Die Entwicklung der Lehre vom Unbewussten. Düsseldorf—Köln 1955

Lieben. Er symbolisiert mit Nachdruck, Einfallsreichtum und Beharrlichkeit die Realität des menschlichen Unbewussten als Schöpfungswirklichkeit und als Weg Gottes zu der Herzmitte des Menschen, wo dieser glaubt, hofft und liebt, wo er sich im Gewissen entscheidet und verantwortet.

Der in das Unbewusste abgedrängte religiöse Glaube des auf sein Bewusstsein und auf die von dort konstruierte technische Welt stolze Mensch, der den «Tod Gottes» proklamiert hat, sucht und ruft nach dem Befreienden aus dem selbstgebauten Zwinger. Der Ausdruck dieses unbewussten Suchens und Forderns ereignet sich in dem bildträchtigen und symbolmächtigen Aufbruch des Unbewussten in dieser Zeit, und zwar in weltweitem Ausmass. Wird die Moraltheologie diesem fragenden, fordernden Aufbruch antworten können? Ohne profunde Kenntnis des Menschen in seinem Werden und Reifen wird sie kaum dazu fähig sein.

Mit bildkundigem Sehen und symbolfähiger Intuition werden die Theologie und die Seelsorge die bild-und symbolreiche Botschaft der Evangelien den fragenden und fordernden Menschen gläubig und den Glauben fördernd nahebringen[20]. Die Zahl der jungen Theologen und Seelsorger, die bereits heute dazu fähig und bereit sind, ist nach dem Urteil von Kennern dieser Gegenwart und ihrer Menschen grösser, als generell in Kirche und Staat angenommen wird.

Wie können die christliche Ethik und die Moraltheologie ihren vielfach und allseitig angeforderten Beitrag leisten zu einer adäquaten Einbeziehung der vagabundierenden Kräfte des Unbewussten, zu der Integration des, noch nicht in Kirche und Staat akkreditierten, Unbewussten mit dem Verstand und dem Streben-Wollen in der Person-Mitte der Menschen?

Primär gilt es den Aufbruch des Unbewussten zu sehen, zu verstehen und anzuerkennen. Das Verstehen des Unbewussten gelingt über das Bejahen des Traumes als der «via regia zum Unbewussten» (S. *Freud*)[21]. Bild und Symbol als *die* Ausdrucksformen des Unbewussten sind nicht zufällig die adäquaten Brücken menschlichen Glaubens zu den Mysterien, an die rational nicht

---

[20] C.G. *Jung*. — M.L. v. *Franz* — J.L. *Henderson* — J. *Jacobi* — A. *Jaffe*, Der Mensch und seine Symbole. Olten—Freiburg 1968. W. *Heinen* (Hrsg.), Bild-Wort-Symbol in der Theologie. Würzburg 1969

[21] H. *Dieckmann*, Träume als Sprache der Seele. Stuttgart 1972. P. *Meseguer* S.J., Das Geheimnis der Träume. Innsbruck —Wien — München 1963

erklärbaren Glaubensgeheimnisse. Nun wird Trauminterpretation ganz sicher nicht in Zukunft zu dem Allgemeinwissen gehören, das in Bildungsinstitutionen vermittelt werden wird. Überdies erfüllt auch der nicht gedeutete Traum seine ausgleichende Aufgabe im leib-seelischen Leben der Menschen. Die Hilfe in dem Heilungsprozess des neurotischen Menschen wird stets die Aufgabe von speziell ausgebildeten Therapeuten und psychologischen Beratern bleiben, weil jeder Dilettantismus in diesem Bereich mehr schaden als helfen wird. Was der Moralanthropologie und der Moraltheologie abgefordert werden könnte und sollte, wäre die Sorge für die Entfaltung der personalen, kardialen Mitte im Menschen und damit die Förderung der Intuitionsfähigkeit für Bild- und Symbol-Verständnis. Wer symbolfähig durch seinen Lernprozess geworden ist, vermag das indirekte Fragen von Kindern, Jugendlichen, Erkrankten und Delinquenten besser zu verstehen und entsprechend zu beantworten. Glaubens- und Hoffnungs-Krisen sind oder enthalten, wie das Fehlverhalten im Lieben und Sorgen, solche symbolhaltigen indirekten Fragen und Forderungen, die an bestimmte Grundgestalten in Ehe und Familie unbewusst aber beharrlich gerichtet werden, um mit ihnen (Eltern, Geschwister, Ehepartner, Söhne und Töchter) ausgesöhnt zu werden[22]. Diesem grossen Aussöhnungsprozess von der Familie über den Beruf bis in den wirtschaftlichen und politischen Bereich sollten die Forderungen der Moraltheologie und die Religionspädagogik dienen. Das Suchen und Forschen nach dem Frieden und nach der Versöhnung der Menschen und der Völker kann nur auf Erfolg hoffen, wenn die Aussöhnung der Jugendlichen und der Erwachsenen in und mit der eigenen Familie beginnt. Worte der Verständigung und Vergebung, Beteuerungen der friedlichen Koexistenz und der gleichberechtigten Kooperation mögen am Anfang als Zeichen der Bereitschaft stehen. Effektive Einigung und dauerhafter Frieden fordern den mit sich selbst, mit dem Du und Wir und nicht zuletzt mit dem Ur-Du Gott permanent wirksamen Versöhnungsprozess, der bekanntlich erst im Sterben, der letzten entscheidenden Wandlung, seinen Abschluss findet.

Die heute an Ethik und christliche Moraltheologie in allen Bereichen des Lebens gerichteten Fragen und Forderungen impli-

---

[22] Chr. *Meves*, Manipulierte Masslosigkeit. Freiburg 1971. D.W. *Winnicott*, Die therapeutische Arbeit mit Kindern. München 1974

44

zieren stets die Frage nach den gültigen Normen, allerdings ebenso nachdrücklich die indirekte Frage nach Raum und Unendlichkeit, nach Zeit und Ewigkeit.

Die gültigen Antworten und Erfüllungen der Forderungen verlangen ein bisher ungekanntes Mass an Erkenntnis des Menschen das im allgemeinen nur von liebenden Menschen erwartet werden kann.

CHRISTENTUM ALS PROGRAMM
DER VERAENDERUNG[1]

von

F. Klostermann

Der Mann, dem diese Festschrift gewidmet ist, hat sich neben seinem engeren Forschungsgebiet immer auch um die in der Kirche fälligen Veränderungen Sorge gemacht. Dorum sei ihm folgende Skizze zu einer Theologie der Veränderung gewidmet.

Veränderung und Nicht-Veränderung, Beweglichkeit und Unbeweglichkeit gegenüber der Schrift und dem Dogma, in Verkündigung, Liturgie, Theologie und Struktur, Beharren beim Status quo, Hängen an althergebrachten Bekenntnissen, Formeln, liturgischen Bräuchen, am Messformular Pius' V., am römischen Katechismus, an der lateinischen Sprache, am gregorianischen Choral, an den üblichen Normen und Verhaltensmustern und die Bereitschaft, davon abzugehen, neue Erfahrungen zu machen und in Neuland vorzustossen, sind Mitursachen oder doch Anlässe des Unbehagens in den christlichen Kirchen von heute, vieler Identitäts-, Autoritäts- und Gehorsamskrisen, vielfältiger Polarisierungen und Kontestationen, der Bildung von Parallel- und Untergrundkirchen und der mit all dem zusammenhängenden Verdächtigungen, Verketzerungen, Anklagen und Proteste, innerer und auch äusserer Emigration, ja sie werden zum Schibboleth wahrer Christlichkeit gemacht.

Nun ist Veränderung offenbar keine Novität in der Kirchengeschichte. Vielmehr ist diese selbst eine Geschichte dieser Veränderungen, und zwar nicht nur derer, in die sie von aussen hineingezogen wurde, sondern auch derer, die sie selbst provozierte und die sich in ihr selbst, in ihrem Leben, ihrem Glauben, ihren Strukturen und in ihrer theologischen Reflexion vollzogen. Dennoch kann Veränderung für Christen nicht Selbstzweck sein, die den Glauben an einen ungebrochen voranschreitenden Fortschritt in dieser Welt nicht zu teilen vermögen und schon ange-

---

[1] Eine Kurzfassung dieser Arbeit erschien in *F. Klostermann — R. Zerfass* (Hg.), Praktische Theologie heute (Mz — Mn 1974) unter dem Titel «Veränderung in der Kirche als theologisches und praktisches Problem».

sichts der Möglichkeit und Realität von Irrtum und Sünde für illusionär halten müssen. Darum vermag weder die Neuheit einer Sache noch ihr ehrwürdiges Alter allein ihren Wert zu garantieren; es bedarf dafür anderer Kriterien. Wir wollen sie zu erheben versuchen.

1. *Theologische Überlegungen*

1.1. Das Problem der Veränderung in der Geschichte Israels

Schon in der alttestamentlichen Glaubenserfahrung spielt die Veränderung keine geringe Rolle.

1.1.1. Die Jahwe-Offenbarung selbst versteht sich als geschichtlicher Prozess; ja sie setzt einen Prozess in Gang, der sich nicht nur mit der jeweiligen Umwelt und ihren Religionen kritisch und assimilierend zugleich auseinandersetzt und sie verändert, sondern der auch unaufhaltsam auf ein Ziel hin ausgreift, einer noch unbekannten, aber sich immer deutlicher abzeichnenden Zukunft entgegenstrebt[2].

Dieser Prozess begann mit der Erwählung und Herausrufung Abrams (Gn 12, 1 f) und setzte sich fort in immer neuen Erwählungen, Berufungen und Führungen: in den Wanderungen der grossen Urväter, in der befreienden Herausführung der Moseschar aus dem Sklavenhaus Aegypten (Ex 20, 2), in der Wüstenwanderung, in der Landverheissung und Landnahme. Das alles aber waren nur typische «Voraustaten», «Vorworte»[3] Jahwes für einen immer neuen Exodus in ein neues und endgültiges Land der Verheissung, das der erwartete Heilbringer herbeiführen wird, für eine vollendete Befreiung. Gerhard von Rad spricht von immer neuen Zäsuren, Einbrüchen, Neubeginnen in der Geschichte Israels, von einem «Eindruck von etwas Ruhelosem, von einer grossen Wanderschaft des Volkes» und vom Eindruck «einer Fremdlingschaft Israels in der Zeit», ja des Irreversiblen seiner Wanderschaft, das das blinde Fatum durchbricht, das dem «zyklischen» Welt- und Existenzverständnis der ewigen Wiederkehr zu den uralten Ordnungen, wie sie in den Mythen, im Turnus der Feste, in den Vorstellungen des Alten Orients, Babyloniens, Aegyptens, aber auch Griechenlands Aus-

---

[2] Vgl. *G. v. Rad*, Theologie des Alten Testamentes I (Mn ⁴1957), II (Mn ⁴1965).
[3] *A. Deissler*, Die Grundbotschaft des Alten Testamentes (Fr 1972) 155.

druck fand, völlig widerspricht. Von Rad nennt das Alte Testament mit Recht «das Buch einer ständig wachsenden Erwartung».

In einem solchen Verständnis wird die Geschichte als Heilsgeschichte interpretiert, ja sie wird selbst zur Heils- bzw. Unheilsgeschichte. Darum sind schon die ältesten alttestamentlichen Bekenntnisse zu Jahwe in geschichtsbestimmte Formeln gefasst; sie bekennen den Gott Abrahams, Isaaks und Jakobs[4]. Man denke an die alte liturgische Formel des Deuteronomium: «Ein umherirrender Aramäer war mein Vater; der zog hinab mit wenigen Leuten nach Aegypten und blieb daselbst als Fremdling und ward daselbst zu einem grossen, starken und zahlreichen Volk. Aber die Aegypter misshandelten uns und bedrückten uns und legten uns harte Arbeit auf. Da schrien wir zu dem Herrn, dem Gott unserer Väter, und der Herr erhörte uns und sah unser Elend, unsere Mühsal und Bedrückung; und der Herr führte uns heraus aus Aegypten mit starker Hand und ausgestrecktem Arm, unter grossen Schrecknissen, unter Zeichen und Wundern, und brachte uns an diesen Ort und gab uns dieses Land, ein Land, das von Milch und Honig fliesst» (Dt 26, 5-9).

1.1.2. Der Jahwe-Gott zeigt sich als Partner des Menschen, der gerade weil er der ganz andere ist, den Menschen in die Freiheit entlässt, und dadurch Geschichte, Veränderung der Welt ermöglicht.

Jahwe zeigte sich von Anfang an als dialogischer Gott, der auch den Menschen als dialogisches Wesen will und als Partner ernstnimmt. Dies wird vor allem in der Idee des Bundes deutlich, der selbst wieder voller Verheissung und Zukunftsträchtigkeit ist und trotz aller Ungleichheit der Partner nicht ohne den gläubigen Gehorsam Abrams und auch am Sinai in der elohistischen Darstellung erst nach der ausdrücklichen Einwilligung des Volkes geschlossen wird (Ex 24, 3-8). Bei näherem Zusehen erweist sich dieser Bund selbst als ein äusserst dynamisches Gebilde, in dem nichts feststeht als die Treue Gottes. Darum wird er in neuen geschichtlichen Situationen auch immer wieder erneuert. So spricht man vom Abrams-, Mose- und Davidsbund, und alle diese Bundesschlüsse finden wir wieder hineingebettet in einen die ganze Menschheit umfassenden Adams- und Noahbund[5].

[4] G. v. Rad, a.a.O. II 135. 339f; Deissler, a.a.O. 51.
[5] Deissler, a.a.O. 49-52.

Überdies entgöttert schon der priesterschriftliche Schöpfungsbericht radikal Kosmos und Erde, überstellt diese dem Walten des
Menschen, macht ihn zum gottesbildlichen und gottähnlichen
Mandatar Gottes, zum Herrscher, Verfüger und Keltertreter über
die aussermenschliche Welt (Gn 1, 26.28) und damit zum Kultur-
schöpfer. So ermöglicht Gott Freiheit und Veränderung der Welt
durch den Menschen, wobei diesem freilich in den Rechten
Gottes und seines Ebenbildes, des anderen Menschen, Grenzen
gesetzt sind[6].

1.1.3. Jahwe wird von Anfang an als ein Gott für Welt und
Menschen erfahren, als ein Gott der Zuwendung in unsere
Geschichte und damit in die Veränderungen der Welt hinein, und
er hebt seine Zuwendung, sein Ja zum Menschen trotz aller
Sünden und Abfälle nicht auf.

Eindrucksvoll wird uns dies in der Offenbarung des Jahwe-
namens bezeugt (Ex 3, 13-17), die nicht, wie manche meinten,
eine metaphysische Wesensdefinition Gottes geben will, sondern
nach der Gott sich ereignend, wirkend ist, der, der für sein Volk
da sein wird, sich je neu für sein Volk als Helfender und Heilvoller,
als Befreiung- und Heilwirkender erweist und auch in Zukunft
erweisen wird, der selbst die Zukunft seines Volkes ist. Martin
Buber übersetzt darum Ex 3, 14 wohl richtig: «Ich werde sein als
der ich da sein werde». Aehnlich hatte Gott schon unmittelbar
vorher zu Mose gesagt: «Ich werde mit Dir sein» (Ex 3, 12)[7];
und später heisst es: «Jahwe, Jahwe — ein barmherziger und
gnädiger Gott, langmütig und reich an Gnade und Treue» (Ex
34, 6).

Diese Erfahrung Gottes als des ganz anderen, der sich zugleich in unserer Geschichte als Gott für uns und mit uns, als
Immanuel zeigt, bringt eine seltsame Dynamik in unser Gottes-
verständnis. Sie bewahrt uns vor Versuchen und Versuchungen,
Gott in Sätze, Bilder (Bilderverbot), in Zeiten, Orte, Gegenstände
oder Personen bannen und darin festhalten, fixieren und seiner so
habhaft werden zu wollen. Ist nicht das letztlich gemeint, wenn
Leslie Dewart so darauf insistiert, dass Gott zwar eine Realität,
eine Wirklichkeit ist, die allein als vom und im Seienden geoffen-
bart zu verstehen ist, dass er aber kein Seiendes wie andere Seiende

---

[6] *Rad*, a.a.O. I 160.
[7] *Deissler*, a.a.O. 48-52.

ist. J. Ch. Hoekendijk warnt mit Recht vor einer uns immer wieder bedrohenden Reba'alisierung Gottes, vor der Versuchung, Gott wieder an einem bestimmten Ort, in einem bestimmten Kontinent, einer bestimmten Kultur, einem bestimmten Volk ansässig zu denken[8]; man könnte vielleicht hinzufügen: in bestimmte Begriffe und Vorstellungen bannen zu wollen.

1.1.4. Das Heil, das Israel stellvertretend (vgl. Ps 72, 17; Jes 56, 1-8) erwartet und das ihm Jahwe zusagt und verheisst, ist ein alle menschlichen Bereiche umfassendes und dennoch alle menchlichen Grenzen übergreifendes Heil, das nur Gott geben kann. Dabei darf nicht vergessen werden, dass dieses Heil jetzt schon anhebt und mit der sehr irdischen Befreiung eines Volkes aus einer ganz konkreten Knechtschaft begann. Dieses Heil bedarf freilich der Vollendung. Sie wird aber nur jenen geschenkt, die schon hier Jahwes Willen erfüllt haben und immer wieder zu ihm umgekehrt sind. So enthält das Heil ein wesentlich geschichtliches, dynamisches Element, und es ist ein Heil «immanenter Transzendenz».

Unsere These wird durch die ganze alttestamentliche Geschichte wie durch die prophetische Literatur belegt. Bezeichnend sind auch die Synonyma, die die alttestamentlichen Schriften für Heil verwenden, wie: Befreiung, Rettung, Freiheit, Gerechtigkeit, Freude. Vor allem aber ist Schalom ein alttestamentliches Schlüsselwort, die Gabe Jahwes (Jes 45, 7). Dieser Friede beinhaltet das totale Heilsein, Unversehrtsein, Ganzsein, Integriertsein, Vollendetsein; er umfasst alle Bereiche: den Frieden im Kosmos, in der Natur, im Volk, unter den Menschen und Völkern, zwischen Jahwe und seinem Volk; nie kann man ihn voll objektivieren, zu ihm kann man immer nur unterwegs sein. Schliesslich verheissen die Propheten einen Heilbringer, der selbst «Friede ist» (Mich 5, 4), einen Frieden ohne Ende, einen ewigen Friedensbund Jahwes mit seinem Volk (Ez 34, 25-30; 37, 26-28).

1.1.5. Die Botschaft der Propheten tendiert von Anfang an auf eine zweifache Veränderung: die Wiederherstellung der Treue zum Jahwebund mit allen Konsequenzen, die Rückkehr des Volkes zur alten Liebe und das immer neue Ausschreiten in eine Zukunft, die letztlich Gott selbst ist.

---

[8] *W. Simpfendörfer* (Hg.), Die Gemeinde vor der Tagesordnung der Welt (St 1968) 40; *L. Dewart,* Die Grundlagen des Glaubens II (Ei 1971) 147-174.

Propheten sind darum Verkünder, Ausrufer Gottes und seines Willens. Sie halten die Erinnerung an Jahwe wach: als den einzigen und ganz anderen Gott, der uns dennoch anspricht und beim Namen nennt; als den Vater seiner Kinder und den Befreier aus Aegypten; als Hirt, der seine Herde weidet und behütet; als König, der sich der Schwachen annimmt und ihnen Recht verschafft; als Gemahl, der seinem treuelosen Volk liebend verzeiht. Sie halten die Erinnerung an Jahwes Wort und Willen wach; als solche treten sie vor allem für den Menschen als Menschen ein; sie engagieren sich für die Herstellung mitmenschlicher Gerechtigkeit, für das Recht der Gebeugten und Ausgebeuteten, der Armen und Schwachen, der Witwen und Waisen[9].

Zugleich aber rufen die Propheten, von Gottes Geist erfasst und in charismatischer Vollmacht, das Kommende aus, die Zukunft wie sie immer konkreter von den Propheten der babylonischen und frühpersischen Zeit, vor allem von Deuterojesaja, angesagt wird: ein neues Heilsgeschehen, ein neuer Gottesknecht, ein neuer Bund, ein neues Jerusalem werden verkündet, und die Gegenwart wird von dieser Zukunft, von der Erfüllung her gedeutet und mit Hoffnung angesteckt.

Nach dem Verstummen der Propheten setzt sich diese Verkündigung in der Apokalyptik fort. Hier tritt ein enthusiastisches, unberechenbares, überraschendes, oft «eruptiv charismatisches» Element wieder in die Heilsgeschichte ein, das Gerhard von Rad als «Gewalttätiges und Erschreckendes» schon in den Anfängen des Jahwekultes feststellt und «für einen konstituierenden Faktor der Jahwereligion» hält[10].

Somit erweist sich schon das alttestamentliche Gottesvolk als eine Exodusgemeinde, als eine Gemeinde in ständigem Aufbruch nach fernen Zielen, als pilgernde Gemeinde, zwischen Schon und Noch-nicht. Dadurch tritt eine ungeheure Spannung in die Gemeinde, die sie selbst beunruhigt und zur Unruhestifterin macht oder doch machen sollte.

1.2. Das Problem der Veränderung in Leben und Botschaft Jesu

Nach christlichem Verständnis steht auch die Jesus-Offenbarung im geschichtlichen Prozess der Jahweoffenbarung; diese

---

[9] *Deissler,* a.a.O. 14. 97-126.
[10] *Rad,* a.a.O. I 106-113.

wird durch den inkarnatorischen Eintritt Gottes in unsere Geschichte und das in Jesus gesagte endgültige Ja Gottes zu uns und zu unserer Geschichte abgeschlossen und gekrönt. Mit Jesus ist das «Ende dieser Tage» eingeleitet (Heb 1, 1). In ihm «ist die Zeit erfüllt» (Mk 1, 15).

Leben und Botschaft des irdischen Jesus ist uns zunächst nur im Licht des Glaubens und der Verkündigung der nachösterlichen Gemeinde, also in gläubiger Deutung seiner Geschichte, zugänglich. Dennoch können wir in einem wenn auch mühsamen Prozess auf diese Geschichte zurückschliessen und für uns höchst Bedeutsames über Jesu Leben und Botschaft erfahren, das die Voraussetzung für die Entfaltung des neutestamentlichen Kerygmas ist.

1.2.1. Markus fasst die gute Botschaft Jesu als Proklamation des Nahe-herbeigekommen-Seins der Gottesherrschaft zusammen, die sich im Alten und Neuen Bund nicht so sehr als «etwas Statisch-zuständliches», sondern als «dynamisches Handeln Gottes» erweist[11]. Bei Markus beginnt Jesus seine Verkündigung nach der Beendigung der Sendung des Täufers, des Grössten der alten Heilsordnung (Mt 11, 11), in der die kommende Gottesherrschaft schon angesagt und vorbereitet wurde, weshalb Matthäus das Wort vom Nahekommen der Gottesherrschaft schon dem Täufer in den Mund legt (Mt 3, 2). Gottesherrschaft ist darum auch im Munde Jesu einerseits ein zukünftiges, eschatologisches Ereignis, das Gott allein heraufführen wird, anderseits ist sie mit Jesu Person verbunden, bricht in ihm schon an und leuchtet in seiner Vollmacht (exousia) und seinen Machttaten auf (L 11, 20). Hierin gründet das dynamische Schon und Noch-nicht der Zwischenzeit der Kirche.

Gottesherrschaft deckt sich inhaltlich mit dem Heil, das auch im Neuen Bund ein alles umfassender, universaler Begriff ist, der nicht nur alle Gruppen bis zu den Sündern, Armen, Kranken, Kindern und Erniedrigten und alle Völker, sondern auch das leibliche Wohlergehen wie die eschatologische Zukunft umgreift, die nur in anthropomorphen Bildern und Analogien umschrieben werden kann. Auch Jesus umschreibt dieses Heil in vielen Bildern und Symbolen als Leben, Licht, Wahrheit, Herrlichkeit, Liebe, Huld, Erbarmen, Hoffnung, Versöhnung, Freund-

---

[11] *J. Maisch — A. Vögtle*, Jesus Christus: SM II 900-920.

schaft, Freiheit, Freude und Frieden; also als das, wonach der Mensch im tiefsten offen ist und sich letztlich sehnt und was die grossen Anliegen Jesu waren.

Diese Gottesherrschaft ist durch und in Jesus so gegenwärtig geworden, dass dieser auf die Anfrage des Täufers antworten konnte: «Verkündet dem Johannes, was ihr hört und seht: Blinde sehen wieder und Lahme gehen, Aussätzige werden rein und Taube hören, und Tote stehen auf und Arme empfangen die gute Botschaft» (Mt 11, 4 f). Und nach Lukas wandte Jesus in der Synagoge von Nazareth die Jesajastelle auf sich an: «Der Geist des Herrn ruht auf mir, weil er mich gesalbt hat; er hat mich gesandt, den Armen gute Botschaft zu bringen, den Gefangenen Befreiung zu verkünden und den Blinden das Augenlicht, Gefangene in Freiheit zu setzen, das Gnadenjahr des Herrn auszurufen» (L 4, 18f).

1.2.2. Die vom Menschen zu leistende Voraussetzung für das Nahekommen der Gottesherrschaft ist die Umkehr (Veränderung) des ganzen Denkens und Wollens und der Glaube an die gute Botschaft Jesu (Mk 1, 15).

Gottes Herrschaft und Heil bedeuten also für den Menschen nicht nur Gabe, sondern auch ständige Aufgabe, die Bedingung des Eintritts in das Gottesreich, wie schon die alttestamentlichen Gesetzesforderungen und noch mehr der prophetische Ruf zur Umkehr andeuteten. Und wenn uns auch Jesus von «unerträglich schweren Lasten» des alten Gesetzes befreit hat (L 11, 46) und selbst kein neues Gesetz mit einzelnen Vorschriften aufgestellt hat — nicht ein starres Gesetz soll mehr herrschen, sondern die Dynamik der Liebe — , so bedeutet das keine Milderung des religiössittlichen Ernstes, sondern eine unerhörte Steigerung. Das zeigen die uneingeschränkte Forderung der Feindesliebe, die Forderungen der Bergpredigt, die letztlich nicht in eine Vergangenheit zurückverweist, sondern auf den Gott vor uns: «Seid vollkommen, wir euer himmlischer Vater vollkommen ist» (Mt 5, 48; vgl. 5-7); das zeigt das radikale, vor die Entscheidung stellende Postulat der Nachfolge Jesu, das weder Aufschub noch Kompromiss duldet und hinter dem alle menschlichen Rücksichten, selbst die elementarsten Pflichten der Pietät zurücktreten müssen (L 9, 57-62). Die Menschen sollen sich demnach auf den Weg Jesu machen, der der Weg Gottes ist, sich unter das Doppelgebot der Liebe stellen, das im letzten *ein* Gebot ist, sich versöhnen, einander vergeben, Frieden stiften, ja sich füreinander hingeben, weil man sich für Gott gar nicht engagieren kann, ohne sich für den Menschen zu engagieren. Wer das tut, wird die Herrschaft Gottes erfahren. Schon daraus ergibt sich, dass die Herrschaft Gottes nicht in eine reine Jenseitigkeit verlegt werden kann, der gegenüber uns nur ein passives Hinnehmen, ein Erleiden des Gegenwärtigen und ein Warten auf ein fern Zukünftiges bliebe[12].

1.2.3. Die gute Botschaft von der Nähe der Gottesherrschaft und dem damit verbundenen Heil richtet sich zunächst an die der Hilfe am meisten Bedürftigen, an Einfache und Arme, an Kinder, Kranke und Sünder, an Trauernde und von der Welt Enttäuschte, nach Gerechtigkeit Hungernde, Unterdrückte, Verfolgte, gesellschaftlich Verfemte, Gestrandete, an Zöllner und Dirnen. Ihnen wird die grosse Veränderung, die Befreiung in der Gottesherrschaft verheissen.

Für solche hatte Jesus eine auffallende Sympathie und Vorliebe, für sie allein ergreift er «Partei», mit ihnen solidarisiert er sich am ehesten, sie sieht er in allen, auch leiblichen, Dimensionen ihrer Not, sie sind die unmittelbaren und ersten Adressaten seiner befreienden und erlösenden Botschaft. Ihnen spricht er die Fülle der Gottesherrschaft als zukünftig, ja als jetzt schon beginnend zu; und wenn Jesus Kritik übt, dann vor allem an den Herrschenden, Mächtigen, Reichen und Etablierten.

Die Huld Gottes setzt in Jesu Augen nichts voraus als die Umkehr des Glaubens. Darum isst er mit Zöllnern und Sündern und wird deshalb als «Fresser und Weinsäufer» beschimpft (Mt 11, 19); sie hält er auch eher für fähig, seinem Ruf zur Umkehr zu folgen, weshalb auch «Zöllner und Huren eher in das Reich Gottes hineinkommen» als die pharisäischen «Gerechten» (Mt 21, 31).

Jesus hatte gewiss nicht soziale und politische Reformprogramme anzubieten, und seine Botschaft war zunächst religiös und auf die göttliche Dimension im Menschen gerichtet; sie enthält keine soziale oder politische Theorie und noch weniger Anweisungen zum konkreten politischen Handeln. Dennoch dürfen die soziale und politischen Konsequenzen seiner religiösen und sittlichen Forderun-

---

[12] *H. Merklein : K. Müller* (Hg.), Die Aktion Jesu und die Reaktion der Kirche (Wü 1972) 65-100.

gen nicht übersehen werden, die sich oft genug als gesellschaftskriti-
scher Sprengstoff und damit als welt- und gesellschaftsverändernd
erwiesen haben: jetzt schon darf man an den Armen und Ausge-
plünderten nicht vorübergehen (L 10, 30-37), ja am Verhalten zu
ihnen, an der wirksamen Linderung ihrer Not entscheidet sich
die Zugehörigkeit zum Heil Gottes (Mt 25, 31-45; vgl. L 7, 21f);
das «Selig» der Bergpredigt und der Segen des Reiches werden denen verheissen, die jetzt schon Frieden stiften, Gerechtigkeit üben,
Wunden heilen, Hungrige speisen, Durstige tränken, Fremde
beherbergen, Kranke besuchen und für Gefangene sorgen (Mt
5, 9f; 25, 31-46; L 7, 21f; 10, 30-37).

1.2.4. In seinem Wirken meldet schon der historische Jesus
einen unerhörten Anspruch an. Es zeigt sich ein Selbstbewusst-
sein, ja eine Selbstsicherheit ohnegleichen: Jesus setzt sich selbst
in eine ganz enge, ja eschatologische Beziehung zu Gott und
seiner Herrschaft, er beansprucht das göttliche Privileg der Sündenvergebung und scheint seine Autorität über die der «Alten», ja
über die der Tora und der Propheten zu stellen. Dies musste von
seinen Zuhörern als geradezu revolutionäre Veränderung empfunden werden.

Auch wenn man die diesbezüglichen evangelischen Berichte
und Formulierungen, etwa die Antithesen der Bergpredigt, in
der überlieferten Gestalt nicht auf Jesus selbst zurückführen kann,
weil sie zum Teil schon sekundären und antijüdischen Schichten
zugehören, so liegt ihnen doch eine Urschicht zugrunde, die eine
unerhörte Verschärfung und Vergeistigung der Toraforderungen
zeigt, ja die in einem gewissen Sinn einen Traditionsbruch darstellt. Das alttestamentliche Gesetz wird von Jesus auf den dahinter-
liegenden Willen Gottes zurückgeführt und gegenüber der nur
äusseren, buchstabengetreuen Erfüllung auf die Gesinnung hin
(Verinnerlichung) ausserordentlich verschärft und so «erfüllt»
(Mt 5, 17f). Ja über gewisse Satzungen, vor allem des Frühju-
dentums, die den eigentlichen Willen Gottes zu verdecken
drohten, setzte sich Jesus überhaupt hinweg. In einer souveränen
Freiheit interpretierte er das göttliche Gesetz der Juden und
korrigierte seine rabbinische Auslegung, die Reinheitsvorschriften,
die Ehescheidungsbestimmungen, nahm er Stellung zu Schrift
und Tradition, zum Tempelkult, zu den führenden Mächten und
Parteien, erklärte er das Wohl des Menschen zum Kriterium

selbst für das göttliche Gesetz: «Das Gesetz und die Propheten reichen bis zu Johannes» (L 16, 16); selbst «der Sabbat ist um des Menschen willen da und nicht der Mensch um des Sabbat willen» (Mk 2, 27)[13].

So wird verständlich, dass sich bei denen, die Jesus folgten und mit ihm zusammen waren, der Eindruck einer besonderen Nähe, einer unmittelbaren Begegnung, ja Einheit Jesu mit dem göttlichen Geheimnis, das er Vater nannte, mit der Doxa und Exousia Gottes selbst verdichtete, wie es später in den johanneischen «Ich bin-Worten» zum Ausdruck kam: Ich bin selbst das Licht, der Weg, die Wharheit, das Leben, die Auferstehung. Man spricht darum nicht zu Unrecht von einer impliziten, virtuellen Christologie beim historischen Jesus.

In seinen Worten und Taten gegenüber Kranken und Sündern erscheint Jesus geradezu als der Heilbringer und Retter, wie schon sein Name ankündigt: «Denn er wird sein Volk von seinen Sünden retten» (Mt 1, 21), wie Matthäus seinen Namen deutet. Das aber war ein Tun, das nach alttestamentlicher Auffassung nur Jahwe selbst leisten konnte. Wörtlich bedeutet Jesus «Jahwe ist Heil», ähnlich wie das folgende «Immanuel — Gott mit uns» (Mt 1, 23); schon der Name drückt also Gottes helfende Nähe aus.

1.3. Die verändernde Ostererfahrung

Auch wenn wir das Widerfahrnis, das die Jünger zum Osterglauben brachte, im einzelnen nicht mehr rekonstruieren können, der Osterglaube selbst ist ein nicht zu leugnendes historisches Faktum, das eine radikale und verändernde Zäsur in der menschlichen Geschichte bedeutet und auf das unser christlicher Glaube zurückgeht.

1.3.1. Ostererfahrung und Osterglaube verändern zunächst die verzweifelten Jünger und begründen die christliche Gemeinde.

Die Osterereignisse überwältigten die wahrscheinlich noch am Karfreitag in ihre galiläische Heimat geflüchteten Jünger und veranlassten sie, sich wieder zu sammeln, Haus und Beruf zu verlassen und ausgerechnet nach Jerusalem zurückzukehren, Jesus von Nazareth als einen von Gott Erhöhten zu verkünden, der unser

---

[13] *Maisch — Vögtle*, a.a.O. 907 f; *K. Berger*, Gesetz: SM II 354-356.

56

aller Schicksal erhellt und für uns alle rettende Bedeutung hat, und eine Gemeinde derer zu bilden, die der Osterglaube einte.

In allem, was dabei und nachher an Verwandlungen geschah, spielten offenbar die Gemeinde eine besondere Rolle und die Erfahrungen, die seine Gemeinde mit ihm machte. In ihr erlebten die jungen Christen seine Macht, sein Leben, die Gottesherrschaft; dass man in ihm das Leben bewältigen kann, Vertrauen, Hoffnung, Freiheit und Liebe gewinnt; dass man das Leben gewinnt trotz Tod und Hoffnung gegen alle Hoffnung; dass man lieben kann trotz aller schlechten Erfahrungen. Das konnte man hier erleben und andere erleben lassen, und in diesen Erfahrungen mit dem Osterglauben wuchs nun wieder dieser Glaube, ja wurde er auf Dauer erst möglich. Er muss sich gleichsam in der Gemeinde und durch sie in der Welt erst bewähren, und das ist sogar seine eigentliche Verifikation. So wird die Gemeinde immer neu ermutigt, Jesu Sendung weiterzuführen, seine Botschaft weiterzusagen, sein Gedächtnis zu feiern und seine Liebe weiterzulieben.

1.3.2. Mit der Ostererfahrung und dem Osterglauben beginnen aber auch «eine fortschreitende Explikation des Christusgeschehens und eine rückläufige Interpretation des Lebens Jesu», die sich schon früh in kerygmatischen Formeln und christologischen Würde- und Hoheitstiteln äussern[14].

So wurde aus der Jesulogie immer mehr eine Christologie und zur jesuanischen Verkündigung der Nähe der Gottesherrschaft trat immer mehr die Verkündigung von der Person Jesu als des Herrn, des Christus, des Gottessohnes und von seinem Heilswerk, mitunter so sehr, dass die ursprüngliche Botschaft von der Gottesherrschaft in den Hintergrund zu treten schien. Schon die neutestamentlichen Schriften bezeugen die wachsende theologische Entfaltung der Christologie, die auch die theologische Ausseinandersetzung der ersten christlichen Jahrhunderte beherrscht. Aber lag das Interesse in der biblischen Zeit noch auf der heilsgeschichtlichen Bedeutung der Person Jesu, verschob es sich bald auf die ontologische Erklärung und Begrifflichkeit.

1.3.3. Schon die neutestamentlichen Schriften bezeugen in der nachösterlichen Gemeinde Entwicklungen und Veränderungen sehr verschiedener Art: solche, die noch zum Urkerygma,

---

[14] *Maisch — Vögtle*, a.a.O. 911.

zum apostolischen Erbe gehören und darum für alle kommenden christlichen Generationen verbindlich bleiben, und solche, die schon zeitbedingte Akzentuierungen und Anpassungen im Sinne der Heutigwerdung und Heutigmachung (Aggiornamento) des Evangeliums darstellen.

Das unaufhebbare Fundament aller christlichen Tradition ist die Verkündigung der Urzeugen, das apostolische Zeugnis von Jesu Leben, Wort, Tod und Auferweckung und von dem, was der verheissene Geist sie lehrte (J 16, 12 f). Dieses Zeugnis bleibt normativ für alle Zeiten der Kirche. Darum ist die Zeit der Apostel wesenhaft von der Zeit der Kirche zu unterscheiden. Das meint auch die Lehre, dass die verbindliche Offenbarung mit dem Tod der Apostel inhaltlich abgeschlossen sei (DS 3421). Doch schon dieser unaufhebbare Ursprung des Christentums hat sich geschichtlich und in Geschichte entfaltet, und in dieser Entfaltung zeigen sich auch zeitbedingte, zeitgebundene und darum auch weiteren Veränderungen zugängliche Entwicklungen und Akzentverschiebungen, die seinerzeit sehr legitim gewesen sein mochten, ohne deshalb für andere Zeiten verbindlich zu sein. Ja man wird mit der Möglichkeit rechnen können, dass es schon in den Gemeinden der apostolischen Zeit einseitige Entwicklungen gab, die alles eher als nachahmenswert sind und gegen die sich zum Teil schon die neutestamentliche Kritik richtete.

Zur Unterscheidung der beiden Arten von Veränderungen bedarf es nicht geringer hermeneutischer Bemühungen. Dazu kommt noch ein Problem unseres Erkennens: Wir können offenbar nur jeweils für uns und jetzt sagen, was wir mit unseren Möglichkeiten als zum Urkerygma gehörig erkennen und was nur als zeitbedingte Akzentuierung. In der kurzen Zeitspanne, die wir überschauen, haben wir ja selbst schon einige Wandlungen unseres Erkennens mitgemacht, und vermutlich wird es auch in Zukunft nicht anders sein. Das sollte uns nicht allzu grossen Kummer machen; wir sollten uns vielmehr mit dem jeweiligen Jetzt begnügen.

Jedenfalls begegnen wir schon in den neutestamentlichen Schriften verschiedenen Theologien, die oft gar nicht so leicht zu harmonisieren sind, da sie eben Versuche darstellen, das Urkerygma Menschen einer bestimmten Zeit und Situation verständlich zu machen und die darum schon zeitgebundene Elemente enthalten: Man denke an die Naherwartung Pauli, seine Eschatologie, seine Theologie über den Frauenschleier (1 K 11, 1-16; 15, 35-52)[15]. In den späten neutestamentlichen Schriften kann man ein in der Bedrohung durch Irrlehrer durchaus verständliches Zurückdrängen der Propheten und überhaupt der Charismen und eine einseitige Betonung des Amtes feststellen, ohne dass man daraus schliessen dürfte, die Charismen seien nun endgültig verschwunden und im Amt aufgegangen, was das Zweite Vatikanum wieder ausdrücklich als Irrtum entlarvte[16]. Und auch wenn man als «göttliches Recht» annimmt, dass es nach dem Tod der Apostel Amt in der Kirche geben muss, kann man die konkrete Auffächerung des Amtes, wie sie sich am Ende der apostolischen Zeit schon anbahnte und in Richtung auf die ignatianische Dreiteilung entwickelte, als zeitbedingte Entwicklung ansehen[17].

1.3.4. Die österlichen und nachösterlichen Erfahrungen deuten die Jünger auf Grund der Verheissungen des Alten Bundes und Jesu selbst als vom Heiligen Geist gewirkt, als Geisterfahrung.

In seinem Geist ist Jesus den Seinen weiterhin präsent. In ihm setzt sich die Ostererfahrung fort, und die Frucht des Geistes, die Kriterien des Geistempfanges, sind nicht so sehr ausserordentliche Phänomene, sondern die Erfahrung von Gerechtigkeit, Versöhnung, Friede, Freude, Treue, Vertrauen, Glaube, Hoffnung, Freiheit, Güte und Liebe (Gl 5, 22 f); heute würde man vielleicht übersetzen: die Erfahrung von Geborgenheit Angenommenheit, Versöhnung, Befreiung und Sinn.

Der Geist Jesu und des Vaters baut die Gemeinde Christi, die Ekklesia weiter auf. Er ist ihr als Anwalt, Beistand und Fürsprecher verheissen und in aller Fülle gesandt. Er wird bei ihr bleiben als die lebendige Erinnerung Jesu. Er wird sie in alle Wahrheit einführen (J 14, 16 f. 26; 15, 26; 16, 7-15). Ihm verdankt sie immer neue Einfälle und Wege, immer neue und überraschende Gaben, Charismen und Krafterweise, aussergewöhnliche und alltägliche, äusserlich feststellbare und innerlich erfahrbare. Nur in ihm kann sie rufen: «Abba, Vater» (R 8, 15) und «Herr ist Jesus»(1 K 12,3); in ihm glaubt sie, hofft sie und liebt sie. Er ist der

---

[15] O. Kuss, Paulus (Rg 1971) 331-333. 437-439. 452f.

[16] Vat. II Kirchenkonstitution, Art. 12. 30.

[17] Vat. II Kirchenkonstitution, Art. 18 und DS 1776; vgl. W. Dych, Apostel: SM I 285-290.

letzte und eigentliche Garant ihres Lebens, ihrer Freiheit und Ordnung, ihrer Vielfalt und Einheit, nicht der Mensch, nicht die Christen, auch nicht die kirchlichen Amststräger. Schon manche Wachstumsgleichnisse Jesu weisen auf die selbsttätig wirksame, von allem menschlichen Zutun unabhängige Lebenskraft hin, mit der das Gottersreich «wächst»[18], von dem hier unmittelbar die Rede ist (Mk 4, 26-29), weshalb diese Gleichnisse auch nicht unmittelbar auf die konkrete Gemeinde übertragen werden dürfen.

Mit dem Geist Jesu und seines Vaters ist ein eigenständiges, dynamisches, kreatives, spontanes, vorwärtsdrängendes, alle Gewohnheiten unter Umständen sprengendes, umwälzendes, jeglichen Nomos überwindendes, befreiendes, also veränderndes Prinzip in der Kirche wirksam geworden: «Wo der Geist des Herrn waltet, dort ist Freiheit» (2 K 3, 17). Gewiss verlangen auch der umfassende Wandel des Weltverständnisses, die Dynamisierung der Gesellschaft, jedenfalls vieler gesellschaftlicher Bereiche, das Ende eines statischen Weltbildes, die Beschleunigung vieler gesellschaftlicher Prozesse, die Informationslawine, der verstärkte Pluralismus auch von aussen her eine elastischere und mobilere Ordnung und eine Dynamisierung der christlichen Gemeinde, wenn sie in dieser Welt wirksam werden will. Das soll uns aber nicht vergessen lassen, dass die Kirche im Heiligen Geist ein jeder von aussen her postulierten Dynamik vorgängiges dynamisches Prinzip in sich birgt.

Mit diesem pneumatischen Prinzip hängt die von Grund auf charismatische Struktur der Kirche zusammen, die, weil sie alle anderen Strukturen der Kirche einschliesslich ihrer Leistungsstrukturen umgreift, wohl als die kirchliche Grundstruktur angesehen werden muss. In diesem pneumatisch-charismatischen Prinzip lebt das prophetische Element des Alten Bundes fort, der ja die Propheten schon mit dem Geist Jahwes verbunden hatte; hier finden sie ihre Vollendung und Erfüllung (Ag 2, 17-21). Nicht umsonst ist die Prophetie das wichtigste Charisma des Neuen Bundes.

Am stärksten zeigt sich die verändernde Macht des Geistes in seiner befreienden Wirkung. Der Geist befreit zu einem Neuen Leben, in dem die Zwänge des Gesetzes, der Sünde und des Todes überwunden werden, das letztlich nur Gott selbst uns geben kann und das der auferstandene Herr schon lebt. Zu dieser

---

[18] Vgl. *J. Schmid*, Das Evangelium nach Mk (Rb 1958) zu Mk 4, 26-29.

«Freiheit hat uns Christus frei gemacht» (Gl 5, 1; vgl. 3, 13; 4, 4 f. 31); zu ihr ruft uns seine gute Botschaft (Gl 5, 13; R 8, 2) und sie leben wir in einem Leben der Hingabe und der Liebe[19]. Der Christ ist darum im tiefsten ein Freigelassener aller Systeme, selbst seiner eigenen, weil er sich keinem System ganz und vorbehaltlos verschreiben darf.

Von hier aus wird auch das unerhörte Neuheitserlebnis der jungen Christen und ihrer Gemeinden verständlich, das in der Oster- und Geisterfahrung geweckt wurde. Ein Neues der Zeit an Qualität war angebrochen, wie es sich schon im Alten Bund ankündigte; neue Horizonte werden sichtbar; von einem Neuen Bund, einem neuen Jerusalem und Tempel, einem neuen Adam, einer neuen Schöpfung ist die Rede. Gerhard von Rad spricht mit Recht von einem «Pathos des Staunens»[20].

1.3.5. Wie schon die Geschichte Israels und Leben und Botschaft des irdischen Jesus stehen die nachösterliche Gemeinde und ihre Geschichte im «Horizont der Hoffnung» auf eine letzte Gnade und erhalten von da eine letzte und unaufhebbare Dynamik.

Alle Veränderung in der nachösterlichen Gemeinde, der ihr schon gegenwärtige Herr und «das Angeld» des Geistes» (2 K 1, 22) weisen auf ein noch Ausstehendes, Zukünftiges, wenn auch hier schon Beginnendes hin, haben eine eschatologische Dimension und ermöglichen gerade dadurch Hoffnung auch gegen alle Hoffnung (R 4, 18). «Denn nur auf Hoffnung hin sind wir gerettet worden. Eine Hoffnung aber, die man sieht, ist keine Hoffnung; denn was einer sieht, weshalb hofft er noch? Wenn wir dagegen hoffen, was wir nicht sehen, so warten wir darauf mit Geduld» (R 8, 24f). Dadurch wird immer neuer Einsatz und Aufbruch möglich, gibt man sich mit keinem hier erreichten und erreichbaren Ziel zufrieden, bleibt man skeptisch und kritisch gegenüber utopischen Entwürfen irdischer Paradiese, weil wir glauben, dass der Mensch hier keine absoluten Ziele erreichen kann, dass uns das Letzte geschenkt werden muss und Gnade ist. So können wir, wie Max Horkheimer einmal sagt, immer das Schlimme befürchten und doch das Beste versuchen. So werden uns geradezu eine permanente Veränderung und

---

[19] *H. Schlier*: ThW II 492-500.
[20] *Rad*, a.a.O. II 349; vgl. *L. Dufour* (Hg.), Wörterbuch zur biblischen Botschaft (Fr 1964) 490-493.

immer neue Erfahrungen auf Zukunft hin eröffnet, «neue Impulse für die Verwirklichung von Recht und Freiheit und Humanität» geschenkt, «die Leidenschaft für das Mögliche» und für neue Möglichkeiten, freilich ohne je die Gegenwart einer innerweltlichen Zukunftsillusion zu opfern, eine Generation zu knechten und zu töten, damit eine andere in angeblicher Freiheit, Gleichheit und Gerechtigkeit leben kann, aber auch ohne sich durch das Misslingen einer Veränderung in Hoffnungslosigkeit und Verzweiflung treiben und zum Aufgeben drängen zu lassen.

Es wäre darum ein verhängnisvolles Missverständnis, mit der eschatologischen Hoffnung der Christen Passivität und Gleichgültigkeit gegenüber den Fragen der Welt zu begründen; jene Hoffnung ist vielmehr «eine geschichtliche Triebkraft für schöpferische Utopien der Liebe zum leidenden Menschen und seiner ungelungenen Welt»[21]. Darum sollen die Christen ihre Hoffnung «nicht in Herzensinnerlichkeit verbergen, sondern in ständiger Bekehrung... auch durch die weltlichen Strukturen zum Ausdruck bringen»[22]. Und wenn wir auch glauben, dass letztlich nur Gott ein Reich endgültiger Gerechtigkeit, Freiheit und Liebe herbeiführen kann, und hoffen, dass er es auch tut, so müssen wir doch selbst schon die Zeichen des Reiches setzen, sollen wir schon jetzt Menschen von Dämonen, Blindheit, Taubheit und Trauer befreien und von Krankheiten heilen (Mk 16, 17) und alles tun, damit weniger Unschuldige leiden, weniger Menschenwürde geschändet und weniger Menschen ihrer Rechte beraubt werden (A. Camus).

Diese eschatologische Dimension der nachösterlichen Gemeinde widerspricht allen zyklischen Wiederherstellungsauffassungen, seien sie vorchristlich-mythischer oder moderner Art, nach denen irgendwelche Geschehnisse einer Urzeit durch Wiederholung genau vorgeschriebener Riten reproduziert werden sollen und nach denen im Grunde nichts Neues mehr passieren kann, aber auch aller pessimistischen Apokalyptik, die lediglich auf eine kommende Weltkatastrophe und den ihr folgenden Heilszustand starrt, der aber die proleptische Dimension des schon anwesenden Heils und ihre aktivierende Kraft abhandengekommen ist.

1.3.6. Von der Jahwe-Offenbarung in der Geschichte Israels

[21] *J. Moltmann*, Theologie der Hoffnung (Mn 1965) 13. 17. 29. 332-334.
[22] Vat. II Kirchenkonstitution, Art. 35.

bis zur endgültigen Offenbarung in dem Menschen Jesus von
Nazareth, der als der Christus geglaubt wurde , können wir rück-
blickend eine Geschichte durchgehender Veränderungen bei
bleibender Kontinuität feststellen.

Trotz aller radikalen Zäsur zwischen Altem und Neuem
Bund, zwischen dem historischen Jesus und dem Christus des Glaubens und der damit zusammenhängenden Veränderungen wird
eine durchgehende Kontinuität sichtbar, so dass die jeweils folgende Stufe schon in der vorhergehenden angekündigt, ja von
ihr vorbereitet wird. So ruht der Neue Bund auf dem Alten und
die alttestamentlichen Schriften werden auch im Neuen Bund mit
Selbstverständlichkeit als Gottes Wort angenommen. So versteht
sich auch die nachösterliche Gemeinde theologisch als in Kontinuität mit dem historischen Jesus und als von ihm legitimiert, wie
schon die vereinfachenden und harmonisierenden Deutungen des
irdischen Lebens Jesu durch die neutestamentlichen Schriften
beweisen. Darum konnte auch die spätere Kirche von einer
Stiftung der Kirche, von einer Einsetzung ihrer Aemter und
ihrer Sakramente durch den historischen Jesus sprechen, was
nichts anderes bedeutet, als dass diese Entwicklung eine legitime
Weiterentwicklung der Ursprünge und in ihnen angelegt sei und
darum den Ursprüngen, den Intentionen Jesu nicht widerspreche[23].

1.4. Veränderungen in der Kirche und durch sie

Wir versuchen hier, einige Konsequenzen aus dem bisher
Gesagten für die Innovationen und Veränderungen in der Kirche
zu ziehen. Diese bleiben sowohl dem historischen Jesus als auch in
besonderer Weise der ursprünglichen Ostererfahrung und dem
Osterglauben der Urzeugen verpflichtet. Darin liegt ihre Kontinuität.

1.4.1. Die grundlegende permanente Veränderung in der
Kirche muss die immer neue Metanoia, die Umkehr der einzelnen
Christen zur Botschaft und zur Nachfolge Jesu sein. «Sofern Jesus
nicht von vornherein zu einer Galionsfigur für ein auf fremden
Kurs festgelegtes Schiff gemacht wird, also nur zum Aushängeschild

---

[23] *O. Knoch*, Die «Testamente» des Petrus und Paulus (St. 1973). Zu 1.2. und 1.3.
vgl. ausserdem *K. Berger*, Gesetz: SM II 349-361; *P. Hünermann*, Reich Gottes: SM IV
135-150; *J. Maisch*, Heil: SM II 571-576; *J. Schmid*, Das Evangelium nach Mt (Rb 1959);
ders., Das Evangelium nach L (Rb 1960) zu den einschlägigen Stellen; *W. Trilling*,
Heil: Handbuch theologischer Grundbegriffe I (Mn 1962) 623-628.

für ein fragwürdiges Programm ganz anderer Herkunft dienen soll, ist das Zurückfragen nach dem Willen Jesu nicht nur berechtigt sondern sogar ein ureigenes und nie aufgebbares christliches Anliegen[24].» Darum ist das Umdenken unsere dauernde Aufgabe. Es ist auch ein veränderndes Element, nicht nur weil es in einem immer neuen Verändern unser selbst besteht, sondern auch in einem immer neuen Suchen der konkreten Nachfolge Jesu aus dem Anruf des Tages, der Zeit, der Geschichte und damit in einem verantwortungsbewussten Mitgestalten der Geschichte aus dem Geiste Jesu.

1.4.2. Dieses zweifache Umdenken und damit eine permanente Veränderung ist auch der ganzen christlichen Gemeinde, der ganzen Kirche aufgegeben.

Schon der einzelne Christ sündigt nicht nur für sich, seine Sünde befleckt auch die Gemeinde und widerspricht dem Zeugnis, das er ablegen sollte. Das gilt noch mehr, wenn christliche Gruppen oder kirchliche Amtsträger dem Geist Jesu entgegen denken und handeln. Auf diese Weise können selbst das amtliche Leben und Handeln der Kirche, ihre Verkündigung, ihre Liturgie, ihre Diakonie, ihre Disziplin, ihre Lebensformen und Strukturen pervertiert und zu einem Antizeugnis werden, die tiefsten Anliegen Jesu verdunkeln statt erhellen, ihre Realisierung behindern statt fördern und so die Kirche selbst unglaubwürdig machen. So wird die Schere zwischen den Anliegen Jesu und den konkreten Kirchen, zwischen Christentum und Kirche bis zur Unerträglichkeit geöffnet.

Der Umkehr zur Botschaft Jesu muss die Umkehr der christlichen Gemeinde zur Nachfolge Jesu entsprechen. Die Gemeinde muss sie wie der einzelne Christ immer neu suchen. «Die Bedürfnisse des Gemeinwesens schaffen eine Chance für die Gemeinde, den Grund ihrer Existenz zu erkennen, ihre besonderen Gaben zu entdecken und daran zu wachsen, dass sie konkret – d.h. in der politischen Situation des jeweiligen Gemeinwesens – für die anderen da ist. Das heisst, dass sie von ihnen her denken, planen und handeln, aber auch beten, predigen, bauen und lernen muss[25].»

Im übrigen birgt jede Institution in sich schon die Versuchung, sich zum Selbstzweck zu machen und den Geist dem eigenen

---

[24] *R. Schnackenburg* : *K. Müller* (Hg.), Die Aktion Jesu und die Reaktion der Kirche (Wü 1972) 120.
[25] *W. Simpfendörfer* : *W. Simpfendörfer* (Hg.), Die Gemeinde vor der Tagesordnung der Welt (St 1968) 69.

System zu opfern. Auch die Institution Kirche, ihre Mitglieder und ihre Amtsträger, sind von dieser Versuchung bedroht. Auch heute bedrückt nicht wenige die Sorge, am Ende fände Jesus selbst in seinen Kirchen keinen Platz mehr, wie es Dostojewski in der Grossinquisitorlegende seines Romans «Die Brüder Karamasow» erschütternd geschildert hat. Auch angesichts der erschreckenden zentralistischen und autoritären Haltung, der Enge, Intransigenz, Härte, der freiheits- und dialogfeindlichen Gesinnung, der Beziehungslosigkeit gegenüber der Gegenwart, der sozialen Auffassungen selbst eines Pius' X. meinte ein Kardinal: «Wenn Jesus wiederkäme, würde er wieder gekreuzigt, doch diesmal nicht in Jerusalem, sondern zu Rom[26].»

Darum bedarf die Kirche selbst immer neuer Aufbrüche, muss sie alte Häuser abbrechen und alte Sicherungen aufgeben; sie ist «zu dauernder Reform gerufen, deren sie allzeit bedarf»[27]; darum ist «sie zugleich heilig und stets der Erneuerung bedürftig, sie geht immerfort den Weg der Busse und Erneuerung»[28], besser: sie sollte ihn gehen. Darin liegt die Notwendigkeit der Kirchenkritik und eines kirchenkritischen Bewusstseins der Christen begründet. Triumphalismus und Selbstgerechtigkeit ziemen also einer pilgernden Kirche nicht, und eine Totalidentifikation mit der konkreten Kirche wäre darum geradezu unsittlich. Identifizierung mit der Kirche darf nur als Identifizierung mit Christus als ihrem Herrn verstanden werden und hat darin ihre notwendige Grenze.

1.4.3. Abgesehen von der immer notwendigen Metanoia der einzelnen Christen und der ganzen Kirche bedarf die durch die Geschichte pilgernde Kirche dauernder Veränderungen.

Wie schon im Alten Bund erweist sich Gott auch im Neuen als ein in der Geschichte wirkender und sich erschliessender Gott. Zudem lebt die Kirche in einer sich dauernd wandelnden Welt und Gesellschaft, wird von ihnen beeinflusst und übt Einfluss auf sie aus. Schon um ihre Botschaft dem Menschen der jeweiligen Zeit verständlich zu machen, muss sie seine Sprache und Sprachspiele, seine Denkstrukturen und Vorstellungsweisen, seine Zeichen, Bilder und Ausdrucksmöglichkeiten, zum Teil auch sein Weltbild

---

[26] *E. Weinzierl*, Der Antimodernismus Pius' X.: E. Weinzierl (Hg.), Der Modernismus (Graz 1973).
[27] Vat. II Oekumenismusdekret, Art. 6.
[28] Vat. II Kirchenkonstitution, Art. 8.

und seine Philosophie übernehmen. Wenn Zeichen nicht mehr bezeichnen, was sie bezeichnen sollen, und nur mit schwierigen Erklärungen verständlich zu machen sind, soll man sie ändern, wenn nicht aussergewöhnliche Gründe dagegen sprechen wie ihre heilsgeschichtliche Bedeutung oder ihr übergemeindlicher Kommunikationswert. Im Lauf der Zeit verschieben sich Akzente, ändern sich Fragestellungen. Fragen, derentwegen man sich vor Jahrhunderten die Köpfe blutig geschlagen hat, interessieren plötzlich niemanden mehr. So wird es vermutlich auch manchen unserer Probleme ergehen. Das Verhältnis des Menschen zur politischen Ordnung, zur Sozialreform, zur Freiheit, zur Toleranz, zu Krieg und Frieden, zur Demokratie, zur Sexualität, zur Familie, die Stellung der Frau, die Nöte des Menschen sind in vielen Ländern heute anders als noch vor 30 Jahren. Das alles muss Verkündigung, Liturgie, Diakonie der Kirche, ihre Lebensformen und Ordnungen, ihre Gewohnheiten und ihr Recht, das Selbstverständnis, die Aufgliederung und Gestalt ihrer Aemter (einschliesslich des Primates) beeinflussen und verändern. Die Tagesordnung der Kirche muss auch von der Welt mitbestimmt werden. Auch Altersstufen, der Bildungsstand, die Verstehenshorizonte, die kulturelle Situation von Menschen, Menschengruppen, Stämmen und Völkern können solche Rücksichtnahmen und Aggiornamenti, solche Heutigmachungen gebieten.

Tatsächlich hat die Kirche von Anfang an gewisse Formen von der profanen Gesellschaft, wenn auch nach ihren Bedürfnissen modifiziert und oft genug sogar zu unkritisch, übernommen: Presbyter, Episkopen, Führungsstile, Formen der Autoritäts- und Gehorsamsübung u.ä. So kam es zu sehr verschiedenen Ausprägungen des kirchlichen Lebens, zu verschiedenen Liturgien, Spiritualitäten, Frömmigkeitsstilen, Disziplinen, Satzungen, Buss- und Kirchenordnungen, zumal nur sehr wenig «vom Herrn her» (1 K 11, 23) für alle Zeiten festgelegt ist; zu jenen vielen Gewohnheiten und Überlieferungen (vgl. 1 K 7, 25), die das eigentliche Glaubensgut umranken und das volle Glaubensleben in je einem bestimmten geschichtlichen, gesellschaftlichen und kulturellen Zusammenhang ausmachen, die so und anders sein, in einer bestimmten Situation äusserst nützlich und förderlich sein, in einer anderen überholt, ja schädlich werden können. Auch ein gleichzeitiger Pluralismus kann sich hier empfehlen und die Fülle des Geistes bezeugen, der sich die Amtsträger nicht widersetzen sollten (1 Th 5, 19). Uniformistische disziplinäre Massnahmen, wie wir sie hinsichtlich Oekumene, Ehepastoral, Erstbeichte, Pastoralrat und Kirchenmusik auch aus jüngster Zeit noch kennen, können hier zu ernsten Konflikten führen. Offenbar träumt man in manchen römischen Zentralstellen noch immer von einer bis in die Lebenspraxis, bis zum Verhalten gegenüber der Welt völlig einheitlichen, uniformen, homogenen Kirche, die sich auf ein Kommando in Marsch setzt oder, noch lieber, stillsteht.

Das Gesagte wirkt sich weithin auch auf die Theologie, die wissenschaftliche Reflexion der Glaubenserfahrung, aus. Diese und die damit zusammenhängenden satzhaften Formulierungen auch des offiziellen Lehramtes, selbst die Dogmen, stehen in einem bestimmten literarischen, geschichtlichen, kulturellen Zusammenhang und brauchen schon zum je späteren Verständnis einer ständig neuen Interpretation, Übersetzung und Artikulierung, da schon denselben Wörtern im Lauf der Geschichte je verschiedene Inhalte entsprechen und so derselbe Satz im Lauf der Zeit missverständlich, ja falsch werden kann. Ferner kommt es durch die Konfrontation mit Methoden und Ergebnissen anderer Wissenschaften, der modernen Philosophie, der Geschichts- und Naturwissenschaften, und im Gespräch mit ihnen zur biblischen und theologischen Hermeneutik, zu Veränderungen theologischer Methoden und Ergebnisse: man denke an Probleme wie Evolution und Schöpfungsbericht, Polygenismus und Erbsünde, an den Galileikonflikt, an Gewissensfreiheit, Geburtenplanung u. ä[29].

Vor allem hier stellen neue Zeiten neue Fragen und zwingen uns, neue Antworten aus der ursprünglichen Botschaft zu suchen; sie lassen uns unter Umständen darin neue Schätze entdecken und alte in neuem Licht sehen. So kommt es nicht nur zu neuen Formulierungen, sondern auch zu neuen und tieferen Interpretationen und Erkenntnissen, zu einer legitimen Weiterentwicklung der ursprünglichen Botschaft; kann es «unter dem Beistand des Heiligen Geistes» zu einem wirklichen «Fortschritt», zu wirklich neuen Erkenntnissen kommen, die als solche nicht mehr zurückgenommen werden können und dann zur echten «apostolischen Tradition» gehören: «Es wächst das Verständnis der überlieferten Dinge und Worte durch das Nachsinnen und Studium der Gläubi-

---

[29] Vat. II Pastoralkonstitution, Art. 54. 62.

gen, die sie in ihrem Herzen erwägen (vgl. L 2, 19.51)—man denke
an die Theologen — durch innere Einsicht, die aus geistlicher Erfahrung stammt[30].» Niemand wird glauben, dass die Sklaverei je
wieder als mit dem christlichen Menschenbild vereinbar verstanden werden könnte, wie dies noch vor nicht allzulanger Zeit
geschah. Freilich nicht jede Entwicklung und Veränderung ist
irreversibel; die meisten können unter anderen geschichtlichen
Umständen weiter verändert, korrigiert oder auch zurückgenommen werden. Die Irreversibilität muss sich nachweislich aus
dem Zusammenhang mit dem unaufgebbaren Ursprung ergeben.
Sonst würde man dem Faktischen eine normative Kraft zuweisen
und die Geschichte vergötzen. Das ist wohl besonders bei «Tradi-
tionen» zu bedenken, die über die Schrift bzw. das Urkerygma
hinausführen.

Ausserdem ist zu bedenken, dass alle in der Geschichte,
also in einem bestimmten Verstehenshorizont, einem bestimmten
philosophischen und kulturellen Zusammenhang formulierten
Sätze und Glaubensaussagen, auch die definitorischen, nicht nur
nicht das Ganze der gemeinten Wahrheit erfassen können, sondern
immer auch anders und in anderen geschichtlichen Zusammenhängen unter Umständen auch besser und verständlicher formuliert werden können, also nach vorne immer offen sind.

Schon in der Schrift ist uns das Wort Gottes nur im Menschen-
wort zugänglich, erst recht in dogmatischen Formulierungen.
Darum wird man etwa nie mehr hinter Chalkedon zurück können,
wohl aber darüber hinaus; gerade in der heutigen Situation wird
man statt mancher ontologischen Fixierungsversuche, deren
Fixierungscharakter schon zufolge der geschichtlichen Einkleidung
in ein philosophisch-kulturelles Begriffs- und Bezugssystem proble-
matisch ist, mit Karl Rahner eher wieder einer «suchenden Theologie» das Wort reden, die etwa das, was sie in der Christologie
sucht, in Jesus von Nazareth zu entdecken sucht[31]. Das Ergebnis
solcher Suche kann man freilich nicht im vorhinein festlegen.
Jeder von uns — von eingefleischten Traditionalisten abgesehen —
hätte noch vor wenigen Jahren manches nicht für möglich gehalten,
was ihm heute selbstverständlich ist. Wir müssen auf den Geist
vertrauen, der der Gemeinde Christi verheissen ist.

---

[30] Vat. II Offenbarungskonstitution, Art. 8.
[31] *K. Rahner,* Jesus Christus: SM II 924-927.

Es geht also keineswegs, weder was die Schrift noch dogmatische Formulierungen anlangt, nur um das wörtliche Wiederholen «toter» Formeln, sondern um das lebendige Erkennen des ursprünglichen Glaubensgutes. Nur so wird Dogmenentwicklung und -geschichte verständlich. Es entbehrt nicht des Reizes, dass ausgerechnet Dogmen, auf die Traditionalisten besonderen Wert legen, wie die jüngsten Marien- und Papstdogmen, überhaupt nur als solche Weiterentwicklungen verständlich zu machen sind. Eine schöpferische und zugleich kritische Theologie begnügt sich darum keineswegs damit, gewünschte Argumente zu liefern, sie treibt vielmehr das Glaubensverständnis weiter und beeinflusst wieder Verkündigung und Lehramt, wie sie selbst von diesen beeinflusst wird[32].

Gewiss gibt es heute wieder naive Fundamentalisten, die solche Überlegungen als Rationalismus abtun, der das Geheimnis und den Glauben zerstört, und die auf ein neues alogisches, irrationales Zeitalter hoffen. Norbert Brox hat kürzlich aufgezeigt, dass der Konflikt zwischen dem viel gepriesenen einfachen Glauben und der Theologie, die man als Luxus und Quelle der Verunsicherung erfuhr, von Anfang an schwelte, dass sich aber die sehr gepriesene Simplicitas des Glaubens bald als schutzlos, naiv und äusserst gefährlich, nämlich den Glauben gefährdend erwies; die Verunsicherung durch die Theologie erwies sich als notwendig, wenn der Glaube überleben wollte und es nicht zu einem defekten, unzulänglichen Glauben kommen sollte. Der Prozess der rationalen Reflexion ist unvermeidlich wie der der Emanzipation. Die Milch muss einmal durch feste Speise ersetzt werden, um ein paulinisches Bild (1 K 3, 2) zu gebrauchen[33]. Auf ein nicht reflektierendes Zeitalter können und dürfen wir schon auf Grund der erreichten menschlichen Entwicklungsstufe, aber auch der christlichen Verpflichtung auf den Logos nicht mehr hoffen oder zurücksinken.

Die sich ereignenden und notwendigen Veränderungen fordern also eine lebendige, mobile, dynamische, dem Experiment offene Kirche und dienen letztlich nur dazu, dass die in einer

---

[32] *C. Pozo,* Dogmenentwicklung: SM I 926-935; *K. Rahner,* Dogmen I: SM I 936-947; *ders.,* Schrift und Tradition: SM IV 443-451.

[33] Vgl. *N. Brox,* Der einfache Glaube und die Theologie: Kairos 14(1972) 161-187.

sich verändernden Welt sich verändernden Menschen die Botschaft Jesu immer besser verstehen, verkünden und verwirklichen können. Die üblichen Bilder von der Kirche als der festen Burg, als Fels, als schützendem Hafen, als sicherer Arche haben also ihre Grenze, und die starre, monolithische, zelotische, sektenhafte, sich einigelnde, defensive, apokalyptische «kleine Herde» ist überhaupt keine christliche Möglichkeit, sondern eher ein Zeichen von Kleingläubigkeit. Die Dynamik der Kirche von heute zeigt sich auch in der immer stärkeren Relativierung des Territorialprinzips, in der wachsenden Bedeutung «fliessender» Gemeinden, ja selbst in einem beweglicheren Kirchenbau: Mehrzweckräume, bewegliche Altäre und bewegliche Bestuhlung.

1.4.4. Die Veränderung in der Kirche hat eine innere Grenze an der Treue zur Sendung der Kirche und damit zum apostolischen Urkerygma. Nur in dieser Treue und zugleich in der Offenheit für das Drängen des Geistes und für die Impulse des je qualitativ neuen Kairos gibt es genuin christliche und lebendige Tradition.

Der Sinn der Kirche ist die treue Weitergabe des apostolischen Kerygmas und des durch Christus uns geschenkten Heils. Dazu ist sie «auf dem Fundament der Apostel und Propheten aufgebaut» (E 2, 20). Dabei weist das apostolische Prinzip zunächst mehr zurück auf die Anfänge, will die Kontinuität wahren, die Überlieferung vom Herrn her, das «anvertraute Gut» (1 Tm 6, 20) und hat darum notwendigerweise einen gewissen konservierenden, statischen Charakter. Das prophetische Prinzip weist primär nach vorne, sucht Antworten auf die Fragen von heute, öffnet auf das Morgen hin, gibt immer neue, überraschende, unter Umständen schockierende Impulse und bringt so einen evolutiven, dynamischen Trend in das kirchliche Leben. Daran ändern auch die immer wiederkehrenden Versuche nichts, das Prophetische zu zähmen, dem Amt einzuordnen, selbst gleich in die Traditionsnormen einzuzementieren und im «Fundament» zu begraben, wie das nach Merklein schon im Epheserbrief versucht wird[34]. Die Spannung zwischen dem apostolischen und prophetischen Prinzip muss ausgehalten und durchgetragen werden, damit das Erbe vom Herrn her gewahrt bleibt und zugleich immer neue Frucht bringt. Die beiden Elemente darf man nicht gegeneinander aus-

---

[34] *H. Merklein*, Das kirchliche Amt nach dem Epheserbrief (Mn 1973) 358-361. 394f.

spielen, sie kontrollieren sich gegenseitig: die Unterdrückung des einen würde zu einem das «anvertraute Gut» gefährdenden Schwärmertum, die des anderen zu tödlicher Erstarrung führen und aus der lebendigen und lebenweckenden Botschaft Jesu ein totes Museumsstück machen.

Echte Tradition ist darum nicht biblizistisch-fundamentalistisch-traditionalistische Konservierung dessen, was einmal war, sondern im Geiste Jesu weitergelebter Glaube, schöpferisches Weiterdenken und Weiterbauen auf dem gelegten Fundament und die in je neuen Situationen und Zusammenhängen notwendige je neue Interpretation der überlieferten Botschaft. Wie das Werk grosser Künstler und die Philosophie grosser Denker so bedarf auch die Botschaft Jesu der je neuen Interpretation; diese dient geradezu ihrem Verständnis, hält sie lebendig und schützt sie vor Verfälschung. Freilich gibt es willkürliche Interpretationen und Entwicklungen, Anpassungen an das Gängige, die zum Ausverkauf des Christentums, zum Verlust der Identität führen, die die Botschaft verkürzen, ja verfälschen. Darum muss jede Interpretation, jedes Weiterdenken und Weiterbauen immer wieder an den Ursprüngen und Quellen je neu gemessen und geprüft werden, an der heilschaffenden Selbsterschliessung Gottes, von der wir glauben, dass sie, was das zum Heil Notwendige betrifft, in Jesus, dem Christus, im apostolischen Urkerygma, ihr endgültiges Wort gefunden hat. Diese Überprüfung muss mit Hilfe der modernen Hermeneutik und nach den je neuen Erkenntnissen erfolgen; das macht dieses Geschäft heute schwieriger denn je zuvor, und es bedarf darum dazu heute auch grösserer Behutsamkeit.

Über die Bewahrung dieser echten und lebendigen Tradition und ihren Zusammenhang mit dem Urkerygma von Amts wegen zu wachen und so die Einheit des Glaubens zu wahren, ist die Aufgabe des kirchlichen Amtes[35].

1.4.5. Die konsequente und konkrete Nachfolge Jesu verlangt von der Kirche auch ein welt- und gesellschaftsveränderndes Tun.

Der eigentliche Beitrag zur Weltveränderung, der der Kirche aufgetragen ist, ist die Ausrufung der weltverändernden Botschaft

---

[35] *K. H. Weger*, Tradition: SM IV 955-965; *J. Blank*, Verändert Interpretation den Glauben?: Wort und Wahrheit 24(1969) 3-20; *W. Kasper*, Glaube und Geschichte (Mz 1970) 159-186.

Jesu, die weitere Proklamation der Nähe der Gottesherrschaft in der ganzen Welt und die Einladung zum antwortenden Umdenken des Glaubens, also die Mission oder Evangelisation.

Diese Botschaft enthält aber auch, wie wir schon bemerkt haben, ein unmittelbar gesellschaftskritisches und darum weltveränderndes Element, das die Kirche in ihrer Verkündigung nicht vergessen darf. Darüber hinaus hält die danksagende Feier des Todes Jesu die «gefährliche Erinnerung» (J.B. Metz) Jesu in ihr wach und gibt dem Menschen geistliche Kraft zur Veränderung der Welt. Vor allem aber sollte die engagierte Diakonie und Liebe der Gemeinde die Welt verändern und eine nur mit sich beschäftigte Kirche verhindern, die nicht mehr die Kirche Christi wäre.

Gewiss haben die Christen diese Seite der Botschaft Jesu weder immer genügend erkannt noch genügend danach gehandelt; dennoch hat sich ihre verändernde Kraft bis in unsere Tage hinein immer neu erwiesen, auch wenn sie sich mitunter unter ganz anderen Vorzeichen durchsetzen musste. Und wenn auch der unmittelbare und konkrete soziale, kulturelle und politische Weltdienst im allgemeinen den einzelnen Christen als Bürgern bzw. ihren zivilen Gemeinschaften aufgetragen ist, da es nicht Aufgabe der Kirche als solcher sein kann, hierfür konkrete Lösungsmodelle anzubieten oder gar darauf zu verpflichten und sie selbst in Angriff zu nehmen, so bleibt doch die Sorge um die Heilsbedürftigen jeder Art, die konkrete soziale und karitative Diakonie von der karitativen Hilfe bis zur Gemeinwesenarbeit und Entwicklungshilfe auch den christlichen Gemeinden als solchen aufgetragen. Ja es kann Umstände geben, unter denen sich ein eindeutiger Imperativ zu einem unmittelbaren gesellschaftspolitischen Engagement einer christlichen Gemeinde aus der Botschaft Jesu ergibt. So darf es also auch der Gemeinde Christi nicht primär darum gehen, die Welt zu erklären und ein neues Lehrsystem zu propagieren, sondern die Welt zu verändern[36]. Das scheinen manche Kritiker der sogenannten «Politischen Theologie» oder einer «Theologie der Befreiung» oft zu vergessen. Doch damit verlassen wir bereits unser Thema, das sich auf die Veränderung in der Kirche beschränkt[37].

---

[36] «Die Philosophen haben die Welt nur verschieden interpretiert, es kommt darauf an, sie zu verändern»: *K. Marx*, 11. These über Feuerbach (MEW III, B 1968, 6).
[37] vgl. u. a. *K. Müller : K. Müller* (Hg.), Die Aktion Jesu und die Reaktion der Kirche (Wü 1972) 151-168; *J. B. Metz*, Zur Theologie der Welt (Mz 1968); *H. Schneider*, Eschatologie und Politik: Wort und Wahrheit 28 (1973) 213-234.

Die weltverändernde Aufgabe der Kirche sollte man freilich nicht gegen die ihrer eigenen Veränderung ausspielen und diese nicht als narzisstische Selbstbespiegelung verdächtigen. Ohne ihre eigene ständige Veränderung und Reform wird die Kirche ihrer Glaubwürdigkeit beraubt und damit unfähig, die Welt zu verändern.

2. *Praktische Imperative*

Jede Theorie sollte letztlich der Praxis dienen, vor allem wenn es sich um eine Theorie der Veränderung handelt. So rufen unsere theologischen Überlegungen nach Imperativen für die Praxis. Wenn nun das Christentum im Sinne seines Stifters ein «Programm der Veränderung» ist, wie wir zu zeigen versucht haben, dann dürfen sich auch die Christen und die institutionalisierten christlichen Kirchen nur im Dienste dieses Programms verstehen.

2.1. Die Christen und die christlichen Kirchen müssen den Aufruf Jesu und seines Geistes zur Veränderung und die Geschichte, in die dieser Aufruf ergeht, ernst nehmen.

Die Christen und ihre Gemeinden müssen Erstarrungsvorgänge verhindern und in Gang gekommene nach dem Beispiel Jesu bekämpfen; sie dürfen die notwendigen Veränderungen nicht dem Zufall überlassen; sie müssen sie planen und Methoden zur Realisierung der Pläne vorlegen. Gewiss lässt sich auch in der Kirche nicht alles planen: die Einfälle und Eingebungen des Geistes entziehen sich jeglicher Planung, dennoch scheinen selbst sie mitunter des geplanten Schutzes zu bedürfen, wenn man schon dem ersten Thessalonikerbrief 5, 19 glauben darf. Auch die kirchlichen Amstsräger dürfen sich nicht nur als ängstliche Hüter eines tresorierten Schatzes sehen.

Nur so kann die immer notwendigerweise vorhandene Differenz zwischen Christlichkeit, also der Sache und den Anliegen Jesu, und den institutionalisierten Kirchen auf ein erträgliches Mass herabgemindert werden. Nur so kann das allenthalben sich ausbreitende Klima der Resignation abgebaut werden, die ein weit gefährlicherer Zustand ist als lautstarke Proteste, die immer noch ein Zeichen von Liebe, wenn auch von verletzter Liebe, sein können. Resignation ändert nichts, sie lähmt nur. Auch äussere und innere Emigration tragen nichts zur Veränderung bei; sie sind nur Ausdruck der Verzweiflung, Veränderungen durchzusetzen.

Neben der Bereitschaft zur Reform muss der Sinn für Geschichte und für die, wenn auch nicht immer leichte, Unterscheidung zwischen Wesentlichem und Unaufhebbarem und dem Wandelbaren und Zeitbedingten gewahrt werden. Die Absolutsetzung des Letzteren gerät immer in die Gefahr des Götzendienstes. Zur derzeitigen Krise der Kirche kam es nicht zuletzt dadurch, dass man sich den längst fälligen Fragen nicht oder zu spät stellte und dem christlichen Volk in den letzten Jahrhunderten das Bild einer statischen und in allem völlig sicheren Kirche als Ideal vorstellte, statt es auf die längst fälligen Veränderungen vorzubereiten.

2.2. Das gute Gelingen der fälligen Veränderungen in der Kirche hat nicht wenige menschliche und christliche Voraussetzungen.

Dazu gehören ein Klima der Menschlichkeit, der Freundschaft und Brüderlichkeit, der Offenheit und Mitverantwortung; umfassende Information, allseitige Kommunikationsbereitschaft und Loyalität, Dialog- und Kooperationswilligkeit, Geduld, Innovationsfähigkeit, Mut und Zivilcourage, Phantasie, Spontaneität und Kreativität; Reflexion, Rationalität, kritischer Sinn, Erziehung zu kritischem Gehorsam und zu demokratischer Gesinnung, politische Bildung, Immunisierung gegen Manipulation und Propaganda, Kenntnis der rein triebhaften Reaktionen und anderer psychischer Mechanismen, Automatismen und Verbarrikadierungen; Beherrschung der Aggressivität und des Adaptionszwanges, Beweglichkeit, Kontakt- und Anpassungsfähigkeit; Abbau von Angst und Apathie, von Ideologisierungen und Tabuierungen, von Intoleranz und Verteufelungen; Einheit in der Vielfalt statt Uniformismus und Wahrung des legitimen Freiheitsraumes.

In einer Zeit mit so raschen und tiefgehenden Veränderungen bedürfen die Christen und ihre Gemeinden, im besonderen Theologie und Verkündigung, des ständigen Dialogs mit der Zeit, mit dem zeitgenössischen Denken und Philosophieren, mit den modernen Human- und Naturwissenschaften, mit Literatur und Kunst. Die Welt, die Zeit, der Kairos, die Geschichte müssen wieder als theologischer Ort, als Ort der Theologie und des Evangeliums ernstgenommen werden.

Von grösster Bedeutung ist die Offenheit der Christen und ihrer Gemeinden für den Geist, der «weht, wo er will» (J 3, 8), und der auch in Minderheiten oder in einzelnen Propheten zu uns sprechen kann. Die wirklich weiterführenden Veränderungen kann man selten einfach aus der Situation ablesen. Auf diese kann man so und anders reagieren. Oft werden uns nur «Männer voll des Geistes» (Ag 6, 3) die rechten «geistlichen» Zukunftsentwürfe anbieten können.

Vor allem aber sollten die Kirchen und ihre Gemeinden selbst sich als Gemeinden Jesu, als Orte des Glaubens, der Hoffnung der Zuversicht, der Versöhnung, der Freude, der Gerechtigkeit, der Freiheit und der Einladung erweisen.

2.3. Das gute Gelingen der fälligen Veränderungen hängt nicht wenig von der Art der Autoritätsausübung ab.

Dazu gehören Abbau aller Machtstrukturen, aller Monokratischen Führungsmodelle und Kastenbildungen in der Kirche seitens des Klerus, im besonderen auch der Bischöfe und aller höheren kirchlichen Amtsträger; subsidiäres Verhalten, möglichste Beschränkung der Intervention der Autorität statt deren Eskalation; klare Unterscheidung der lehramtlichen Entscheidungen von den hirtenamtlichen oder rein disziplinären; Nichtinanspruchnahme der Autorität Christi für bloss gesellschaftliche Ordnungsautorität, die es auch in der Kirche notwendigerweise gibt; Transparenz in der Entscheidungsfindung; dialogischer, partnerschaftlicher, kooperativer, kollegialer Führungsstil nicht nur dort, wo man Schützenhilfe für seine Meinungen braucht; Dienstgesinnung; Anerkenniung des berechtigten Pluralismus; Bereitschaft, Fehlenscheidungen zu revidieren, die auch in der Kirche möglich sind; Offenheit für Kritik, ohne die es selten zu wirklichen Reformen kommt. Die Amtsträger dürfen sich nicht nur als Durchführungsgehilfen der je höheren verstehen, sondern müssen auch Vertreter der Meinungen und Wünsche derer sein, die sie vertreten. Der Kommunikationsfluss muss darum auch von unten nach oben gehen. Das Anhören und Einholen der Meinungen von unten darf freilich kein blosser Scheinvorgang sein.

Nur totalitäre Systeme beanspruchen für alle Entscheidungen und Befehle kritiklose «Gefügigkeit, ehrfürchtige Anerkennung, Verbreitung und Verteidigung» und versuchen, im Namen der Loyalität jegliche Kritik zu unterbinden und unliebsame Kritiker zu isolieren, allgemein zu verdächtigen und zu ächten. Leider kommen solche evangeliumswidrige Erscheinungen immer wieder auch in der Kirche vor. Man versucht, das freie Gespräch über durchaus diskutierbare Meinungen zu verhindern und deren Vertreter zu diskriminieren, zu massregeln, mundtot zu machen

und von der weiteren Mitarbeit in kirchlichen Gremien auszuschliessen, womit man sich freilich letztlich selbst bestraft. Es ist
auch wohl eine masslose Überinterpretation, wenn ein römischer
Theologe anlässlich der Vorstellung eines dann auch von mass-
geblichen Fachleuten sehr kritisch kommentierten Dokumentes
der Glaubenskongregation erklärt, wer dem Inhalt nicht zustimme,
stelle sich damit ipso facto ausserhalb der kirchlichen Gemeinschaft. Mit solchen Erklärungen wird letztlich nur die Autorität
untergraben[38].

Für die in Theologie, Lehre und Verkündigung fälligen
Veränderungen ist das Gespräch der Amtsträger mit der Theologie
und zwar nicht nur mit einer bestimmten theologischen Richtung
bedeutsam. Das Lehramt muss dem berechtigten Pluralismus in
der heutigen Theologie Rechnung tragen, zwischen Kerygma und
theologischer Erklärung unterscheiden und sich bewusst sein,
dass es heute oft gar nicht sehr leicht ist, Wahrheit und Irrtum zu
unterscheiden; es wird darum vorsichtig sein und nicht allzufrüh
von Häresieverdacht und Häresie sprechen.

Die kirchlichen Autoritätsträger sollten sich, wenn sie im
Geiste Jesu handeln wollen, nicht nur als Bremsklötze verstehen,
die sich gegen jede Veränderung sperren, auch längst notwendige
Veränderungen, so lange als möglich, zu verhindern suchen und
sich nur in qualvoller Salamitaktik abnötigen lassen; sie sollten
vielmehr nützlichen Veränderungen positiv zugetan sein, dazu
ermutigen und diesbezügliche Experimente nicht nur dulden, sondern sie, wenn nötig, höheren Orts auch verteidigen.

Um ein Beispiel anzuführen: Es wird kaum zu den nötigen
Veränderungen kommen, wenn eine Bischofskonferenz nach dem
römischen Verbot der Erstkommunion vor der Erstbeichte, die
von den Bischöfen gestattet worden war, von den Religionslehrern weithin durchgeführt wurde und mit der man beste
Erfahrungen gemacht hat, nur folgendes mitzuteilen hat: «Die
Bischofskonferenz dankt allen Seelsorgern und Religionslehrern,
die den ad experimentum genehmigten Pastoralversuch einer
Verlegung der Erstbeichte in das 4. Schuljahr durchführten, für
die Gewissenhaftigkeit und den Eifer, den sie mit der Durchführung verbunden haben. Sie verbindet mit diesem Dank die Bitte,

---

[38] Kathpress v. 6.7. 1973, n. 154, 4; Kathpress-Informationsdienst v. 17.10.1973,
n. 217, 1-3.

76

für die Gründe und Motive, die zur Beendigung dieses Pastoralversuches führen, Verständnis aufzubringen, und bittet sie, den Weisungen aus Rom mit innerer Bereitschaft im Sinne eines sentire cum ecclesia nachzukommen[39].» Abgesehen davon, dass hier ecclesia offenkundig nur in Rom vermutet wird, stellt dies wohl kaum eine hinreichende Vertretung der Erfahrungen der Ortskirchen gegenüber der Gesamtleitung der Kirche dar.

2.4. Was die konkreten Massnahmen und Methoden zum Erzielen von Veränderungen in der Kirche anlangt, so ist nicht alles, was sich vom profanen Bereich her an Strategie und Taktik anbietet, auf den kirchlichen Bereich übertragbar, es muss vielmehr am Geist Jesu geprüft werden. Dennoch wäre es unzulässiger Spiritualismus, diesbezügliche Planungen und methodisch-taktische Überlegungen von vornherein auszuschliessen.

Konkret bedarf es zunächst der möglichst objektiven Analyse der Situation, um die fälligen Veränderungen planen zu können. Kybernetische, soziologische und pastorale Institute für gewisse Grossräume werden unumgänglich sein, um optimale Formen für die Weitergabe des Evangeliums zu ermöglichen und Formen und Verhaltensweisen zu beseitigen, die ihr im Weg stehen.

Die fälligen Veränderungen werden am besten zunächst in kleinen Gruppen und Basisgemeinschaften vorbereitet, erprobt und eingeübt. Solidarisierungen von gleichgesinnten Laien, Presbytern und Ordensleuten, getrennt oder gemischt, auf pfarrlicher und überpfarrlicher Ebene, sollten darum gefördert und nicht verdächtigt und diskriminiert werden. Diese Gruppen sollten sich freilich nicht zu sektenhaften esoterischen Exklusivklubs entwickeln. Ihre Mitglieder sollten vielmehr positiv in allen kirchlichen Gremien und in den Gemeinden mitarbeiten und sie für ihre Gedanken zu gewinnen versuchen. «Untergrundkirchen», bloss «kritische Gruppen», «kritische Gemeinden» und Emigration sind keine Dauerlösung.

Zum Durchsetzen der wünschenswerten oder notwendig scheinenden Veränderungen wird man sich aller sittlich einwandfreien, dem Geist Jesu entsprechenden und dem zu erreichenden Ziel proportionierten Mittel bedienen dürfen. Die öffentliche Meinungsbildung und der gezielte Einsatz der sozialen Kommuni-

---

[39] WDBl 111 (1973) 155.

kationsmedien sind an sich als durchaus legitime Mittel anzusehen. Es wäre ein kaum zu begründendes Obrigkeitsdenken, den Gebrauch solcher Mittel nur den Amtsträgern zuzubilligen oder nur von deren Zustimmung abhängig zu machen. Wohl sollte man zunächst mit den zuständigen Amtsträgen Kontakt aufnehmen bzw. die vielleicht vorhandenen Einrichtungen benützen, wie dies auch das Zweite Vatikanum empfiehlt[40]. Wenn aber dies nicht zum Ziel führt und die Sache eine entsprechende Bedeutung hat, kann es nicht verwehrt sein, sich für notwendig scheinende Veränderungen auch der Hilfe von Gesinnungsgenossen zu versichern und dafür auch in aller Oeffentlichkeit und mit den hier üblichen Mitteln einzusetzen.

Die Reaktionen der kirchlichen Autorität auf solche Versuche sind freilich noch wenig ermutigend, zuweilen geradezu erschütternd. Ein bemerkenswertes Beispiel bietet das Echo, das der Appell gefunden hat, den 33 Theologen aus aller Welt im April 1972 «wider die Resignation» gerichtet haben[41]. Der Appell sollte angesichts der «vielschichtigen Führungs- und Vertrauenskrise» in der Kirche zur Besinnung auf die christliche Mitte, nämlich das Evangelium Jesu Christi, aufrufen, vor der sich allenthalben breit machenden und lähmenden Passivität, Müdigkeit und Resignation warnen und zum «Durchhalten in vertrauendem Glauben in einer Phase der Stagnation» ermutigen. Dabei wurde «gegen Tendenzen zur Auflösung» ebenso Stellung genommen wie gegen solche « zur Erstarrung ». Zur Überwindung der Mutlosigkeit wurde empfohlen: nicht schweigen, wo man reden muss und wo Massnahmen ganz offensichtlich dem Evangelium nicht entsprechen; selber handeln, wo man handeln kann; gemeinsam vorgehen, weil mehrere mehr erreichen als einer und der Wille zur Erneuerung gar nicht auf bestimmte Gruppen beschränkt ist; Zwischenlösungen anstreben, also den Weg der kleinen Schritte gehen; und nicht aufgeben, weil das der christlichen Hoffnung widerspricht. Das Echo, vor allem seitens der gesamtkirchlichen Autorität war erschütternd. Der Osservatore Romano, Kardinäle, ganze Bischofskonferenzen, die päpstliche theologische Akademie, der Papst selbst wurden aufgeboten; die Unterzeichner wurden als « Feinde der Kirche » allgemein verdächtigt und diskriminiert;

---

[40] Vat. II Kirchenkonstitution, Art. 37.
[41] HK 26(1972) 230-232.

Repressionen wurden angedroht und Massregelungen gefordert; von einer «Taktik kirchlicher Guerillas» war die Rede, ohne dass allerdings der Inhalt und die Tendenz des Appells nur irgendwie adäquat wiedergegeben worden wären. Der Nichtinformierte musste den Eindruck bekommen, dass hier die Feinde der Kirche tatsächlich zum Generalangriff angetreten wären[42].

Aehnliche Beispiele liessen sich unschwer aus vielen Ländern und Diözesen beibringen. Wenn aber eine solche Aktion einmal Erfolg hat, konkret: als der Bischof von Glasgow die 1972 verfügte Entlassung seines Studentenpfarrers zurücknehmen musste, wird offiziell bedauert, dass man sich gegen ein autokratisches Vorgehen gewehrt hatte, statt es «in geziemender Demut» hinzunehmen[43]. Wie wenig solche «Demut» im konkreten Fall ein Ignatius von Loyola geübt hat, hat Raymund Schwager aufgezeigt[44].

Unter gleichen Umständen sind evolutive Methoden, die am Vorgegebenen anknüpfen und es weiter entwickeln, revolutionären Methoden, der lange Weg der kleinen Schritte dem kurzen Weg des offenen Konflikts vorzuziehen. Man sollte aber auch auf dem langen Weg allseits ehrlich sein. Die mitunter übliche Art, neue Entwicklungen erst zu verurteilen, dann zu beargwohnen, um sie schliesslich als altes Erbe auszugeben, oder sie möglichst lange unter alten Formeln zu tarnen, wird von der jungen Generation als Unwahrhaftigkeit empfunden; abgesehen davon, dass schon das Evangelium davor warnt, ungewalktes Tuch auf alte Kleider zu nähen und neuen Wein in alte Schläuche zu füllen (Mt 9, 16f).

Doch können auch offene Konflikte in der Kirche unvermeidbar werden, wenn wichtige Güter auf dem Spiel stehen, kein anderer Weg zum Ziel zu führen scheint und der Nutzen voraussichtlich grösser ist als der Schaden, der dadurch vielleicht entsteht. Konflikte haben nämlich nicht nur mögliche negative Auswirkungen wie stärkere Polarisierung, Verwandlung in destruktive Gewalt, Schaffung und Vertiefung von Feindschaften, die Gefahr, falsche

---

[42] Kathpress v. 27.3.1972, n. 72, 1f; v. 28.3.1972, n. 99, 5f; v. 29.3.1972, n. 74, Beilage 1f; v. 2.5.1972, n.101, 5; v. 5.5. 1972, n.104, 5; v. 16.5. 1972, n.112, 5; v. 18.5. 1972, n. 114, 5; Kathpress — Informationsdienst v. 28. 3. 1972, n. 179, 1-4.

[43] Herder Korrespondenz 27(1973) 361.

[44] *R. Schwager*, Das dramatische Kirchenverständnis bei Ignatius von Loyola (Z 1970).

Feinde zu treffen; sie können auch der einzige Weg zu notwendigen Veränderungen sein und überdies auch passive Menschen aufrütteln und zur Teilnahme am Entscheidungsprozess bewegen[45]. Christen sollten freilich dann um Konfliktlösungen bemüht sein und sich dabei der Motivation, die uns das Evangelium anbietet, aber auch der Ergebnisse der modernen Konflikttheorie, der Konfliktpsychologie und -soziologie, bedienen und ihre Konfliktstrategie danach revidieren. Man wird dann Konflikte nicht durch Polarisierung, sondern durch Depolarisierung zu lösen versuchen; man wird den Konfliktpartner nicht zum totalen Feind ausbauen; man wird Konflikte einzugrenzen und nicht zu eskalieren trachten; man wird Zeit zu gewinnen suchen und nicht alles über Nacht lösen wollen; man wird sich der Grenzen seiner eigenen Wahrheitserkenntnis bewusst sein und vorsichtig sein im Ausspielen letzter Werte und Wahrheiten; man wird Informationen austauschen, Missverständnisse ausräumen, die andere Position zu verstehen und die eigene zu hinterfragen versuchen, vom anderen zu lernen bereit sein und dem Partner zum mindesten guten Willen zubilligen, so lange nicht das Gegenteil erwiesen ist; man wird im Rahmen des Möglichen flexibel und zum Wandel bereit sein; man wird indirekte Lösungen direkten (durch Gewalt und Unterwerfung) vorziehen; man wird mehrere Wege zur Konfliktaustragung und -bewältigung anwenden und sich nicht nur auf einen verlassen; man wird durch Einschalten Dritter den üblichen Zweierkonflikt zu einer Dreierstruktur aufbrechen und so mehrdimensional machen[46].

Einsatz von Macht durch Abschreckung oder durch tatsächliche Gewaltanwendung sollte unter Christen nach Möglichkeit kein Mittel zur Konfliktbeendigung sein. Wohl kann im zivilen Bereich unter dem Zwang ungerechter und unmenschlicher Verhältnisse, «im Fall der eindeutigen und lange dauernden Gewaltherrschaft, die die Grundrechte der Person schwer verletzt und dem Gemeinwohl des Landes ernsten Schaden zufügt», selbst äussere Gewaltanwendung (Revolution) ausnahmsweise für Christen als letzter Weg zur Veränderung möglich werden[47]: denn unvereinbar mit der Liebe ist wohl der Hass, nicht aber unter allen

---

[45] *W. Simpfendörfer*: *K. F. Daiber — W. Simpfendörfer* (Hg.), Kirche in der Region (St 1970) 149-189.

[46] *W. L. Bühl* (Hg.), Konflikt und Konfliktstrategie (Mn 1972) 48-55.

[47] *Paul VI.* Enz. «Populorum Progressio» v. 26.3. 1967, n. 30f.

Umständen die Gewalt, die freilich fast immer eine Atmosphäre des Hasses schafft[48]. Im kirchlichen Bereich sollten aber Situationen von vornherein vermieden werden, die die genannten Voraussetzungen schaffen.

Tatsächlich gab es immer Konflikte auch in der Kirche. Man denke an den schweren Konflikt zwischen Paulus und Petrus, dem jener Heuchelei und evangeliumswidriges Verhalten vorwarf und den er «vor allen anderen» zur Rede stellte; den ganzen Konflikt macht Paulus überdies noch in einem öffentlichen Gemeindebrief publik (Gl 2, 11-14). Man denke an den Konflikt zwischen Judenchristen und griechisch redenden Christen, der in Jerusalem zu einer Spaltung der Gemeinde führte (Ag 6, 1-7); an die Parteien in der korinthischen Gemeinde zur Zeit des Paulus (1 K 1, 11-13; 3, 4) und die Gruppen, die sich dort nach dem ersten Klemensbrief gegenüberstanden. Es ist zweifellos besser, Konflikte ehrlich und offen auszutragen als zu verdrängen und nicht vorhandene Konsense zu mimen. Die Christen müssen lernen, auch in der Kirche mit Konflikten zu leben: mit Konflikten unter Christen und christlichen Gruppen, unter Theologen, zwischen Theologen und Lehramt, zwischen Charisma und Amt, zwischen Gemeinde und Amtsträgern. Christen sollten sich sogar bemühen, Modelle christlicher Konfliktbewältigung zu entwickeln. Dass sich derzeit die Konflikte in der Kirche und auch das Unbehagen darüber, wie sie gelöst werden, so mehren, ist freilich ein Zeichen dafür, dass das Christentum weithin nicht mehr als Programm der Veränderung akzeptiert wird.

Wenn man Religion nur als konservierende, eine Urzeit durch ihre Riten heraufbeschwörende oder den gesellschaftlichen Status quo erhaltende Kraft versteht, ist das Christentum keine Religion. Es kennt nur *eine* verbindliche Erinnerung, die an Jesus von Nazareth; aber diese weist selbst nach vorne und drängt in dem der Gemeinde gegenwärtigen Geist nach permanenter Erneuerung, nach Veränderung auf die Zukunft hin, die Gott selbst ist, der spricht: «Siehe, ich mache alles neu» (Apk 21, 5).

---

[48] *M. Honecker*, Revolution in der Sicht theologischer Sozialethik: ThQ 153 (1973) 25-43.

NOTES SUR LE RÔLE DU FACTEUR RELIGIEUX DANS LE PROCESSUS D'ACCULTURATION DE L'ORIENT ARABE

par

Paul Khoury

Située dans le cadre de la rencontre entre la culture arabe et la culture de l'Europe méditerranéenne dans l'époque contemporaine, la réflexion sur le rôle du facteur religieux dans le processus d'acculturation de l'Orient arabe distingue d'emblée les quatre termes qui constituent la situation globale des hommes embarqués dans ce dialogue. Ce sont, d'une part, le christianisme occidental et la modernité, et, d'autre part, le christianisme oriental et l'islam. Ils peuvent se réduire à trois, si on néglige les divergences qui distinguent le christianisme oriental du christianisme occidental. Et alors la rencontre des hommes force au dialogue et à l'interaction dialectique, d'un côté, les religions chrétienne et musulmane, et, de l'autre, ces religions et la modernité.

Les intentions déclarées et les résultats escomptés au terme du processus d'acculturation de l'Orient arabe n'étant plus la colonisation, ni l'intégration culturelle, ni la conversion religieuse, reste l'attitude de dialogue. Elle signifie, chez l'oriental arabe, avant tout l'acceptation du changement, mais en même temps la détermination de demeurer fidèle à sa tradition où il situe volontiers son identité. Cette sorte de fidélité peut être interprétée comme une réaction de défense, tendant à conjurer la menace d'un changement redouté comme une forme de disparition. Elle s'explique par une méfiance qui n'est pas toujours sans fondement, qu'il s'agira de travailler à surmonter, mais qui constitue peut-être l'essence même de l'incompréhension, tant en ce qui concerne le dialogue des religions chrétienne et musulmane entre elles, qu'en ce qui concerne le dialogue de ces religions avec la modernité.

Si ces brèves notes pouvaient prétendre à quelque chose, ce serait de proposer une analyse de ce double rapport qui définit la situation d'acculturation de l'Orient arabe, en vue de montrer dans quel sens pourrait s'engager le processus d'acculturation sans qu'il soit porté atteinte à l'identité culturelle ou religieuse, c'est-à-dire à l'intention essentielle qui constitue le style ou la forme propre de la culture et des religions de l'Orient arabe. Il se peut qu'au terme de ces analyses apparaisse une possibilité que la modernité intègre ce style et cette forme comme un facteur d'équilibration ou même de dynamisation.

ISLAM ET CHRISTIANISME

Cet aspect de l'acculturation peut paraître essentiellement une chose du passé, qu'il conviendrait donc d'oublier plutôt que de ressusciter. L'intérêt semble devoir porter exclusivement désormais sur les rapports de la culture traditionnelle arabe et de la modernité. Mais précisément la culture arabe, qui est celle des chrétiens aussi bien que des musulmans, est en son fond même fortement marquée de l'empreinte religieuse. Dans l'Orient arabe, le facteur religieux n'a pas perdu, comme en Occident, de son importance : il exerce une influence encore très profonde, malgré les oppositions de plus en plus vives qu'il rencontre, sur la vie sociale et politique. Il constitue même parfois un facteur de division nationale, qu'il n'est pas toujours facile de transformer ou de sublimer en équilibre et harmonie du pluralisme. Dans certains cas, il pourrait bloquer le processus d'acculturation à la modernité, quand celle-ci apparaît comme une caractéristique de la religion adverse ou comme ayant avec elle quelque affinité réelle ou supposée. Dans les rapports avec l'étranger, la qualification religieuse peut devenir, suivant les partenaires, une facilitation ou un handicap : elle fonde les affinités ou les répulsions politiques. Il faut, certes, reconnaître que les valeurs religieuses, du moins quand elles sont prises dans les systèmes religieux et bloquées dans des représentations traditionnelles, perdent de plus en plus, pour les générations montantes, de leur «relevance». Mais il reste que les traditions et les systèmes religieux sont encore là qui encadrent la culture et la vie arabe.

Il n'est donc pas vain d'évoquer le passé des rapports entre chrétiens et musulmans, puisque ce passé n'est pas totalement disparu et oublié, mais bien plutôt maintenu encore vivant pour le service de grands intérêts, extérieurs et intérieurs, d'ordre économique et politique. L'islam et le christianisme, religions sœurs, n'ont pas été fraternels l'un pour l'autre, et les controversistes de l'un et de l'autre bords n'ont presque rien respecté des valeurs religieuses chrétiennes et musulmanes. Il faut dire ici pourtant que les musulmans ont constamment vénéré le prophète Jésus et sa mère virginale, alors que de leur côté c'est à peine si les chrétiens ne se gaussent pas du Dieu de Mahomet comme ils le font de toute la révélation coranique, forme et contenu.

Parmi les croyances musulmanes, celles que les chrétiens attaquent avec le plus d'acharnement, les désignant ainsi comme les plus contraires au christianisme, sont le caractère prophétique de Mahomet et le caractère révélé du Coran. Dans le christianisme, les controversistes musulmans refusent la trinité où ils voient un polythéisme, rejettent la divinité de Jésus Christ, et dénoncent l'actuel Evangile des chrétiens comme un Evangile falsifié et altéré. De part et d'autre, les mêmes moyens pour triompher de l'adversaire: le dénigrement souvent, l'injure parfois, le témoignage d'une Ecriture à laquelle l'autre ne croit pas, le recours à la raison violentée par sa servitude à la foi. Si un Ḳarāfī ou un Ibn Taymiyya ne se gênent pas pour exprimer leur humeur, on comprend que des chrétiens arabes ne soient pas tout à fait à l'aise dans la critique de la religion des maîtres; et pourtant un Abraham de Tibériade ou un Georges le moine ou un Kindī ne manquent pas l'occasion de griffer, du moins d'après les récits de leurs séances de controverse, et après avoir obtenu l'autorisation d'être impertinents s'ils le voulaient.

L'analyse de cet aspect des rapports entre islam et christianisme fournit quelques données utiles pour la connaissance du climat culturel ou de conflit culturel qui dressait alors les uns contre les autres les chrétiens et les musulmans. D'abord, c'est la préoccupation dominante de la question de la vérité religieuse. Dans ce sens, on ne peut que souscrire à l'appellation qui fait du Moyen Age l'époque de la foi. Les esprits sont orientés vers l'au-delà, c'est-à-dire à la fois vers le Dieu transcendant considéré comme origine et fin du monde et de l'homme, et vers la vie dernière qui est l'enjeu de la vie immédiate. Le salut est la grande affaire. Et comme il ne s'obtient que par l'appartenance à la vraie religion, on comprend l'attachement de chacun à sa religion vraie, la défense de ses positions, l'attaque des erreurs de l'adversaire, le zèle pour la conversion des âmes en péril de perdition. D'autre part, cet univers de la foi ou de la religiosité se trouve structuré ou organisé selon les catégories qui définissent tout univers religieux, à savoir Dieu, la révélation, la foi, le salut. Le point de divergence sur lequel l'islam et le christianisme semblent irréconciliables, c'est la notion de révélation, laquelle à son tour entraîne la divergence sur les notions de foi, de salut, et même sur la notion de Dieu. Il est permis, enfin, de reconnaître, sous la figure des préoccupations religieuses et de la recherche de la vérité religieuse et du salut, le fond humain auquel pourrait se réduire ce rapport de conflit: il s'agit d'une lutte d'intérêts ou plus largement d'un affrontement de civilisations; et comme ces civilisations sont l'une et l'autre marquées de l'empreinte religieuse, le facteur religieux devient le point de fixation de l'attachement, du refus, de l'attaque, de la conquête, de la conversion.

On peut constater pourtant des cas d'esprits ou de cœurs plus ouverts, tant en islam qu'en christianisme. Il suffit de citer ici les noms de Ghazālī, d'Elie de Nisibe, de Paul d'Antioche, à titre d'exemples. Ces controversistes de langue arabe se distinguent par leur sérénité et leur probité dans l'examen des questions religieuses. Certains d'entre eux même tentent de dépasser le niveau où s'engendrent les querelles, qui est celui des représentations religieuses et des conceptualisations théologiques, pour se placer sur le terrain de la foi en Dieu et de la vie en fonction de Dieu. Par là, l'attitude de controverse se mue en attitude proprement religieuse, dont le type le plus pur, dans la perspective de la rencontre des religions chrétienne et musulmane, semble bien être, comme l'a vu Massignon, le martyr de l'amour divin et l'imitateur de Jésus, Ḥallādj; peut-être pourrait-on lui trouver un analogue, du côté chrétien, en François d'Assise. Il faudrait, pour bien faire, mentionner bien d'autres personnages, et étudier les orientations ouvertes par un Raymond Lull, par exemple, ou un Nicolas de Cues, du côté de l'Occident latin. Mais ces quelques traits retenus du passé suffisent, semble-t-il, à faire comprendre la plupart des tentatives plus récentes d'instaurer un dialogue entre chrétiens et musulmans, portant sur les questions religieuses qui ont jusqu'ici opposé l'islam et le christianisme. Il faut dire aussitôt, à propos de ces voies nouvelles, qu'elles sont plutôt le fait de chrétiens que de musulmans, ceux-ci étant, semble-t-il, davantage liés par les positions du système musulman, alors que ceux-là semblent parvenir à assouplir certaines arêtes du système chrétien.

Aujourd'hui, mis à part quelques convertisseurs, l'attitude dominante semble être, chez les chrétiens, d'aller aussi loin que possible dans la voie ouverte par Massignon. Il y a lieu, cependant, de noter, chez beaucoup de disciples de Massignon, un décalage du centre d'intérêt: au lieu de rester dans l'expérience mystique, ils tentent une ouverture à l'islam au niveau dogmatique des notions de prophétisme et de révélation, ou au niveau plus large de la vie religieuse. Il y a lieu de noter aussi que ces tentatives sont, en très grande majorité, le fait d'Occidentaux ou d'Orientaux occidentalisés. Cela devrait conduire à penser que l'initiative dans ce domaine des relations religieuses, comme d'ailleurs dans celui des rapports culturels, appartient au christianisme et à l'Occident. Il faut préciser que, de plus en plus, cette initiative et les responsabilités qui en découlent sont celles de l'Occident culturel plutôt que de l'Occident chrétien. Cette constatation engage l'analyse du dialogue religieux dans deux directions ou à deux niveaux: celui des systèmes religieux, et celui de la foi. Cette distinction permet à la foi de se dégager de sa forme culturelle traditionnelle, et d'entrer dans un rapport d'interaction avec le système culturel qui définit la modernité.

L'analyse comparée des systèmes religieux chrétien et musulman révèle les convergences et les divergences des conceptions, et en même temps indique dans quel sens est possible l'évolution de chacun de ces systèmes. Les coïncidences et les distinctions culturelles se reflètent dans les six thèmes principaux suivants. D'abord, la notion de Dieu: d'un côté, il est Père; de l'autre, il est Maître. La paternité divine rend possible l'analogie du monde et de l'homme avec Dieu, et aussi pour l'homme la grâce de la filiation adoptive; alors que la seigneurie absolue de Dieu l'établit une fois pour toutes dans l'inaccessibilité de la transcendance pure. Cette divergence se fonde sur la représentation de Dieu comme réalité relationnelle de structure trinitaire, ou au contraire comme réalité une et unique sans aucune sorte de multiplicité. De là, ensuite, la croyance en une possible transformation de l'homme par son union avec Dieu, union telle qu'il sera permis de parler de divinisation de l'homme; ou, au contraire, l'affirmation de la séparation insurmontable entre l'homme et le Dieu inaccessible, dont l'acte créateur et révélateur ne constitue pas du tout l'amorce d'une communication pouvant aboutir à l'union existentielle entre l'homme et Dieu.

Cette ligne de démarcation entre islam et christianisme se retrouve dans tous les autres thèmes, et plus particulièrement dans ceux du Christ et de l'Eglise. Christ et Coran sont tous deux la révélation de Dieu. Mais celle-ci consiste ici dans une Personne, et là dans une Ecriture. De plus, pour le chrétien, Dieu se révèle lui-même en son être et ses desseins, alors que, pour le musulman, Dieu ne révèle que ses volontés. D'un côté, Jésus est l'homme divinisé par l'inhabitation du Verbe et devenu par là l'exemplaire idéal du projet divin; de l'autre, Mahomet est le prophète, simple avertisseur et transmetteur des commandements du Maître. D'autre part, Eglise et *umma* désignent la réalité communautaire des croyants. Mais l'Eglise est une réalité théandrique, alors que l'*umma* est une réalité humaine en conformité avec le vouloir divin. L'Eglise est une réalité spirituelle, l'*umma* une théocratie, une organisation politique et religieuse à la fois. La communauté chrétienne est fondée sur le principe d'autorité et possède une structure hiérarchique, la communauté musulmane est laïque et égalitaire. L'une se propage et s'étend et s'implante par l'évangélisation, changée parfois en croisade; l'autre, par le «combat dans le chemin d'Allah», qui implique une interpellation et un appel à l'islam de style kérygmatique. L'une se veut le lieu de la divinisation des hommes, par l'existence selon l'Esprit et l'*agapè*; l'autre se définit comme le modèle de la vie collective selon les droits de Dieu et des hommes décrétés par le Maître.

Le cinquième point de comparaison se fonde sur l'affirmation chrétienne et la négation musulmane de la possibilité de transformation de l'homme par l'action de la grâce divine. Ainsi la *metanoia* est un changement radical de l'être intérieur aboutissant à la naissance de l'être nouveau; la *tawba* est seulement le retour du pécheur à l'obéissance. On peut greffer sur cette distinction celle de l'esprit et de la loi, et celle de la liberté du fils et de l'obéissance du serviteur. D'un côté, l'amour conduit à l'union avec Dieu; de l'autre, la foi maintient la distance et la séparation entre l'homme et Dieu. Enfin, on peut opposer l'attitude chrétienne de charité et l'attitude musulmane d'abandon. De là, une inquiétude poussant au dépassement de la condition humaine; ou une sorte de résignation et de contentement. De là aussi, la recherche pour constituer les hommes en une communauté d'*agapè*; ou la visée d'une union de solidarité fraternelle sous le signe de la justice qui maintient chaque chose à sa place et dans son statut. De là, enfin, la valorisation du créé, aboutissant à admettre l'autonomie du monde et de l'homme; ou l'affirmation de la vanité du créé, dont l'unique valeur consiste à rester sous la dépendance du vouloir divin. L'incarnation du Verbe permet au christianisme de devenir un humanisme; la transcendance absolue de Dieu et sa souveraineté sur le monde fixe l'islam dans son théologisme.

Telles sont les positions majeures des systèmes chrétien et musulman, où peuvent se lire leur convergence et leur divergence. Arrêter le dialogue religieux à ce niveau de comparaison, ce serait l'envisager uniquement comme détecteur de particularités culturelles. Cela est loin d'être sans intérêt, mais la notion du religieux, dans la mesure où elle ne se réduit pas au culturel, tout en l'impliquant cependant, appelle à la considération d'un autre niveau du dialogue religieux: non plus le dialogue des religions ou systèmes religieux, mais le dialogue pour la foi.

A ce niveau du dialogue pour la foi, le centre d'intérêt se déplace du système des dogmes et des institutions sur l'expérience religieuse de la recherche de Dieu et de la vie pour Dieu. Il ne s'agit plus tant, alors, de concepts que d'existence; il ne s'agit plus tant de posséder intellectuellement la vérité que d'être vrai. Le salut n'est plus, à ce niveau de l'existence religieuse, dans l'appartenance au groupe, mais exige la conversion du cœur à Dieu.

Dans cette perspective, on ne peut s'empêcher de remarquer la pertinence des deux thèmes majeurs sur lesquels s'est concentrée la méditation d'un Massignon: Abraham et Ḥallādj. Abraham est le symbole et le modèle de la foi, c'est-à-dire de l'attitude religieuse typique qui définit l'homme devant Dieu. C'est pourquoi il peut fonctionner comme point de ralliement, et être désigné comme le père des croyants, où se rencontrent comme en leur origine commune la foi juive, la foi chrétienne et la foi musulmane. Mais pour un chrétien, le symbole et le modèle absolu de la foi et de l'existence religieuse, c'est, au-delà d'Abraham, le Christ. La méditation sur le cas de Ḥallādj prend une valeur démonstrative, dans la mesure où ce cas est examiné dans la lumière de l'exigence christique: pour le chrétien, si Ḥallādj n'est pas témoin du Christ, il n'est rien. Or l'examen entrepris par Massignon révèle en Ḥallādj le modèle musulman de l'union mystique à Dieu, le martyr de l'amour divin. Par là, son expérience, spécifiquement musulmane et constamment reliée au Coran, en apparaissant comme une sorte d'imitation du Christ, constitue la démonstration de l'universelle convergence des hommes religieux en Christ, au-delà et à partir des systèmes religieux les plus divergents.

Il faut noter ici que le passage du niveau du dialogue des religions au niveau du dialogue pour la foi est en tout premier lieu déterminé par l'exigence intérieure des religions elles-mêmes. Cette exigence d'authenticité les pousse à se mesurer à l'intention pure de foi qui est leur raison d'être. Mais aussi ce passage est provoqué par ce qu'on peut appeler le défi de la modernité. La contestation, la critique force à dégager la foi des formes de la culture traditionnelle et des systèmes de pensée et d'action, pour lui restituer sa vertu de ferment, capable de faire lever l'histoire humaine et d'acheminer les hommes vers leur stature parfaite et leur condition d'adultes. La modernité est ainsi l'épreuve majeure à laquelle sont actuellement soumis les systèmes religieux. Elle est aussi la dimension nouvelle, et la préoccupation présente au cœur du dialogue religieux: elle peut susciter une sorte de crainte que ne périsse ce qui ne devrait pas périr, mais en même temps une sorte de séduction fondée sur la promesse de vérité pure qu'elle semble porter et être appelée à révéler.

ISLAM, CHRISTIANISME ET MODERNITÉ

Le dialogue, ici, met dans le même camp les religions qui ont été pendant si longtemps adversaires, en face du même partenaire et du même danger, la modernité. Cela fait que le christianisme oriental et l'islam vont se trouver des caractères communs, propres non plus à les opposer entre eux, mais à faire apparaître en eux ce que la modernité précisément met en question. Ainsi ce christianisme et cet islam se définissent tous deux comme des théologismes ayant la même structure de base et formés sur un même fond culturel, celui de la tradition sémitique ou plus largement orientale, et dont la forme la plus récente peut s'appeler la culture arabe.

Le théologisme.

La description du système des valeurs de la culture traditionnelle ne peut échapper à la contestation: il peut paraître fort arbitraire de réduire tout le corps complexe d'une culture à un petit nombre de traits; et d'autre part, on risque de laisser de côté des traits importants, mais qui ont contre eux de ne pas entrer facilement dans la cohérence de la construction. Pourtant, il y a des traits qui appartiennent sans conteste, semble-t-il, à la culture traditionnelle et la caractérisent. Ce sont, entre autres, la tradition, la parole, le symbole, l'attachement à l'idéal normatif, la contemplation, la spéculation métaphysique, l'imagination du rêve et des passions. Le poids du passé est chose assez sensible, pour que le ressentiment provoqué par la conscience du retard de civilisation s'en prenne avant tout aux traditions et à la religion qui les sacralise. La magie du verbe est, elle aussi, chose assez remarquable: la parole n'est pas utilitaire, ou fonctionnelle; elle a sa valeur en soi, d'ordre esthétique, certes, mais aussi d'ordre magique, comme substitut de l'action, comme masque de l'impuissance, et comme refuge et sécurité. A partir de ces deux caractéristiques, on comprend l'importance attachée au symbole et à la puissance d'imagination, plutôt qu'à la réalité et à la raison, et aussi l'évasion dans la contemplation de l'idéal, au lieu du réalisme qui prend les formes de l'expérience scientifique et de l'efficacité technique. Ce sont là, il faut le dire, plutôt des défauts que des déterminations en quelque sorte neutres. Mais il faut dire aussi que ce sont les défauts d'une culture qui apparaissent quand elle est mise en question et comme éprouvée au révélateur que constituent la critique ou la modernité. Il serait pourtant abusif et léger de parler, à ce propos, de «mentalité prélogique». Il est plus exact de parler de mentalité religieuse, marquée par la représentation d'un au-delà considéré comme étant le vrai réel: à partir de là, on comprend qu'aucune importance ne soit attachée aux choses, qui, vaines en elles-mêmes, ne prennent valeur que dans la lumière d'une parole de révélation qui en dévoile le sens. C'est dire que la culture traditionnelle ne pouvait déboucher que sur le théologisme.

La substance du théologisme consiste à poser Dieu au centre absolu dont tout le reste dépend. Certes, ce Dieu est représenté en fonction de l'homme et sous les catégories de création, de révélation et de salut. Mais il est posé comme le pôle actif de ces rapports: il est le créateur, la source de la révélation, l'auteur du salut. Par rapport à cet absolu, l'homme, tout comme le monde, apparaît comme un relatif. Sa condition est celle d'un être créé: il est une partie du monde, quand bien même il jouirait d'un statut privilégié, étant constitué maître de la nature ou représentant de Dieu dans l'univers. Il reçoit la révélation, qui le situe comme un être en dépendance du vouloir divin, aussi bien dans la soumission de son intelligence que dans l'obéissance de sa volonté. Son salut, sa libération, sa vérité retrouvée, consiste dans son ordination à Dieu, et non dans cette fausse liberté qui s'appelle orgueil des sens, orgueil de l'intelligence, orgueil de la volonté. Par là, le théologisme définit l'homme par le croyant, propose l'Eglise comme modèle de société, oriente le monde vers le Royaume, et juge le temps présent à la lumière de la tradition et du temps antérieur.

Le théologisme n'est pas pur élan, intention pure. Il s'incarne, il s'exprime et prend corps dans un système. Les éléments constitutifs du système de la religion se répartissent selon les besoins de la connaissance, de l'action et de la vie sociale: représentations mythiques et croyances, rites et normes, institutions sociales et partage des tâches entre clercs et laïcs. L'âme du système est la foi, qui se forge une expression avec les moyens dont dispose une culture. La religion est donc comme le corps de la foi. Et c'est pourquoi il y a un problème de vieillissement, de mutation, d'aggiornamento, d'acculturation. Le théologisme chrétien se construit sur Jésus Christ et l'Eglise. Le théologisme musulman se construit sur le Coran et la communauté des croyants. Mais la foi qui s'exprime dans ces deux formes de religion, c'est la liberté, ou la définition de l'homme comme un projet de liberté. Les nuances qui distinguent les notions musulmane et chrétienne de la liberté, montrent celle-ci soit comme référence à Dieu seul et à sa loi et comme foi pure abrahamique, soit comme libération du péché et de la loi et comme vie en régime de charité christique sous la mouvance de l'Esprit. Il reste que pour la pensée religieuse l'homme ne se définit pas d'abord par son autonomie mais par son rapport à Dieu, comme à son origine, à son sens et à sa fin, bref à son fondement.

La modernité.

Or ce qui caractérise la modernité en tout premier lieu, c'est la critique et non la foi, et c'est la sécularisation et non la religion. Mais si elle a commencé par déclarer la mort de Dieu et la fin de la religion, elle paraît s'orienter vers des formes qui en font un anti-humanisme et un prélude à la mort de l'homme.

On peut marquer les étapes de la formation de cette modernité. Son premier visage est l'humanisme, comme protestation pour l'autonomie de l'homme, fondement de sa valeur et condition de sa créativité.

L'homme hérite en quelque sorte des privilèges divins: rien n'est interdit à son initiative, le monde est un champ ouvert à l'expérience, à la découverte, à l'invention. Il n'est plus un exilé sur cette terre, il est chez lui. Puis se révèle le facteur actif qui permet une telle confiance en l'homme et une telle promotion. C'est la raison, conforme à la nature, ouvrière de civilisation en vue du bonheur terrestre. L'homme de la raison, le philosophe, n'est pas plus métaphysicien qu'il n'est théologien, il est l'homme éclairé, ouvert à l'expérience, aux techniques, à tous les aspects de la vie sociale, et se préoccupe de l'humanité. C'est d'un tel esprit qu'est née la définition révolutionnaire de l'homme et du citoyen, des droits naturels de liberté et d'égalité. La liberté démocratique, colorée d'individualisme, trouve son pendant en la seconde définition révolutionnaire de l'homme comme être social, collectif, total. Dans cette optique, l'exigence d'égalité apparaît mieux satisfaite que celle de liberté, en attendant du moins l'avènement de la société sans classes. Sur ce fond, se détachent deux traits typiques de la modernité: la révolution scientifique et technique, et la révolution culturelle de la critique. La science donne naissance à l'économie industrielle, laquelle entraîne l'urbanisation et est portée par son propre logos vers la planétarisation, laquelle à son tour a pris jusqu'ici le visage des divers impérialismes. La critique des valeurs, de la morale, de la religion, des absolus, devait avoir pour premier bénéficiaire l'homme, le sujet, la conscience, la personne. Mais bientôt elle s'en prend à l'homme même: l'entreprise de désacralisation, accomplie sur la nature et sur Dieu, vise à faire lever le sacré de son dernier refuge, la subjectivité de l'homme. Le triomphe et la souveraineté de la raison paraissent consister à situer cette raison elle-même dans sa propre histoire. La raison se montre premier commencement, justement en se découvrant une généalogie, une archéologie: elle se sait dérivée des puissances dionysiaques, née du désir, issue de la collectivité en son rapport dialectique de travail avec la nature. L'humanisme semble s'être muté en son contraire. Mais s'il est permis de parler d'anti-humanisme pour désigner les résultats vers lesquels tend la critique appliquée à l'homme, devenu un système de structures biologiques, psychologiques, sociologiques, culturelles, on peut remarquer que cet anti-humanisme a engendré une sorte de post-humanisme, caractérisé essentiellement par une sorte de retour du sacré, et par une forme d'esprit révolutionnaire, la volonté de changer le monde. En tout cela, si l'homme se démolit, il montre qu'il est capable de se reconstruire, sans être forcé pourtant de rester à son propre niveau, tant il est vrai que l'homme ne retrouve sa vérité que dans un dépassement qui le réalise au-delà de lui-même.

Au cœur, donc, de cette histoire de la modernité, est la critique. Elle peut se caractériser comme esprit d'examen. L'attitude criti-

que est d'ironie et d'interrogation, de doute méthodique, de soup-
çon, et vise la vérification et la preuve. Comme attitude de la raison,
la critique est d'abord rationalisme, c'est-à-dire presque vœu de
raison; et c'est à peine si le rationaliste n'est pas une sorte de nouveau chevalier ou de nouveau moine pourchassant les évidences
premières, les idéologies, les mots, les spéculations pures, la subjectivité des sentiments et de la vie intérieure. En fait, le rationalisme
n'est pas nécessairement militant, ni surtout militant sous cette
forme. Il implique à la fois modestie et fierté, sous son aspect de
méfiance et d'autonomie. L'autonomie est fierté, parce qu'elle
est refus de toute autorité qui serait étrangère à la raison; mais elle
est aussi soumission à l'autorité de la raison, dans tous les domaines
de la pensée et de la vie, puisqu'aussi bien il n'y a pas de territoire
qui échappe à la juridiction de la raison. Il n'y a pas lieu de parler
d'orgueil de la raison ici, puisqu'en fait cette voix si puissante
n'est elle-même et ne prend toute sa valeur et n'exerce toute son
autorité que soumise à la réalité et inspirant ce rapport de l'homme
au monde qui s'appelle travail. On peut donc parler de promé-
théisme, pour évoquer l'inspiration première de l'humanisme moderne, qui fut de mettre au compte de l'homme les privilèges jusqu'ici
réservés à Dieu. L'homme moderne se conçoit donc avant tout
comme créateur; et c'est pourquoi, à l'exemple du premier Créateur qui fit tout par sa sagesse et son Verbe, l'homme est créateur
par sa raison. Le rapport d'exemplarité n'est peut-être pas à
entendre dans le sens indiqué; il doit être inversé, si l'on pense dans
la ligne du renversement critique des représentations traditionnelles; et l'on dira alors que l'homme par essence créateur n'a pu
s'apercevoir de son essence que par le biais d'une projection de sa
condition dans un ciel et un au-delà, où son image prend les pro-
portions d'un dieu. La critique engendre naturellement la sécularisation.

C'est en s'exerçant sur la religion, sur le système religieux,
que la critique révèle au plus profond ce qui constitue l'homme
comme nœud de valeurs. Le système religieux se compose de
représentations et croyances, de rites et de normes, d'institutions,
enfin d'orientations pour les engagements non religieux. Or la
critique dévoile la vraie nature de ces éléments et par là la fonction
du système de pensée et de vie religieuses. Mythes, rites et valeurs,
société sacrale, ingérence des clercs, révèlent la religion comme une
entreprise de mythologisation, de mystification, de sacralisation,

de cléricalisation. A quoi l'esprit de sécularisation opposera le logos, la technique, le réel positif, le monde ou société profane et laïque. C'est pourquoi la sécularisation peut apparaître à son tour et parallèlement comme une entreprise de démythologisation, démystification, désacralisation et décléricalisation ou laïcisation, en vue de promouvoir les valeurs nouvelles de rationalité, de réalité, de société, d'humanité adulte.

Il reste à cet homme adulte, ainsi soustrait à l'autorité du système religieux, à organiser son domaine reconquis. Le monde, la société, l'homme, pris en charge par la raison critique, telle est, semble-t-il, définie brièvement, la civilisation occidentale ou civilisation scientifique et technique. La rationalité qui constitue la modernité se manifeste donc et s'exprime en un pouvoir sur le monde et sur l'homme, fondé sur la connaissance scientifique expérimentale du monde et de l'homme; elle s'exprime d'autre part en organisation de la société économique et politique.

Ainsi envisagée, la civilisation dite occidentale, et qui est foncièrement une civilisation technique, ne peut plus être considérée comme un facteur étranger aux cultures traditionnelles qui se sentent mises en question. En fait, tout se passe comme si l'histoire humaine ne pouvait plus consister dans les conflits entre peuples et cultures, mais devait plutôt se définir désormais comme l'aventure des hommes pris en bloc et constitués en un corps unique, affrontés à leur avenir. C'est pourquoi certaines batailles aujourd'hui paraissent si dérisoires, dépourvues de sens. Et c'est pourquoi aussi il importe aux hommes appartenant à des cultures de type religieux de savoir si le facteur religieux constitue, et dans quelle mesure, un obstacle à leur acculturation à la modernité, celle-ci étant spontanément associée, dans bien des esprits, à ce qu'on appelle le développement.

Le sens de l'acculturation.

Faut-il rejeter sur la religion, sur le théologisme, la honte du sous-développement? La modernité est-elle un bien incontestable? Est-elle exportable telle quelle, en ses formes déjà réalisées? A quel niveau, enfin, se situe l'opposition, si opposition il y a, entre le théologisme et la modernité?

On peut évoquer, à propos de ces questions, la réponse de style apologétique traditionnel qui innocente la religion en la montrant plutôt à l'origine du progrès de la culture. Sans adopter l'optique apologétique, il est permis de constater la constante interinfluence entre la culture et la religion, de sorte qu'il n'y a pas à s'étonner que la religion ait été, à certaines époques de l'histoire, un agent actif pour le développement et la propagation de la culture et des sciences. Il aurait été, au contraire, étonnant qu'une religion continue de vivre, tout en étant totalement étrangère à la vie et à la culture. Cela est si vrai, même quand on considère la situation de la mentalité religieuse affrontée à la mentalité scientifique et technique, qu'on a pu démontrer l'influence que pouvait avoir sur la naissance du capitalisme une éthique, ou des attitudes éthiques, inspirées de convictions théologiques et de croyances religieuses. On peut aussi remarquer, dans ce sens, que la modernité, même si on veut lui trouver des origines antiques et païennes, n'en reste pas moins historiquement fille d'une Méditerranée autant grecque que chrétienne, pour ne mentionner que ces deux aspects parmi tant d'autres. Certes, la modernité s'est constituée en réaction au théologisme, principalement chrétien; mais il faut observer qu'un adversaire tire sa force souvent de la substance de son adversaire. Il y aurait aussi à s'interroger sur la valeur de cette modernité aujourd'hui triomphante. Certes, il y a des réussites dans le domaine des sciences qu'une mentalité non scientifique aurait rendues impossibles. Mais aussi il y a d'énormes échecs de certaines manières de rationalité, et même des tragédies d'ordre politique et économique jouées au nom de la raison et de la science. Il faut convenir, d'autre part, que la modernité qui fait de tous les hommes un seul bloc, paraît, aux yeux des moins favorisés, accorder ses privilèges à une minorité aux dépens d'une majorité d'exploités; à tel point qu'il n'est pas sûr que tout le monde vivrait bien si chacun participait à cette mentalité, tant le développement de certains pays paraît subsister du sous-développement des autres. Telles sont quelques-unes des réflexions premières que suscite le problème de l'acculturation à la modernité, posé aux hommes appartenant à des cultures de type religieux, comme c'est le cas des chrétiens et de musulmans de l'Orient arabe. On peut y ajouter, justement en ce qui concerne l'Orient arabe, ce que beaucoup de bons esprits ont fait remarquer, à savoir que les idéologies, même les idéologies religieuses, et donc l'islam dans le cas présent, se montrent historiquement choses assez souples et de structure interne pluraliste allant jusqu'à englober des éléments contradictoires, de sorte qu'il

n'est pas possible d'y voir un simple obstacle au progrès scientifique et technique.

Il faut aller plus loin, et montrer pourquoi une mentalité
religieuse ne s'oppose pas nécessairement à l'acculturation des
hommes à la modernité. Il sera même possible de chercher les
voies d'une conciliation entre le théologisme et l'humanisme.
Mais d'abord ce qui engage dans cette recherche, c'est l'idée exacte
des exigences et de l'attitude caractéristique de l'acculturation.
Celle-ci n'est ni refus total, ni acceptation pure et simple de la
modernité: ce sont là, du reste, deux attitudes plutôt théoriques
que pratiquement possibles, car le seul fait de soupçonner l'existence de valeurs étrangères différentes suffit à modifier le coefficient
de fiabilité accordée aux valeurs de sa propre culture, et par là
commencer un processus de restructuration mentale; et d'autre
part, la volonté de se faire une nouvelle âme ne peut empêcher que
l'accueil des valeurs étrangères ne soit déterminé par ce que l'ac-
cueillant n'a pas encore cessé d'être. A la limite, c'est une question
vaine de se demander s'il faut adopter ou non les valeurs de la
modernité, et même de se demander ce qu'il faut en prendre et
ce qu'il faut en laisser: la modernité envahit les cultures traditionnelles, et il ne reste qu'à essayer de voir ou de deviner les chemins
qu'elle emprunte, les points de résistance ou d'insertion, le rythme
de sa progression, les formes de sa réception. Il y a donc à parler
plutôt d'adaptation et de dialogue, au sens où le destinataire et le
destinateur se trouvent l'un et l'autre modifiés par la transmission
et la réception du message et de l'information. Du côté de la culture
arabe, la question devient de savoir si le changement opéré par
l'assimilation des valeurs de modernité risque d'aller jusqu'à faire
perdre l'identité culturelle, et plus précisément le système des
valeurs religieuses qui sont à la fois une partie et l'armature du
système culturel traditionnel. Bref, une conciliation ou une coexis-
tence du théologisme chrétien et musulman avec l'humanisme qui
anime la modernité, est-elle pensable?

Il semble que oui. C'est du moins ce que tend à montrer l'effort
théologique récent, continuant par là les efforts passés employés
par la pensée religieuse à s'adapter aux nouvelles philosophies,
aux idéologies et aux cultures les plus diverses. Voici comment on
pourrait poser les principes d'une telle conciliation. Pour le théologisme, l'absolu est une réalité objective, et l'expérience de foi
comme ouverture à cet absolu et orientation vers lui est une expé-

rience irréductible; l'homme est une partie du monde créé; mais aussi il a une place privilégiée dans ce monde, puisque Dieu lui parle et conçoit à son égard un plan de salut; l'homme est ainsi soumis aux lois générales de l'univers et à la volonté particulière de Dieu le concernant. Au contraire, l'humanisme consiste fondamentalement à poser l'homme comme valeur absolue, et par là à en affirmer l'autonomie dans ses rapports avec Dieu, avec les autres personnes, et avec les conditions biologiques et psychologiques qui sont en lui, enfin avec le monde et les conditions cosmologiques; pour sauvegarder l'autonomie pure de l'être humain, l'humanisme ira jusqu'à réduire l'absolu et la foi à leurs origines humaines: l'absolu des religions sera considéré comme un fantasme, un substitut du père, ou une mystification, et la foi comme une expérience purement humaine, et même une expérience plutôt pathologique, infantilisme, obsession, ou au mieux sublimation. La tentative de conciliation entre théologisme et humanisme consistera à retenir l'exigence fondamentale de chacune de ces positions, et à en montrer la convergence comme de deux exigences qui se conditionnent mutuellement. L'exigence de l'humanisme concerne l'autonomie de l'homme, par contre la mort de Dieu et la réduction de la foi sont des positions humanistes secondaires. L'exigence du théologisme concerne la réalité de Dieu et sa transcendance, et la spécificité de la foi, par contre l'objectivité de Dieu et la valeur de la religion comme système sont des positions théologiques secondaires. A partir de là, la conciliation devient possible, si l'on parvient à montrer que l'autonomie véritable consiste à se rapporter à Dieu comme au sens et à la vérité intérieure, dans une visée et une vie de foi pure. Cette orientation peut s'expliciter dans les affirmations suivantes: Dieu est une réalité transcendante, mais non un être ou un objet parmi les êtres et les objets ou au-dessus d'eux; Dieu est intérieur à l'homme comme son sens et comme l'énergie et l'exigence de dépassement vers sa vérité et son authenticité; la foi est l'expérience humaine suprême, parce qu'elle est expérience de liberté, comme orientation vers l'absolu posé comme sens, liberté aussi comme effectuation de l'authenticité et comme vie en fonction du sens. Ainsi, l'absolu visé par la foi est affirmé contre certains humanismes, mais aussi intériorisé et incarné contre certains théologismes.

A partir de là, il devient possible aussi de réduire les tensions entre le théologisme et la modernité, au niveau des caractéristiques les plus importantes. La critique opposée au dogmatisme renvoie à la foi et au prophétisme. L'action et la parole se rejoignent dans la charité considérée comme valorisation et service d'autrui. L'absolu et le relatif constituent l'histoire et sa dynamique. De même l'affrontement entre la religion et la sécularisation, qui se répercute dans les oppositions entre mythos et logos, rite et technique, norme et réel positif, société sacrale et monde profane, clerc et laïc, cet affrontement peut conduire aux catégories de symbole, liturgie, œuvre, église et humanité. Poursuivant dans le même sens, on pourra montrer que les valeurs religieuses rejoignent les valeurs prônées par l'humanisme. Ainsi l'identité qui fait l'être, l'autonomie qui fait la personne, la communion qui fait la communauté, la créativité qui fait l'histoire, si elles convergent pour former la valeur suprême de liberté, il n'est pas impossible d'y voir la traduction concrète de la foi musulmane et de la charité chrétienne, elles aussi formes de base de la liberté. Rien d'étonnant dès lors que les religions lancent un appel insistant à la liberté, à la justice, à la paix. C'est par là qu'elles gardent leurs attaches avec les hommes, et se donnent une chance de rester vivantes.

Quelles valeurs et quels objectifs plus spécifiques se trouvent, dans l'Orient arabe, au point de convergence des aspirations des hommes et des intentions religieuses du christianisme et de l'islam? Les principaux mythes moteurs sont ici l'unité comme condition d'être, l'indépendance comme condition d'identité, et la créativité comme condition de vitalité et de présence au mouvement de l'histoire. Or, si l'islam semble d'emblée en accord avec ces objectifs, il faut se rendre compte que les forces vives du christianisme oriental vont de plus en plus délibérément dans ce sens, et cela au nom même de l'esprit du christianisme et par fidélité à l'évangile.

Au bout du compte, si la modernité se caractérise avant tout par l'emprise de la science et de la technique sur les esprits et sur la vie, et par l'importance pratique accordée à la notion de révolution, il semble que certaines formes des systèmes religieux traditionnels se trouvent par là mises en question et pratiquement condamnées; mais il semble aussi que la foi pure, que l'intention religieuse essentielle de l'islam et du christianisme, soient capables d'assimiler la modernité. Dans cette mesure, le facteur religieux ne paraît pas constituer un obstacle à l'acculturation des hommes à la modernité, mais plutôt un motif et presque une exigence.

Les chances de l'acculturation.

S'il faut mesurer les chances de modernisation des Arabes à leur capacité de prendre leurs distances sur la foi traditionnelle, on peut constater, même en l'absence d'enquêtes précises sur le sujet, trois voies de cette acculturation. La première consiste à distinguer la foi et la religion, et par là à se dégager progressivement du système religieux traditionnel pour donner à la foi ses chances de vivre aujourd'hui dans la mentalité et les formes de vie des hommes situés dans la modernité. La seconde est la voie polémique et militante, elle consiste à critiquer radicalement l'univers religieux, y compris la foi et l'intention pure religieuse, du point de vue de l'une ou l'autre des formes actuelles d'athéisme. La troisième semble moins violente, mais est en fait peut-être plus dangereuse pour les systèmes religieux traditionnels: elle consiste dans l'indifférence pratique à l'égard de toute préoccupation religieuse, et positivement dans l'application méthodique à la solution des problèmes concrets des hommes sans référence à quelque catégorie ou exigence religieuse que ce soit. C'est cette dernière voie qui semble pour le moment ouvrir le plus de chances à la modernisation, la première soulevant la suspicion irraisonnée qu'on en veut à la foi sous le couvert de la critique de la religion, et la seconde provoquant par son caractère polémique même les réactions de défense spontanées fondées sur le désir de sécurité et sur la préférence du statu quo à toute aventure et à tout changement.

On peut, certes, faire observer que les chrétiens semblent plus disponibles que les musulmans à ces voies de l'acculturation. Mais cela tient en partie au fait que les chrétiens ont dans le christianisme occidental un exemple d'acculturation, qui n'a pas, jusqu'ici du moins et d'une manière très apparente, fait perdre à ce christianisme l'essentiel de la foi. On ne peut donc accuser l'islam comme système religieux de bloquer la modernisation des musulmans. Après tout, si la modernité est fille de la Méditerranée, il faut reconnaître l'islam parmi les moments et les constituants de cette culture méditerranéenne. S'il y a donc à chercher des obstacles à l'acculturation, il faut se tourner vers le poids de l'histoire, vers la conjoncture internationale, et sûrement aussi vers des facteurs internes, valeurs et motivations, en rapport avec la situation de sous-développement: les intellectuels engagés savent d'expérience à quel point cette situation peut être subie comme une fatalité et comme un écrasement. Ils savent ce que veut dire l'ironie du sort, et que l'homme est chose bien fragile, mais aussi qu'il ne faut pas désespérer des hommes.

Reste à savoir si la foi en l'homme est encore de la modernité, et si la raison, réconciliable avec la foi, est bien réconciliée avec le réalisme*.

* Cet article est paru en traduction italienne dans le recueil des actes du Colloque: *La Coscienza dell'altro, contraddizioni e complementarietà tra cultura europea e cultura araba*, éd. par L. Magrini, Firenze 1974, pp. 95-113.

Sur les questions soulevées dans cet article, se reporter à notre ouvrage *Islam et Christianisme, Dialogue religieux et défi de la modernité*, Beyrouth, 1973.

KERYGMA, SITUATION UND HOERER

Eine homiletische Überlegung

von

Werner Schütz

Wie kann es geschehen, dass in einer prinzipiellen Analyse des methodischen Wegs vom Text zur Predigt hinter hermeneutischen Problemen und systematisch-theologischen Fragen die Reflexion über den Hörer so stark zurücktritt, dass sie kein wirkliches Gewicht, keine durchschlagende Kraft im Ganzen eines solchen Entwurfs aufweist[1]? Der Hörer stellt kein gleichgültiges Akzidenz einer kirchlichen Rede dar. Selbstverständlich müsste es sein, dass in solchen Überlegungen über den Weg vom Text zur Predigt auch das prinzipielle Nachdenken über den Weg vom Prediger zum Hörer miteingeschlossen ist. Über die Predigt kann nicht ohne die Einbeziehung des in ihr angeredeten Gegenübers, des Empfängers und Hörers reflektiert werden.

Auch die Verkündigung in der Kirche und durch die Kirche ist in ihren Funktionen des Mitteilens auf Verständlichkeit und Assimilierbarkeit ihrer Aussagen angewiesen; sie ist nicht nur Reden «über etwas», sondern auch ein Sprechen «mit jemand»; sie steht im Dienst der Kommunikation. Wenn heute Begriffe und Probleme der Informationstechnik und Kommunikationstheorie in der modernen Homiletik immer stärkere Berücksichtigung und Anwendung finden[2], so bekommt in ihr auch die Frage des Hörens, wie und unter welchen Bedingungen Hören vor sich geht, und der Gesichtspunkt des Hörers ein besonderes Gewicht, wie eben dieser Hörer erreicht und wie er verfehlt wird, wieweit er passiv bleibt oder selbst am Predigtgeschehen aktiv und mitgestaltend beteiligt ist, sei es auch durch nichts anderes als durch «pantomimisches

---

[1] *F. Merkel*, Predigttheorie und Predigtpraxis. Ein Buchbericht, in: Wissenschaft und Praxis in Kirche und Gesellschaft. 1971, 44. *W. Schütz*, Vom Text zur Predigt. Analysen und Modelle. Witten 1968.

[2] Die Predigt als Kommunikation, hrsg. von J. Roloff. Stuttgart 1972. *W. Bartholomäus*, Evangelium als Information. Elemente einer theologischen Kommunikationstheorie am Beispiel der Osterbotschaft Zürich-Einsiedeln-Köln 1972. *E. M. Lorey*, Mechanismen religiöser Information. München-Mainz 1970.

feed-back»[3], das er automatisch schon durch sein blosses Vorhandensein ausübt. Es kann also kein Zweifel daran bestehen, dass, wenn man in einem homiletischen Entwurf nichts über den Hörer zu sagen weiss, die Sache verfehlt wird, um die es in der Homiletik geht, ein entscheidender Faktor an dem zu analysierenden Tatbestand übersehen ist.

So eindeutig das ist, so könnte man doch eine Gegenfrage stellen. Man könnte einwenden: Wenn sich eine solche methodische Besinnung über den Weg, der vom Text zur Predigt führt, um das hermeneutische Problem der Interpretation und des Verstehens einer Aussage, um die Erhellung des eigentlich gemeinten kerygmatischen Sinnes und um die Klärung der jeweiligen konkreten Situation gemüht hat, in der und in die hinein der Text gesprochen wurde; wenn weiterhin die systematisch-theologische Reflexion die Konfrontation der Textaussage mit den Begriffen und der Vorstellungswelt unseres modernen Denkens und mit unserem heutigen Weltbild vollzogen ist, wenn nach Gültigkeit, Legitimation und Verifikation dieser Aussage im Koordinatensystem unseres gegenwärtigen wissenschaftlichen Bewusstseins und unserer modernen Begrifflichkeit gefragt ist, sind dann nicht entscheidende Momente für einen Versuch der Übersetzung des Textes in unsere Sprachlichkeit und Begrifflichkeit heute zum Zuge, sind damit nicht wesentliche Aspekte des Hörers zur Sprache gekommen? Wenn schliesslich ausserdem von «Horizontverschmelzung» gesprochen wird, von der Übertragung der Ursprungssituation des Textes in die Situation von Mensch und Kirche heute, wenn man sich um die Redlichkeit und die Verantwortbarkeit der Aussage, um ihre Aktualisierung und Konkretisierung im persönlichen Leben des einzelnen, im liturgisch kirchlichen Raum der Gemeinde, im sozialen, gesellschaftlichen und politischen Bereich der Gegenwart gemüht hat, dann ist vielleicht das Stichwort «Hörer» überhaupt nicht gefallen, aber es ist doch von nichts anderem die Rede gewesen als eben von diesem Hörer. Was ist denn eigentlich dieser Hörer mehr und anderes als die konkrete Situation, zu der er selbst ebenso unaufhebbar hinzugehört wie seine Umwelt, er selbst mit seinen Vorurteilen, seiner Verschlossenheit, seinen Voraussetzungen, seiner Veranlagung, seiner Geschichte und sei-

---

[3] *H. Geissner*, Rede in der Oeffentlichkeit. Eine Einführung in die Rhetorik. Stuttgart-Berlin-Köln-Mainz 1969, 35.

nen Gedanken? Frage ich über dies alles, über seine Welt- und seine Situationsbezogenheit hinaus noch einmal ausdrücklich nach dem Hörer, wird er dann nicht zu einem blossen Grenzbegriff, einer reinen Abstraktion, einem Ding an sich, wird er abgesehen von Situation und Horizont, Individualität und Umwelt, nicht zum blossen Substrat, dem «Haken», Träger und Aufhänger für die verschiedenen von ihm abstrahierten Eigenschaften?

Erst recht ist es fraglich, ob man überhaupt von «dem» Hörer reden kann. Es werden manchmal Phantasiegemälde von dem «modernen Menschen» und dem Hörer entworfen, und das Ganze ist eigentlich nichts anderes als die Erfindung einer Art homo homileticus, der zwar besonders gut in die jeweilige homiletische Theorie passt, weil er eigens für sie konstruiert ist, der aber in seiner Abstraktheit merkwürdig uniform ist, welt-, menschen- und lebensfremd wirkt und der mit der Realität selbst kontrastiert, mit der es der Prediger nun einmal zu tun hat. Scheinsituationen ermöglichen zwar Scheinsiege, aber mit beiden ist weder für Theorie und Praxis auch nur das Geringste gewonnen.

Wie wird «der» Hörer überhaupt greifbar? Entwerfe ich bestimmte festgelegte Bilder von ihm, so beachte ich gerade den kontinuierlichen Wandel nicht, in dem der Mensch selbst immerzu begriffen ist; ich werde der unerschöpflichen Mannigfaltigkeit der Individualität der verschiedenen Hörer nicht gerecht. Keine lebendige Rede kann ohne Phantasie im Blick auf die Situation und den Hörer auskommen, arbeitet aber eine Predigt mit fixierten und konstruierten Bildern vom Menschen, dann schematisiert und generalisiert sie, sie wird gerade da unzeitgemäss, wo sie zeitgemäss sein will. Dieser «Allerweltshörer», den Theorie und Phantasie so gern entwerfen, ist in all seinen Spielarten, gleich ob es der technische, der skeptische, der idealistische, materialistische oder nihilistische Mensch sein mag, nicht der wirkliche und wahre Mensch, mit dem es der Prediger als dem eigentlichen Gegenüber in der konkreten Predigt zu tun hat. Solche Schematisierungen und Konstruktionen können viel leichter den Zugang zum wirklichen Menschen blockieren, statt dass sie ihn freilegen. Das Wachsfiguren-kabinett der vom Prediger erfundenen Hörer und der von ihm erdachten, sich immer wiederholenden Zeitanalysen können geradezu zum Angsttraum für einen unbefangenen Hörer werden; sie erleichtern nicht Verstehen und Zugang, sondern verriegeln und versperren sie.

Welche grundsätzliche Funktion hat nun die Reflexion über den Hörer in der Homiletik? Wie ist das Mitspracherecht des Hörers in der Predigt zu definieren? Was trägt der Hörer aus für das Wahrsein der zu verkündigenden Wahrheit, für die Aussage des Kerygmas? Kann man Sache und Form, das «Was» und das «Wie» der Predigt einfach auseinanderdividieren? Geht es beim Hörer nur um das Problem der Vermittlung, der Vergegenwärtigung, Aktualisierung und Konkretisierung, geht nicht immer auch die Situation als ein Konstitutivum in die Sache selbst und ihr Neuwerden ein? Substanz und Form, Wahrheit und Einkleidung, Inhalt und Gestalt sind höchst fragliche Unterscheidungen, die das Problem mehr zudecken als erhellen. Wir haben also allen Grund, die Frage nach Kerygma und Situation, die Frage: «Wo bleibt der Hörer?» ernsthaft aufzunehmen, sie prinzipiell zu durchdenken und sie systematisch voranzutreiben. Es verbergen sich dahinter vielschichtige und differenzierte Tatbestände, die auseinandergenommen und einzeln für sich analysiert werden müssen. Vielleicht könnten das Argumentieren mit dem Hörer, das Anliegen, ihn in der homiletischen Theorie gebührend ins Feld und ins Spiel zu bringen, durch eine solche kritische Analyse zu ihrem eigentlichen und legitimen Sinn gebracht werden.

In dem vielfältigen und weitgespannten Schrifttum *Anton Antweilers*, dem als Kollegen dieser Beitrag gewidmet ist, spielt das beständige Bemühen um den Menschen der Gegenwart, um die Erhellung seiner geschichtlichen Situation, die Berücksichtigung seiner Fragen, Zweifel und Widerstände, aber auch die Anknüpfung an das Suchen des modernen Menschen und die Sorge, ihm behilflich und förderlich zu sein, wenn ich es recht sehe, gewissermassen die Rolle einer die Vielfalt der theologischen Interessen zentrierenden Achse, die alles verbindet und zusammenhält.

Der Umfang dieser Arbeiten ist kaum einem einzelnen theologischen Sachgebiet zuzuordnen. Philosophisch und wissenschaftstheoretisch befassen sich diese Veröffentlichungen mit Aristoteles, aber auch mit Kant, mit den philosophischen und auch mit den theologischen und religiösen Problemen der Willensfreiheit, mit den Fragen und Aufgaben der gegenwärtigen Universität, aber auch mit denen des schulischen und kirchlichen Unterrichts, mit Problemen der Religionswissenschaft und der allgemeinen Religionsgeschichte, aber auch mit den Beziehungen der Religion zur

104

modernen Naturwissenschaft, mit der Dogmatik als einem Entwurf
christlicher Lehre für die heutige Welt und den Einwänden des
modernen Menschen gegen das Christentum, mit Thomas, aber
auch mit Luther, mit der modernen Gross-stadtseelsorge im
industriellen Zeitalter, aber auch mit der Entwicklungshilfe und
dem Kampf gegen Hunger und Not in der Welt, mit dem Eigentum
und Fragen der Ehe und der Geburtenregelung, vor allem aber
immer wieder mit der zentralen Frage des Priestertums, dem
priesterlichen Amt, seiner Verantwortung und den Problemen der
priesterlichen Ausbildung. Überall ist das Mühen um den Zugang
zum gegenwärtigen Menschen und seinen Fragen spürbar. Wach
und kritisch ist das Denken Antweilers dann, wenn es um den
Menschen heute geht, um seine Freiheit und seine Mündigkeit,
um die «Demokratisierung» der Kirche. Es ist tief der Tradition
verpflichtet, aber zugleich unnachgiebig, kritisch, nach vorne
weisend und fortschrittlich, wenn es um den Menschen heute geht,
seine Menschlichkeit, seine Würde, sein Recht und seine Freiheit.

Besonders deutlich, denke ich, zeigt sich dieses entscheidende
Anliegen pastoraltheologischer Art wie in einem Brennspiegel in
der schönen und tiefsinnigen Betrachtung «Furt und Brücke»[4].
Eine Furt zum anderen Ufer soll gefunden und den Menschen
gewiesen werden, die sich als «preisgegeben an die Mächte der
Umwelt, als ausgeliefert an die Willkür, als ohnmächtig gegenüber
den vielen Überraschungen» empfinden[5]. Die Furt bedeutet
Rettung des Menschen aus der Ausweglosigkeit seiner Situation,
sie führt hinüber zu dem «anderen», «das oder der nicht menschlich, nicht irdisch, nicht zeitgebunden, nicht räumlich oder kör-
perlich ist; zu dem Wesen, von dem her das Erfahrbare besteht
und zu dem hin der Mensch auf dem Wege ist, um sein echtes
Leben zu gewinnen, aus der Last des Wanderns, des Misslingens,
der Not des Daseins heraus»[6]. Furt und Brücke sind ein einprägsa-
mes Bild dafür, dass das Diesseits nicht ausreicht, das Eigentliche
«jenseits» liegt.

Um für den Menschen der Gegenwart Furten zu finden und
Brücken zu bauen, muss ein Pfarrer «mit wachem Geist und
fühlendem Herzen in der Zeit stehen». Er hat die Aufgabe,

A. *Antweiler,* Furt und Brücke. Über die Aufgabe des Priesterstandes (Festgabe
für Joseph Kardinal Frings). Köln 1960.

«zu wissen, welches die Grundanliegen sind; zu unterscheiden, was aus Laune und was aus Ernst geschieht; zu verstehen, wonach die Menschen verlangen; zu wägen, was oberflächlich und was tief ist; zu entscheiden, wann ein Wort und wann eine Tat notwendig ist; zu prüfen, ob er vortreten oder sich zurückhalten soll; zu spüren, was die Menschen wollen und ersehnen, ohne es vielleicht wissen oder sagen zu können; sich zu bemühen, in der Gegenwart zu leben, ohne die Vergangenheit zu vergessen und die Zukunft für belanglos zu halten; kurz mit den Menschen zu leben und im Sinn seiner Aufgabe für sie zu leben»[7]. Um in der Verantwortung den Menschen voraus zu sein, muss der Priester «auf der Höhe der Zeit stehen», und das kann er nur, wenn er sich bemüht, «aus der Tiefe zu leben».

In dem 1938 geschriebenen dogmatischen Entwurf «Unser Glaube» findet sich nicht eine Spur von Nachgiebigkeit gegenüber den damals auch in die Kirchen eindringenden Ideologien der Zeit, aber nachdrücklich wird «Lebensnähe und regsame Menschlichkeit» gefordert. Angesichts der Verfeinerung und Vergröberung des Menschenlebens gilt es: «Wir müssen fähig sein, zu den einen wie den anderen so zu sprechen, dass sie sich angesprochen wissen, und nicht nur hinhören, sondern hinstreben und mit aller Bereitschaft das ausführen, was ihnen nicht nur lehrmässig, sondern auch lebens- und erfahrungsmässig das Wahre und Werte ist[8].» «Die seelsorgerliche Belehrung muss den Menschen und seine Fragen kennen; sie muss in seiner Sprache sprechen[9].»

Der Zugang zum Menschen der Gegenwart ist das alle theologische Argumentation durchziehende zentrale Anliegen. Kritisch auch gegen kirchliche Autoritäten wird Antweiler immer nur dann, wenn es um den Menschen geht, seine Freiheit und Würde, sein Menschsein. Um den Menschen zu verstehen, muss man selbst imstande sein, unbefangen Mensch zu sein[10]. Auch in der programmatischen Schrift, in der es um Freiheit und Verantwortung der Universität geht, lautet die Richtschnur für die Überlegungen: «Der oberste Gesichtspunkt ist die Sorge für den Menschen.

[7] ebd. 90.
[8] A. Antweiler, Unser Glaube. Christliche Wirklichkeit in der heutigen Welt. München 1938, 31.
[9] ebd. 38.
[10] A. Antweiler, Ehe und Geburtenregelung. Kritische Einwendungen zur Encyclica «Humanae vitae» Pauls VI. Als Manuskript gedruckt. Münster-München 1969.

106

Was ihm frommt, muss geschehen; was ihn schädigt oder zerstört, darf nicht geschehen; nicht das Wissen einfachhin, sondern der wissende Mensch ist es, was gesucht und gefördert werden soll[11].»

In dem Entwurf über die Seelsorge in der Gross-stadt geht es darum, dem Menschen nachzugehen, auf seine Erwartungen zu hören, ihn zu verstehen. Verstehen kann man ihn nur, wenn man ihm das nicht schuldig bleibt, was er braucht. Vom Gross-stadt-seelsorger gilt : « Er muss die Denk- und Sprechweise seiner Zeit kennen, die Denk- und Sprechweise früherer Zeiten kennen, besonders jener, in denen die Theologie fruchtbar war. Er muss die unveränderlichen Wahrheiten des Christentums in denjenigen Bildern und Vergleichen anschaulich, in denjenigen Begriffen verständlich machen können, die seiner Zeit geläufig sind[12].» Gegenüber dem Nationalsozialismus gilt für Antweiler die Regel: « Diejenige Gemeinschaft wird in dem Kampf unserer Tage um die Menschen siegen, welche die beste Menschenkenntnis besitzt. Diese muss sich auf alles beziehen, was menschlich ist[13].» Auch das Berufs- und Alltagsleben muss dem Seelsorger vertraut sein. «Man darf nicht von den Forderungen des Berufslebens so weit wegbleiben, dass die Menschen noch zu der Frage, mit der sie in den Gottesdienst kamen und die sie wieder unbeantwortet mit zurücknehmen, die andere mit sich tragen müssen, warum sie unbelehrt heimgehen, wo sie doch überzeugt sind, dass im Christentum für jeden Menschen die zureichende Glaubens- und Lebensform gegeben ist[14].» Dieses durch alle Erörterungen sich hindurchziehende Anliegen der theologischen Arbeit, das «Zur-Sprache-Kommen der Sache selbst», das Verständlichwerden theologischer Aussagen für den Menschen der Gegenwart ist gerade das eigentliche Problem, um das es bei der Erörterung der Hörerfrage geht, dem wir als einer Grundfrage der homiletischen Theorie nachgehen wollen.

1. Die Situationsbezogenheit des Kerygmas

In der Predigt handelt es sich um Begegnung und Konfrontation des in einem einzelnen Text zur Aussage kommenden Kerygmas mit einer in einer bestimmten Zahl von Hörern sich

---

[11] A. Antweiler, Die Universität, ihre Freiheit und Verantwortung. Münster 1963 209.
[12] A. Antweiler, Gross-stadt für Christus. München 1937, 147.
[13] A. Antweiler, Unser Glaube, 34f.
[14] ebd. 37.

darstellenden und an sie gebundenen konkreten Situation von Welt und Leben. Der Begriff des Hörers ist hier zu eng und einseitig, weil man bei ihm leicht von der Umweltsituation, dem Milieu, dem «Feld» aller möglichen und wirklichen Relationen und Bedingungen, dem Horizont von Welt und Umwelt absehen kann. Eindeutiger, umgreifender, der komplexen Wirklichkeit näher und ganzheitlicher ist der Begriff der Situation zur Charakterisierung des Gegenübers, mit dem es der Prediger zu tun hat und mit dem sich die Predigt auseinandersetzen muss. Diese viele verwickelte Bezüge und Dimensionen umfassende gesamte Situation des Menschen ist es, die die Predigt zu erhellen, zu klären, aufzuarbeiten, zu interpretieren, neu zu qualifizieren und auch zu verändern hat.

Freilich ist die Situation beides, Spielfeld und Entscheidungsraum, Chance und auch Grenze für menschliches Handeln. Verändern lässt sich vieles, aber nicht alles und jedes im Umgreifenden der Situation des Menschen. Es gibt Dinge, Verhältnisse und Mächte, die stärker sind als wir. Jaspers redet hier von Grenzsituationen. Wir können sie nur hinnehmen, anerkennen, wir können sie neu interpretieren, neu und anders zu ihnen und in ihnen uns verhalten. Auch diese Neuinterpretation bedeutet eine neue Qualifizierung, wenn man will: eine Veränderung der Situation. Wenn wir zunächst erst von der Situation als dem umfassenderen, umgreifenderen Begriff reden, so wird über das Hören im eigentlichen Sinn als die spezifische Funktion des Hörers später noch gesondert zu handeln sein.

Exegese und moderne Hermeneutik haben es immer deutlicher werden lassen, dass das neutestamentliche Kerygma selbst immer schon situationsgebunden ist, eine situationsspezifische Aussage enthält. Notwendigerweise muss darum auch die Predigt heute im Hören auf dieses Kerygma und in seiner Weitergabe wieder auf eine neue und schöpferische Art situationsgebunden sein, nun eben Klärung, Erhellung, Hermeneutik, Qualifizierung und Neugestaltung der spezifischen Situation der Gegenwart, in die das Kerygma eingehen soll.

Nun wäre es freilich ein völlig ungerechtfertigtes Missverständnis, wollte man unter Situation allein die jeweiligen äusseren Umstände und Verhältnisse verstehen, Milieu und Umfeld, von denen man abstrahieren kann, um so den Hörer zu gewinnen. Heidegger sagt zu dieser Frage: «Die Situation ist das je in der

Entschlossenheit erschlossene Da, als welches das existierende
Seiende da ist. Die Situation ist nicht ein vorhandener Rahmen,
in dem das Dasein vorkommt oder in den es sich auch nur selbst
brächte. Weit entfernt von einem vorhandenen Gemisch der be-
gegnenden Umstände und Zufälle i s t die Situation nur durch und
in der Entschlossenheit für das Da, als welches das Selbst existierend
zu sein hat, erschliesst sich ihm erst der jeweilige praktische Be-
wandtnischarakter der Umstände[15].»

In der alten Rhetorik hat man die Funktion der Situation
mit dem alten Merkvers umschrieben: quis, quid, ubi, quibus
auxiliis, cur, quomodo, quando, um die Vielzahl der sich gegenseitig verwebenden, miteinander sich verstrickenden, interdepen-
denten Beziehungen und Bedingungen im Ganzen dieses Relations-
gefüges anzudeuten, das mit dem Begriff Situation gemeint ist.
Niemals kann der Hörer ins Spiel gebracht werden ohne sein
Umfeld, ohne Situation und Horizont, in denen sein Leben erst
Gestalt und Wirklichkeit hat, und niemals, ohne dass zugleich seine
Disposition und sein Wesen zur Debatte stünden. Darum kann der
Hörer nicht die Überschrift eines einzelnen isolierten Kapitels in
der Darstellung der homiletischen Theorie sein, ohne dass man
seine Wirklichkeit und den ihm zukommenden Ort ausgerechnet
darum verfehlen würde, weil man sie gebührend berücksichtigen
möchte.

Gerade die umfangreiche Diskussion über die Situations-
ethik hat es deutlich gemacht, dass in dieses Gewebe von Bezügen,
Wechselwirkungen, Bedingungen und Interdependenzen, die die
eigentliche Situation ausmachen, auch die Individualität des
einzelnen, seine psychische und geistige Verfassung, seine Veranlagung und das überkommene Erbe, Temperament und Charakter,
Stimmungen und Gestimmtheit, seine vorwiegenden Wünsche und
Neigungen, seine vorausgegangenen Entscheidungen und seine
Zukunftspläne, seine schöpferische Phantasie und seine Hoffnungen,
die Leitlinien der werdenden Persönlichkeit ebenso notwendig
hinzugehören wie Beruf und Stand, Milieu und Umgebung, Geschichte und Geschichtlichkeit, das Mit-den-Menschen- und das
In-der-Welt-Sein. Theodor Steinbüchel betont, dass Situation
nicht die Lage ist, in der der Mensch mit seiner Individualität als

---

[15] *M. Heidegger*, Sein und Zeit. Tübingen 1935. 4. Aufl., 299f.

geschichtliches Wesen und in seiner soziologischen Verflochtenheit sich vorfindet. Situation «ist mehr: sie ist zugleich seine eigenste innere Befindlichkeit in der geschichtlich bestimmten Zeit als dem besonderen und unvergleichlichen Augenblick, der zu seiner persönlichst eigenen Wirklichkeit gehört[16].» Von der Situation sachgemäss reden umgreift also auch das, was man traditionell schon immer über den Hörer gesagt hat, und ist zugleich doch mehr als das. «Situation ist auf die je eigene Existenz bezogen[17].»

Fasst man das ganze in der Situation beschlossene komplexe Gewebe von Beziehungen ins Auge, dann wird die billige Konstruktion schematisierter Hörerbilder unmöglich. Die Frage entsteht, ob damit nicht folgerichtig jede adäquate Erfassung konkreter menschlicher Situationen überhaupt unmöglich wird. Unerschöpflich ist die jeweilige Situation jedes einzelnen, undurchdringlich, unwiederholbar, einmalig, einzigartig, unvergleichbar. Nicolai Hartmann sagt in seiner Ethik von diesem individuellen Reichtum der konkreten Situationen: «Keine gedankliche Kombination aber und keine Phantasie, sei sie auch noch so kühn, reicht heran an die Tiefe und Reichhaltigkeit der lebendigen Situationen[18].» «Kein endlich menschliches Vorstellen kann die Individuationsfülle der realen Situationen antizipieren[19].» Man kann sich des Eindrucks nicht erwehren, dass diese Einsicht von der homiletischen Reflexion allzuoft und allzuleicht überspielt und übersprungen wurde. So entstehen die schnell hingeworfenen und der Wirklichkeit nicht gerecht werdenden Bilder vom Menschen der Gegenwart und die billigen, nichtssagenden, meist sehr formalen und schematischen Hörertypologien.

Natürlich bietet das Typische eine Art Ausweg aus dieser Verlegenheit. Das Typische steht in der Mitte zwischen dem Allgemeinen und dem Konkret-Individuellen, hat an beiden teil und ist doch weder allgemein noch individuell. Aber die nun einmal vorhandene Willkür und die Mannigfaltigkeit beliebiger, möglicher Raster und Netzkoordinaten der Typologien und vor allem die Tatsache, dass alle Grenz- und Übergangserscheinungen aus dem Koordinatensystem solcher Typologien herausfallen,

---

[16] *Th. Steinbüchel*, Die philosophische Grundlegung der katholischen Sittenlehre. Düsseldorf 1951. 4. Aufl., I, 247.
[17] ebd.
[18] *N. Hartmann*, Ethik. Berlin 1949. 3. Aufl., 364.
[19] ebd. 317.

lassen von solchen Versuchen von Hörertypologien homiletisch nicht allzuviel erwarten. In allen diesen Schemata fühlt sich der einzelne mit seiner Individualität und in der Besonderheit seiner Situation nicht angesprochen; er fühlt sich gerade in dem verkannt, was nun einmal das Eigene und Besondere seiner Situation ist. Er versteht sich als einen einzelnen und nicht als einen typischen Fall. Alles Schematisieren und Generalisieren wird ihm nicht gerecht In Rogers Seelsorgemethode wird darum alles Erklären, Herleiten, Verallgemeinern, Schematisieren und Generalisieren geradezu verboten.

Wir müssen also tiefer ansetzen. Bei der Analyse des Situationsbegriffes ist ein entscheidender Aspekt der Situation noch nicht reflektiert worden. Ihre Eigenart und ihr Sinn sind noch nicht wirklich erfasst, fragt man nach ihrer Genese, nach ihren Bedingungskonstellationen und den strukturellen Zusammenhängen, in denen sie sich faktisch darstellt. Jede Situation ist nicht nur ein Gegebenes, sie ist auch ein Aufgegebenes. Wir haben schon auf die Beziehung hingewiesen, die Heidegger zwischen Situation und Entschlossenheit sieht. Das «man» kennt nur die allgemeine Lage, verliert sich an die nächsten Gelegenheiten, bestreitet das Dasein aus der Verrechnung der Zufälle. Erst Entschlossenheit macht die Situation zur Situation, die mehr ist als die blosse Lage[20]. Entschlossenheit ist für Heidegger «das sich-Angst-zumutende, verschwiegene Sich-Entwerfen auf das eigenste Schuldigsein», das «Sich-Hervorrufen-Lassen auf das eigenste Schuldigsein hin». «Die Situation lässt sich nicht vorausberechnen und vorgeben wie ein Vorhandenes, das auf eine Erfassung wartet. Sie wird nur erschlossen in einem freien, zuvor unbestimmten, aber der Bestimmbarkeit offenen Sich-Entschliessen[21].»

Nicolai Hartmann sagt über die Situationen: «Unabhängig von Typik und Einzigkeit der Lebenslagen liegt ihr Wert vor allem darin, dass sie den Menschen erst vor seine Aufgaben stellen, seine Stellungnahme herausfordern, seiner Entscheidungen harren[22]!» Wo diese neue über die blosse Faktizität hinausgehende Dimension als Frage an den Menschen und als Ruf zur Verantwortung gesehen wird, empfängt jede Situation einen neuen Sinn durch die Herausforderung, Verantwortung zu überneh-

[20] *M. Heidegger*, a. a. O., 305.
[21] ebd. 307.
[22] *N. Hartmann*, a. a. O., 363.

men; sie erhält ihr Licht von den Werten her, von denen Verantwortung erst sinnvoll ist, von den Geboten her, denen sich der Mensch verpflichtet weiss, die eben nicht *aus* seiner Situation entspringen, die aber *in* ihr verwirklicht werden sollen.

Das Recht ist ein Beispiel dafür, dass es trotz aller menschlichen Individualität «gemeinsame Ansprüche und gemeinsame Pflichten, gleichen Spielraum und gleiche Lasten» für den Menschen gibt. «Wie verschieden die Menschen auch sein mögen, es gibt gewisse Lebensgrundlagen, in bezug auf die sie dennoch gleich sein s o l l t e n , und aller individuelle Vorzug hat hieran seine Wertgrenze[23].»

Nicht die mehr oder minder grosse Zahl identischer Eigenschaften macht Vergleichbarkeit und Verwandtschaft von Situationen aus, sondern ihr Entscheidungs- und Herausforderungscharakter ergibt eine Grundstruktur der Situation als Ort der unumgänglichen Stellungnahme und verantwortlichen, unausweichlichen Handelns. Bestimmt aber, geprägt, formiert, qualifiziert wird diese Situation durch übergreifende Bindungen, verpflichtende Imperative, durch Werte, auch durch Glaubenssätze, die vor und jenseits aller vorfindlichen Lage unbedingt in ihr zu verwirklichen sind. In diesem Sinn kann man von Grundsituationen im menschlichen Dasein reden. «Es kommt für den Menschen darauf an, jeweils in seiner geschichtlichen Situation der Grundsituation des Menschseins und in ihr des Seins selbst inne zu werden[24].» Menschsein in seinen besonderen, einzelnen, konkreten, individuellen Situationen setzt immer auch ein Allgemeines voraus, das alle Vereinzelung und Besonderung übergreift.

Wie man das auch philosophisch aussagen und existential interpretieren mag, für die Predigt jedenfalls gibt es eine alle individuellen und konkreten Situationen übergreifende und in ihnen zu realisierende Berufung Gottes, gibt es Gültigkeit seiner Gebote über allem, was Mensch heisst, ein Heilshandeln Gottes in seinem Schöpfer- und Erlösersein, eben eine theologische Hermeneutik des menschlichen Daseins, die nicht der individuellen Situation entnommen ist, sondern die sich an ihr und in ihr bewahrheiten soll. Diese Grundsituation des Menschen vor Gott soll in allen seinen Einzelsituationen wiedererkennbar sein.

---

[23] ebd. 315.
[24] *K. Jaspers,* Von der Wahrheit. München 1947, 871.

Wie steht es dann mit dem umstrittenen Satz, «dass der Hörer, der Zeitgenosse im Text steckt»[25]? Im Text steckt das Kerygma in seiner situativen Bezogenheit auf eine konkrete Situation damals, aber selbstverständlich nicht die gegenwärtige Situation, in der das Kerygma heute neu, lebendig und wieder aktuell werden soll. Auch der entgegengesetzte Satz, dass der Hörer der einzige Text der Predigt sei, ist angesichts des unauflöslichen Aufeinanderbezogenseins von Kerygma und Situation nicht zu verteidigen. «Er, der Hörer, ist mein Thema, nichts anderes; freilich: er, der Hörer vor Gott. Aber das fügt nichts hinzu zur Wirklichkeit seines Lebens, die mein Thema ist. Es bleibt dabei, mein Thema ist mein Hörer[26].» Man mag darüber streiten, ob und wieweit der Hörer ein zweiter vom Prediger zu exegesierender, zu lesender und zu verstehender «Text» ist, immer aber ist Auslegung dieses Textes eine theologische Hermeneutik menschlichen Daseins, die das im biblischen Text beschlossene Kerygma, die Exegese eben dieses Textes schon voraussetzt. Nur so wird die Lage und Vorfindlichkeit des Menschen zur Situation im eigentlichen Sinne des Wortes.

Die Situation ist nicht ein Inbegriff, ein Zusammen von Fakten, sondern charakterisiert durch das Bezogensein von Fakten und Faktoren auf einen von ihnen betroffenen Menschen, der auf sie reagiert und sich dadurch engagieren lässt[27]. Die Situation wird, zugespitzt formuliert, nicht aus der Situation allein bestimmt. Die Frage nach der Situation als dem Gegenüber der christlichen Botschaft, ist «eine kerygmatische Frage»[28]. Geht man von dieser durch Heidegger bestimmten, heute sich anbahnenden Einhelligkeit aus, sieht man das Kerygma und die Situation in ihrem strengen Aufeinanderbezogensein und in ihrem unauflöslichen Aneinandergebundensein, dann gibt es kein situationsloses Kerygma und keine nicht vom Kerygma her erhellte und bestimmte Situation. Man kann weder nach dem Kerygma an und für sich noch nach der Situation abgesehen vom Kerygma fragen.

Die Predigt als ein Neu- und Aktuellwerden des biblischen Kerygmas kann angesichts der Fragen und Herausforderungen

---

[25] Vgl. *E. Lange, P. Krusche, D. Rössler*, Predigtstudien, Beiheft 1968, 9.

[26] *E. Lange*, Die verbesserliche Welt. Möglichkeiten christlicher Rede erprobt an der Geschichte vom Propheten Jona. Mit einer Predigt-Kritik von *D. Rössler*. München 1968, 84 f.

[27] *H. Arens*, Die Predigt als Lernprozess. München 1972, 88f.

[28] *H.J. Margull*, Theologie der missionarischen Verkündigung. Evangelisation als ökumenisches Problem. Stuttgart 1959, 162.

neuer Situationen die Grundsituation des Menschen und ihre Deutung herausarbeiten, die in den einzelnen Situationen des Lebens erkennbar und lesbar werden soll. Theologische Anthropologie ist mehr als das Wort eigentlich besagt, gemeint ist die theologische Hermeneutik des menschlichen Daseins und des Seins überhaupt. Es geht um die in allen möglichen und denkbaren Lagen des Lebens wiederkehrende Grundbefindlichkeit des Menschen vor Gott, um die Grundfrage nach Wesen und Sinn seines Daseins, nach seinem Ursprung und Ziel, nach Geschichte und Geschichtlichkeit des Menschen, nach Welt und Gott, um die in jedem menschlichen Dasein sich findende Versuchlichkeit und Bedrohtheit, Versagen und Schuldigbleiben, Angst und Hybris, um das Preisgegeben- und Ausgeliefertsein des Menschen, seine Enttäuschungen und Hoffnungen, seine Geschöpflichkeit und Verantwortlichkeit, sein Erlöstsein und seine ewige Bestimmung. Diese Grundsituation des Menschen vor Gott gewinnt in allen konkreten Lebensituationen immer neu Gestalt.

Die konkrete jeweilige Vorfindlichkeit des Menschen in ihrer unerschöpflichen Individuationsfülle wird dabei nicht gleichgültig und irrelevant. Alle theologische Hermeneutik des menschlichen Daseins muss ihre Aufweisbarkeit, ihre Verifikation darin finden, dass sie wiedererkennbar und nachlesbar ist in dem individuellen und konkreten Dasein des einzelnen Menschen und in den Besonderheiten seines je eigenen Lebens. Das Humanum als Landschaft menschlichen Seins und alle individuelle Vorfindlichkeit des menschlichen Lebens wird erhellt durch das Kerygma und durch das Kerygma erst zur Situation im eigentlichen Sinn.

Dieses Wiedererkennen der Grundsituationen in den je eigenen Situationen des Lebens ist ein Vorgang, den Prediger und Predigt dem einzelnen nicht abnehmen und stellvertretend für ihn vollziehen können. Dieses Wiedererkennen der Grundsituation menschlichen Lebens, wie sie im Kerygma ans Licht tritt, muss vom Hörer selbst vollzogen werden, muss ihm widerfahren, er muss sich selbst, seine individuelle Lage erkannt, gedeutet, geklärt sehen durch Gottes Wort. Selbst muss er sehen, wie in allen Vorfindlichkeiten und Vorgegebenheiten seines Lebens, in allen Fakten und Faktoren sich diese Grundsituationen des Menschen vor Gott widerspiegeln, wie sie in seinem eigenen konkreten Leben aufweisbar und lesbar werden, wie man diese Grundsitua-

114

tionen in die jeweilige individuelle, immer schon vorgefundene Lage des einzelnen Menschen einzeichnen kann.

Abnehmen kann das dem Einzelnen die Predigt nicht, aber sie kann es ihm erleichtern. Hilfe dazu kann sie dadurch geben, dass sie an einem Modell, einem Beispiel, einem Exempel ein solches Lesbarwerden theologischer Grundaussagen über den Menschen an einzelnen Vorgegebenheiten und Vorfindlichkeiten, Fakten und Faktoren aufzuzeigen sucht, damit der Hörer es lernt, dieses Aufweisbarwerden in seinem eigenen Leben mit seinen Augen selbst zu entdecken, selbst die theologische Deutung menschlichen Seins exemplarisch zu verstehen und sie in seine eigene Lage einzuzeichnen.

Menschenkenntnis braucht natürlich der Prediger, er erwirbt sie durch Solidarität mit den Menschen, durch seine seelsorgerliche Erfahrung, aber immer wird solche Menschenkenntnis durch eine theologische Interpretation und Hermeneutik des menschlichen Daseins vertieft und erst wesentlich. Die individuelle vorfindliche Lage und Bedingtheit in jedem einzelnen seiner Hörer kann der Prediger nicht kennen. Er braucht das auch nicht! Auch in einer ortsfremden Gemeinde kann er predigen, wenn er Menschenkenntnis überhaupt hat und Erfahrung im exemplarischen Deuten von Fakten und Faktoren des menschlichen Lebens im Licht des Wechselspiels von Kerygma und Situation. Darum ist in der systematisch-theologischen Besinnung über die Ideologien, Weltbild, Begrifflichkeit des modernen Denkens, über Horizontverschmelzung und Situationsübertragung, in dem Bemühen um die Legitimität der biblischen Aussage, sie auch in unserer Welt heute auf unsere Verantwortung zu übernehmen, und in der praktisch-theologischen Frage nach dem Lesbarwerden der theologisch gedeuteten Situation in der Vorfindlichkeit des Hörers das Entscheidende über das «Umsprechen der Botschaft» in eine andere Zeit und die konkrete Vorfindlichkeit des Menschen gesagt[29]. Immer geht es um das Aufweisbarwerden, Erkennbarsein, um die Lesbarkeit, die Einzeichnung der alle Vorfindlichkeiten und Gegebenheiten des menschlichen Lebens übergreifenden Situation des Menschen vor Gott in seiner eigenen konkreten Lage. Wo bleibt der Hörer? Von nichts anderem als von ihm ist die Rede gewesen, wenn von der Situation gesprochen wird, in die das

[29] *W. Marxsen*, Einleitung in das Neue Testament. Gütersloh 1962. 2. Aufl., 16.

Kerygma eingeht. Sachgemäss wird vom Hörer gerade dann geredet, wenn von dem Aufeinanderbezogensein von Kerygma und Situation gesprochen wird, in der alle zufällige Vorfindlichkeit des Hörers immer schon theologisch gedeutet ist.

2. *Die Bedeutung der Situation im Wechselspiel von Kerygma und Situation*

Heikler und schwieriger, aber auch gewichtiger ist eine andere Frage; sie hat gerade für die Predigt eine besondere Bedeutung. Es geht um das Problem, wieweit die Situation eine prägende, das Kerygma selbst umgestaltende und verändernde Kraft hat, was das Neusprechen der Botschaft in die jedesmalige, konkrete, sich verändernde Situation für ihre Identität, ihre «Substanz» bedeutet. Was meint das «Sich-Durchhalten» des Kerygmas in der Mannigfaltigkeit immer neu sich wandelnder konkreter Situationen? Um dieses Problem dreht sich ein grosser Teil der Theologiegeschichte.

Frage ist die Situation, sie ist auch Bedingung, Ermöglichung und Chance, Grenze und Spielraum, sie fordert Stellungnahme und Entscheidung heraus. Es ist nichts dagegen einzuwenden, es wird freilich auch nichts Entscheidendes über dieses Problem ausgesagt, wenn man so argumentiert : «Die Frage nach der Situation, die die Predigt herausfordert, muss homiletisch als komplementär und gleichrangig zu der Frage nach dem Text gewertet werden[30].» Gleichwertigkeit in der Notwendigkeit homiletischer Bemühung schliesst durchaus nicht Gleichrangigkeit im Gewicht der Sache ein. Solche Gleichrangigkeit der homiletischen Bemühung bedeutet viel, aber eins bedeutet sie jedenfalls nicht, dass der Situation eine normative Kraft zukäme. Die Situation ist es, die immer wieder erst gedeutet, bestimmt wird durch die nicht in ihr gegebenen und in ihr schon beschlossenen Normen, durch Werte, durch das Sollen und verpflichtende Erkenntnisse, theologisch gesprochen durch das Evangelium, durch das schöpferische, erlösende und heiligende Handeln Gottes, durch die im Indikativ der Gnade beschlossenen Imperative. Schon philosophisch gilt der Satz, dass die faktische Genese unsere Situation als rein faktische ohne normative Kraft ist, sie wird erst von den Normen her kritisch beurteilt (Jaspers). Die Situation hat keine normative, sie hat nicht einmal eine schöpferische Kraft, sie fordert Stellungnahme heraus, bringt sie aber nicht zustande.

---

[30] Predigtstudien. Beiheft 1. Zur Theologie und Praxis der Predigtarbeit, hrsg. von E. Lange, P. Krusche und D. Rössler. Stuttgart-Berlin 1968, 10.

Auch für die neutestamentliche Forschung gilt es, dass die jeweilige Situation, in die hinein konkret das Kerygma gesprochen wurde, wichtig genug für das Verstehen und die Interpretation, für die Ausrichtung und die eigentliche Intention der Textaussagen ist; sie ist unlöslich eingegangen, «eingeschmolzen» in die Textaussage, aber keine Situation ist imstande, gewissermassen freischaffend ex nihilo ein Kerygma aus sich herauszusetzen; sie kann höchstens illusionäre Wunschträume ohne einen Anhalt an der Wirklichkeit entstehen lassen, mit denen niemand geholfen ist. Keine Gemeindesituation, kein «Sitz im Leben» kann schöpferisch ein Kerygma aus sich herausschaffen, sie kann dieses Kerygma nur differenzieren, modifizieren und konkretisieren; in diesem Sinn kann sie es formen und gestalten, aber sie ruft es nicht aus sich selbst heraus ins Leben. Aus der Situation lässt sich die Entstehung des Neuen Testaments ebenso wenig ableiten und erklären wie der Mensch aus der blossen Situation heraus zu verstehen und abzuleiten ist.

Der entscheidende Vorgang verläuft geradezu in umgekehrter Richtung. Geht die Verkündigung in eine neue konkrete Situation von Welt und Leben ein, so ist es gerade das Kerygma, das seinerseits die Situation klärt; es erhellt und interpretiert sie, es qualifiziert sie und hält sich selbst im Wandel der verschiedenen Situationen in seinem eigentlichen Anliegen durch, wenn es aktuell und wieder neu und lebendig wird. Klärung und Erhellung der Situation bedeutet immer zugleich auch ihre Veränderung, ist «Situationseröffnung» (Schröer). Es bedeutet eine, will man es einmal lernpsychologisch ausdrücken, «Einstellungsveränderung», wenn sie auf Fragen trifft, die von der Situation profiliert und durch sie motiviert sind[31]. Auch Informationen, auch Kognitives, das dem Fragen und Suchen des Menschen, der situationsbedingten Fragestellung des Hörers entspricht, können motivierende Kraft haben, können das Denken und damit auch das Sichverhalten des Menschen in der Mitte seiner Existenz erneuern und umwandeln. Erst recht haben Werte, die dem Menschen aufleuchten und einleuchten, Grundüberzeugungen, der religiöse Glaube und seine Aussagen eine den Menschen motivierende und eine die Situation verändernde Kraft, wenn sie und soweit sie eine im

---

[31] M. *Vorwerg*, Psychologische Probleme der Einstellungs- und Verhaltensänderung. Berlin (Ost) 1971.

existentiellen Bereich verankerte Fragestellung ansprechen. Beides ist also zugleich zu sagen, die Situation bedeutet eine Neugestaltung des Kerygmas, und das Kerygma bedeutet Klärung, Erhellung, Interpretation, Neuqualifizierung und Veränderung der jeweiligen Situation.

Was aber heisst nun dieses Sich-Durchhalten der eigentlichen Intention des Kerygmas in den immer neu sich wandelnden konkreten Situationen, wie steht es mit Identität und Nichtidentität der Sache selbst in der Mannigfaltigkeit von Situationen, in die immer neu das e i n e Kerygma eingehen soll? Für Prediger und Predigt ist es wichtig, dass sie sich auf die «Grundsituation», die Grundbefindlichkeit in der Situation des Menschen beziehen können. Das ermöglicht Analogie der Situationen, die überhaupt erst Voraussetzung einer Situationsübertragung ist. Das Problem von Identität und Nichtidentität der Sache ist jedenfalls nicht eine Frage der Gemeinsamkeit oder Nichtgemeinsamkeit einzelner Eigenschaften, es ist angesichts der unlöslichen Verwobenheit und Verschränkung von Situation und Sache nicht logisch und begrifflich zu lösen. Situation und Sache können nicht einfach auseinanderpräpariert und -dividiert werden. Es wird also immer dialektisch, sich gegenseitig erhellend, sich begrenzend, sich gegenseitig korrigierend beides zugleich zu bedenken sein, die Unantastbarkeit der Sache selbst mit ihrer die jeweilige Situation klärenden und neuqualifizierenden Kraft und zugleich auch das durch die jeweilige Situation bedingte und geforderte Neu- und Aktuellwerden im Aussagen und Zur-Sprache-Kommen der Sache. Im Wandel der verschiedenen situativen Bedingungen werden beide Fragen nach dem zu Wahrenden und Bleibenden des Kerygmas und gleichzeitig mit der Identität des Kerygmas die Frage nach seiner Vergegenwärtigung, Verlebendigung und seiner konkreten Ausrichtung zu stellen sein, so dass im ständigen Gespräch und im gleichzeitigen Bedenken beider Anliegen sich in jedem einzelnen Fall eine annähernde und doch immer neu aufgegebene Lösung ergibt.

Der Satz, der Wesensvollzug der Kirche hänge von ihrer Situationsgemässheit in einer bestimmten Zeit ab, besagt also beides, dass Predigt und Kirche ihre eigene Sache wahren und zugleich auch die Gegenwart in ihrem Fragen und Suchen treffen müssen. Sie müssen ihrem Sache treu sein, und sie haben zugleich mit dem Menschen der Gegenwart und nicht mit Schiffbrüchigen aus vergangenen Jahrhunderten zu reden. Barth formuliert in seiner Homiletik: «Zur Gemeindegemässheit gehört die Aufgeschlossenheit für die wirkliche Situation der Gemeinde und die Überlegenheit dieser Situation gegenüber, sie in die Predigt hineinzunehmen[32].»

3. *Das Recht und der Ort des Hörers*

Nun aber stellt sich die Frage : Wo bleibt der Hörer ? noch einmal ganz neu. Wir haben von der Situation als dem Gegenüber des Kerygmas geredet, in der der Hörer immer schon in seiner Vorfindlichkeit und seiner Geschichtlichkeit eingeschlossen ist. Aber wenn auch Horizont und Situation des Adressaten gründlich und mit allen Konsequenzen bedacht sind, gewinnt das Problem des Hörers noch einmal einen neuen Aspekt. Die Predigt ist Konfrontation mit einer wirklichen Situation im Leben nicht in der Form einer wissenschaftlichen Abhandlung, einer Meditation oder einer Betrachtung, sondern in der Form einer Rede, in der einzelne bestimmte Menschen in Worten und Sätzen angesprochen werden. Das «Ansprechen» einer konkreten Situation ist aber nicht identisch mit dem Ansprechen eines lebendigen Menschen in einer solchen Situation, mit einem wirklichen Reden mit ihm über eine Sache. Angesprochen werden soll der Hörer in seiner konkreten Situation, in bezug auf sein Fragen und Suchen, seine Vernunfterkenntnis und sein Erkenntnisvermögen, seine Verantwortungsfähigkeit, sein Gewissen und seine Existenz. Hören ist hier mehr als anhören, zuhören und hinhören; gemeint ist das existentielle Hören, bei dem es um das eigentliche Sein und eine letzte Entscheidung des Menschen geht. Die Intention auf ein solches Hören ist dem Kerygma gewissermassen per definitionem immer schon inhärent. Existentielles Hören ist Sinn und Ziel des Kerygmas.

a) Davon ist schon die Rede gewesen, nicht aber ist die Rede gewesen von einer begrenzten Funktion, in der der Hörer nun als Hörer ins Spiel kommt. Über die Sprache, ihre Verständlichkeit und Anschaulichkeit, über ihre Aufgabe, Sprachbarrieren bestimmter Gesellschaftsschichten zu überwinden, ihre Bedeutung für die Integrationsmöglichkeit einer Gemeinschaft soll hier nicht im einzelnen nachgedacht werden. Dass das Zur-Sprache-

---

[32] *K. Barth*, Homiletik. Wesen und Vorbereitung der Predigt. Zürich 1966, 67.

Kommen des Kerygmas auch die Verständlichkeit und Assimilierbarkeit der Worte, Begriffe und Sätze einschliesst, ist eine selbstverständliche Konsequenz aus der Menschwerdung des Logos. Das ist die praktische Seite und die praktische Konsequenz jener Übersetzung in die sprachlichen Kategorien unserer modernen Begrifflichkeit, unseres gegenwärtigen Denkens und unserer Art und Weise des Redens, von der schon ausführlich die Rede gewesen ist. Die Sprache ist mehr als ein blosses Vermittlungsproblem, mehr als eine Form der Einkleidung; in der Sprachwerdung kommt die Sache einer Aussage erst zu ihrer Existenz[33]. Über das hinaus, was über die Sachgemässheit der Sprache schon gesagt ist, kommt jetzt das sich daraus ableitende Formproblem der Vermittlung, der Verstehbarkeit und Verständlichkeit durch den konkreten Hörer ins Blickfeld. Der Weg vom Text zur Predigt schliesst auch den Weg vom Prediger zum Hörer ein. Eigentliches Hören geschieht da, wo die Sache einen Bezug auf das Suchen und Fragen, die Grundsituation und die Existenz des Menschen hat; wirkliches Hören verlangt auch Verständlichkeit, Assimilierbarkeit der Worte, Begriffe und Sätze für den jeweiligen konkreten Hörerkreis. Hier ist der Hörer nun wirklich das Mass aller Dinge, soweit es um Fassungsvermögen und Verstehenshorizont geht, das Mass freilich für die Sache selbst und ihre Wahrheit, für das Kerygma kann auch dann der Hörer nicht sein.

b) Tiefer reicht die Problematik, die mit dem Begriff der Anknüpfung zusammenhängt, die den Hörer an dem Ort, wo er steht, «abholen» will, sich auf seine «Mitbringsel» bezieht und so ein wirkliches Mitspracherecht des Hörers konstituiert. Hier geht es um mehr als ein Problem der Vermittlung. Diese in der Zeit des Kampfes der Bekennenden Kirche gegen die natürliche Theologie der Deutschen Christen geführte heisse Auseinandersetzung um die Anknüpfung kann heute als überholt gelten[34]. Dass eine Predigt argumentieren, begründen, erklären, einsichtig machen, überzeugen soll, hat schon die Homiletik der Aufklärung hervorgehoben, und die Predigt der Aufklärung hat das auf ihre Weise grossartig durchgeführt. Dass der Mensch in seiner Situation, in den offenen Fragen seines Daseins, in seinem Suchen und Erwarten von

[33] *H.R. Müller-Schwefe*, Die Sprache und das Wort. Grundlagen der Verkündigung. Hamburg 1961.
[34] *W. Trillhaas*, Evangelische Predigtlehre. München 1964. 5. Aufl., 35ff.

Hilfe, Halt und Geborgenheit, in seiner Anmassung und seinem Widersprechen nicht verfehlt werden darf, davon ist bei der Erörterung der Bedeutung der Situation die Rede gewesen. Wenn Bultmann sagt, «der Mensch in seiner Existenz als Ganzes» sei der Anknüpfungspunkt[35], sein Vorverständnis vom Menschsein, das er als Hörer mitbringt, müsse in der Begegnung mit dem Text, im Hören auf den in ihm zur Aussage kommenden Anspruch gerade aufs Spiel gesetzt werden, dann hat die ganze Fragestellung nach der Situation es mit nichts anderem zu tun gehabt als mit dem Problem der Anknüpfung.

Im Grunde freilich meint dieses Wort einen anderen Tatbestand, und nur darum ist es überhaupt so heiss umstritten gewesen; es meint eine Kontinuität substantieller Art zwischen der Offenbarung und Art und Wesen des Menschen, das Festmachen des Kerygmas an irgendetwas im Menschen schon immer Vorhandenes, an ein ihm immer schon vor aller Verkündigung Vorauszusetzendes, an Ahnungen, Erkenntnisse und Einsichten, die die Predigt nur aufzunehmen, zu vertiefen und zu erhöhen braucht. So gewinnt Gottes Wort Fundament und Raum im Menschen. Eine Leiter stellt die Predigt für Gott hin, auf halbem Weg soll der Mensch Gott entgegenkommen.

Auf diese Weise wird der Hörer als Voraussetzung, Basis, Inhalt und Fundament einer natürlichen Theologie ins Spiel gebracht. Nun ist systematisch theologisch gesehen die Frage der analogia entis und das Problem der natürlichen Theologie ein weites Feld. Aber wie immer man darüber auch theologisch denken und lehren mag, ein sinnvolles Reden von der Anknüpfung kann doch nur das bedeuten, erinnern an das immer schon vorausgegangene Handeln Gottes mit diesem Menschen, sich auf Begegnungen und Erfahrungen beziehen, die als Erfahrungen Gottes in der Lebensgeschichte des einzelnen dieser neuen Begegnung schon vorausgegangen sind. Der Hörer der Predigt ist keine tabula rasa, er ist im Gottesdienst für den Prediger kein unbeschriebenes Blatt; Gott hat immer schon mit diesem Menschen eine Geschichte gehabt, an ihm durch Bezeugungen und vorausgegangene Erfahrungen gehandelt, wie immer sie auch ausgelaufen sein mögen, durch das Zeugnis der Kirche und die Begegnung mit einzelnen Christen, durch das Kundwerden seines Anspruchs und

---

[35] *R. Bultmann*, Glaube und Verstehen, II. Tübingen 1952, 120f.

Zuspruchs, durch sein dem Menschen schon immer zugewendetes Schöpfer- und Erlösersein. Festmachen und Anknüpfen kann sich immer nur auf das beziehen, was Gott selbst schon zuvor in der Geschichte dieses Lebens an diesem Menschen getan hat. Das bedeutet also, dass die Frage nach der Anknüpfung sich in die Frage nach der Situation des Menschen auflöst, die immer auch die Vorgeschichte dieses Menschen mit Gott schon umfasst. Die Anknüpfung ernst nehmen ist etwas anderes als das blosse Assoziieren von Assoziationen. Nichts Neues wird hier über den Hörer und für den Hörer gewonnen, kein neues selbständiges Recht des Hörers begründet, kein Mitspracherecht über das hinaus, was schon in der Situationsbezogenheit des Kerygmas erörtert wurde. Ein falsches Verständnis der Anknüpfung im Sinne eines gleichrangigen, sachlichen Mitspracherechts des Hörers kraft der in ihm liegenden Möglichkeiten und Voraussetzungen bedeutet eine Einebnung, Verflachung, Bagatellisierung und Trivialisierung der theologischen Aussage, ihre Einebnung ins Selbstverständliche und Allgemeine, der dann wieder nur durch den «Verfremdungseffekt» begegnet werden kann[36]. Die Polarität von Fremdheit und Vertrautheit, von der Gadamer spricht, gehört auch zur Predigt hinzu.

c) Eine dritte praktische Aufgabe als Element der Vermittlung ist das Konkretisieren in bezug auf die jeweils spezifische Ausprägung der konkreten Situation. Natürlich muss der Hörer hier ins Blickfeld kommen, wenn es um Konsequenzen in der konkreten Lage, um Anwendungen und die modi der Verwirklichung im praktischen Leben geht, die sich aus dem spezifischen Anspruch eines Textes für das praktische Tun des Hörers auf dem weiten Feld möglicher Situationen und dem vielfältigen Terrain des alltäglichen Lebens ergeben.

Konkretisierung sucht Verwirklichung auf allen Lebensfeldern, in denen menschliches Dasein sich vollzieht. Auch heute noch gehört dazu, auch wenn man es manchmal nicht wahrhaben will, die individuelle und persönliche Frömmigkeit des einzelnen, weil es eine Besonderheit, eine Vereinzelung und eine Einsamkeit jedes Menschen vor Gott gibt, weil jeder auch für sich persönlich zur Ehrfurcht vor dem letzten umgreifenden Geheimnis und zur individuellen Gestaltung seines frommen Lebens gerufen ist. Ver-

---

[36] *H.D. Bastian*, Verfremdung und Verkündigung. Gibt es eine theologische Informationstheorie? München 1965.

wirklichung und Konkretisierung gibt es auch auf dem Feld des
Liturgischen und Kirchlichen. Man könnte sogar mit Recht von
einem «Primat des Liturgischen» (Fendt) reden, weil in der Verwirklichung der bis an den letzten Rand der äussersten Peripherie
menschlichen Lebens gehende Glaubensgehorsam seine Wurzel
und seine Mitte im Gottesdienst der Gemeinde hat, im Hören, Beten, Loben und Danken in der Gemeinde und mit der Gemeinde.
Christlich von der Existenz reden, meint nicht den philosophischen
Gebrauch des Wortes, das formale Eigentlichsein, Selbstwerden
und Selbstverwirklichung des Menschen, sondern christliche
Existenz ist inhaltlich das «Insein» in der betenden und lobenden
Gemeinde, das Hören und Bekennen, Leben und Verwirklichen
in ihr, das Zu-sich-selbst-Kommen, weil man zu Gott gekommen
ist. Zur Konkretion der Predigt gehört ferner der Bereich von Ehe,
Familie und Sexualität, ein Feld, wo trotz aller modernen Erziehung die Nöte, Sorgen, Aengste, Verklemmungen und Komplexe
nicht geringer sind als jemals früher. Schliesslich gehört auch dazu
das Gebiet des Staatsbürgerlichen, des Wirtschaftlichen, Sozialen
und Politischen, will die Predigt dem Hörer zur rechten Praxis
des Glaubens in unserer Welt von heute verhelfen. Gegen diesen
Satz steht nicht der Missbrauch in der Monomanie mancher modernen politischen Predigten, die nichts als politische und dazu
meist noch sehr einseitige politische Rede sind. Dass auch die
unpolitische Predigt immer schon eine politische Predigt ist, oft
sogar eine sehr verfängliche, braucht nicht erst gesagt zu werden.

Nun hat aber alle Konkretisierung im Blick auf den Hörer
und sein Lebensfeld immer auch ein fatales Gefälle zur Gesetzlichkeit, die das Evangelium und seine Freiheit ausser Kraft setzt[37].
Je konkreter man ausführt, wie ein Christ zu handeln hat, um so
gesetzlicher wird die Predigt, um so gesetzlicher wird sie verstanden.
Das Konkretisieren darf nicht vergessen, dass kein Weg an der
ersten eigentlichen Aufgabe vorüberführt, der Erweckung des Gewissens des Hörers, dass nichts anderes als die Gnade die eigentlich
motivierende Kraft für alles Tun und Verwirklichen im Leben ist,
dass alles Praktizieren des Hörers immer ein selbstverantwortetes
und selbstgewolltes eigenes Tun sein muss und dass endlich Konkretion den Ermessensspielraum für die eigenen sachlichen und
methodischen Überlegungen des Hörers offenhalten muss.

---

[37] M. *Josuttis*, Gesetzlichkeit in der Predigt der Gegenwart. München 1966.

Als Hilfe für die rechte Vermittlung wird das Exemplarische, Paradigmatische und Beispielhafte anzusehen sein. Der Wert eines Exempels erschöpft sich nicht in einer einzigen einzelnen Situation, seine Bedeutung weist über sich selbst hinaus, umgreift durch das Verhältnis von Gleichartigkeit, Aehnlichkeit, Analogie und Übereinstimmung viele gleichgeartete Fälle und Situationen. Das Exempel hebt eine übergreifende Struktur der Problematik und ihrer Lösungsmöglichkeit heraus, erfasst die «Grundsituation». Die Einmaligkeit der individuellen Lage wird im Exemplarischen nicht aufgehoben und überspielt. Verwirklichung muss der einzelne Hörer nach seinem eigenen Gewissen und seiner Einsicht, in seiner Verantwortung und der eigenen Entscheidung, im Rahmen der Möglichkeiten und Chancen seines eigenen Lebens ausüben. Mit dem Exempel kann er sich dann identifizieren, wenn er seine eigene besondere Situation in dem Exemplarischen und Paradigmatischen wiedererkennt und dieses Exemplarische auf die besondere Situation seines jetzigen Lebens bezieht, und wie wir hinzufügen müssen, auch auf mögliche spätere, jetzt noch nicht voraussehbare und aktuelle Situationen. Falsch ist die oft vertretene These, dass dem Hörer nur gesagt werden kann, was er jetzt und heute leben und praktizieren kann. «Vorausschauende Verantwortung des priesterlichen Dienstes» (Antweiler) wird auch Lebenssituationen bedenken, sie verstehbar und einfühlbar machen, in denen andere stehen und die morgen schon unsere sein können, auch wenn sie uns im Augenblick fremd sein mögen. Predigt rüstet auch für Situationen von morgen. Sie ist an Erweiterung des Lebenshorizontes, der Möglichkeiten und des Raums der Verantwortung beim Hörer interessiert, nur so ist sie «Weg in die Zukunft», sie beschränkt sich nicht auf diesen einen zufälligen Hörer und seine individuelle Lage, sonst wäre Predigt in der Gemeinde und für viele nicht möglich. Geschehen kann das, psychologisch ausgedrückt, durch Identifizierung, sachlich gesehen darum, weil alles Konkrete immer schon aus einem Allgemeinen und dem Besonderen besteht, aus dem, was menschliches Wesen und zugleich individuelles Sein ist.

Konkretisierung hat ihre besonderen Gefahren. Allzu direkt und unmittelbar als verbindliche Forderungen vorgetragene Konkretisierungen eliminieren leicht die Verantwortlichkeit, Selbständigkeit und Mündigkeit des Höres. Sie können geradezu den Hörer manipulieren. Man will· den Hörer ins Recht setzen und

124

verweigert ihm sein eigentliches Recht der Selbständigkeit. Es gibt nicht nur ein Recht des Hörers auf Berücksichtigung in der Predigt, sondern auch ein Recht des Hörers auf seine Freiheit und Mündigkeit, die die Predigt respektieren, ermöglichen und freisetzen soll[38]. Allzugrosse Rücksicht auf den Hörer kann zur Rücksichtslosigkeit gegenüber diesem Hörer werden. Auch bei der Konkretisierung soll er nicht überfahren werden, sondern einen Spielraum eigener Freiheit und Entscheidungsmöglichkeit behalten. Hier muss es heissen: Zurückhaltung gegenüber dem Hörer eben um des Hörers willen.

Doppelt gefährlich wird die Sache, wenn der Prediger homiletisch einen Hörer nach seinem Willen und seiner Phantasie konstruiert und nun den wirklichen Hörer zwingen will, der zu sein und zu werden, den der Prediger sich ausgedacht hat. Auch hier werden wir kaum über das hinausgeführt, was die Betrachtung über die Situationsgebundenheit der Predigt und die Bedeutung der Grundsituationen ausgeführt hat.

d) Neben dem Anknüpfen und Konkretisieren ist das Aktualisieren eines der entscheidenden Mittel, den Hörer zu erreichen, seine Aufmerksamkeit zu gewinnen und sie auch festzuhalten, entscheidende Akzente der Bedeutsamkeit für ihn zu setzen. Aktualisieren heisst die Sache, um die es geht, für den Hörer aktuell, interessant, lebensnahe und lebensbedeutsam machen. Geht es um das, was aktuell, modern, interessant und existentiell bedeutsam ist, dann muss freilich der Hörer ins Auge gefasst werden und das vom ersten Augenblick der Arbeit an der Predigt und nicht erst nachträglich in einem letzten Akt, einem blossen Schlusskapitel. Im ständigen Blick auf den Hörer wird die Predigt meditiert und konzipiert. Er sitzt ständig schon am Schreibtisch dem Prediger gegenüber und begleitet das Werden der Predigt in allen ihren Stationen. Die Rhetorik, lange vernachlässigt, fängt heute wieder an, in der Homiletik ihr gebührendes Gewicht zu erhalten. Eine sachliche Determination aber der Predigt durch das, was dem Hörer interessant, modern und aktuell zu sein scheint, würde freilich nichts anderes bedeuten als ihre Banalisierung und Trivia-

---

[38] *J. Kopperschmidt*, Kommunikationsprobleme der Predigt, in: Die Fremdsprache der Predigt. Kommunikationsbarrieren der religiösen Mitteilung, hrsg. von G. Biemer. Düsseldorf 1970, 51. Die Explikation soll nur die Möglichkeit der Applikation offenhalten. «Jede Applikation, die nicht Leistung des Hörers ist, bleibt ineffektiv, ihrer Natur nach autoritär.» Die applikative Konkretion soll in eine explikative zurückgenommen werden.

lisierung. Hier ist die Rücksicht auf die Sache die wahre Rücksicht auf den Hörer. Die Sache ernstnehmen ist geradezu Respekt vor dem Hörer, dem wir diese Sache schuldig sind.

Formal gesehen liegt Aktualität im Wesen der lebendigen Rede, die mit dem Menschen ins Gespräch kommt, statt vor ihm über einen Gegenstand referieren. Den Hörer im Auge haben fordert freie Rede statt des blossen Ablesens eines Manuskripts oder des Hersagens eines mühsam auswendig gelernten Textes. Hier fragen heute die, die dem Hörer immer das Wort reden, oft am allerwenigsten nach dem Hörer. Die Bibel auf dem Kanzelbrett wird beiseitegelegt und geschlossen, das abgelesene Manuskript tritt an ihre Stelle. Neu und lebendig wird eine Rede wiedergeboren, wenn sie gehalten und nicht bloss repetiert wird. Im Vollzug einer freien und lebendigen Rede gewinnt erst die Predigt ihre Aktualität. Nicht am Schreibtisch, sondern im Vollzug geschieht das Eigentliche, um dessen willen sie überhaupt da ist.

Aktualisieren soll ein Mittel der Rede sein, Aufmerksamkeit zu gewinnen und festzuhalten[39]. Alle gesuchte Aktualität, die nicht aus der Sache kommt, die den Hörer erst einmal mit etwas anderem gewinnen, mit etwas Fremdem ködern will, mit Allotria, Modernitäten, Tricks, Sensationen, Anekdoten, Geschichtchen, Zeitungsausschnitten und Dichterzitaten, erschlägt gerade die Aktualität, um die es eigentlich in der Predigt geht, die Aktualität des Wortes Gottes, das dem Menschen zu seinem Heil dienen will. Diese «Aktualitäten» sind falsche Rücksichtnahme auf den Zeitgeist, unangebrachte Konzessionen gegenüber vorübergehenden Hörerwünschen, Hörerlaunen und Hörererwartungen; sie lenken auf das hin, was in der Sache eben nichts bedeutet, wollen mit Versprechungen, die nicht gehalten werden, Bauern fangen; sie sind nicht einmal modern, sondern mit Modernitäten geschmückt, wie der Tannenbaum mit Flitter aufgeputzt wird. Auf Unwesentliches lenken sie die Aufmerksamkeit und nicht auf das Wesentliche.

Heute wissen wir einiges über die Gesetze der Aufmerksamkeit[40]. Hier geht es wirklich um Assimilierbarkeit und Verstehbarkeit der Rede, also um den Hörer. Der Mensch behält nur einen

---

[39] *H. Urner*, Gottes Wort und Predigt. Göttingen 1961, 137ff.

[40] *H. Breit*, Die Predigt im Blickfeld der Rezipientenforschung, in: Die Predigt als Kommunikation, hrsg. von J. Roloff. Stuttgart 1972, 42.

geringen Bruchteil dessen, was er hört; weitaus besser wird das erfasst, was er hört, sieht und diskutiert; fast alles behält er, was er selbst entdeckt und sieht. Sehenmachen und Entdeckenhelfen gehören zum Formgesetz der Rede. Selektive Aufmerksamkeit ist ein Schutz-, Abwehr- und Verteidigungsmechanismus, von dem jeder Mensch Gebrauch macht. Er wählt aus, was zu seiner Stimmung passt, was ihn interessiert, was sich konfliktlos in das Ganze seines Denkens und seiner Lebenshaltung einfügt, was Spannungen in ihm zu lösen und Lasten von ihm zu nehmen vermag. Entscheidend für Aufgeschlossenheit des Hörers und sein Aufmerken ist es, dass er eine Sache als lebenswichtig und lebensbedeutsam für sich erkennt, dass sie ihn selbst in seiner Existenz unbedingt angeht, Antwort ist auf seine eigene existentielle Frage. Für die Aufmerksamkeit und jede Einstellungsveränderung ist der existentielle Bezug auf den Fragehorizont des Hörers eine entscheidende Voraussetzung, ein Bezug, der dem Kerygma per definitionem eigen ist. Diese Bedeutsamkeit der Botschaft für die eigentliche Mitte von Leben und Existenz deutlich machen, heisst der Predigt Aktualität abgewinnen.

Die Nachdrücklichkeit einer solchen Akzentuierung der Bedeutsamkeit für den Hörer kann in der Rede durch rhetorische Mittel hervorgehoben werden, durch die Neuheit überraschender Wendungen, durch grelle Farben, plakathafte Zeichnung, durch Markierungen und Unterstreichungen, durch eine Redundanz des Ausdrucks, der die Sache von verschiedenen Seiten her beleuchtet; sie selbst muss unübersehbar und unüberhörbar gemacht werden und den Ausweich- und Abwehrmanövern begegnen, mit denen der Mensch das Gehörte überhört, umdeutet, es so interpretiert, dass es in das Gefüge und die Struktur seiner Gedankenwelt störungslos eingehen kann. Das alles ist Rücksicht auf den Hörer, ein Formproblem der Vermittlung, Sache der Rhetorik. In der eigentlichen Aktualität aber geht es nicht um «Aktualitäten», mit denen eine Rede aufgeputzt wird, um sie interessant, gefällig, zeitgemäss zu machen; es geht auch nicht um praktische Vermittlungsprobleme, sondern in ihr geht es um den actus, in dem Gottes Wort mit seinem Anspruch nach dem wirklichen Menschen greift, allein um das, was unbedingt den Menschen in der Wurzel seines Lebens und der Mitte seiner Existenz angeht, um das Durchschlagen des Kerygmas, in dem es ganz und gar um das Heil des Menschen geht.

4. *Folgerungen für das Mitspracherecht des Hörers in der Predigt*

a) Fragen wir noch einmal zurück und setzen von neuem alles bisher Gesagte wieder aufs Spiel, lassen wir uns fragen, ob wir nicht um der Sache, ihres Rechts und ihrer Eigentlichkeit willen uns doch dazu haben verführen lassen, den Hörer zu schattenhaft, zu formal, nicht ernsthaft und konkret genug zu sehen. Soweit es um die Vermittlung geht, kann das Bild des Hörers nicht farbig, konkret und lebendig genug sein. Eine theologische Anthropologie und Hermeneutik des menschlichen Daseins wird sich notwendigerweise immer am wirklichen Menschen erweisen, verifizieren und legitimieren müssen. Sollte die Predigt der Kirche im Blick auf den Hörer nicht wenigstens zwischen kirchlichen und unkirchlichen Gemeindegliedern einen Unterschied machen, hat es doch immer eine begründende Missionspredigt[41] und eine weiterführende Gemeindepredigt gegeben, Predigt für Anfänger im Glauben und Verkündigung für die in der Erkenntnis des Glaubens Fortgeschrittenen? Auch das ist ein reines Problem der Vermittlung und nur als solches relevant.

In unserer Predigtsituation können wir kaum Predigt für die «draussen» und für die «drinnen» unterscheiden, wir können es darum nicht, weil diese Trennungslinie nicht zwischen zwei verschiedenen Gruppen verläuft, sondern mitten durch den Prediger selbst und durch den Hörer hindurchgeht[42]. Gerade darin bewährt sich die Solidarität des Predigers mit dem Hörer; er selbst ist der erste Hörer, er selbst der Angeredete, ist auch ein Mensch unserer Tage, selbst ein Zeitgenosse, auch er liest Zeitungen, hat Rundfunk und Fernsehen im Haus, er ist auch einer, der immer wieder beunruhigt ist, der widerspricht, fragt und zweifelt; es kommt ihm wahrhaftig zu, «wir» in der Predigt zu sagen und nicht mit dem «ihr» oder «Sie» den Hörer anzureden. Vielleicht sind die «draussen» dem eigentlichen Drinnen näher als viele, die sich drinnen wähnen, weil gerade sie brennender fragen, mutiger widersprechen, echter hören können als wir mit unserer ganzen kirchlichen Gewohnheit, Konformität und unseren offiziösen Meinungen.

---

[41] *H.J. Margull*, Theologie der missionarischen Verkündigung. Evangelisation als ökumenisches Problem. Stuttgart 1959.

[42] *O. Händler*, Die Predigt. Tiefenpsychologische Grundlagen und Grundfragen. Berlin 1960. 3. Aufl., 235ff.

Homiletisch ist mit dieser Trennung von drinnen und draussen wenig anzufangen. Auch in der Gemeindepredigt, vermeintlich nur für die «drinnen», müssen Türen und Fenster der Kirchen weit offenstehen, sehen die «draussen» den Anwesenden immer schon über die Schultern. Dass eine Predigt nur eine Gemeinde von Glaubenden anredet, ist welt-, kirchen- und lebensfremd. Alle Hörer brauchen immer wieder fundamentale Grundlegung, auch die Fortgeschrittenen, und alle Hörer brauchen Entfaltung und Förderung, auch die Anfänger. Soll man wirklich beim Hörer zwischen Idealisten — wo gibt es sie heute wirklich! — und Materialisten — wer gehörte eigentlich nicht dazu!— unterscheiden? Zwischen Traditionalisten und Fortschrittlich-Progressiven? Immer werden wir uns von falscher, erstorbener Tradition lösen und echte Tradition lebendig machen müssen. Die Seelsorge hat es mit dem einzelnen für sich allein zu tun, die Predigt aber ist der Ort, wo die eine Wahrheit für alle da ist, Gebildete und Ungebildete, Reiche und Arme, Menschen aller Klassen und Stände, weil die Annahme des Gottlosen und seine Rechtfertigung quer durch alle solche Unterscheidungen hindurchgeht. Wir sind alle Menschen unserer Zeit, Menschen dieses sich zur Krise und zu seinem Ende neigenden Zeitalters der Aufklärung, dessen Fortschrittsräume heute umwölkt und umdunkelt sind von der bangen Frage nach der in die Hand des Menschen gegebenen Zukunft.

Zusammenfassend können wir sagen: Die Hörerfrage gewinnt ein falsches Gewicht, einen unrechten Ort im Ganzen, wenn ich mit dem Einwurf: «Wo bleibt der Hörer?» sie zu einem speziellen und isolierten Thema, einem einzelnen Kapitel der Homiletik mache. Es ist die Funktion der Hörerfrage, den ganzen Prozess des methodischen Weges vom Text zur Predigt als Fragestellung zu begleiten, immer offen und nie abgeschlossen. Beim ganzen Vorgang des Entstehens der Predigt ist der Hörer anwesend, stets begleitet die Hörerfrage alle Stationen des Werdegangs. Anwesend ist sie schon in der Exegese, die ja als Interpretation und Hermeneutik auf Verstehen heute ausgerichtet ist; sie ist entscheidend da in der systematisch theologischen Besinnung auf die Legitimation der biblischen Aussage im Rahmen unseres Weltbildes und in bezug auf unsere moderne Begrifflichkeit; vom Hörer ist die Rede, wenn im Prozess der Vergegenwärtigung von Horizontverschmelzung und Situationsübertragung, vom Konkretisieren und Aktualisieren gesprochen wird; thematisch aber wird die Hörerfrage, wenn es um das Problem der Vermittlung geht; immer ist sie da, immer aber nur im Zusammenhang mit dem Anspruch der Sache und ihm untergeordnet zu ventilieren. Hören ist die eigentliche Funktion des Hörers, und das ist etwas Aktives und nichts rein Passivisches.

b) Soll man von zwei Texten für die Predigt reden, dem zu interpretierenden Bibeltext und einem auszulegenden zweiten Text des menschlichen Daseins? Warum nicht? Ohne diese beiden Texte zu lesen, kann Predigt nicht vor sich gehen, nur dass diese beiden Texte nicht gleichgewichtig nebeneinanderstehen, mit gleichem Rang und gleicher Funktion. Der biblische Text will so gelesen sein, dass das in ihm «verfasste» Kerygma als verbindlicher Anspruch und als gültige Zusage Gottes gegenüber dem Menschen hörbar wird, der Text des menschlichen Daseins will so gelesen sein, dass er erst im Licht der theologischen Interpretation vom Wort Gottes her erhellt, von ihm neu qualifiziert, verwandelt und geklärt wird. Beides sind zu lesende und zu interpretierende Texte, aber Texte in einem sehr verschiedenen Sinn des Wortes. Heinrich Ott hat im Anschluss an Jeremias Gotthelf zum ersten Mal von dem «Lesen im Buch des Lebens» gesprochen, und Walter Bernet hat wiederum, Jeremias Gotthelf aufgreifend, gesagt: «Die kirchliche Verkündigung hat über dem Lesen des Bibelbuches das Ernstnehmen jenes anderen grossen Buchs, nämlich des «Lebensbuchs» vergessen[43].» Rudolf Bohren hat in seiner Predigtlehre das Wort von den beiden Texten aufgenommen, aber es so interpretiert, dass der Hörer nur dann als zweiter Text der Predigt verstanden werden kann, wenn er im Licht der Prädestination gelesen wird. Der Hörer soll «eingeschmolzen» werden in das Erkennen des göttlichen Willens, die Kenntnis des Hörers «eingebracht» werden in die Verheissung der Gnadenwahl[44]. Soll man mit Bohren[45] Akkomodation und Anpassung unterscheiden, wenn es um die Berücksichtigung der Hörers geht? In der Anpassung soll dann der Prediger sich selbst behaupten, sie verrät das Wort an die Situation, hat ein Gefälle zur Trivialität. Akkomodation aber soll in der Menschwerdung Christi begründet sein, sie tritt dem Hörer

---

[43] *H. Ott,* Verkündigung und Existenz. Gedanken zur Lehre von der Predigt. Zürich-Frankfurt 1956, 8.

[44] *R. Bohren,* Predigtlehre, 1971, 462ff., 467: «Die Prädestinationslehre bildet den hermeneutischen Schlüssel zur Hörerschaft.»

[45] ebd. 463 ff.

gegenüber. Es geht dabei um das Problem der Dreiecksbeziehung von Sache, Situation und Hörer, die uns beschäftigt hat. Das Wort Akkomodation ist freilich geschichtlich durch die malabrischen Riten und die ungezählten Akkomodationstheorien der Aufklärung schwer belastet.

c) Im Prinzip ist damit eine andere Frage schon beantwortet: Kann man so selbstverständlich, voraussetzungslos und unreflektiert den Ausgang vom Text für die Predigt heute voraussetzen[46]? Nun voraussetzungslos wird gewiss nicht geredet, wenn die christliche Predigt als Zeugnis eines von der Kirche autorisierten Dieners der Kirche in der Gestalt einer gottesdienstlichen Rede verstanden wird, in der in der Form der Auslegung biblischer Texte in einer für den Menschen der Gegenwart verständlichen Sprache so von den in der Bibel bezeugten Taten und Wundern Gottes geredet wird, dass durch dieses Zeugnis Gottes Anspruch und Zuspruch heute hörbar wird. Voraussetzungslos ist das gewiss nicht!

Was besagt das eigentlich, wenn man statt vom Text zur Predigt umgekehrt von dem Weg von der Gegenwart zum Text redet? Wird dann das Gewicht des Hörers grösser? Theologisch und für den Weg und die Sache der Predigt ist es völlig belanglos, ob die Auswahl der zu predigenden Texte von feststehenden Reihen ausgeht oder von Fragen der Gegenwart her provoziert ist. Wer wird schon die bestehenden Perikopenordnungen in ihrer offensichtlichen Fragwürdigkeit um jeden Preis verteidigen wollen! In allen Kirchen ist die Perikopenfrage heute in Bewegung geraten. Evangelien- und Epistelreihen haben sich an sehr verschiedenen Orten und zu sehr verschiedenen Zeiten gebildet, sie haben in der Regel keine Beziehung zueinander und können nicht «kontrapunktisch» ausgelegt werden. Die Evangelienreihe ist älter, stadtrömischen Ursprungs, die Epistelreihe weithin gallikanischer Herkunft, sie stammt erst aus karolingischer Zeit. Die heutigen katholischen Reihen sind jünger als die lutherischen. Luthers Kritik der Episteln in der Formula missae lautet: «Ordinator ille Epistolarum videatur fuisse insigniter indoctus et superstitiosus operum ponderator.» Nur um der einfältigen Prediger willen hat Luther am Perikopenzwang festgehalten, damit nicht über «blaue Enten» gepredigt werde.

---

[46] *F. Merkel*, Predigttheorie und Predigtpraxis. in : Wissenschaft und Praxis in Kirche und Gesellschaft, 1971, 44.

Wo wir historische Gründe für die Festlegung einzelner Peri-
kopentexte kennen, sind sie nicht überzeugend für uns. Warum
soll die Befreiung Belgrads von den Türken eine Veranlassung
sein, Christi Verklärung zu feiern? Warum soll heute noch Sexage-
simae über die Biographie des Paulus 2 Kor 11, 11 — 20, 12
gepredigt werden, nur weil einmal dieser Text in der Basilika St.
Pauli als der römischen Stationskirche an diesem Tage gelesen
wurde? Was bedeuten für uns die Exorcisationstexte, die in der
Fastenzeit einmal für die Taufbewerber gedacht waren? Warum
sollen wir die Freudenzeit durch Lesungen aus den apostolischen
Schriften des Johannes, Jakobus und Petrus ehren, auch wenn diese
Texte nichts Oesterliches enthalten? Warum sollte der Weg von
der Gegenwart zum Text weniger sinnvoll sein als der Weg von
solchen historischen Argumenten zum Predigttext heute? Gegen-
wartsfragen können auch zu bestimmten Texten führen.

Auch die in den heutigen Ordnungen nur in geringen Resten
enthaltene lectio continua hat ein Heimatrecht in der Kirche.
Die «eklogadische» Lesung ist in ihr sehr alt, in der Fastenzeit
wurde die Genesis, in der Karwoche das Buch Hiob, am Karsams-
tag das Buch Jonas ausgelegt. Von Chrysostomus hören wir, dass
die in der Fastenzeit übliche Genesislesung durch Berichte von
Verrat, Kreuzigung und Auferstehung unterbrochen wurde, wenn
das Kirchenjahr es forderte, um dann wieder zur lectio continua
zurückzukehren. Zwingli hat die ganze biblische Bücher fortlaufend
auslegende Predigt geradezu zu einem Charakteristikum der
reformierten Kirchen gemacht. Auch in der Preussischen Kirchenordnung von 1525 ist sie vorgesehen, ebenso in der Brandenbur-
gisch-Preussischen Kirchenordnung von 1535 und der lutherischen Mecklenburgs 1540.

Auch diese Ordnung hat ihre Bedenken. Die moderne Theologie hat so sehr die Eigenart der einzelnen biblischen Schriften,
ihre Situation, die Besonderheit ihrer Theologie, bei den Evangelien die Handschrift und theologische Leistung des Redaktors
herausgearbeitet, dass man wohl nicht gerne über lange Zeiten
hinweg nur Texte in der theologischen Sicht eines einzelnen Verfassers Sonntag für Sonntag auslegen möchte. Wie auch die Textwahl zustandekommen mag, immer sollte es sich freilich um einen
dem Prediger gewiesenen Text handeln, nicht einen, den er sich
selbst als ihm liegend, leicht und bequem aussucht.

132

Eins aber bleibt, ob die Textwahl durch Tradition und geschichtliche Überlieferung, durch ihre Revision und die Entstehung neuer Reihen, meinetwegen auch den Einfall eines einzelnen Predigers zustandegekommen ist, oder durch eine fortlaufende Lesung, psychologisch mag das manches ausmachen, methodisch und sachlich ändert sich dadurch nicht das Geringste an dem Weg von diesem wie auch immer gewonnenen Text zu der konkreten Predigt über diesen Text.

Der eigentliche Einwand muss also ein anderer sein; er meint die Forderung einer textlosen Predigt als die andere Möglichkeit gegenüber der textauslegenden Predigt. Katechismuspredigten sind auch Textauslegung. Biblische Texte führen in der systematisch theologischen Besinnung zur Begegnung mit der Lehre der Kirche, Katechismustexte wiederum als Summe biblischer Lehre zur Begegnung mit biblischen Texten. Predigten über christliche Lehre und Sittlichkeit hat es in der katholischen Kirche in grosser Zahl gegeben; heute wo sie in ihr durch die Predigt als Textauslegung verdrängt ist, wird sie auf einmal in den evangelischen Kirchen gefordert. Auch diese Predigt ist an die Sache der christlichen Lehre in der gleichen Strenge und Unbedingtheit gebunden, formuliert durch das Bekenntnis der Kirche; sie darf nicht Beliebigkeit und Willkür sein, auch sie kann dem Hörer keine anderen und grösseren Konzessionen machen, und sie vermehrt und verändert nicht das Recht des Hörers in irgendeiner Weise. Im Grunde wird von sekundären statt von primären Texten ausgegangen. Die Geschichte der Predigt[47] spricht mehr gegen als für eine solche Methodik. Viele Themen hat es in den textlosen Predigten gegeben, die allerhand Interessantes, Wissenswertes, Unterhaltsames und Belehrendes geboten haben, das aber völlig uninteressant und belanglos ist, wenn es um das ewige Heil des Menschen geht. Das gilt auch, wenn man von den «Predigtmärlein» absieht. Die biblische Ausweisung und Begründung solcher textlosen Predigten ist schwierig, weil sich die Aussagen der Schrift nach unserer historischen Kenntnis nicht einfach auf einen Generalnenner bringen lassen. Textlose Predigten werden leicht die Situationsbezogenheit vernachlässigen, allgemeine Themen bringen aus der Kontroverstheologie, der Apologetik, werden nur Informationen geben, sie bringen den Hörer leichter ins Spiel und machen ihn zum eigentlichen Text

---

[47] *W. Schütz*, Geschichte der christlichen Predigt. Sammlung Göschen, 1972, pass.

und zur entscheidenden Thematik der Predigt. Wenn der Kampf für eine textlose statt einer textauslegenden Predigt Freiheit vom Zwang der Sache, ihrer Strenge zugunsten einer Thematik meint, die sich mit dem Hörer befasst, dann widerlegt sie sich selbst.

d) Kommt der Hörer so in der Predigt vor, wie es die Analyse aufgewiesen hat, so ist auch die monologische Predigt immer ein «virtueller», ein «innerer» Dialog[48]. Es gibt viele Dialoge in der Form der Diskussion, die monologischer verlaufen als manche Predigt in der Form der Rede. Predigt, die kein Gespräch eröffnet, es voraussetzt, provoziert und zur Folge hat, wäre kein Reden mehr mit den Menschen über den Menschen. Im Gespräch vor und nach der Predigt kommt der Hörer auch in seiner kritischen Funktion zu seinem Recht, die Predigt nach sachgemässen Kriterien zu messen und sie auf seine eigene Verantwortung zu übernehmen. «Ein Fenster zur Situation des Hörers ist der Bereich des Gesprächs[49].» Wenn Predigt auf ein existentielles Hören aus ist und sie erst zu ihrem Ziel kommt, wenn sie Glauben erweckt, dann ist ihr eigentliches Medium nicht die Diskussion der verschiedenen Hörer über ein zur Debatte gestelltes Thema, sondern eine spezifisch davon unterschiedene Form des Miteinanderredens, ein Gespräch, das allein auf ein echteres, tieferes, existentielles Hören hin ausgerichtet ist und dazu helfen soll. Ein solches Gespräch ist nicht leicht, es muss gelernt und will geübt werden; sachgemässer sollte es vor und nach dem Gottesdienst geschehen. Im Gottesdienst geht es nicht um eine Diskussion, die in die Form einer Debatte abgleitet, in der das Ergebnis der Argumentation von Gründen und Gegengründen, des pro und contra gewissermassen die Spitze hergibt, auf der jeweils die Wahrheit balanciert, sondern es geht um das gemeinsame Hören und Hörenwollen von Prediger und Gemeinde, die eine völlig andere neue Form des Gespräches bedingt als die Diskussion des Für und Wider. Es geht um eine gegenseitige Hilfe zu einem besseren und gemeinsamen Hören von Prediger und Gemeinde, die sich beide an Gottes Wort gewiesen und gebunden wissen.

Richtig ist der Satz: «Die Losung 'keine Rücksicht auf den Hörer' rechtfertigt die eigene Rücksichtslosigkeit.» Im Zusammen-

[48] *G. Hoffmann*, Die Predigt als Zwiegespräch. Berlin-Hamburg 1963, 55 ff. (Festschrift für Karl Heinrich Rengstorff).
[49] *R. Zerfass*, Der Anteil des Laien an der Predigt, in: *G. Biemer*, Die Fremdsprache der Predigt. Düsseldorf 1970, 71ff.

134

spiel von Kerygma, Situation und Hörer soll auch der Hörer an dem Ort, an dem er in diesem Gesamtzusammenhang steht, mit ganzem Ernst ins Spiel gebracht werden. Aber ebenso richtig ist auch der Satz: Es gibt keine Rücksichtnahme auf den Hörer, die ihn zur eigentlichen Thematik der Predigt macht, die gerade dadurch den Respekt vor dem Hörer vergisst und ihm das schuldig bleibt, was er eigentlich zum Leben braucht. Nicht höher kann der Hörer geehrt werden, als wenn man ihn als das nimmt, was er ist und sein soll, Hörer des Worts.

Nichts können wir heute voraussagen von zukünftigen Formen des Gottesdienstes und der Predigt. «Vorausschauende Verantwortung des priesterlichen Dienstes» (Antweiler) wird in der Predigt den Weg in die Zukunft dann bahnen, wenn sie ihrem eigentlichen Auftrag heute gewissenhaft treu bleibt und in der Gegenwart den Menschen dieser unserer Zeit in seiner konkreten Situation und in der Mitte seiner Existenz anzusprechen weiss.

LA CONCEPTION DU SALUT UNIVERSEL

SELON SAINT GREGOIRE DE NYSSE

par

A. Mouhanna

Lorsque nous parlons du salut universel, c'est le nom d'Origène qui nous vient à l'esprit. Notre pensée se porte spontanément à la célèbre doctrine de l'apocatastase, officiellement condamnée au Ve Concile Œcuménique de 553. Nous oublions cependant que d'éminents Pères et Docteurs de l'Eglise, tels que saint Basile, saint Grégoire de Nazianze, saint Grégoire de Nysse, saint Ephrem et même saint Jérôme, avaient soutenu la thèse du salut universel, sans que leur orthodoxie fût jamais mise en question. Ainsi pour saint Basile, le châtiment des pécheurs est destiné à les faire mourir et à les exterminer en tant que pécheurs, c'est-à-dire à faire mourir la puissance du péché agissant en eux. A la parousie du Christ, affirme saint Basile, le mal aura entièrement disparu et les hommes pourront alors participer à la vie divine[1].

Saint Grégoire de Nazianze distingue deux sortes de feu: celui qui purifie et celui qui châtie. De ce dernier il dit: «Il y a un autre feu qui ne purifie pas, mais qui punit les crimes commis: soit celui qui a dévoré les Sodomites, soit celui qui est préparé au diable et à ses anges, soit aussi celui qui sort de devant Dieu et consume ses ennemis, soit enfin le plus redoutable de tous celui qui est joint au ver sans sommeil, feu inextinguible et qui punit éternellement les scélérats, à moins toutefois qu'on aime mieux entendre ceci d'une manière plus humaine et plus digne de Dieu». Cette dernière réserve, dit Bardy, a inquiété quelques théologiens[3]. Saint Grégoire de Nazianze professe d'une part l'éternité du feu qui châtie, mais il se reprend aussitôt et respecte les profonds mystères de la Providence divine.

---

[1] *Basile de Césarée*, PG 30, 224 ABD
[3] *Grégoire de Nazianze*, Or. XL, 36 (PG 36, 412 AB) cf. Is. 66, 24; Ps. 96, 1-13; Mc 9, 48.
[3] *G. Bardy*, L'Enfer, Paris 1950, p. 166.

Dans ses Hymnes sur le Paradis, saint Ephrem parle de «tourments sans fin[4]». Il n'exclut cependant pas la possibilité d'une intervention de la miséricorde de Dieu, de sorte «qu'entre Jardin et Feu soient châtiés et laissés ceux qui trouveront pitié»[5]. Pour Ephrem, Dieu n'est pas seulement Justice, Il est aussi Miséricorde et Bonté: «C'est le Bon qui jamais ne restreint ses largesses. Jusque sur les méchants, il s'en vient déployer l'aile de sa pitié; sa nuée couve son domaine; et parce qu'il est miséricordieux, cette nuée même laisse tomber ses gouttes, jusque dessus le feu, pour accorder à ceux qui sont dans l'amertume, de goûter la rosée toute rafraîchissante[6]. »

Le grand adversaire de l'origénisme, saint Jérôme, affirme l'éternité des peines de l'enfer, puis il se reprend, lui aussi comme saint Grégoire de Nazianze, et laisse à la miséricorde divine le soin d'en disposer autrement: «On déclare, dit-il, qu'on doit garder le silence sur ce point, afin de maintenir dans la crainte ceux pour qui la crainte est un moyen de fuir le péché. Pour nous, nous devons laisser à Dieu le soin de voir la limite qu'il doit imposer à sa miséricorde et aussi aux tourments[7].» Saint Jérôme s'oppose ainsi énergiquement à ceux qui veulent se servir de l'éternité des peines comme moyen pastoral, pour mettre à l'abri du péché. Sans condamner ce moyen, il ne semble pas l'approuver. Il est possible que la Providence en dispose autrement et que ces peines ne soient pas de fait éternelles.

La raison profonde du comportement de l'Eglise envers l'origénisme réside dans le fait que le Concile en question n'a nullement condamné le salut universel, mais la conception origéniste inconciliable avec la foi chrétienne. En effet l'origénisme se base sur la théorie platonicienne de la préexistence des âmes. Le salut universel consisterait pour lui dans l'anéantissement total et définitif de tous les corps, y compris celui du Christ, et le retour pur et simple au prétendu état originel d'esprit pur. Cela ressort manifestement du premier canon antiorigéniste, dans lequel les Pères condamnèrent « la préexistence mythique des âmes et l'apocatastase monstrueuse qui en est la conséquence».

---

[4] *Ephrem de Nisibe*, Hymnes sur le Paradis, II, 4 (Sources Chrétiennes 137).
[5] Ibid., X, 14.
[6] Ibid., X, 15.
[7] *Jérôme*, Comm. in Isaiam, XVIII (PL. 24, 676).

De son côté saint Grégoire de Nysse avait lui aussi enseigné le salut universel; toutefois il se garde de se laisser prendre au piège du platonisme. Il évite l'erreur de son maître et se fait un devoir de dénoncer ses aberrations et de les condamner ouvertement. Il rattache la préexistence des âmes à la métempsychose, dont les conséquences sont, dit-il, ridicules et monstrueuses, et la qualifie de théorie absurde qui n'a ni queue ni tête[8]. Il rejette de même le retour à l'état d'esprit pur, parce que «ceux qui enseignent cela ne font que brouiller les choses bonnes et les choses mauvaises»[9]. Les corrections apportées par saint Grégoire à la théologie d'Origène sont si importantes, que l'on pourrait penser avec Daniélou à «une liquidation de la théologie origéniste»[10].

Nous nous limiterons dans cette étude à analyser la pensée du saint docteur, pour voir tout d'abord dans quelle mesure il a enseigné le salut universel, et déterminer ensuite la nature précise de ce salut.

I. Thèse du salut universel

Les multiples déclarations de Grégoire sur la disparition nécessaire du mal, la soumission finale, définitive et totale des pécheurs, ainsi que la libération des damnés ne laissent guère de doute sur la pensée de l'évêque de Nysse. Elles nous permettent d'affirmer, sans craindre de nous tromper, qu'il a effectivement professé la thèse du salut universel.

1. Disparition du mal

«La nature du mal, dit Grégoire, rentrera au néant et disparaîtra entièrement de l'existence[11].» La disparition eschatologique du mal semble être une nécessité inéluctable: «Il faut que le mal disparaisse un jour d'une façon absolue et totale[12]». Il voit cette disparition déjà réalisée dans la victoire du Christ sur le péché et sur la mort[13]. Quant à la permanence du mal dans le monde, Grégoire en donne une explication originale. Il recourt à l'allégorie du ser-

---

[8] *La création de l'homme*, XXVIII (PG 44, 229 D — 233 B).

[9] *De anima et resurrectione*, PG 46, 113 C.

[10] J. *Daniélou*, «Orientations actuelles de la recherche sur Grégoire de Nysse», in *Ecriture et culture philosophique dans la pensée de Grégoire de Nysse*. Actes du colloque de Chevetogne (22-26 sept. 1969), édités par Marguerite Harl, Leiden — Brill, 1971, p. 11.

[11] *In illud, tunc ipse Filius subjicietur*, etc., PG 44, 1313 A; cf. PG 44, 608 A.

[12] *De anima et resurrectione*,, PG 46, 101 A.

[13] *In illud, tunc ipse...*, PG 44, 1313 B.

pent décapité, dont la queue demeure quelque temps seulement en état de convulsion: «Quand le serpent a reçu sur la tête le coup mortel, les replis qui viennent ne meurent pas en même temps que la tête. Bien que le serpent soit déjà mort, la queue reste animée du principe vital qui lui est propre et conserve le mouvement de la vie. Il en est de même pour le vice; on peut le voir, frappé du coup mortel, troubler encore de ses débris, la vie humaine[14].» Les convulsions du mal cesseront, lorsque le plérôme aura atteint sa plénitude[15].

2. *Soumission des pécheurs*

La conversion des pécheurs ne semble pas être, selon Grégoire, une impossibilité. En effet, il attribue le péché de l'homme à l'erreur: «Le vice serait sans efficacité, s'il ne se colorait de quelque beauté excitant le désir chez celui qui se laisse tromper. Il se présente à nous sous forme de mélange: dans ses profondeurs, il tient la mort comme un piège caché, mais par une apparence trompeuse, il fait paraître une image du bien[16].» Dans son langage imagé, Grégoire décrit l'erreur du pécheur, en voyant dans la tentation un «poison assaisonné de miel»[17]. Il refuse d'admette une volonté intrinsèquement mauvaise. «Glisserait-on vers le bourbier infect de la licence, si le plaisir n'était un bien désirable pour celui qui par cet appât se laisse entraîner vers les passions[18]?» Ainsi séduit par les apparences, l'homme prend le bien apparent pour le bien réel[19]. Dans l'autre vie, l'erreur ne sera plus possible. La chair ne fera plus obstacle pour atteindre directement le bien objectif et réel: «Ici-bas nous ne pouvons connaître le souverain bien qu'en partie, puisque la chair est un obstacle[20].» Après la mort, la connaissance médiate sera remplacée par la connaisance directe[21] et et toutes les illusions se dissiperont[22]. Le remords[23] et le feu[24] puri-

---

[14] *Discours catéchétique* XXXI, 1.
[15] *In illud, tunc ipse...* PG 44, 1313 A.
[16] *La création de l'homme*, XX, PG 44, 200 A.
[17] *Discours catéchétique*, VIII, 3
[18] *La création de l'homme*, XX, PG 44, 200 B; cf. *Discours catéchétique*, VI, 11.
[19] *La création de l'homme*, XX, PG 44, 200 B.
[20] PG 46, 504 BC.
[21] PG 46, 176 A.
[22] PG 46, 176 A.
[23] *De anima et resurrectione*, PG 46, 101 C; *in Ps.*, PG 44, 608 B.
[24] *Discours catéchétique*, XXXV, 14-15; *De anima et resurrectione*, PG 46, 168 C; 524 B; *Discours catéchétique*, XXVI, 7.

fieront l'âme et tous les pécheurs se réconcilieront avec Dieu, car «tout genou au ciel, sur la terre et dans les enfers se courbera au nom de Jésus et toute langue proclamera que Jésus-Christ est le Seigneur[25].» Dieu sera alors tout en tous[26]. Grégoire pense découvrir dans ces textes, la soumission eschatologique de tous les pécheurs et leur réconciliation définitive avec le Seigneur[27].

3. *Libérations des damnés*

Grégoire affirme un salut eschatologique exhaustif, car les peines de l'enfer devront un jour prendre fin. En effet, le péché, aux yeux du saint Docteur, est l'effet de l'ignorance, de l'erreur et de l'imprudence. Dans l'au-delà, le mal se révèlera dans toute sa crudité et son horreur, les hommes ne pourront que regretter leurs fautes et se réconcilier avec Dieu. D'autre part les peines sont par nature d'ordre médicinal et curatif. A la suite de son frère, saint Grégoire pense que les peines n'ont pour but que de purifier l'âme de tout élément étranger[28]. Il en ressort tout naturellement que ces peines sont temporaires et ne sauraient durer éternellement.

Commentant le récit de la plaie relative aux trois jours de ténèbres[29], Grégoire pense y voir le symbole de la fin des peines de l'enfer: «Si après trois jours de ce supplice, dit-il, les Egyptiens recommencent à jouir de la lumière, peut-être pourrait-on interpréter cela de la restauration finale dans le royaume des cieux de ceux qui avaient été condamnés à l'enfer[30].» Grégoire tire cette conclusion de l'analogie qu'il pense trouver entre les ténèbres d'Egypte et celles de l'enfer: «Les unes et les autres se dissipent quand Moïse, comme nous l'avons expliqué précédemment[31], étend les mains pour ceux qui sont dans les ténèbres[32].» Le même symbolisme apparaît à Grégoire dans la plaie des ulcères[33]. «C'est de la même façon qu'on peut interpréter aussi avec vraisemblance la «cendre de

---

[25] *Phil.* 2, 10.
[26] *I Cor.* 15, 28.
[27] *De anima et resurrectione*, PG 46, 72 A; PG 44, 1320 A.
[28] *Discours catéchétique*, VIII, 10-12; XXVI, 8; *Moïse* II 87; PG 44, 524 C; PG 46, 100A.
[29] *Ex.* 10, 21-23.
[30] *Moïse*, II 82.
[31] Grégoire avait déjà vu dans les mains étendues de Moïse, l'ancien législateur, les mains du véritable législateur, étendues sur la Croix (*Moïse*, II, 78).
[32] *Moïse*, II,82.
[33] *Ex.* 9, 8-12.

fournaise» qui provoque chez les Egyptiens de douloureuses tu-
meurs; le symbole de la fournaise désigne en effet explicitement la
peine du feu dont on est menacé en enfer et qui affecte seulement
ceux qui ont vécu à l'égyptienne[34].»

Alors que saint Ephrem semble exclure le démon du salut
universel[35], saint Grégoire, à la suite d'Origène, étend ce salut à
tous les êtres raisonnables, y compris le démon. Le plan salvifique
de Dieu ne devrait pas être limité au salut des hommes. La victoire
retentissante de la Croix a réalisé le plan salvifique de Dieu
«délivrant l'homme du vice et guérissant l'auteur même du vice»[36].
Grégoire explique le salut du démon de la manière suivante: En
trompant l'homme, le diable a causé sa perte. Le Sauveur a usé
du même procédé, pour sauver l'homme; à son tour il a trompé le
diable, cachant la divinité sous l'enveloppe de l'humanité et
s'offrant ainsi comme rançon. Grégoire y voit une preuve de la
sagesse divine. Il prend l'exemple de l'empoisonneur et du médecin.
Tous les deux recourent à la drogue. Mais l'intention est différente:
Le premier veut tuer, tandis que le second veut guérir. Ainsi en est-
il du diable et de Dieu, qui ont tous les deux usé de tromperie.
«Le diable, dit-il, avait exécuté sa tromperie en vue de corrompre
la nature; Dieu à la fois juste, bon et sage, a imaginé la tromperie
pour sauver celui qui avait été corrompu, faisant ainsi du bien
non seulement à la créature perdue, mais encore à l'auteur de
notre perte[37].»

Le saint docteur croit baser sa thèse du salut du démon sur la
royauté universelle absolue du Christ. C'est dans ce sens, en effet,
qu'il intreprète la parole de l'Apôtre, relative à la soumission de
ceux qui sont dans les enfers[38]. «Ainsi, pense-t-il, l'harmonie primi-
tive sera rétablie, Dieu sera tout en tous et le concert d'action de
grâces s'élèvera de toute la Création, et de la bouche de ceux qui
auront été châtiés au cours de leur purification, et de la bouche de
ceux qui n'auront même pas eu besoin d'être purifiés[39].»

---

[34] *Moïse* II, 83; cf. PG 44, 873 C.

[35] *Ephrem de Nisibe*, Hymnes sur le Paradis, LIX, 8(Sources Chrétiennes 137). Cf.
Comment. Stud. Anselm., p. 116-118.

[36] *Discours catéchétique*, XXVI, 9; cf. *In Christi Resur.*, Or I, PG 46, 609 D — 612
A. (Gregorii Nysseni opera, éd. Jaeger. IX, 285, 9-286, 12; PG 44, 508 BC.

[37] *De anima et resurrectione*, PG 46, 72 A; PG 44, 1320A.

[38] Ibid., PG 46, 72 A.

[39] *Discours catéchétiques*, XXVI, 8.

II. *Prétendus flottements*

Nonobstant les nombreux témoignages en faveur d'un salut universel, Daniélou pense néanmoins trouver quelques hésitations chez Grégoire. «Sa pensée là-dessus, dit-il, est flottante. D'une part il affirme un enfer éternel, de l'autre il lui semble difficile que le mal dure toujours[40].» Quelques lignes plus loin Daniélou affirme que Grégoire «pose la possibilité d'une distinction entre une éternité heureuse et une éternité malheureuse, et d'une restauration de l'humanité à sa condition première qui n'entraîne pas la béatitude de tous les hommes»[41]. Daniélou pense trouver ce flottement dans les deux passages suivants : PG 46, 461 A, et PG 44, 608 A[42].

1. *PG* 46, 461 A.

Dans son «De Pauperibus amandis», Grégoire traite de la venue du Christ pour le jugement final. Le Christ dit-il, donnera à chacun selon ses mérites: pour les bons le Royaume, pour les méchants « τιμωρία πυρὸς καὶ αὕτη διαιωνίζουσα ».
Sans tenir suffisamment compte de la précision du vocabulaire de saint Grégoire[43], Daniélou croit trouver dans cette déclaration l'affirmation d'un enfer éternel[44]. Grégoire reconnaît certes que le châtiment des méchants est διαιωνίζουσα. Mais le sens de ce terme dépend de celui qu'il donne au substantif αἰών et à l'adjectif αἰώνιος. Or αἰών ne signifie guère l'éternité absolue, mais une durée limitée en relation étroite avec le temps[45]. Pour désigner l'éternité absolue, il se sert du substantif ἀϊδιότης [46] ou de l'expression εἰς τὸ ἀΐδιον [47]. De même, l'adjectif αἰώνιος

---

[40] *J. Daniélou*, «L'apocatastase chez saint Grégoire de Nysse», *RSR* 30, (1940), p. 346.

[41] *J. Daniélou*, ibid., p. 346-347.

[42] *J. Daniélou*, ibid, p. 346, notes 1 et 4. La référence de la note 4 est erronée. Le texte se trouve, non à la colonne 605 D, mais 608 A.

[43] A la fin de son *Discours catéchétique*, Grégoire s'élevait contre tous ceux qui prétendaient que «le meilleur théologien est celui qui est versé dans les catégories d'Aristote, et dans les autres subtilités de la philosophie païenne». Selon lui, les textes doivent être expliqués «suivant les sens où les ont pris les docteurs de l'Eglise» et en fonction de la terminologie propre des auteurs, pour ne pas «être empêché, faute de connaître la signification des termes, de pénétrer le sens des conceptions qui y sont enfermées» (*Discours catéchétique*, éd. de L. Méridier, p. 198-199).

[44] *J. Daniélou*, ibid., p. 346.

[45] *In Eccl.*; Gregorii Nysseni opera, éd. Jaeger, V, 297, 10-11; *Contr. Eunom.*, Gregorii Nysseni opera, III, 210 ss.; PG 44, 1309 B; *De anima et resurrectione*, PG 46,72 B.

[46] *Contr. Eunom.*, Gregorii Nysseni opera, III, 210 15; 211, 24.

[47] *De anima et resurrectione*, PG 46, 81 C.

n'implique pas non plus chez Grégoire une durée sans fin, mais un laps de temps qui dure jusqu'à la fin de l'αἰών c'est-à-dire jusqu'à la Résurrection.

De plus saint Grégoire réserve l'adjectif ἀΐδιος à la vie éternelle[48], mais il ne s'en sert jamais pour parler du châtiment ou du feu. Διαιωνίζουσα ne signifie donc pas éternel, c'est-à-dire excluant toute limitation de durée.

2. *PG* 44, 608 A.

Le second texte allégué par Daniélou, est tiré du chapitre XVI des commentaires sur les Psaumes, plus précisément, sur le Psaume 59 (58 LXX). De quoi s'agit-il exactement?

Le psaume 59 décrit l'état de l'âme du juste persécuté qui trouve son refuge dans le Seigneur et le prie de le délivrer de ses ennemis. Le psalmiste compare ces derniers à des chiens qui grognent, rôdent autour de la ville et grondent pour assurer leur pâture. L'exégèse allégorique de Grégoire lui fait découvrir dans la ville, la raison conforme à la vertu; dans les habitants de la ville, ceux qui pratiquent la vertu et dans les chiens qui rôdent autour de la ville, ceux qui vivent dans la vice et le péché[49]. Quant au sort de ces derniers, Grégoire note que le psalmiste ne demande pas au Seigneur de les supprimer, mais de les faire descendre du sommet du vice à l'état normal voulu par Dieu. Il en conclut qu'il n'y aura pas d'anéantissement des hommes, sinon l'œuvre divine rentrerait au néant et s'avèrerait inutile. C'est plutôt le péché qui périra à leur place et rentrera au néant[50]. Puisque le mal n'est que l'absence du bien[51], la disparition du mal signifie donc le règne du bien. Ainsi le mal qui se trouve dans les pécheurs dis-

---

[48] *Discours catéchétique*, XVI, 7; *De anima et resurrectione*, PG 46, 84 A; Gregorii Nysseni opera, IX, 278, 10-11. Aristote utilise ἀΐδιος pour singifier l'éternité absolue (*Aristote*, De la génération et de la corruption, II, 338 A; texte établi et traduit par *C. Mugler*, Paris, 1966, p. 72). Depuis Platon, αἰώνιος est devenu synonyme de ἀΐδιος (*E.Des Places*, La religion grecque, p. 365). Origène utilise αἰώνιος avec trois acceptions: a) éternel, au sens absolu, c'est-à-dire n'ayant ni commencement ni fin; b) éternel, c'est-à-dire n'ayant de fin, ni dans ce siècle, ni dans les siècles futurs; c) en rapport avec la vie de l'homme (cf. L. *Atzberger*, Geschichte der christlichen Eschatologie innerhalb der vornicänischen Zeit, p. 504; *G. Müller*, «Origenes und die Apokatastasis», *TZ*, mai-juin, 1958, p. 184). Pour Grégoire de Nysse, voir *Balthasar*, Présence et pensée, p. 58, note. 4.

[49] PG 44, 605 AB.

[50] PG 44, 605 D.

[51] *Discours catéchétique*, V, 11; VII, 3; *De anima et resurrectione*, PG 46, 93 B.

paraîtra et ceux-ci se convertiront au Seigneur et «reconnaîtront que Dieu domine sur Jacob et les confins de la terre»[52]. Poursuivant son raisonnement, Grégoire ajoute: «Lorsque le mal aura entièrement disparu, le Seigneur sera le Maître absolu de la terre; le péché qui règne maintenant sur un grand nombre d'hommes aura alors été supprimé[53].» Il en arrive ainsi à la conclusion concernant l'état futur des pécheurs que le psalmiste compare aux chiens affamés qui rôdent autour de la ville; ce que le psalmiste pense de ces chiens permet à Grégoire de conclure «que les hommes seraient plus tard dans le même état dans lequel ils se trouveraient maintenant ».

Ce texte semble en conformité totale avec la doctrine grégorienne du salut universel. Daniélou croit cependant y trouver un certain flottement dans la pensée de Grégoire. De fait il n'y a pas de flottement dans la pensée de Grégoire. Daniélou ne semble pas avoir bien saisi le texte original qu'il a rendu de la manière suivante: «Le péché disparaîtra et sera réduit à néant, et nulle malice ne subsistant nulle part, le domaine du Seigneur s'étendra d'une extrémité à l'autre; mais les hommes *resteront* dans l'état où ils *se sont fixés* maintenant, en choisissant entre le bien et le mal[54].» En disant que «les hommes resteront dans l'état ou ils se sont fixés maintenant», Daniélou déforme la pensée de Grégoire . Voici le texte original: « Οἱ ἄθρωποι κατά τε τὸ πονηρὸν καὶ τὸ κρεῖττον, ἐν οἷς ἂν νῦν γένονται, ἐν τοῖς αὐτοῖς καὶ μετὰ ταῦτα γενήσονται.» Le terme utilisé par Grégoire est le même dans les deux propositions ; c'est le verbe γίγνομα qui signifie «devenir » par opposition à « être » (εἶναι) ou à « être immuable ». Grégoire ne dit pas que les hommes resteront dans l'état où ils se fixés, mais qu'ils seront dans l'au-delà ce qu'ils auront été ici-bas. S'ils sont ici-bas bons, ils seront après la mort encore bons; s'ils sont ici-bas pécheurs, ils seront après la mort encore pécheurs. Grégoire n'a jamais dit le contraire. Mais il déclare par ailleurs que les pécheurs pourront, après la mort, se purifier de leurs fautes et récupérer l'état d'image[55]. Il affirme même que cette purification pourrait se prolonger durant «les longues successions des siècles»[56]. Le texte de Grégoire ne semble nullement en contra-

---

[52] PG 44, 608 A; *Ps.* 59, 14.
[53] PG 44, 608 A.
[54] *J. Daniélou*, «L'apoc...» *RSR* 1940, p. 346, note 4.
[55] *Discours catéchétique*, XXXV, 14-15.
[56] *De anima et resurrectione*, PG 46, 72 B; *La création de l'homme*, 28, PG 44, 232 C.

diction avec sa thèse habituelle. Il ne parle ni d'une fixation dès ici-bas, dans le bien ou dans le mal, ni non plus d'une possibilité d'éternité malheureuse. Il serait donc inexact de prétendre que ce texte «pose la possibilité d'une distinction entre une éternité heureuse et une éternité malheureuse».

III. *Nature du salut universel*

La philosophie grecque, platonicienne et stoïcienne, attribue à la nature une existence concrète et réelle. Certains ont cru trouver chez Grégoire la même conception philosophique. Selon Balthasar, Grégoire soutiendrait la création, non seulement de l'homme idéal, à l'image, et de l'homme du paradis, mais aussi la création de l'idée concrète d'humanité. Il ne s'agit évidemment pas d'une création métaphorique, mais d'une création véritable, bien que seulement intentionnelle d'une idée universelle[57]. Et comme Grégoire place l'image non dans Adam, mais dans la nature, dans le plérôme tout entier[58], on en est venu à dissocier le salut de la nature de celui des individus. Devant le prétendu flottement dans la pensée de Grégoire au sujet du salut eschatologique, Daniélou pense que l'idée de Grégoire serait centrée sur «le salut de l'humanité totale, de l'humanité dans son ensemble»[59] et que «l'accent est mis *uniquement* sur le salut de la nature, concrètement envisagée d'ailleurs comme l'ensemble de l'humanité, et que le problème du salut individuel est laissé dans l'ombre»[60]. Daniélou croit trouver là un indice permettant de déceler chez Grégoire «l'esprit grec qui s'intéresse davantage à la nature, aux essences qu'aux individus, et qui n'a pas le sens chrétien du prix infini de l'âme individuelle»[61]. Il peut ainsi en conclure que «Grégoire s'arrête au seuil de ce problème tragique. Il semble, ajoute-t-il, qu'il lui suffise de savoir l'humanité sauvée dans son ensemble. Quelques individus seront-ils soustraits au bénéfice de ce salut? Sa pensée là-dessus est flottante[62].» Mais il remarque cependant une certaine anomalie à parler du salut de l'humanité tout en admettant la possibilité de damnation éternelle de quelques individus; en effet, la notion

---

[57] *Urs von Balthasar,* Présence et pensée, p. 52, note 5.
[58] *La création de l'homme,* PG 44, 185 *BCD*; Discours catéchétique, VI, 10.
[59] *J. Daniélou,* «L'Apoc ...», *RSR,* p. 344.
[60] Ibid. p. 345.
[61] Ibid. p. 345.
[62] Ibid. p. 346.

d'une apocatastase physique universelle se concilie mal, dit-il, avec l'affirmation de l'éternité du châtiment des damnés[63].

Dans son introduction au traité de Grégoire de Nysse sur la création de l'homme, Laplace pense que Grégoire n'envisage pas le salut individuel, mais «comme l'ensemble des Pères, il lie habituellement la considération du salut à celle des destinées collectives de l'Eglise. Ce n'est pas qu'il néglige le point de vue individuel ou permette au fidèle de se reposer dans l'optimisme de ces visions cosmiques... Il reproche aux philosophes anciens de ruiner par leurs migrations, la liberté et la survie personnelle[64]... Mais son idéal ne connaît pas l'angoisse sur une destinée incertaine. Il fonde l'espérance sur le salut global de l'humanité dans le Christ[65]». Ce qui compte pour Grégoire, selon Laplace, serait tout d'abord et surtout le salut de l'humanité qui forme une espèce unique et obtient le salut globalement[66]. Il ajoute ensuite: «L'humanité en bloc retrouve le chemin de la vraie beauté et elle devient le Corps parfait du Christ[67].» Cette restriction chez Laplace tient au fait qu'il a adopté la thèse de Daniélou sur le flottement dans la pensée de Grégoire[68].

Laplace affirme d'une part que Grégoire n'envisage pas le salut individuel, parce qu'il lie habituellement la considération du salut à celle des destinées collectives de l'Eglise. Il critique d'autre part la thèse de Daniélou et refuse d'admettre que Grégoire néglige le salut individuel, lui qui «reproche aux philosophes anciens de ruiner par leurs migrations la liberté et la survie personnelle»[69].

Leys trouve de l'exagération dans les affirmations de Daniélou. Il lui semble que les homélies sur le Cantique des Cantiques, la vie de Moïse et les Béatitudes traitent suffisamment de la perfection de l'âme individuelle pour accuser Grégoire de laisser dans l'ombre le problème du salut individuel[70].

---

[63] Ibid., p. 347.

[64] *De anima et resurrectione*, PG 46, 109 C, 113.

[65] *Grég. de Nysse*, La création de l'homme, (Sources Chrétiennes 6), Paris 1943, p. 66.

[66] Ibid., p. 70.

[67] Ibid., p. 72.

[68] Ibid., p. 67.

[69] *J. Laplace*: Saint Grégoire de Nysse. *La Création de l'homme*, Sources Chrétiennes 6, p. 66; cf. *De anima et resurrectione*, PG 46, 109 C, 113.

[70] *R. Leys*, L'image de Dieu chez Saint Grégoire de Nysse, Paris, 1951 p. 92.

De son côté, Balthasar s'inscrit en faux contre la thèse de Daniélou. Il lui semble inadmissible de parler de la restauration parfaite de l'image tout en acceptant la possibilité d'une damnation éternelle, ne fût-ce que d'un seul homme. Ce serait accepter, dit-il, que l'Image demeure imparfaite et que le Corps du Christ n'atteigne jamais sa plénitude[71]. Or cette plénitude ne devrait pas se comprendre uniquement dans le sens d'une réalisation matérielle du nombre total des hommes, mais dans le retour à l'état d'image et la participation à la béatitude[72].

Récemment encore, Daniélou vient de reprendre la même thèse, avec une certaine rétractation. Non seulement, il soutient que Grégoire rejette la conception origéniste de l'apocatastase, mais il ajoute «qu'on ne peut même pas dire qu'il tienne la thèse du salut universel»[73]. Il ne recourt plus à la distinction entre le salut de la nature et celui des individus. Il réduit l'apport de Grégoire à l'affirmation de la « συμφωνία » eschatologique de toutes les créatures dans la confession de la gloire de Dieu — et donc la disparition du mal[74]. Encore une fois, on voit mal comment Daniélou réussit à concilier la συμφωνία eschatologique de toutes les créatures dans la confession de la gloire de Dieu qu'il affirme ici, avec la possibilité d'une soustraction de quelques individus au bénéfice du salut, qu'il affirmait auparavant. Comment des damnés pourraient-ils confesser la gloire de Dieu[75] ?

L'origine du malentendu et en même temps la clé du problème réside, nous semble-t-il, dans la détermination de la nature de l'humanité ou du plérôme humain. On admet généralement que le plérôme humain représente dans la pensée de Grégoire une essence concrète et réelle dans le sens platonicien le plus fort[76]. On oppose le plérôme comme tout aux individus. On est ainsi amené à parler de la restauration du plérôme et de celle des individus. Daniélou pense que Grégoire envisage le salut du plérôme et non celui des individus. Tout en admettant l'existence du plérôme

[71] *U. von Balthasar*: Présence et pensée, p. 59; cf. PG 44, 467 CD; 528 A; 586 C; 1313 A, 1320 A, etc.
[72] *De anima et resurrectione*, PG 46, 152 A.
[73] *J. Daniélou*: L'être et le temps chez Grégoire de Nysse, Leiden, 1970 p. 224.
[74] Ibid. p. 224.
[75] Cf. *Ps.* 6, 6; 88, 11-13; *Is* 38, 18.
[76] Cf. *U. von Balthasar*, Présence et pensée, p. 52, note 5; *J. Daniélou*, «L'apocatastase...», *RSR*, p. 345.

comme idée concrète, Balthasar rejette la thèse de Daniélou et la considère comme inadmissible. Une telle conception du plérôme chez Grégoire semble être une affirmation gratuite sans preuves suffisantes et en même temps une source de confusion et de malentendus. Qu'entend Grégoire exactement par plérôme?

1. Le plérôme n'est pas une idée universelle concrète.

Les Pères grecs soutiennent certes la solidarité concrète de l'humanité[77]. Mais il n'est pas sûr que cette solidarité relève du réalisme platonicien. Daniélou lui-même le reconnaît et note que cette thèse, soutenue par Gronau[78] et Cherniss[79], «a été récemment mise en doute par Endre von Ivanka»[80]. Il mentionne ensuite un article sur le réalisme platonicien de Grégoire de Nysse [81] et souligne que «c'est là une question fondamentale d'où dépend l'interprétation de la pensée de Grégoire sur la Trinité..., sur l'Incarnation..., sur l'Eglise»[82].

Au cours du colloque tenu à Chevetogne en 1969, sur le thème «Ecriture et Culture philosophique dans la pensée de Grégoire de Nysse», Corsini a dénoncé la confusion suscitée par la détermination de la nature du plérôme de l'humanité dans la pensée de Grégoire de Nysse. Une telle confusion serait «due au fait que pour expliquer cette notion on a eu recours tantôt au platonisme, tantôt au stoïcisme, mais toujours avec la conviction qu'il s'agit d'une entité existante par elle-même»[83].

Voici comment Grégoire présente sa théorie de la création de l'homme:

«Celui qui a tout amené à l'existence et qui, dans son propre vouloir, a formé l'homme tout entier à l'image divine, n'a pas attendu de voir le nombre des âmes s'achever, par l'addition graduelle de ceux qui viennent à l'existence s'ajouter à leur propre plérôme.

---

[77] H. De Lubac, Catholicisme, 5e éd., 1952, p. 325-409.
[78] Gronau, De Basilio, Gregorio Nazianzeno et Gregorio Nysseno Platonis imitatoribus.
[79] Cherniss, The Platonism of Gregor of Nyssa, 1930.
[80] E. von Ivanka, «Vom Platonismus zur Theorie der Mystik», Scholastik, 1936, p. 163-195.
[81] Gonzales, «El realismo platonico de S. Gregorio de Nisa,» Gregorianum 1939, 189-206.
[82] J. Daniélou: «L'apoc..», RSR, p. 344, note 7.
[83] E. Corsini: «Plérôme humain et plérôme cosmique chez Grégiore de Nysse», in Ecriture et culture philosophique dans la pensée de Grégoire de Nysse. Actes du Colloque, de Chevetogne (22-26 septembre 1969). Leiden, 1971, p. 119-120.

Mais ayant conçu globalement par sa prescience toute la nature humaine dans sa totalité et l'ayant élevée au rang d'égalité avec les anges, ayant prévu par sa puissance de vision que la volonté libre ne devait pas marcher tout droit vers le bien et, par conséquent, allait déchoir de la vie angélique, et afin que le nombre des âmes ne restât pas sans accroissement, après avoir perdu le mode d'accroissement angélique, à cause de cela il établit pour notre nature un moyen plus adapté à notre glissement dans le péché: au lieu de la noblesse des anges, il établit dans l'humanité le mode animal et irrationnel de propagation[84].»

Les interprètes de Grégoire ont cru trouver dans cette genèse de l'homme une création double: la création de la nature humaine dans sa totalité, autrement dit la création du plérôme humain, fait à l'image de Dieu et élevé au pied d'égalité avec les anges, et la création de l'homme historique muni du mode animal de propagation et soumis aux passions et à la mort. Bien qu'on reconnaisse maintenant que la création du plérôme ne soit pas historique, mais d'ordre intentionnel, on admet néanmoins qu'il s'agit d'une «création véritable»[85] et donc concrète et réelle.

De fait Grégoire ne parle pas d'une double création de l'homme. Et s'il en parle, c'est dans un tout autre sens: «Nous connaissons, dit-il, une double création de notre nature: la première par laquelle nous fûmes formés, la seconde par laquelle nous fûmes réformés[86].» Mais il ne s'agit évidemment pas, dans ce texte, du point de vue qui nous intéresse. L'optique est différente. Un parellèle avec le traité de l'Hexaméron jetterait beaucoup de lumière sur ce problème. Dans ce traité, écrit quelque temps seulement après celui de la création de l'homme, Grégoire considère le récit des six jours comme une représentation sur le plan historique, pour des gens qui vivent dans le temps, d'une série d'événements successifs, qui, de fait, sont déjà entièrement achevés dans l'unique acte créateur. Pour Grégoire, il n'y aurait pas eu deux créations du monde, mais une seule création. C'est de la même manière qu'il faudrait, nous semble-t-il, comprendre la théorie relative à la création de l'homme. Il n'y aurait pas eu deux créations de l'homme, mais une seule création, vue sous deux angles différents. Envisagée du côté de Dieu

---

[84] *La création de l'homme*, XVII, PG 44, 189 CD.
[85] *Balthasar*, ibid., p. 52, note 5.
[86] Contr. Eunom., IV, PG 45, 637 AB.

en dehors du temps, la création engloberait dans le même acte créateur, tous les êtres, y compris l'homme; vue du côté des hommes situés dans le temps, la création deviendrait temporelle, historique et progressive. Telle est la thèse de Corsini. «Dieu, dit-il, qui est hors du temps, ne peut pas créer moment par moment les individus qui viennent à l'existence, il les a créés tous ensemble et chacun dans son individualité par un acte unique qui se situe, du côté de Dieu, dans l'éternité[87].» La seule création véritable que Grégoire connaît est celle de l'homme historique, celle d'Adam. L'homme idéal, totalement à l'image de Dieu et privé de sexe, est une pure abstraction, n'ayant aucun fondement dans la réalité. Il ne faudrait donc pas juxtaposer la création de la nature, du plérôme humain à celle de l'homme au paradis.

Lorsque Grégoire parle du salut de la nature, cela ne devrait donc point s'entendre du salut d'une essence concrète, par opposition au salut des individus. La nature humaine n'est ni à séparer des individus, ni à juxtaposer à eux. Elle n'est rien d'autre que les individus, conçus d'une façon globale. Cette conception du plérôme est beaucoup plus conforme aux déclarations de Grégoire: «Quand l'Ecriture dit: «Dieu créa l'homme», par l'indétermination de cette formule, elle désigne, dit-il, l'humanité tout entière. En effet, dans cette création Adam n'est pas nommé comme l'histoire le fait dans la suite; le nom donné à l'homme créé n'est pas un tel ou un tel, mais celui de l'humanité totale[88].» Ici Grégoire ne semble pas opposer l'espèce aux individus, comme s'il s'agissait de la création de l'espèce, différente de celle des individus. Il semble considérer la création du point de vue de Dieu et voit ainsi dans l'acte créateur toute l'humanité: «Par la désignation universelle de la nature, poursuit-il, nous sommes amenés à supposer quelque chose comme ceci: par la prescience et par la puissance divines, c'est toute l'humanité qui, dans cette première institution, est embrassée[89].» Il affirme certes l'unité de ce plérôme qu'il compare à un corps organique: «L'ensemble de l'humanité est tenu comme dans un seul corps, grâce à la puissance presciente que Dieu a sur toute chose[90].» Mais il ne s'agit de fait que d'une image métaphorique. Grégoire prend

---

[87] E. *Corsini*: ibid., p. 120.
[88] *La création de l'homme*, PG 44, 185 B.
[89] *La création de l'homme*, PG 44, 185 B.
[90] *La création de l'homme*, PG 44, 185 C.

soin de préciser que cette unité n'est pas à prendre au pied de
la lettre. La nature humaine n'est pas un être autonome existant
concrètement, elle est plutôt «comparable» (καθάπερ) à un seul
être vivant»[91]. Elle n'est effectivement qu'un être de raison.
L'affirmation de Grégoire ne dépasserait par conséquent pas les
limites de la simple abstraction. Elle veut simplement dire que les
hommes constituent tous ensemble l'image de Dieu. Qu'est-ce que
le plérôme sinon «toute la nature qui s'étend du début jusqu'à la
fin»[92]. Or cette nature n'est autre que l'ensemble des hommes:
«ceux qui furent, qui sont et qui seront»[93]. Le plérôme n'est pas une
entité concrète; il n'est ni une idée platonicienne, ni un κάθολον
stoïcien. « C'est, dit Corsini, une façon d'exprimer le caractère in-
temporel et instantané de l'acte créateur divin[94].» La distinction
qui sépare la nature des individus est purement rationnelle. Grégoire ne connaît pas de salut «physique» indépendamment du salut
individuel. Ce qu'il affirme de la nature doit pratiquement s'éten-
dre aux individus. Le salut du plérôme signifie le salut de tous les
hommes sans exception. Or les interprètes de Grégoire admettent
de fait le salut eschatologique de toute la nature humaine. Il faudrait donc en conclure que Grégoire enseigne aussi le salut de tous
les hommes individuellement. Cela semble d'autant plus vrai que
Grégoire voit dans la résurrection du Christ, tantôt le salut de la
nature[95], tantôt le salut individuel[96]. Puisque l'image est formée par
tous les hommes qui furent, qui sont et qui seront, la restauration
de l'image semble entraîner le salut de tous les hommes qui furent,
qui sont et qui seront. Admettre le contraire serait une inconsé-
quence flagrante. On accepterait ainsi que l'image demeure à
jamais imparfaite et que Dieu ne soit pas finalement tout en tous.
Or Grégoire n'admet pas du tout que la parole de l'Apôtre soit
une affirmation gratuite et ne puisse un jour trouver sa pleine
réalisation[97].

2. Le plérôme est le Corps du Christ.

La source des équivoques vient du fait qu'on est porté à voir

[91] *Discours catéchétique*, XXXII, 4
[92] *La création de l'homme* PG 44, 185 D.
[93] *La création de l'homme*, PG 44, 185 D.
[94] E. *Corsini*, «Plérôme humain et plérôme cosmique...» op. cit. p. 123.
[95] *Discours cotéchétique*, XXXII, 4.
[96] *In illud, tunc ipse...* PG 44, 1312 D.
[97] *In illud, tunc ipse...*, PG 44, 1316 D.

en Grégoire un disciple de Platon plutôt qu'un disciple de Paul, un philosophe païen plutôt qu'un théologien chrétien. Laplace lui-même le reconnaît expressément: «Grégoire, dit-il, reflète si fidèlement les systèmes, les tendances ou les façons de voir de l'antiquité, que beaucoup s'y laissent prendre[98].» On cherche l'unité de sa pensée, ajoute-t-il, «dans un système philosophique, où elle n'est pas, au lieu de la demander à la foi et à l'Ecriture où elle est réellement»[99]. Grégoire n'ignore évidemment ni Zénon, ni Platon, mais il ne les suit pas aveuglément: «Il est pénétré des anciens, poursuit Laplace, et parle leur langage, comme aujourd'hui nous parlerions celui d'un Bergson. Mais sous des expressions philosophiques, passe le courant scripturaire. Grégoire lit l'Ancien Testament à la lumière du Nouveau et commente Moïse par saint Paul... Si la pensée de Grégoire trouve aliment en toute philosophie, elle a sa source, sa règle, son unité dans la Parole de Dieu[100].» Grégoire accepte les données de la philosophie païenne, tant qu'elles ne s'opposent pas à l'Ecriture. Dès que l'opposition se manifeste, il abandonne la philosophie et revient à l'Ecriture où il s'efforce de trouver la clé du problème[101]. C'est pourquoi on peut affirmer, avec Laplace, que «la fidélité à la foi et à l'Ecriture préserve Grégoire des déviations platoniciennes, là même où son maître Origène ne s'en était pas défendu»[102]. C'est donc d'après l'Ecriture et plus précisément d'après saint Paul qu'il faudrait comprendre la pensée de Grégoire. Laplace le reconnaît et y insiste: «Aux perspectives platoniciennes du monde intelligible, dit-il, se substituent les vues pauliniennes sur l'unité du Corps du Christ... *Ce que saint Paul dit du corps du Christ, Grégoire le dit de l'humanité*, image de Celui qui est... C'est donc que le prototype de l'humanité n'est pas une idée platonicienne, mais le Christ de Saint Paul, image de l'homme invisible, né avant toute créature, en qui toutes choses ont été créées et à l'image de qui, ajoute Grégoire, l'homme a été fait[103].»

Or l'Incarnation, d'après saint Paul, est destinée à la réconciliation des hommes avec Dieu. *Le Christ n'est pas mort pour sauver une*

---

[98] *J. Laplace*, Introduction à Saint Gregoire de Nysse, La Création de l'homme, (Sources Chrétiennes 6), p. 25.
[99] *J. Laplace*, ib., p. 25.
[100] Ibid., p. 30
[101] *La création de l'homme*, XVI, PG 44, 180 D.
[102] *J. Laplace*, ibid., p. 27.
[103] *J. Laplace*, ibid., p. 28.

idée, mais des individus. Il ne s'intéresse pas aux essences, mais aux personnes. On ne trouve nulle part chez saint Paul l'affirmation du salut de l'humanité indépendamment des hommes. Une telle conception lui est absolument étrangère. Pour lui le Christ est venu dans le monde pour sauver des hommes[104]. Et «comme la faute d'un seule a entraîné sur tous les hommes une condamnation, de même l'œuvre de justice d'un seul, procure à tous une justification qui donne la vie. Comme en effet, par la désobéissance d'un seul homme la multitude a été constituée pécheresse, ainsi par l'obéissance d'un seul, la multitude sera-t-elle constituée juste[105].» Or, le péché a atteint tous les hommes sans exception, et non pas la nature considérée dans le cadre de la philosophie platonicienne. La justification apportée par le Christ doit aussi englober tous les hommes sans exception, car, «là où le péché s'est multiplié, la grâce a surabondé»[106].

Grégoire suit fidèlement la pensée de l'Apôtre. Il affirme certes que «la brebis égarée que le Bon Pasteur est venu sauver à la fin des temps, c'est toute l'humanité prise dans son ensemble et sa totalité»[107]. Mais il ne s'agit point ici d'une essence concrète: Grégoire souligne que «c'est nous la brebis perdue»[108]. Il oppose, à son tour, à la suite de Paul, l'effet de la Rédemption à celui du péché d'Adam: «De même que tous sont morts dans Adam, ainsi tous vivront dans le Christ[109].» Puisque dans Adam, tous les hommes, et non pas l'essence humaine, sont morts, il faudrait en conclure que, dans le Christ, tous les hommes, et non pas l'essence humaine, vivront. La pensée de Grégoire ne laisse point de doute là-dessus: «Personne, dit-il, ne sera exclu du royaume de Dieu[110].» Le mal disparaîtra entièrement et sa disparition entraînera la domination totale du bien: «Lorsque, à l'exemple de notre prémice, nous serons tous en dehors du mal, alors celui qui s'est uni à la prémice de la nature et est devenu avec lui un seul corps, sera soumis uniquement à la domination du bien[111].»La soumission finale de tous les hommes

[104] *I Tim.* 1, 15
[105] *Rom.* 5, 18-19.
[106] *Rom.* 5, 20.
[107] *Contr. Eunom.* IV, PG 45, 636 B.
[108] *Contr. Eunom.* IV, ib.
[109] PG 44, 1312 D.
[110] PG 44, 1313 A.
[111] *In illud, tunc ipse...*, PG 44, 1316 AB.

à la domination du bien ne peut être que le salut universel. Nier cela reviendrait à admettre la permanence du mal et empêcher, par le fait même, que Dieu soit tout en tous. Or Grégoire rejette catégoriquement cette thèse. Pour lui, la parole de l'Apôtre doit se réaliser; le mal doit nécessairement disparaître, afin que Dieu soit tout en tous[112].

D'autre part, pour bien saisir la pensée de Grégoire sur la nature même de l'humanité, il faudrait aussi revenir non à Platon, mais à Paul. Laplace l'admet et le confesse: «Ce que saint Paul dit du corps du Christ, Grégoire le dit de l'humanité[113].» Or saint Paul ne conçoit guère le corps du Christ comme une idée universelle concrète, juxtaposée aux membres qui le constituent. Pour lui le corps du Christ est l'Eglise. Celle-ci n'est ni une idée platonicienne, ni un κάθολον stoïcien. Elle n'a pas d'existence propre indépendamment des personnes. Paul affirme que nous formons avec le Christ un seul corps[114]. Mais cette unité, quoique réelle, ne constitue pas une entité autonome concrète. Elle désigne l'harmonie entre le Christ et les hommes qui lui sont unis, à la manière des membres dans un corps. De même que les membres sont harmonieusement unis entre eux et soumis à la tête, ainsi les hommes qui adhèrent au Christ sont unis entre eux et totalement soumis au Christ. Ce corps unique n'existe qu'en rapport avec les individus: «Nous tous, qui sommes unis au Corps du Christ, nous devenons son Corps unique... qui est l'Eglise[115].» Grégoire cite explicitement saint Paul : Col. I, 24 ; I Cor. XII, 27; Eph. IV, 13, 15-16[116]. Personne, nous semble-t-il, ne soutiendrait que saint Paul enseigne l'existence de l'essence de l'Eglise en dehors des personnes, sinon sur le plan purement abstrait. Pour lui le plérôme du Christ se réalise par l'adhésion des hommes. Il est évident, pense Grégoire, que le Christ, en nous unissant à lui, nous fait membres de son propre corps; il y a plusieurs membres, mais un seul corps[117]. Lorsque donc Grégoire soutient que «le corps du Christ, comme on le dit souvent, est toute la nature humaine à laquelle il s'est incorporé»[118], il faudrait comprendre cette nature humaine, à la manière

---

[112] In illud, tunc ipse..., PG 44, 1316 CD.
[113] J. Laplace, ib., p. 28.
[114] I Cor. 12, 12. 27.
[115] In illud, tunc ipse..., PG 44, 1317 AB.
[116] In illud, tunc ipse.... PG 44, 1317 BC.
[117] PG 44, 1317 D.
[118] PG 44, 1320 B.

du corps du Christ; si celui-ci n'est pas une entité indépendante des membres qui le constituent, celle-là non plus, ne saurait avoir d'existence propre indépendamment des individus. Et si le salut du corps signifie pour Grégoire, comme pour Paul, le salut de tous les hommes, le salut de l'humanité devrait aussi nécessairement s'entendre du salut de tous les hommes.

On voit ainsi que la doctrine de l'apocatastase chez saint Grégoire de Nysse s'inscrit dans la ligne de l'Economie divine. C'est le couronnement de l'œuvre salvifique, l'aboutissement parfait de l'histoire du salut et la réalisation du dessein de Dieu «qui veut que tous les hommes soient sauvés et parviennent à la connaissance de la vérité»[119].

---

[119] *I Tim.* 2, 4.

DIE KONTROVERSPREDIGTEN DES EICHSTAETTER WEIHBISCHOFS LEONHARD HALLER (+ 1570) ÜBER DAS MESSOPFER

von

Ludwig Ott

Das Leben Leonhard Hallers fällt in die sturmbewegte Zeit der Reformation und der Anfänge der katholischen Reform[1]. Der äussere Rahmen seines Lebens lässt sich mit wenigen Strichen zeichnen. Er wurde in Denkendorf (Diözese Eichstätt) im Jahre 1499 oder im Anfang des Jahres 1500 geboren, studierte seit 1518 an der Universität Ingolstadt, erlangte Mitte September 1519 den Grad eines Bakkalars der Artistenfakultät und im Wintersemester 1529/30 das Magisterium artium, war 1529 Kooperator in der Pfarrei St. Moritz in Ingolstadt, 1530-33 Prediger in Aichach, 1533 Kooperator in der Pfarrei St. Peter in München, 1534-36 Pfarrer in St. Ulrich in Augsburg, wurde 1536 Kanoniker am Willibaldschor in Eichstätt, 1540 Weihbischof in Eichstätt. Als solcher starb er am 25. März 1570. In Augsburg erlebte er die Wirren der gewaltsamen Durchführung der Reformation, die ihm zuerst ein Predigtverbot und schliesslich Hausarrest einbrachten, so dass er sich gezwungen sah, seine Stellung aufzugeben. Vom 4. Juli 1562 bis zum 9. Oktober 1563 nahm er als Vertreter des Bischofs von Eichstätt und seit Oktober 1562 auch als Vertreter des Bischofs von Würzburg an der dritten Tagungsperiode des Konzils von Trient teil[2].

Vom Abschluss seiner wissenschaftlichen Ausbildung an war Haller zeitlebens in der Seelsorge tätig, als Kaplan und Pfarrer,

---

[1] Vgl. *Fr. A. Veith*, Bibliotheca Augustana I, Augsburg 1785, 79-86; *A. Straus*, Viri scriptis, eruditione ac pietate insignes, quos Eichstadium vel genuit vel aluit, Eichstätt 1799, 157-164; *J. Schlecht*, Reihenfolge der Eichstätter Weihbischöfe: Sammelblatt des Historischen Vereins Eichstätt 11 (1896) 125-130, hier 128 f; *Fr. X. Buchner*, Das Bistum Eichstätt und das Konzil von Trient. Sein Werden und Wirken, hrsg. von *G. Schreiber* II, Freiburg 1951, 93-117; *Th. Freudenberger*, Leonhard Haller von Eichstätt im Streit um die Ehre der Weihbischöfe im Konzil von Trient, in: Ortskirche-Weltkirche. Festgabe für Julius Kardinal Döpfner, Würzburg 1973, 141-197; *L. Ott*, Leben und Schrifttum des Eichstätter Weihbischofs Leonhard Haller (+ 1570): Sammelblatt des Historischen Vereins Eichstätt 67 (1974), 83-131.

[2] Nähere Angaben über das Leben Hallers siehe bei *L. Ott*, ebd., 83-92.

als Prediger und als Vertreter des Bischofs bei liturgischen Funktionen und bei Visitationen. Sein Hauptinteresse war der Verkündigung des Wortes Gottes zugewandt. Nach seinem Weggang von Augsburg predigte er in Ingolstadt und in Eichstätt. Im Jahre 1548 versah er aushilfsweise von Lichtmess bis zur Karwoche die Kanzel von St. Ulrich in Augsburg. Seine schriftstellerische Tätigkeit steht zum grössten Teil im Dienst der Predigt. Er übersetzte lateinisch abgefasste Predigten des bekannten Predigers Johannes Hoffmeister (+ 1547) in das Deutsche und gab zwei Bände heraus, einen Band mit Sonntagspredigten, den anderen mit Predigten für die Heiligenfeste. Handschriftlich liegen lateinisch abgefasste Fastenpredigten und ein Band mit deutschen Predigten über das Messopfer vor. Sieben Predigten aus dem zuletzt genannten Band sind auch im Druck erschienen unter dem Titel «Grundt vnnd kundtschafft auss Göttlicher geschrifft vnd den hailigen Vättern, das Fleisch und Blut IHESV CHRISTI im Ambt der hailigen Mess durch geweychte Priester warhafftigklich geopfert werd, durch Leonhart Haller etc. Weichbischoff zu Eystet in siben Predigen klärlich angezaigt» (Ingolstadt 1553). Die Untersuchung ihres Inhalts und ihrer Quellen soll den Gegenstand der folgenden Abhandlung bilden[3].

Die *erste* Predigt ist überschrieben: «Beweysung des vnbeweglichen grunds, darauff gefestigt besteen bleibt die opfferung des Fleischs vnnd bluts IHESV CHRISTI vndter gestalt Brots vnd Weins im heiligisten Ambt der Mess.» Als Motto stellt Haller an die Spitze seiner Ausführungen ein Wort aus dem Buch der Weisheit (6, 24-25 nach Vulg.). Mit dem Weisheitslehrer des Alten Bundes sagt er seinen Hörern bzw. Lesern, er wolle die Geheimnisse Gottes vor ihnen nicht verbergen, sondern vom Anfang ihres Ursprungs an erforschen und ihre Kenntnis ans Licht bringen.

Haller beginnt damit, die Gründe aufzuzählen, auf die er seinen Beweis für die tägliche Opferung des Leibes und Blutes Jesu Christi unter den Gestalten von Brot und Wein in der heiligen Messe stützen will. Der erste Grund ist der, dass dieses Opfer auf vielfältige Weise vorgebildet («figuriert») und vorbedeutet wurde; der zweite Grund, dass es durch die göttlichen Propheten vielmals verkündet wurde; der dritte Grund, dass es von Christus eingesetzt und vollzogen wurde; der vierte Grund, dass der Voll-

---

Nähere Angaben über das Schrifttum Hallers siehe bei *L. Ott*, ebd., 92-109.

zug desselben von Christus befohlen wurde; der fünfte Grund, dass die Apostel und ihre Jünger und alle rechtgläubigen Christen seit mehr als 1500 Jahren dieses Opfer vollzogen haben. Die fünf Gründe bilden die Themen der folgenden Predigten.

Bevor Haller das erste Thema in Angriff nimmt, legt er die katholische Glaubensregel dar: «Der Christgläubige soll seinen Glauben durch göttliche Gnade neben der göttlichen Heiligen Schrift befestigen mit den Satzungen und der Haltung der katholischen oder allgemeinen christlichen Kirche.» In der Begründung schliesst er sich in freier Übersetzung an das «Commonitorium» des Vinzenz von Lerin (2, 2-6) an[4]. Mit ihm lehrt er, dass die Heilige Schrift zwar an sich vollkommen und hinreichend ist, dass es aber wegen der Verschiedenheit der Schriftauslegung seitens der einzelnen Schrifterklärer notwendig ist, die gesamte Schriftauslegung nach dem Mass-stab des kirchlichen und allgemeinen Verständnisses auszurichten. Ein Christ soll das gelten lassen, was an allen Orten, zu allen Zeiten und von allen christgläubigen Menschen geglaubt, für recht und wahr gehalten worden ist; denn das ist eigentlich und wahrhaft katholisch. Als Kriterien der Katholizität nennt Haller mit Vinzenz die örtliche Allgemeinheit, das Alter und die Einhelligkeit der Lehre. Mit diesen Darlegungen will er sich ein sicheres Fundament schaffen für die Auseinandersetzung mit den Reformatoren in der Lehre vom Messopfer[5].

Ein erstes Vorbild des Messopfers, das bis in den Anfang der Menschheit zurückreicht, findet Haller bereits in dem Opfer des Abel (Gn 4,4). Mit diesem Opfer bringt er Apk 13, 8 in Verbindung, indem er die Worte «ab origine mundi» fälschlich auf die Schlachtung des Lammes bezieht[6]. Mit der ps.-augustinischen Schrift

---

[4] Ed. *G. Rauschen*, Florilegium Patristicum. Fasc. 5, Bonn 1906, 11 f. Haller hat als «priester des hohen styffts zu Eystett» vor seiner Ernennung zum Weihbischof eine deutsche Übersetzung des Commonitoriums angefertigt (Staatsbibliothek Eichstätt Ms. 707 f. 190r — 216v). Als Vorlage benutzte er die Erstausgabe von Johannes Sichardus im «Antidotum contra diversas omnium fere saeculorum haereses» (Basel 1528, f. 202v — 214r).

[5] Zur Glaubensregel des Vinzenz vgl. *O. Bardenhewer*, Geschichte der altkirchlichen Literatur IV, Freiburg 1924, 580; *G. Rauschen*, BKV[2] 20, Kempten- München 1914, 157; *K. Baus*, LThK 10[2], 800 f (Lit.).

[6] Diese Auslegung erwähnt auch Konrad Wimpina, den Haller als Quelle benutzte, in seiner Schrift «Sectarum ... Anacephalaeoseos... partes tres», Pars II, lib. 5 (Frankfurt / Oder 1528, f. 39v, 43r). Wimpina kennt noch eine andere Deutung, nach der Christus von Ewigkeit her bestimmt wurde, nach Art eines geschlachteten Lammes die Sünden der Welt wegzunehmen (f. 43r). Die Aufzählung der alttestamentlichen Vorbilder des Messopfers beginnt er mit dem Opfer Abels (f. 43r). Das von Haller

«De mirabilibus sacrae scripturae»[7] rühmt er die Gerechtigkeit Abels, für die Christus selbst Zeugnis ablegte (Mt 23, 35). Die vollkommene Gerechtigkeit bestehe in der Jungfräulichkeit, im Priestertum und im Martyrium. Diese dreifache Gerechtigkeit sei in Abel gewessen. Darin sei er ein Vorbild Christi. Als Priester habe er Gott ein vollkommenes Lamm als Opfer dargebracht. Dieses Opfer ist ein Vorbild des Opfers Christi, des wahren Lammes, das die Sünden der Welt hinwegnimmt (Jo 1, 29). Weitere Vorbilder des Messopfers sieht Haller in dem Osterlamm, das die Juden einmal im Jahr opferten (Ex 12, 1-11), und in dem zweimaligen täglichen Opfer, bei dem am Morgen und am Abend ein Lamm als Brandopfer dargebracht wurde (Ex 29, 38 f; Nm 28, 3 f). Das Osterlamm ist ein Vorbild Christi, den Paulus «unser Osterlamm» nennt (1 Kor 5, 7). Das tägliche Morgenopfer ist ein Hinweis auf das Lammopfer am Beginn der Welt, das tägliche Abendopfer ein Hinweis auf das Opfer Christi am Abend der Welt. Eine Randnotiz verweist auf Augustinus, «De civ. Dei», X c. 20. Augustinus spricht dort den Gedanken aus, dass die altehrwürdigen Opfer der Heiligen des Alten Bundes vielgestaltige Vorbilder des einen wahren Opfers Christi und der Kirche waren[8]. Als Vorbild des Opfers Christi betrachtet Haller auch die Opferung eines Lammes, die Samuel vornahm, als die Philister mit Heeresmacht gegen die Israeliten auszogen (1 Sm 7, 7-10). Die Israeliten errangen den Sieg, wie Haller sagt, «von krafft vnd nutz vnsers hailsamisten opfers», das durch das Opfer Samuels vorgebildet wurde.

Waren die genannten Opfer zunächst Vorbilder des blutigen Opfers Christi, des wahren Opferlammes, so ist für Haller das Opfer des Melchisedech, des Priesterkönigs von Salem (Gn 14, 18-20) das erste und vollkommenste Vorbild des Opfers der christlichen Kirche, in dem unter den Gestalten von Brot und Wein das Fleisch und Blut Christi dem himmlischen Vater geopfert wird. Haller versteht das Herbeibringen des Brotes und des Weines, von dem der Text spricht, mit der gesamten Tradition von der Dar-

---

benutzte Exemplar der genannten Schrift Wimpinas ist in der Staatsbibliothek Eichstätt unter der Signatur B X 381 erhalten. Zu Wimpina vgl. *J. Negwer*, Konrad Wimpina. Ein katholischer Theologe aus der Reformationszeit (Kirchengeschichtliche Abhandlungen, hrsg. von Dr. Max Sdralek, 7, Breslau 1909).

[7] Lib. I c. 3 (PL 35, 2154f). Nach der vorausgehenden Admonitio ist die Schrift nach 660 in England oder Irland entstanden.

[8] PL 41, 298.

bringung eines Opfers. Auf die Einwände der Gegner geht er nicht ein[9]. Um die Richtigkeit seiner Auslegung zu erweisen, will er im folgenden zeigen, dass diese Auffassung an allen Orten, zu allen Zeiten und von allen Christgläubigen vertreten wurde. Als Zeugen führt er einige Väter und Theologen an, die ihrer Überzeugung schriftlich Ausdruck gegeben haben. Als ersten nennt er den Martyrerbischof Cyprian von Carthago (+ 258), der in der Ep. 63 ausführlich von den alttestamentlichen Vorbildern der Eucharistie spricht, darunter auch von dem Opfer des Melchisedech[10]. Unter Hinweis auf das Psalmwort 109, 4 «Du bist Priester auf ewig nach der Ordnung des Melchisedech» erklärt er Melchisedech als Vorbild Christi und das Opfer des Melchisedech als Vorbild des Opfers Christi, «der Gott dem Vater ein Opfer darbrachte, und zwar dasselbe, wie Melchisedech es dargebracht hatte, d.h. Brot und Wein, nämlich seinen Leib und sein Blut».

Als zweiten Zeugen führt Haller Hieronymus an. Die zitierte Stelle, eine Erklärung zu Ps 109, 4, ist aus dem unechten «Breviarium in Psalmos» genommen, geht aber auf die erst von Germain Morin wieder aufgefundenen «Tractatus sive homiliae in psalmos», somit auf Hieronymus zurück[11]. Den Ausdruck «nach der Ordnung des Melchisedech» versteht Hieronymus als Antithese zur Ordnung der jüdischen Opfer. Wie Melchisedech Brot und Wein geopfert hat, so werde auch Christus sein Fleisch und Blut opfern, das wahre Brot und den wahren Wein.

Als dritter Zeuge kommt Augustinus zu Wort. Aehnlich wie Hieronymus, aber ausführlicher stellt er die Ordnung Aarons und die Ordnung Melchisedechs einander gegenüber. Die Opfer der Patriarchen und die Sakramente des Alten Bundes sind aufgehoben, der Tempel ist zerstört, das Priestertum nach der Ordnung Aarons

---

[9] K. Wimpina weist die auf die hebräische Lesart hōṣi' (= er brachte herbei) gestützte Auslegung, Melchisedech habe Brot und Wein zur Erquickung Abrahams und seiner Krieger herbeigebracht, aus dem Textzusammenhang zurück (a.a.O. f. 40r).

[10] Ep. 63, 4 (CSEL 3/2, 703); BKV[2] 60, 257. Während Wimpina das Zeugnis Cyprians nur kurz erwähnt (f. 43v), verwertet es Johannes Eck in der Schrift «De sacrificio missae» (Köln 1526) sehr ausgiebig. Vgl. *E. Iserloh*, Die Eucharistie in der Darstellung des Johannes Eck (Reformationsgeschichtliche Studien und Texte 73/74), Münster 1950, 105 f.

[11] Breviarium in psalmos, ps. 109, 4 (PL 26, 1165); Tractatus sive homiliae in psalmos, ps. 109, 4 (Corpus Christianorum, Series latina 78, 225 f). Haller verweist am Rand auch auf den Brief des Hieronymus an Evagrius «De Melchisedech», d.i. Epistola 73 ad Evangelum (CSEL 55, 13-23); vgl. besonders Ep. 73 n. 3 (ebd.15 f). Wimpina führt die Stelle im Wortlaut an (f. 40r).

ist beseitigt. Das Priestertum nach der Ordnung Melchisedechs aber erkennen die Juden nicht an. Statt nun auf dieses näher einzugehen, bricht Augustinus die Erklärung zu Ps 109, 4 ab und sagt im Hinblick auf die Arkandisziplin: «Ich spreche zu den Gläubigen» (fidelibus loquor)[12]. In der Erklärung zu Ps 33 führt Augustinus aus: Der Priesterkönig Melchisedech ist nach Ps 109, 4 ein Vorbild Christi. Das Opfer nach der Ordnung des Melchisedech ist das Opfer des Leibes und Blutes des Herrn, das jetzt auf der ganzen Welt verbreitet ist. Mit Rücksicht auf die Arkandisziplin begnügt et sich mit dieser kurzen Andeutung und fügt hinzu: «Die Gläubigen wissen es (fideles norunt) und diejenigen, die das Evangelium gelesen haben[13].» An einer dritten Stelle sagt Augustinus, in dem Opfer des Melchisedech sei zum ersten Mal das Opfer hervorgetreten, das jetzt von den Christen auf dem ganzen Erdkreis Gott dargebracht wird, und es werde erfüllt, was lange nach dieser Begebenheit durch den Propheten im Hinblick auf Christus, der erst im Fleisch kommen sollte, gesagt wurde: «Du bist Priester auf ewig nach der Ordnung des Melchisedech[14].»

Haller bemerkt, er könnte noch weitere Zeugnisse aus den Schriften der Väter anführen, um die Einhelligkeit ihrer Überzeugung bezüglich des Opfers des Melchisedech vorzustellen. Am Rand verweist er auf die Homilie des Johannes Chrysostomus über den Verrat des Judas (hom. I n. 5). Um zu zeigen, dass auch die späteren Theologen in der Lehre der Väter verblieben sind, führt er noch das Zeugnis eines mittelalterlichen Theologen, des bekannten Schrifterklärers Hugo von Saint-Cher (+ 1263) an. Kardinal Hugo betont in der Erklärung zu Ps 109, 4, dass Christus, auf den die Weissagung abzielt, Priester auf ewig ist, während Aaron nur Priester auf Zeit war. Von einem Opfer des Melchise-

---

[12] Enarratio in ps. 109 n. 17 (PL 37, 1459 f).

[13] Enarratio in ps. 33 sermo I n. 5 (PL 36, 302 f). Am Rand(f. 7r) verweist Haller auf die Kontroversschrift des englischen Bischofs Johannes Fisher von Rochester (Roffensis) gegen Oekolampad, lib. I c. 8. Die Schrift erschien unter dem Titel «De vertitate corporis et sanguinis Christi in eucharistia» im Jahre 1527 zu Köln. J. Fisher handelt an der angegebenen Stelle über die Worte Augustins «norunt fideles». Das von Haller gebrauchte Exemplar befindet sich heute in der Staatsbibliothek Eichstätt unter der Signatur B X 712 b. Es weist zahlreiche Randbemerkungen von der Hand Hallers auf. — In einer anderen Randbemerkung (f. 6v) führt Haller ein ähnlich lautendes Wort des Johannes Chrysostomus an: «Agnoscunt quod loquor, qui sunt divinis consecrati mysteriis». Es stammt aus der Schrift «De proditione Judae», hom. I n. 5(PG 49, 380). Haller benützte die lateinische Ausgabe der Werke des Johannes Chrysostomus, die der Buchdrucker Andreas Cratander 1522 in Basel herausgegeben hatte.

[14] De civ. Dei XVI c. 22 (PL 41, 500).

dech spricht er nicht, betrachtet aber Brot und Wein, die Melchisedech dem Abraham darreichte, als einen Hinweis auf das Priestertum Christi, der Brot und Wein in seinen Leib und sein Blut konsekrierte. Da Melchisedech nicht Jude, sondern Heide war, habe er dadurch den Übergang des Priestertums von den Juden auf die Heiden (Heidenchristen) angezeigt[15].

Am Schluss seiner Predigt wendet Haller die eingangs genannten drei Kriterien des Vinzenz von Lerin auf den Gegenstand seiner Predigt an. Der erste unbewegliche Grund unseres höchsten Gottesdienstes, die Vorbezeichnung in den vorchristlichen Opfern, ist an allen christgläubigen Orten, zu allen christgläubigen Zeiten und von allen christgläubigen Menschen festgehalten worden. Hieronymus ist der Vertreter Asiens, Cyprian und Augustinus sind die Vertreter Afrikas, Kardinal Hugo von Saint-Cher und viele andere, z.B. der Schrifterklärer Haimo, den er namentlich anführt, sind Vertreter Europas[16]. Die zeitliche Allgemeinheit wird repräsentiert durch den Glauben der Apostel, der Martyrer und der Bekenner. Paulus lehrt das Priestertum Christi nach der Ordnung des Melchisedech (Hebr 5-7); Cyprian bekennt denselben Glauben in der Mitte des 3. Jahrhunderts, Hieronymus und Augustinus um das Jahr 400; Hugo und andere mehr, die zu verschiedenen Zeiten lebten, blieben in Übereinstimmung mit der allgemeinen christlichen Lehre und Übung.

Die *zweite* Predigt trägt die Überschrift: «Beweysung auss Prophetischer verkündung, das vndter gestalt Brots vnd Weins durch Priesters handlung über Altar werd geopffert fleisch vnd blut IHESV CHRISTI.»

Nachdem Haller die Hauptgedanken der ersten Predigt wiederholt und mit der Feststellung ergänzt hat, dass die dort angeführten Zeugnisse unwidersprochen blieben, wendet er sich dem zweiten Grund zu, auf dem die Opferung des Fleisches und Blutes Christi unter den Gestalten von Brot und Wein fest

[15] Postilla domini Hugonis Cardinalis super psalterium, Basel 1503/04, f. 264ra. Vom Opfer des Melchisedech spricht er in der Postille zur Genesis (Basel 1503, f. 24 ra zu 14, 18). — Johannes Eck führt in seiner Schrift «De sacrificio missae» einen weitläufigen Beweis dafür, dass Melchisedech mit Brot und Wein Gott ein Opfer darbrachte. Vgl. *E. Iserloh*, Die Eucharistie in der Darstellung des Johannes Eck 164.

[16] Nur diese drei Erdteile hatten damals eine christliche Vergangenheit. Vgl. die von Haller in Hinweisen öfter genannte Schrift des *Joachim Vadianus* «Epitome trium terrae partium, Asiae, Africae, Europae» (Zürich 1534). Das Handexemplar Hallers ist unter der Signatur Q 29 in der Staatsbibliothek Eichstätt erhalten.

bestehen bleibt, der prophetischen Verkündigung. Als erstes
Zeugnis verwendet er die bekannte Weissagung des Malachias
1, 10-11. Der Prophet verkündet das Missfallen Gottes an dem
Opferkult der Juden und stellt ein neues, reines Opfer in Aussicht,
das an allen Orten seinem Namen dargebracht werden soll.
Haller versteht die Weissagung dahin, dass das aaronitische
Priestertum mit seinen Opfern aufgehoben werden soll und dass
an seine Stelle ein neues ewiges Priestertum treten soll, das in
Jesus Christus seinen Anfang genommen hat und das der Apostel
Paulus nach Ps 109, 4 als Priestertum nach der Ordnung des
Melchisedech beschreibt. Den Grund für die Aufhebung des
aaronitischen Priestertums deutet der Prophet selbst an: Der
Name Gottes soll künftig nicht bloss unter einem einzigen Volk,
sondern unter allen Völkern vom Aufgang der Sonne bis zu ihrem
Untergang gross und herrlich sein. Die Priester sollen künftig nicht
mehr aus einem einzigen Geschlecht, dem Geschlecht Aarons,
genommen werden, sondern wie der Herr durch Isaias verkündet
(Is 66, 21), aus allen Völkern und allen Geschlechtern[17]. Während
die von Gott eingesetzten jüdischen Opfer nur an einem einzigen
Ort dargebracht werden durften, soll das neue, reine Opfer an
allen Orten der Erde dargebracht werden. Die unfehlbare Gewissheit der prophetischen Weissagung komme darin zum Ausdruck,
dass der Prophet in der Zeit der Gegenwart spricht : «sacrificatur,
offertur», obwohl das angekündigte Opfer erst nach Hunderten
von Jahren folgen sollte.

Worin besteht das eine reine Opfer, das die vielen jüdischen
Opfer ablösen soll? Haller antwortet zuerst negativ. Es ist nicht
das Kreuzesopfer Christi gemeint; denn Christus ist nicht unter
den Heiden gekreuzigt worden, wenn auch von den Heiden,
nicht an allen Orten der Erde, sondern im jüdischen Land und in
der Hauptstadt Jerusalem. Das angekündigte reine Opfer soll aber an
allen Orten der Erde, auch unter den Heiden dargebracht werden.
Das durch den Propheten verkündigte reine Opfer ist auch nicht
das Opfer eines reuigen, demütigen und geheiligten Herzens. An
einem solchen Opfer hat Gott zwar Wohlgefallen (Ps ,50, 19),

---

[17] Haller verweist am Rand auf Cyprian, De unctione chrismatis. Es handelt
sich um eine ps.-cyprianische Predigt, deren Verfasser Arnald von Bonneval ist (+ nach
1156), ein Freund des hl. Bernhard von Clairvaux. Die 13 Predigten Arnalds über die
Hauptwerke Christi (De cardinalibus operibus Christi) wurden in den älteren Ausgaben Cyprians unter dessen Werken gedruckt, z. B. Köln 1522 und 1525. Die von Haller
anvisierte Stelle: PL 189, 1654.

aber es ist nicht das von Malachias geweissagte Opfer; denn das Opfer unseres Herzens, z.B. Gebet, Fasten, Wachen, Almosen, ist nicht ein in jeder Beziehung reines Opfer. Mit einem polemischen Seitenhieb auf eine reformatorische Strömung bemerkt Haller, in der jetzigen Welt finde man Gelehrte, die alle unsere guten Werke zu Sünden machten[18]. Das Opfer des Herzens ist auch nicht auf die christliche Kirche beschränkt; dieses gab es auch schon in der vorchristlichen Zeit, wie viele Psalmstellen bezeugen, z.B. Ps 9,2; 137, 1; 118, 10. 145. Das von Malachias verkündete Opfer ist aber ein neues Opfer, das an die Stelle der Opfer des Alten Bundes treten soll. Die Reinheit des neuen Opfers muss im Opfer selbst begründet sein, unabhängig von der Person, die es darbringt. Niemand wird ein anderes Opfer aufweisen können, das durchaus lauter und rein und einzig ist und an allen Orten, wo wahre Christen wohnen, dargebracht wird, als das Opfer des Fleisches und Blutes Christi unter den Gestalten von Brot und Wein. Eine Bestätigung seiner Auslegung findet Haller bei Augustinus, dessen Text er aber nicht anführt. Er begnügt sich mit einer Randnotiz, die auf «De civ. Dei», XVIII c. 35 hinweist. Vorher hat er schon in einer anderen Randnotiz auf den «Tractatus adversus Judaeos», c. 9 verwiesen[19].

Neben der Weissagung des Malachias kennt Haller noch weitere prophetische Handlungen und Ankündigungen, welche die Väter auf das tägliche Opfer der Kirche deuteten. Bischof Cyprian bezieht alttestamentliche Stellen, wo vom Wein die Rede ist, auf das Blut Christi und auf die Eucharistie, so Gn 9, 21; 49, 11; Ps 22,5; Spr 9, 2-5[20]. Augustinus folgt ihm darin[21]. Im Hinblick auf Gn 49, 11 sagt er: «Die Getauften kennen das Geheimnis dieses

[18] Es ist an die antinomistische Richtung zu denken, die von Johannes Agricola aus Eisleben (+ 1566) vertreten und von Anhängern und von Gegnern missverstanden und vergröbert wurde. Vgl. *J.L. Witte*, Antinomistenstreit, LThK 1², 646 f.

[19] De civ. Dei XVIII c. 35 n. 3 (PL 41, 594); Tractatus adversus Judaeos c. 9. n. 13 (PL 42, 61 f). — Johannes Eck fügt zu Mal 1, 11 noch Mal 3, 3-4 hinzu. Beide Texte betrachtet er als die wichtigsten Beweisstellen für das Messopfer. Zur Erklärung greift er auf den hebräischen Text und auf die Auslegung der jüdischen Rabbinen zurück. Haller nimmt davon nicht Notiz. Vgl. *E. Iserloh*, Die Eucharistie in der Darstellung des Johannes Eck 60-63.

[20] Ep. 63, 3. 5. 6. 11 (CSEL 3/2, 702, 704, 705, 710). Die Stelle Ep. 63, 3 hat Haller schon in der ersten Predigt im Wortlaut angeführt. Haller weist am Rand auch auf die ps.-cyprianische Schrift «Adversus Judaeos» (3. Jh.) hin (CSEL 3/3, 133-144). Vgl. *O. Bardenhewer*, Geschichte der altkirchlichen Literatur II², Freiburg 1914, 491 f.

[21] Contra Faustum XII c. 23, c. 42 (PL 42, 266, 276); De civ. Dei XVI c.2 n.1-3; XVI c. 41; XVII c. 20 n. 2 (PL 41, 477-479, 519 f, 555 f).

Blutes[22].» Unter dem Namen des Hieronymus führt Haller eine Erklärung zu Spr 9,5 an, die unter dem Brot den Leib Christi, unter dem Wein das Blut Christi angezeigt sieht. Eine ähnliche Erklärung liest man ohne Angabe des Autors in «der Glossa ordinaria» zu der Stelle[23]. Prophetische Zeugnisse für die Aufhebung des aaronitischen Priestertums und für das mit Christus beginnende neue Priestertum und neue Opfer sieht Haller mit Augustinus in dem Lobgesang der Anna, der Mutter Samuels (1 Sm 2, 5), und in der Strafrede des Gottesmannes, der den Untergang des Hauses Heli ankündigt (1 Sm 2, 27-36)[24]. In den Worten «manducare panem» (2, 36 nach der altlateinischen Übersetzung) ist nach Augustinus bereits die Form des neuen Opfers ausgedrückt. «Wer es liest, der verstehe es», sagt Augustinus für die Eingeweihten[25]. Haller schliesst sich eng an seine Gewährsmänner an und lässt sie selbst zu Wort kommen.

Die Überschrift der *dritten* Predigt lautet: « Beweysung das Christus vber tisch an seinem letsten Nachtmal nach der ordnung Melchisedcch hab geopfert vnder gestalt brots vnd weins dem himlischen Vatter sein fleisch vnd blut.»

Die Einleitung knüpft wieder an die vorausgehende Predigt an. Haller führt als weitere Belege der prophetischen Verkündigung des Messopfers Ps 71, 16 an, wo nach der Vulgata von einer Feste (firmamentum) die Rede ist, nach dem hebräischen Text aber von Getreide (frumentum), das er auf das Messopfer deutet[26], und Ri 9, 13, wo vom Wein gesprochen wird, «der Gott und Menschen erfreut», die Menschen als leibliche Erquickung, Gott als konsekrierte Opfergabe beim Messopfer[27]. Zuletzt weist Haller auf die Schrift des Rabbi Samuel aus Marokko hin, der sich dem Christen-

---

[22] De civ. Dei XVI c. 41 (PL 41, 520). Auch Johannes Eck verwendet die Stelle Gn 49, 10f, in seinem Beweis für das Messopfer. Vgl. *E. Iserloh*, a.a. O. 65.

[23] PL 113, 1092.

[24] De civ. Dei XVII c. 4 n. 4 (PL 41, 529); c. 5 n. 2, n. 5 (PL 41, 534, 535 f). Die Stelle 1 Sm 2, 31-36 verwendet auch Johannes Eck in seinem Schriftbeweis. Vgl. *E. Iserloh*, a.a.O. 68f.

[25] De civ. Dei XVII c. 5 n. 5: qui legit, intelligat (PL 41, 536).

[26] Haller stützt sich, wie er am Rand bemerkt, auf *Jacobus Faber Stapulensis*, Quincuplex psalterium, Paris 1509, f. 108r-v. Ausführlich beschäftigt sich mit der Stelle Johannes Eck in seiner Messerklärung, indem er selbständig auf den hebräischen Text zurückgeht und auf Erklärungen der Orientalisten Porchetus Salvaticus O. Carth. und Petrus Galatinus O. Min. zurückgreift. Vgl. *E. Iserloh*, a.a.O. 67 f.

[27] Im selben Sinn verwendet die Stelle Johannes Eck in seiner Messerklärung. Vgl. *E. Iserloh*, a.a.O. 65.

tum zuwandte und in seinem Nachweis, dass Jesus von Nazareth der wahre Messias sei, auch von der «Verwerfung des Opfers der Juden und von der Auserwählung des Sakramentes der Christen» handelte[28].

Nach dieser Einleitung wendet sich Haller dem dritten Grund zu, auf den sich die Opferung des Fleisches und Blutes Christi unter den Gestalten von Brot und Wein stützt, der Einsetzung und Haltung Christi. Was seit langem vorgebildet und prophetisch verkündigt war, das wollte Christus nun selbst ausführen. Darum sprach er beim letzten Abendmahl zu seinen Aposteln: «Mit grosser Begierde habe ich begehrt, dieses Osterlamm mit euch zu essen» (Lk 22, 15). Sein Verlangen ging dabei nicht auf das jüdische Osterlamm, sondern auf ein anderes Osterlamm, das zuvor nicht gegessen worden war. Unter Berufung auf die «göttlichen Lehrer» trägt Haller vor, Christus habe innerhalb eines Tages von 24 Stunden dreimal geopfert. Das erstemal, als er von Bethanien nach Jerusalem kam, um nach jüdischem Brauch und nach dem Befehl des Gesetzes das Osterlamm zu essen. Dieses musste aber zuerst geopfert und dann nach einem bestimmten Ritus gegessen werden. Haller denkt an einen Opferakt unmittelbar vor dem Essen, während die Opferung tatsächlich in dem Ausgiessen des Blutes auf dem Altar unmittelbar nach der Schlachtung bestand. Da Christus sich an die Vorschriften des Gesetzes hielt, müsse man annehmen, dass er den vorgeschriebenen Opferakt vollzogen hat. Da das Osterlamm ein Vorbild des wahren Opfers Christi war, war er selbst das Opfer, jedoch typisch (typice), d.h. in vorbildlicher Weise.

Nachdem das Osterlamm nach jüdischem Brauch gegessen war, sollte eine neue Ordnung ihren Anfang nehmen, die der Herr durch den Propheten verkündet hatte: «Du bist Priester auf ewig nach der Ordnung des Melchisedech» (Ps 109, 4). Es folgt der Abendmahlsbericht mit den Einsetzungsworten nach Mt 26, 26-28.

---

[28] Epsitola Rabbi Samuelis Israhelite missa ad Rabbi Ysaac magistrum Synagoge in subiulmeta civitate regis Morochorum, Nürnberg 1498, c. 20. Der Brief wurde nach dem Vorwort im Jahre des Herrn 1000 in arabischer Sprache geschrieben und im Jahr 1338 von dem spanischen Dominikaner Alphonsus Bonihominis in das Lateinische übersetzt. Der Brief wurde schon vor 1500 oftmals gedruckt, im Jahre 1475 bereits in deutscher und italienischer Übersetzung. Vgl. *L. Hain*, Repertorium bibliographicum, Berlin 1925, n. 14261 — 14276. Im Jahre 1524 gab der Schweizer Reformator Ludwig Hätzer eine deutsche Übersetzung heraus unter dem Titel: «Ain beweisung, das der war Messias kommen sey» (Augsburg 1524). K. Wimpina verwendet die Stelle, aber irrtümlich unter dem Namen Rabbi Salomon (a.a.O. f. 43r).

Geht man den Worten auf den Grund, so zeige sich klar, dass unser
Herr und Heiland Jesus Christus abermals ein Opfer vollzog und
dass er selbst das Opfer war. Es geschah aber mystisch (mystice),
d.h. in verborgener und heimlicher Weise, da er unter den Gestalten von Brot und Wein wahrhaftig verborgen war. Den Einset-
zungsbericht nach Mt ergänzt Haller durch den ersten Teil des
Einsetzungsberichtes nach Lk 22, 19: «hoc est corpus meum, quod
pro vobis datur». Aus der Präsensform des Wortes «datur» schliesst
er, dass eben jetzt ist und geschieht, was darin ausgesprochen
wird. Daraus folgt, dass sich Jesus damals für seine Jünger hingab,
d.h. opferte. Haller erinnert in diesem Zusammenhang an das
Wort Augustins, Jesus habe sich damals selbst in seinen Händen
getragen[29]. Damals sei auch der Schwur Gottes erfüllt worden:
«Du bist Priester auf ewig nach der Ordnung des Melchisedech»
(Ps 109, 4).

Die dritte Weise der Opferung Christi ist den Gläubigen
allgemein bekannt. Sie geschah am Kreuz offenkundig und auf
blutige Weise (manifeste et cruente). Sie war überaus schmerzlich,
wie mit einem Wort aus den Klageliedern (1, 12) und mit der
Leidensweissagung bei Isaias (53, 1-7) näher ausgeführt wird.
Von diesem Opfer sagt der Apostel: «Mit einem einzigen Opfer
hat er in Ewigkeit die Geheiligten vollendet» (Hebr 10, 14). «Mit
seinem Sterben ist er der Sünde gestorben ein für allemal» (Röm
6, 10).

Als Quelle für seine Ausführungen über das dreimalige Opfer
Christi gibt Haller in einer Randnotiz Konrad Wimpina (+ 1531)
und Albertus Pighius (+1542) an. Wimpina verwendet an der
von Haller bezeichneten Stelle dieselben Ausdrücke «typice,
mystice, cruente» und sagt ausdrücklich, dass Christus dreimal
an einem einzigen natürlichen Tag das Opfer dargebracht habe[30].
Der niederländische Kontroverstheologe Pighius referiert die
Lehre vom dreimaligen Opfer Christi kurz, teilweise in anderer

---

[29] Enarratio in ps. 33, sermo 1 n. 10 (PL 36, 306).

[30] *Wimpina*, Sectarum ... Anacephalaeoseos ... Pars II lib. 5 (f. 39v). Haller bemerkt in seiner Randnotiz (f. 18r): «allegat Origenem». Wimpina führt unmittelbar
vor der Aussage über das dreimalige Opfer Christi tatsächlich Origenes an, und zwar
als Zeugen für die Einsetzung des Messopfers. Vermutlich hat er an die Stelle «In
Lev.» hom. 13 n. 3 (PG 12, 547) gedacht, wo Origenes das Wort Lk 22, 19: «Tut dies
zu meinem Gedächtnis» anführt. Über das dreimalige Opfer Christi sprechen auch
Hieronymus Emser und Johannes Cochlaeus. Vgl. *E. Iserloh*, Der Kampf um die Messe
in den ersten Jahren der Auseinandersetzung mit Luther, Münster 1952, 2, 23, 34.

Terminologie, und bemerkt, dass dies andere schon vor ihm gelehrt haben[31].

Um zu zeigen, dass der dargelegte dritte Grund für die Existenz des Messopfers an allen Orten, zu allen Zeiten und von allen Christgläubigen einhellig festgehalten wurde, greift Haller wieder auf Väterzeugnisse zurück. An erster Stelle nennt er Cyprian, aus dessen «Abendmahlsbrief» er zwei Stellen anführt[32]. Ergänzend weist er auf Cyprians Predigten vom Abendmahl des Herrn und vom heiligen Chrisam hin, die man heute unter den Werken Cyprians vergeblich sucht. Gemeint sind Predigten des Abtes Arnaldus von Bonneval (+nach 1156), die in den alten Ausgaben der Werke Cyprians gedruckt wurden[33]. Als zweiten Zeugen nennt Haller Augustinus, der in der Schrift «De doctrina christiana» die Ausführungen Cyprians zustimmend anführt[34]. Daran reiht er eine Stelle aus der Schrift gegen Petilian, wo Augustinus das Pascha der Juden und das Pascha der Christen einander gegenüberstellt[35]. Als dritter Zeuge tritt Hieronymus auf mit zwei Stellen aus seinem Mt-Kommentar. Nach der ersten Stelle wollte der Herr beim letzten Abendmahl dem fleischlichen jüdischen Fest ein Ende bereiten und, nachdem der Schatten vergangen, das wahre Osterlamm einsetzen. An der zweiten Stelle stellt er das vorbildliche Opfer des Melchisedech und dessen Erfüllung in der Wahrheit des Leibes und Blutes Christi einander gegenüber[36].

---

[31] *Albertus Pighius*, Hierarchiae ecclesiasticae assertio II c. 5, Köln 1538, f. 57r. Das Handexemplar Hallers ist in der Staatsbibliothek Eichstätt unter der Signatur D II 964 vorhanden. Auf f. 57r findet sich von der Hand Hallers eine Randnotiz, in der er auf Wimpina hinweist: «Conr. Wimpina par. 2 c. 5 ex Origene, cuius locum tacet, annotavit».

[32] Ep. 63 c. 4 et 5 (CSEL 3/2, 704-705).

[33] Operum divi Caecilii Cypriani volumen secundum, Köln 1522, 458-476 (Sermo de coena domini = PL 189, 1641-1650); 485-492 (De unctione chrismatis = PL 189, 1653-1656).

[34] *Augustinus,* De doctrina christiana IV c. 21 n. 45 (PL 34, 111). Augustinus führt aus der Ep. 63 Cyprians c. 2, c. 3 und den Anfang von c. 4 an.

[35] *Augustinus*, Contra litteras Petiliani II c. 37 n. 87 (PL 43,290). Am Rand (f. 21r) bemerkt Haller: «Dasselbe behauptet Chrysostomus über den Verrat das Judas». Vgl. De proditione Judae hom. 1 n. 4 (PG 49, 379).

[36] *Hieronymus*, Commentarius in Evangelium Matthaei IV c. 26, zu 26, 1-2 und 26, 26-28 (PL 26,190 B/C, 195 B/C). Am Schluss des Abschnittes bemerkt Haller: Dass er nicht mehr Zeugen anführe, habe seinen Grund nicht in dem Mangel an Zeugnissen, sondern in der angestrebten Kürze, um die Hörer nicht verdrossen zu machen. Am Rand bemerkt er: «Isychius in c.4 Levitici.» Gemeint ist der nur lateinisch überlieferte Kommentar des Hesychius von Jerusalem (+ nach 450), der im Jahre 1527 in Basel gedruckt wurde.

Die angeführten Zeugnisse finden sich auch bei Albert
Pighius, auf den Haller bereits hingewiesen hat (f. 18r), zum Teil
auch bei John Fisher, auf den er am Schluss der Predigt (f. 22r) in
einer Randnotiz hinweist[37].

Diese drei Zeugen aus verschiedenen Orten und Zeiten,
denen niemand widersprochen hat, repräsentieren die allgemeine
Glaubensüberzeugung der christlichen Kirche.

Das Thema der *vierten* Predigt lautet: «Das Christus befolhen
hab sein Fleisch vnnd Blut zu opffern vnder gestalt Brots vnd Weins
über Altar».

In der Einleitung greift Haller wieder auf das Thema der
vorausgehenden Predigt zurück. Nachdrücklich schärft er ein,
dass die Präsensform «datur» und — so fügt er nach John Fisher[38]
ergänzend hinzu — «frangitur», «effunditur» von einem gegenwärtigen Hingeben des Leibes und einem gegenwärtigen Vergiessen
des Blutes zu verstehen ist. Beides geschah aber «in mysterio»,
heimlich und in verborgener Weise. Als Vertreter der Väterlehre
nennt er Johannes Chrysostomus, der die Identität des Abend-
mahlsopfers Christi mit dem Kreuzesopfer bezeugt. In einer
Randnotiz weist Haller auf die einschlägigen Schriften des Johannes Chrysostomus hin: die Schrift über das Priestertum (III cc.
4-5), die Homilien über das Mt-Evangelium (hom. 82), über den
Verrat des Judas (hom. 1), über den Hebräerbrief (hom. 17),
über den zweiten Timotheusbrief (hom. 2)[39].

Nun wendet er sich dem vierten Grund zu, der die Opferung
des Leibes und Blutes Christi unter den Gestalten von Brot und
Wein trägt und hält, dem hellen, klaren und öffentlichen Befehl
des Herrn an die Apostel: «Tut dies zu meinem Gedächtnis»
(Lk 22, 19; 1 Kor 11, 24f). Diese Worte haben die Väter und
andere christliche Lehrer zu allen Zeiten so ausgelegt, dass Christus
damit den Aposteln und ihren Nachfolgern gebot zu tun, was er
beim Abendmahl getan hat. In der allgemeinen christlichen

---

[37] *Albert Pighius*, Hierarchiae catholicae assertio II c. 5, Köln 1538, f. 54v, 57v;
John Fisher, De veritate corporis et sanguinis Christi in eucharistia lib. V c. 3 und 4, Köln
1527, f. 243v-248v.

[38] *John Fisher*, a.a.O. lib. V c.7; f. 252r. Aus derselben Quelle stammt nahezu
wörtlich auch der unmittelbar folgende Satz Hallers.

[39] Haller nennt aus dem Matthäuskommentar die homilia 83, ebenso Wimpina
(f. 44r). In den neueren Ausgaben entspricht ihr hom. 82, die über Mt 26, 26-35 handelt.

Kirche ist das Wort so verstanden worden, dass Christus damals die Apostel, die mit ihm zu Tische sassen, zu Priestern weihte. Am Rand verweist er auf die Schrift des Tübinger Theologen Gabriel Biel (+ 1495)«In canonem missae», lect. 55. Den Hergang des letzten Abendmahls wiederholend stellt er fest, Christus habe damit den jüdischen Brauch des Essens des Osterlammes ebenso beendet, wie er den Brauch der Beschneidung nach Gal 5, 2 abschaffte, und er habe einen neuen Brauch eingeführt, der in der Kirche auf Erden fortan gehalten werden sollte nach der Ordnung des Melchisedech. Die Worte, die er dabei gebrauchte, — obwohl er als Sohn Gottes mit seiner göttlichen Macht auch ohne Aussprechen eines Wortes die Verwandlung von Brot und Wein in sein Fleisch und Blut hätte vollziehen können — sollten auch die Apostel und ihre Nachfolger, die ordentlich geweihten Priester, zu der Wandlung gebrauchen. Vätersentenzen führt er nicht an. Am Rand verweist er jedoch auf Origenes, Johannes Chrysostomus, Vercellensis, d.i. Thomas Gallus von Vercelli, und Ambrosius hin[40].

Es folgt eine Erklärung der Worte «Hoc facite» (Lk 22, 19). Haller versucht nachzuweisen, dass die Heilige Schrift das Wort «facere» mehrmals in der Bedeutung «opfern» gebraucht. Folgende Stellen werden angeführt: a) Ri 13, 16: Si autem vis holocaustum facere, offer illud Domino; b) 3 Kg 18, 23: et ego faciam bovem alterum; c) Lev 4 und 5 (ohne Anführung einzelner Texte); d) Ez 45,17: ipse faciet pro peccato sacrificium; 45,22: et faciet ... vitulum pro peccato; 45,23: faciet holocaustum Domino; 45, 24: sacrificium ephi ... faciet; vgl. 46, 2.12; e) Ps 65, 15: faciam boves (Vulg. offeram boves); f) 3 Kg 11, 3-8 (ohne Anführung von Texten). Wie an den angeführten Stellen, so habe das Wort «facere» auch in Lk 22, 19 die Bedeutung «opfern». Haller übersieht dabei, dass an den angezogenen Stellen das Verbum «facere» in der Regel mit einem Opferterminus als Objekt verbunden ist oder dass ein solches aus dem Zusammenhang zu ergänzen ist, z.B. «holocaustum» oder «sacrificium», das den Inhalt des «Tuns» im Sinne der Zubereitung oder der Darbringung eines Opfers näher bestimmt. Es ergibt sich die Bedeutung: ein

---

[40] *Origenes,* In Lev. hom. 13 n. 3 (PG 12, 547); *Johannes Chrysostomus,* In ep. ad Hebr. c. 9 = hom. 17 (PG 63, 127-133); *Thomas Gallus von Vercelli,* Extractio libri Dionysii De eccl. hierarchia c. 3 (Opera omnia D. Dionysii Carthusiani t. XV, Tournai 1902, 463-466); *Ambrosius,* De sacramentis lib. 4 c. 6 (Florilegium Patristicum. Fasc. 7 pars 3, Bonn 1936, 49f). Vgl. *C. Wimpina,* Sectarum ... anacephalaeoseos ... Pars II lib. 5 (f. 39v).

Brandopfer oder irgendein anderes Opfer herrichten oder veran-
stalten oder die Opfermaterie, z.B. ein Kalb (Ps 65, 15) oder ein
Epha Getreide (Ez 45, 24) für das Opfer zubereiten. Der versuchte
Beweis vermag darum nicht zu überzeugen. Entgegen seiner
Gewohnheit gibt Haller an der Stelle keine Quelle an. Es dürfte
aber kaum zweifelhaft sein, dass er aus einer zeitgenössischen
Quelle schöpft[41].

Wie in den vorausgegangenen Predigten, so wäre auch hier
wieder das Zeugnis der Tradition anzuführen, um nachzuweisen,
dass der besprochene Lehrpunkt in der christlichen Kirche an
allen Orten, zu allen Zeiten und in allgemeiner Übereinstimmung
festgehalten wurde. Um der Kürze willen beschränkt sich Haller
auf den Martyrerbischof Cyprian, der in seinem «Abendmahlsbrief»
gegenüber dem Missbrauch, bei der Feier der Eucharistie Wasser
statt Wein zu verwenden, nachdrücklich einschärft, dass wir bei
der Darbringung des Opfers, das Christus dargebracht hat,
Christus folgen müssen und das tun müssen, was Christus getan
und zu tun befohlen hat. Nur jener Priester, sagt er, vertritt in
Wahrheit Christi Stelle, der das nachahmt, was Christus getan hat,
und nur der bringt in der Kirche Gott dem Vater ein wahres und
vollkommenes Opfer dar, der es in der Weise tut, wie Christus
selbst es getan hat[42]. Haller fügt noch eine Stelle aus der ps.-
cyprianischen Predigt «De unctione chrismatis» an, die dem Abt
Arnáld von Bonneval (+ nach 1156) zugehört[43]. Der Verfasser
spricht darin den Gedanken aus, dass die Priester des Neuen
Bundes durch göttliche Auserwählung aus allen Völkern, Stämmen und Sprachen berufen werden. Am Rand verweist Haller
auf eine gedankliche Parallele bei Augustinus[44].

---

[41] Auf dem Reichstag zu Augsburg (1530) wurde in die deutsche Fassung des
Artikels 24 der von katholischen Theologen erarbeiteten Confutatio «in letzter Stunde»
ein Abschnitt eingefügt, in welchem versucht wurde, aus der Bedeutung des Wortes
«facere» in der hebräischen, griechischen und lateinischen Sprache den Opfercharakter
der Messe zu beweisen. Der angebliche Beweis wurde von den Protestanten als «lächer-
lich» empfunden (Osiander). Vgl. *H. Immenkötter*, Um die Einheit des Glaubens. Die
Unionsverhandlungen des Augsburger Reichstages im August und September 1530,
Münster 1973, 17f. Das eingefügte Textstück siehe bei *J. Ficker*, Die Konfutation
des Augsburgischen Bekenntnisses. Ihre erste Gestalt und ihre Geschichte, Leipzig
1891, 143.
[42] Ep. 63 n. 14 (CSEL 3/2, 713).
[43] PL 189, 1654 B/C.
[44] De civ. Dei XX c. 21 n. 3 (PL 41,693). Augustinus knüpft an die Stelle Is 66,
21 an.

Die *fünfte* Predigt trägt die Überschrift: «Anzaygung des Apostolischen brauchs vom ambt der seligisten Mess.»

In der Einleitung wiederholt Haller die in den vier vorausgehenden Predigten dargelegten Gründe, auf die sich Opferung des Fleisches und Blutes Jesu Christi unter den Gestalten von Brot und Wein stützt[45]. Im folgenden wendet er sich dem fünften Grund zu, der besagt, dass vom Befehl Christi an zuerst durch die Apostel und ihre Mitjünger, dann durch die heiligen Martyrer, die Priester waren, und hernach durch die heiligen Bekenner und durch willige Diener der christlichen Kirche bis zur Gegenwart der Auftrag Christi geglaubt und gehalten wurde. In der vorliegenden Predigt beschränkt er sich auf die apostolische Zeit.

Ausgehend von dem Wort Is 2, 3: «Von Sion wird ausgehen das Gesetz und das Wort des Herrn von Jerusalem», legt Haller dar, das Evangelium Christi habe von Sion und Jerusalem aus seinen Anfang genommen und sei von da aus in der Welt verbreitet worden. Das gelte auch vom Opfer der heiligen Messe, das Jesus Christus, der höchste Bischof unserer Seelen (1 Petr 2, 25), erstmals in Jerusalem dargebracht hat. Nach der Himmelfahrt Christi und der Sendung des Heiligen Geistes hätten es die Apostel zu Jerusalem und in der Folge auch an anderen Orten dargebracht, wie die Apostelgeschichte (2, 46) berichtet: «Täglich verharrten sie einmütig im Tempel, brachen das Brot in den Häusern und nahmen die Speise in Fröhlichkeit und Einfalt des Herzens.» Das «Verharren» bezieht Haller auf das Festhalten an der Lehre und dem Wort des Herrn; das «Brotbrechen in den Häusern» versteht er mit der Tradition von der Feier der Eucharistie, des Messopfers, das «Nehmen der Speise» vom Empfang der heiligen Kommunion. Als Zeugen der Tradition nennt er am Rand Petrus Comestor mit seiner «Historia scholastica»[46]. Unter Anspielung auf die unter den Reformatoren ausgebrochenen Streitfragen über die Eucharistie betont Haller, dass die Mitglieder der ersten

---

[45] Haller zitiert ein Wort Augustins, nach dem die vielen Opfer der vorchristlichen Zeit das eine wahre Opfer anzeigten, so wie man durch viele Wörter eine einzige Sache ausdrückt (De civ. Dei X c. 20 ; PL 41, 298). Am Rand verweist er ausserdem auf eine gedankliche Parallele im selben Werk Augustins (De civ. Dei XIX c. 23 n. 5 ; PL 41, 655).

[46] PL 198, 1655 B (zu Apg 2, 42). Aus dem Nachlass Hallers ist in der Staatsbibliothek Eichstätt unter der Signatur B I 122 ein Frühdruck der Historia scholastica des Petrus Comestor erhalten: (Augsburg) 1475. Vgl. *Ilona Hubay,* Incunabula Eichstätter Bibliotheken, Wiesbaden 1968, 167 n. 810.

christlichen Gemeinde von Jerusalem die heilige Speise mit Freude
und Einfalt des Herzens nahmen «on disputiern vnd nachuorschen
der vnnützen fragen, so nacher vnd zu maist bey vnsern zeiten
erhebt vnd erregt werden» (f. 29v). Die antireformatorische Tendenz spürt man auch, wenn er neben den Aposteln «andere durch
sie Ordinierte» als Konsekratoren der Eucharistie und Spender
der Kommunion nennt.

Da die Eucharistie nach Apg 2, 46 anfänglich «in den Häusern» gefeiert wurde, gab es dort, wie Haller weiter ausführt, einen
besonderen Platz, an dem die Konsekration und die Austeilung
der Eucharistie vollzogen wurde[47]. Eine Bestätigung dafür glaubt
Haller in dem Wort Hebr 13, 10 finden zu dürfen: «Wir haben
einen Altar, von dem zu essen jene keine Vollmacht haben, die
dem Zelte dienen». Unter dem Zelt versteht Haller den Tempel zu
Jerusalem, unter den Zeltdienern die Juden. Das Wort Altar nimmt
er buchstäblich im Sinn einer wirklichen Opferstätte, während es
heute meist im übertragenen Sinn von dem Erlösungswerk Christi
verstanden wird. Das Essen vom Altar deutet er in entsprechender
Weise auf den Empfang der heiligen Kommunion. Die Vorstellung
eines wirklichen Altars und einer Opferspeise liegt jedoch auch der
symbolischen Deutung zugrunde.

Als Zeugen dafür, dass das Brotbrechen im Sinn der Messfeier vom Anfang der christlichen Kirche an hoch geschätzt war
und gehalten wurde, führt Haller den Bischof und Martyrer Ignatius von Antiochien an, der, wie er meint, unseren Herrn und
Seligmacher Jesus Christus nach der Auferstehung noch gekannt
hat. Ignatius, so führt er aus, schreibt als Gefangener auf dem Weg
nach Rom an die Christen von Ephesus, sie sollten feststehen in
dem Glauben an Jesus Christus und in der Liebe zu ihm, sie sollten
in unverbrüchlicher Gesinnung dem Bischof und ihrem Priester
gehorchen, die ihnen das Brot brechen, das eine Arznei der Unsterblichkeit ist, eine Bewahrung und Rettung, dass man nicht
stirbt, sondern durch Jesus Christus in Gott lebt. Die Stelle stammt
aus dem 20. Kapitel des Epheserbriefes, aber nicht aus dem
ursprünglichen Text, sondern aus der interpolierten längeren
Rezension, die aus dem Ende des vierten Jahrhunderts stammt.
Zur Zeit, als Haller schrieb, lag nur die alte lateinische Über-

---

[47] Am Rand steht ein Hinweis auf die Chronik des Antoninus von Florenz, tit. 6
c. 2 § 1 (Nürnberg 1484, Pars I f. 142rb). Antoninus versteht das «Brotbrechen»
in Apg 2, 46 von der Feier der Eucharistie.

setzung der längeren Rezension im Druck vor, herausgegeben von Jacques Lefèvre d'Étaples (Faber Stapulensis) im Jahre 1498 zu Paris und oftmals nachgedruckt[48]. Haller las in seiner Vorlage «presbytero» statt «presbyterio». Ungenau gibt er aber seine Vorlage wieder, wenn er im Interesse seiner antireformatorischen Polemik das Partizip «frangentes», das parallel zu dem Partizip «oboedientes» steht , auf den Bischof und den Priester bezieht und auf sie einschränkt[49]. In der griechischen und in der lateinischen Fassung stimmt der angeführte Text im zweiten Teil, in der Aussage über die Eucharistie, fast ganz mit dem ursprünglichen Text überein[50].

Ein weiteres Zeugnis für die Feier des Messopfers in der apostolischen Zeit findet Haller in Hebr 5, 1-4. Der Verfasser — für Haller der Apostel Paulus — spricht dort von der Aufgabe des Hohenpriesters, Gaben und Opfer darzubringen für die Sünden der Menschen, und von den Voraussetzungen des hohepriesterlichen Dienstes, mitfühlen zu können mit den Unwissenden und Irrenden und von Gott berufen zu sein wie Aaron. Dann macht er die Anwendung auf Jesus Christus, den Hohenpriester des Neuen Bundes. Haller geht einen Schritt weiter und wendet den Text allgemein auf das Priestertum des Neuen Bundes an. Die Worte sind für ihn gleichsam Worte Christi, da Paulus von sich sagt, er habe den Geist Christi (1 Kor 7, 40) und Christus rede durch ihn (2 Kor 13, 3). Aus dem Text ergebe sich die Existenz des Opfers, wer es vollziehen soll, wozu und in welcher Gesinnung es geschehen soll. Keiner dürfe sich selbst in das Priestertum eindrängen. In Anlehnung an Ps.-Ignatius zeigt Haller an einer Reihe von biblischen Beispielen, dass diejenigen, die sich gegen die ordentliche Obrigkeit auflehnten und priesterliche Funktionen an sich rissen, es schwer büssen mussten. Als Beispiele nennt er Dathan und Abiron (Nm 16, 31-33), Chore und seinen Anhang (Nm 16,

---

[48] *Fr. X. Funk — Fr. Diekamp,* Patres Apostolici II, Tübingen 1913, 83-269; Eph. 20: p. 257-259. Über die alte lateinische Übersetzung vgl. Prolegomena p. XLVI-LIV. Nach *J.A. Fischer,* Die Apostolischen Väter, München 1956, 111 stammt die Übersetzung «wohl aus dem achten Jahrhundert».

[49] Haller übersetzt (f. 30v) : «Seit gefölgig vnd gehorsam dem Bischoff vnd ewerem Priester in vnuerbrechlichem synn vnd verstand, die euch brechen das Brot, welches ist ain artzney der vnsterblichhait: es ist ain verwarung vnnd errettung nit zu sterben, sunder zu leben durch IHESVM CHRISTUM in Gott.»

[50] Die Schlussworte der alten lateinischen Übersetzung, die im echten Ignatiusbrief kein Gegenstück haben: «Chatarticum (statt catharticum) expellens malum sit in uobis», führt Haller lateinisch an, lässt sie aber unübersetzt.

35), König Ozias (2 Chr 26,19-21) und König Saul (1 Sm 13, 9-14). Die Stelle steht im Brief an die Magnesier c. 3, 9-10. Sie ist ohne Vorlage im echten Ignatiusbrief[51]. Den Eindringlingen stellt Haller das Idealbild des Priesters entgegen, der auf rechte Weise zu seinem Stand und Amt gelangt ist, treu seiner Berufung Opfer und Gaben für die Sünden darbringt und Mitleid hat mit den irrenden und unwissenden Laien, seinen Untergebenen[52]. Haller hat aber auch ein offenes Auge für die sittlichen Schäden seiner Zeit. Offen gibt er zu, dass das Leben mancher Priester ihrer Berufung und ihrem Stand nicht entspricht.

Ein Bild aus dem Leben der urchristlichen Gemeinde von Jerusalem stellt Haller seinen Hörern bzw. Lesern im Anschluss an Apg 6, 1-4 vor Augen. Die Apostel erklären dort vor der Gemeinde, es gehe nicht an, dass sie das Wort Gottes vernachlässigen und bei Tisch dienen. Die Gemeinde solle sieben Männer, die ein gutes Zeugnis haben, auswählen, die sie dann mit dieser Aufgabe betrauen wollen. Sie selbst wollten sich dem Gebet und dem Dienst am Wort Gottes widmen. Die Apostel zeigten damit, dass der Dienst am Wort Gottes höher stehe als der Dienst am leiblichen Wohl des Nächsten, obwohl diesem vom Herrn ein hoher Lohn verheissen wurde (Mt 25, 44-46). Sie gäben aber auch zu verstehen, dass ihnen die Gewalt vorbehalten sei, die sieben Männer in ihr Amt einzusetzen. Wieder wirft Haller einen Blick auf die Zeitverhältnisse: Wie sehr steht im Gegensatz zur hohen Wertschätzung des Gebetes von seiten der Apostel das Verhalten derer, die sich bemühen, alle Orden und Klöster aufzuheben, obwohl doch die Klöster und Stifte um des Gebetes willen errichtet wurden. Früher seien Angehörige der Bettelorden den Seelsorgspriestern in der Lehre und im Dienst des Wortes Gottes als Helfer gegeben worden. Vor vierzig und mehr Jahren hätten aus einem einzigen Bettelkloster mehr taugliche Personen zur Verkündigung des Wortes Gottes genommen werden können als jetzt aus einer ganzen hohen Schule — ein Hinweis auf den Rückgang der Ordens- und Priesterberufe. «Das haben wir den neuen Reformierern zu verdanken», fügt er hinzu. Die Predigt schliesst mit einem feierli-

---

[51] *Fr. X. Funk — Fr. Diekamp*, Patres Apostolici II, Tübingen 1913, 117-119.

[52] Aus dem hierarchischen Denken der Zeit heraus betont Haller stark das Verhältnis der Unter- und Überordnung. Er gebraucht den Ausdruck «Untertanen», (vnderthonen).

chen Bekenntnis zum Glauben und zur Haltung der allgemeinen christlichen Kirche.

Die *sechste* Predigt ist überschrieben: «Das die hailigen Apostel Mess haben gehalten vnd der namen MISSA nit sey newlicher zeit auffkommen, vom Messopffer gute zeugknuss vnd das der Aposteln weiss vnd form des merern tail noch preuchlich.»

Wie die Überschrift andeutet, setzt die sechste Predigt das Thema der fünften Predigt fort. Hat er dort die Zeugnisse der Heiligen Schrift, der Apostelgeschichte und des Hebräerbriefes, für die Feier des Messopfers in der apostolischen Zeit angeführt, so will er nun ausserbiblische Zeugnisse von Apostelschülern und von späteren Lehrern für die urchristliche Praxis der Messfeier und für ihren Fortbestand anführen. Aus legendären Quellen weiss er zu berichten, Jacobus der Jüngere, Bischof von Jerusalem, habe nicht bloss Messe gelesen, sondern habe auch die Form beschrieben, in der sie gehalten werden sollte[53]. Petrus habe zuerst in Antiochien in Syrien, wo er sieben Jahre Bischof gewesen sei, hernach in Rom öffentlich Messe gelesen[54]. Andreas habe dem Wüterich Aegeas auf die Aufforderung, den heidnischen Göttern zu opfern, geantwortet, er opfere täglich dem allmächtigen, einen und wahren Gott ein makelloses Lamm, dessen Fleisch und Blut von den Gläubigen gegessen und getrunken wird, der aber dennoch unversehrt

---

[53] Haller verweist am Rand auf die Kirchengeschichte des Eusebius II c. 23 (GCS Eusebius II/1, 164 f.), der er die Nachricht entnimmt, Jacobus, dem Bruder des Herrn, sei von den Aposteln der Bischofsstuhl von Jerusalem zugewiesen worden. Die Kirchengeschichte des Eusebius lag Haller in der lateinischen Bearbeitung Rufins vor. Sein Handexemplar (Hagenau 1506) befindet sich heute in der Staatsbibliothek Eichstätt unter der Signatur B X 761 b. Weiter verweist Haller auf den Canon S. Jacobus der sechsten Synode. Gemeint ist Canon 32 der sog. Quinisexta (692), aus dem ihm ein kleines Stück im Dekret Gratians, c. 47 D.1 de consecratione, vorlag. Hier fand er die Nachricht, Jacobus habe bereits den Ritus der Messe beschrieben. Auf den Canon der sechsten Synode verweist auch Wimpina (f. 43v). Vgl. *E. Iserloh*, Die Eucharistie in der Darstellung des Joh. Eck 91.

[54] Für Petrus gibt Haller keine Quelle an. Joh. Eck beruft sich für die Behauptung, Petrus habe den Messritus für die ganze Kirche angeordnet, auf Isidor von Sevilla, De ecclesiasticis officiis I 15 (PL 83, 752) — ebenso auch Wimpina (f. 43v) — und auf Hugo von St. Victor, De sacramentis II 8, 14 (PL 176, 472). Vgl. *E. Iserloh*, a.a.O. 90 f. Hugo von St. Victor exzerpiert an der angegebenen Stelle die Messerklärung des Remigius von Auxerre. Vgl. *L. Ott*, Hugo von St. Victor und die Kirchenväter: Divus Thomas 27 (1949) 325.

und lebendig bleibt[55]. Matthäus sei neben dem Altar erstochen worden, auf dem er eben die Messe gefeiert hatte[56].

Im folgenden sucht Haller nachzuweisen, dass das von Christus eingesetzte und von den Aposteln gefeierte Messopfer zu allen Zeiten und an allen christlichen Orten einhellig bezeugt ist. Als erstes Zeugnis führt er eine Stelle aus dem Smyrnäerbrief des Ignatius von Antiochien an, und zwar nach der alten lateinischen Übersetzung der interpolierten längeren Rezension. Der Text umfasst den Schluss-satz des siebten Kapitels und das ganze achte Kapitel. Zum grössten Teil stimmt er mit dem ursprünglichen Text überein, weicht aber gerade an der Stelle, auf die es Haller hauptsächlich ankommt, erheblich davon ab. Während es nach dem ursprünglichen Text heisst: «Ohne den Bischof darf man weder taufen noch das Liebesmahl halten», liest man nach dem griechischen Text der längeren Rezension (Ende 4. Jh.): «Ohne den Bischof darf man weder taufen noch eine Opfergabe darbringen noch ein Mahl veranstalten[57].» Die alte lateinische Übersetzung gibt die Stelle ungenau wieder: «Non licet sine episcopo neque offerre neque sacrificium immolare neque missas celebrare.» Haller ist darum irrtümlich der Meinung, Ignatius habe bereits die Bezeichnung «missa» gekannt[58].

---

[55] Passio beati Andreae apostoli, in: *B. Mombritius*, Sanctuarium seu Vitae sanctorum I, Paris 1910, 104-107; die angeführte Stelle 105, 41-47. Unmittelbare Quelle Hallers scheint Wimpina (f. 43r) gewesen zu sein. Die Stelle wird am Fest des hl. Andreas (30. November) im römischen Brevier gelesen (lect. 5). In dem Eichstätter Brevier vom Jahre 1525 fehlt sie jedoch.

[56] Passio beati Matthaei apostoli, in: *B. Mombritius*, Sanctuarium II 257-263; die angeführte Stelle 263, 3-8. In verkürzter Form wird die Stelle am Fest des hl. Matthäus (21. September) im römischen Brevier gelesen (lect. 5). Haller konnte die Stelle dem Eichstätter Brevier vom Jahre 1525 oder dem «Catalogus sanctorum» des Petrus de Natalibus (lib. VIII c. 100; f. 144r-v), den er in seiner Bibliothek hatte (heute Staatsbibliothek Eichstätt A II 381 b), entnehmen.

[57] *Fr. X. Funk — Fr. Diekamp*, Patres Apostolici II, Tübingen 1913,200. Versehentlich schreibt E. Iserloh (Die Eucharistie in der Darstellung des Joh. Eck 98 Anm. 141), die Ausgabe des Clichtoveus (Paris 1515) enthalte die Briefe des Ignatius in der Übersetzung des Ambrosius Camaldulensis. Eine solche existiert nicht. Statt «die Briefe des Ignatius» sollte es heissen: die Schriften des Ps.-Dionysius.

[58] Es ist zu beachten, dass zur Zeit, als Haller seine Predigten verfasste und herausgab, der griechische Text der ps.-ignatianischen Briefe noch nicht veröffentlicht war. Trotzdem verrät es Mangel an kritischem Sinn, dass er sich die Frage nach der griechischen Vorlage des Wortes «missa» gar nicht stellte. Aus den Schriften Ecks geht hervor, dass man von der Voraussetzung aus, die Messe sei ursprünglich in hebräischer Sprache gefeiert worden, versuchte, das Wort «missa» von dem hebräischen «missah»(Dt 16,10) = oblatio abzuleiten. Sogar Reuchlin habe diese Ableitung für wahrscheinlich gehalten, Faber Stapulensis und dessen Schüler Clichtoveus hätten ihm darin zugestimmt. Vgl. *E. Iserloh*, a.a.O. 93.

Als zweiten Zeugen führt Haller den Apostelschüler Klemens von Rom an. Der echte Klemensbrief war ihm jedoch unbekannt, da die Erstausgabe des griechischen Textes erst 1633 und die der alten lateinischen Übersetzung erst 1894 erfolgte[59]. Haller kannte nur die in der ps.-isidorischen Sammlung (9. Jh.) enthaltenen unechten Briefe, die er irrtümlich für echt hielt. Er zitiert einige Stellen aus dem dritten Brief, wo der Verfasser ähnlich wie Ignatius sagt, die Gläubigen und vor allem die Priester, die Diakone und die übrigen Kleriker sollten darauf achten, nichts ohne Erlaubnis des eigenen Bischofs zu tun. Kein Priester dürfe in seiner Pfarrei ohne Geheiss des Bischofs Messen feiern, taufen oder sonst etwas ohne seine Erlaubnis tun. Es sei nicht erlaubt, an anderen Orten zu opfern und Messen zu feiern als an denen, an welchen der eigene Bischof es befohlen habe. Die Apostel hätten dies vom Herrn empfangen und dem Verfasser, der unter dem Namen des Klemens schreibt, überliefert[60]. Haller ist der Meinung, Klemens sei einer der 72 Jünger gewesen, weil der Fälscher im selben Brief im Zusammenhang mit der Aussendung der Jünger schreibt: «dominus ... praecepit nobis dicens» (Lk 10, 5-6). Im fünften Brief gibt er sich als Augenzeugen des über Ananias und Saphira ergangenen Strafgerichtes aus (Apg 5, 5-6)[61]. Im Hinblick auf die Zeitverhältnisse beklagt es Haller, dass die von Ignatius und Klemens ausgesprochenen Lehren und Forderungen gerade von denen missachtet werden, die vorgeben, alles nach dem Wort Gottes einrichten zu wollen und all ihr Tun dem der apostolischen Zeit angleichen zu wollen.

Da Haller mit seiner Arbeit allen nützen möchte, den Rechtgläubigen zur Standhaftigkeit, den Verführten zur Umkehr, will er noch einige Väter sprechen lassen, um zu zeigen, was zu ihrer Zeit vom Messopfer gehalten und geglaubt wurde. Als ersten führt er Bischof Johannes Chrysostomus ein, der in der Erklärung zum Hebräerbrief auf die Schwierigkeit eingeht, wie sich das tägliche Opfer der Kirche mit dem einmaligen Christi vereinbaren lasse.

---

[59] *C. Th. Schaefer*, S. Clementis Romani Epistula ad Corinthios quae vocatur prima graece et latine (Florilegium Patristicum 44), Bonn 1941, praefatio.

[60] *P. Hinschius*, Decretales Pseudo-Isidorianae et Capitula Angilramni, Leipzig 1863 (Neudruck Aalen 1963), p. 57 c. 70; p. 58 c. 70; zum Folgenden vgl. p. 59 c. 71. Haller kannte die ps.-isidorische Sammlung aus der Konziliensammlung des Jacobus Merlinus (Köln 1530), die er in seiner Bibliothek hatte (heute in der Staatsbibliothek Eichstätt B II 793).

[61] Ebd. p. 65 c. 82: «nobis praesentibus».

Chrysostomus antwortet: Es ist nur ein einziges Opfer, nicht viele; denn wir bringen immer denselben dar, nicht heute dieses, morgen jenes Lamm, sondern immer dasselbe. Christus ist nur einer. Wird er auch an vielen Orten geopfert, so ist er doch immer und überall derselbe. Wir bringen dasselbe Opfer dar, das Christus einmal dar gebracht hat, zum Gedächtnis des Opfers Christi (Lk 22, 19)[62]. Aus der Identität der Opfergabe begründet so Chrysostomus die Einzigkeit des Opfers. An einer zweiten Stelle, in der Erklärung zum zweiten Timotheusbrief begründet Chrysostomus die Einzigkeit des Opfers aus der Identität des Opferpriesters: Es ist immer dasselbe Opfer, wer es auch darbringt, Paulus oder Petrus. Es ist dasselbe Opfer, das Christus den Jüngern gegeben hat und das jetzt die Priester verrichten. Dieses ist nicht geringer als jenes; denn auch bei diesem heiligen (konsekrieren) nicht gewöhnliche Menschen, sondern der, der auch jenes heiligte. Wie die Worte, die Gott (Christus) gesprochen hat und die jetzt der Priester spricht, dieselben sind, so ist auch das Opfer dasselbe[63]. Nach diesen Worten ist es Christus selbst, der die Konsekration und damit das Opfer vollzieht. Dieser Gedanke tritt hier zum erstenmal klar hervor. Bisher hat Haller immer nur von dem Opfer gesprochen, das wir darbringen. Diese Formulierung könnte den Gedanken nahelegen, dass der menschliche Priester der eigentliche Opferpriester ist.

Der Kürze halber verzichtet Haller auf weitere Zeugnisse. Er begnügt sich mit einem blossen Hinweis auf Irenaeus, Tertullian und Origenes, deren Schriften damals bereits in Sammelausgaben vorlagen[64]. In diesen Schriften, so führt er aus, ist nicht bloss vom Segen des Messopfers für Lebende und Verstorbene die Rede, sondern auch von den Zeremonien der Messfeier. Dionysius, ein vermeintlicher Schüler des Apostels Paulus, gebe bereits eine Beschreibung des Messritus, wie er zur Zeit der Apostel im Gebrauch war. Es folgt eine summarische Aufzählung der einzelnen Riten,

---

[62] *Johannes Chrysostomus*, In ep. ad Hebr. hom. 17,3(PG 63,130 f); deutsch bei *L. von Rudloff*, Das Zeugnis der Väter, Regensburg 1937, 325 Nr. 468.

[63] *Johannes Chrysostomus*, In ep. II ad Tim. hom. 2,4 (PG 62, 612); deutsch bei *L. von Rudloff*, a.a.O. 321 Nr. 462.

[64] Haller weist auf folgende Stellen hin: *Irenaeus*, (Adv. haereses) lib. 4 c. 32 (nach der Ausgabe des Erasmus, Basel 1526, 237) = IV 17,5 nach der Einteilung von Massuet (Florilegium Patristicum. Fasc. VII pars 7,346); *Tertullian*, De exhortatione castitatis (c. 7); De corona militis (c. 3); *Origenes*, Super Levit. hom. 5, 10 et 12 (PG 12,460-462, 463-466). Wimpina führt aus Irenaeus und aus Tertullian mehere Texte an (f. 41r, 43v), auch aus den Stellen, auf die Haller hinweist.

die aber tatsächlich nicht die Liturgie des ersten Jahrhunderts, sondern die Liturgie der syrischen Kirche um 500 repräsentieren[65]. Richtig hat Haller gesehen, dass Ambrosius im 4. Jahrhundert bereits Teile der Kanongebete in seine Messbeschreibung aufgenommen hat[66].

Die *siebte* Predigt trägt die Überschrift: «Das Christus sey vnser hoher priester, der die Apostel zu priester hat geweycht. Das nit alle Christen sein priester vnd doch alle zu opfern haben. Das auch die vngeweichte puben (solt sagen pfaffen) nit consecriern.»

Haller eröffnet die Predigt mit einer bitteren Klage über die Verwerfung des Messopfers durch einen grossen Teil der deutschen Nation, die fast als letzte zum christlichen Glauben gekommen ist und nun als erste «das höchste Stück im Christentum» ausrotten will. Nachdem in den vorausgehenden Predigten die Grundlagen aufgezeigt wurden, auf denen die Lehre vom Messopfer steht, will er nun berichten, wie das Messopfer vollzogen wird. Vier Stücke, so führt er aus, sind dabei so notwendig, dass wenn eines davon fehlt, nichts geschieht. Diese vier Stücke sind die Materie, die Form, der Diener und die Intention. Die Materie ist Weizenbrot und Rebenwein, mit Wasser vermischt. Die Form sind die Worte, durch welche die Wandlung vollzogen wird. Der Diener ist derjenige, «der in diesem Amt handelt und wandelt». Die Intention ist die Meinung und der Vorsatz, die der Diener haben soll, so oft er diesen höchsten Gottesdienst verrichten will. Viele andere Stücke sind um der Zierde und der symbolischen Bedeutung willen oder auch des Nutzens wegen erfordert.

Im folgenden will Haller ausführlicher vom Minister oder Diener sprechen. Der vornehmste Priester, der eigentlich wandelt und das Amt der Messe vollbringt, ist Christus. Er ist ein ewiger Priester, den Gott von Ewigkeit her bestimmt, gesalbt und geweiht hat. Er wird von Gott genannt ein Hoherpriester nach der Ordnung des Melchisedech (Ps 109, 4; Hebr 5-7), lebt ewig und bittet immer für uns (Hebr 7, 25). Er ist rechter und beständiger Mittler zwischen Gott und den Menschen (1 Tim 2, 5). Unser Heil kann

---

[65] *Ps.-Dionysius*, De ecclesiastica hierarchia c. 3 (Florilegium Patristicum. Fasc. VII pars 6, 292-296).

[66] *Ambrosius*, De sacramentis IV cc. 5-6 (Florilegium Patristicum. Fasc. VII pars 3, 160-162).

nur in diesem unserem Mittler und Heiland sein gemäss Röm 3, 25. Christus hat sich selbst als oberster Priester durch den Heiligen Geist dem allmächtigen Gott leiblich geopfert nach seiner angenommenen Menschheit, um uns damit ewiglich zu heilen (vgl. Hebr 9, 14). Er opfert sich auch selbst täglich in der Messe durch die Priester, damit er uns heilig mache und teilhaftig seiner Gaben. Am Kreuze hat Christus sein sterbliches Fleisch und Blut öffentlich und leiblich, auch leidlich (unter Leiden) im Tode geopfert für alle Menschen zur Aufhebung ihrer Sünden. Im Amt der heiligen Messe opfert er sein auferstandenes, unleidliches und unsterbliches Fleisch und Blut «verborgenlich» und geistlich im Sakrament zur Aufhebung der Schuld für alle, die seiner Gnade fähig und der Messe teilhaftig sind, zum Lob und zum Gedächtnis des Kreuzesopfers, auch zur Danksagung für alle uns erwiesenen Wohltaten. In der Messe wird Christus nicht «tödlich» gekreuzigt, sondern nur «gedächtlich», weshalb der Priester im Kanon nicht sagt: «Wir kreuzigen deinen Sohn», sondern «wir sind des Leidens deines Sohnes eingedenk». Christus hat sich auch im Abendmahl nicht gekreuzigt, und dennoch unter der Gestalt des Brotes und Weines sein Fleisch und Blut geopfert in der Weise, wie er auferstehen sollte. Doch ist die Messe kein neues Opfer und kein anderes Opfer als jenes, das beim Abendmahl sakramentlich und am Kreuze leiblich geopfert worden ist. Wie nun Christus ewiger Priester ist, so gilt auch sein Opfer ewiglich. Es hat nicht etwa bloss im Abendmahl und am Kreuz gewirkt, es wirkt auch heute und immer in jeder Messe.

Haller hat diese trefflichen Ausführungen über Christus als den primären Opferpriester und über das Verhältnis des Messopfers zum Kreuzesopfer nahezu wörtlich aus der Schrift des Bischofs Berthold von Chiemsee (+ 1543) «Tewtsch Rational über das Amt heiliger Mess» übernommen. In einer Randnotiz weist er auf seine Quelle hin[67]. In seinen persönlichen Ausführungen tritt der Gedanke, dass Christus nicht bloss Opfergabe, sondern auch Opferpriester der Messe ist, weniger hervor. Er zitiert zwar in der sechsten Predigt eine Chrysostomussentenz, in der dieser Gedanke deutlich ausgesprochen ist (zu 2 Tim hom. 2, 4), und weist in der fünften Predigt (f. 33r) auf einen Augustinustext hin, worin das

---

[67] Cap. 1 § 2, § 8, München 1535, f. A 1v, A 4v. Berthold nennt als seine Quellen das Rationale divinorum officiorum des Bischofs Wilhelmus Durandus von Mende (+1296) und die Kanonerklärung (Expositio canonis missae) des Gabriel Biel (+ 1495).

tägliche Opfer der Kirche als geheimnisvolles Nachbild des Opfers Christi bezeichnet wird, bei dem Christus Opferpriester (offerens) und Opfergabe (oblatio) ist[68]. Wenn er von sich aus spricht, nennt er immer nur den menschlichen Priester als Diener des Messopfers, was leicht im Sinne eines neuen Opfers missverstanden werden könnte. Hier aber macht er sich die Ausführungen Bertholds von Chiemsee vorbehaltlos zu eigen.

Haller wendet sich sodann dem menschlichen Priester zu, der an Christi Statt die Messe vollzieht. Durch das Vorgehen « der neuen Propheten» sieht er sich gezwungen, seine Darlegung mit Schrift- und Väterzeugnissen zu bekräftigen; denn nach ihnen sind alle Gläubigen Priester, Pfarrer und Seelsorger und haben gleiche Gewalt und Würde. Auch Frauen und Kinder können ebenso von Sünden lossprechen wie die Priester und selbst der Papst. Am Rand verweist Haller auf den 13. Artikel der verurteilten Sätze Martin Luthers[69]. Der reformatorischen Auffassung vom allgemeinen Priestertum aller Gläubigen stellt Haller als Lehre der katholischen Kirche entgegen, dass es in der Christenheit einen besonderen Stand gibt, dessen Gliedern aufgetragen ist, das Amt der heiligen Messe als Diener und Nachahmer Christi zu verrichten. Als Schriftargument führt er Hebr 5, 4 an, wo vom Hohenpriester des Alten Bundes gesagt wird: «Niemand nimmt sich selbst die Ehre, sondern wer von Gott berufen wird wie Aaron.» Haller überträgt das Wort auf das Priestertum des Neuen Bundes allgemein. Aaron aber wurde zusammen mit seinen Söhnen von Gott durch Moses auserwählt, zum Priester bestellt (Ex 28, 1-2) und geweiht (Ex 29, 1-7). Ferner wurde das Geschlecht Levis dazu bestellt, im Priestertum zu dienen (Nm 3, 6-10). Wer die von Gott gegebene Ordnung übertrat, wurde von Gott schwer gestraft, wie an biblischen Beispielen gezeigt wird. Eine Warnung für diejenigen, die sich jetzt als Ungeweihte gegen die ordentliche Obrigkeit geistliche Funktionen in der Kirche Gottes anmassen.

Die Berufung auf das Wort 1 Petr 2,9: «Ihr seid ein auserwähltes Geschlecht, ein königliches Priestertum, ein heiliges Volk», womit die Reformatoren das allgemeine Priestertum aller Gläubigen begründeten, lässt Haller nicht gelten. Petrus habe damit

---

[68] *Augustinus*, De civ. Dei X c. 20 (PL 41,298). Eine Parallele dazu, auf die Haller ebenfalls hinweist, ist De civ. Dei X c. 31(PL 41,312): Christus «sacerdos» und «sacrificium».

[69] *H. Denzinger— A. Schoenmetzer*, Enchiridion symbolorum, Freiburg 1963, n. 1463.

182

nicht alle Christgläubigen zu Priestern geweiht und zur Spendung der Sakramente bevollmächtigt. Er spende den Christen deswegen so hohes Lob, weil Christus, von dem sie ihren Namen haben, oberster Priester und König ist. Als Träger seines Namens werden sie auch selbst Priester und Könige genannt. Wer Priester sein und opfern will, der solle nach 1 Petr 2, 5 geistige Opfer darbringen. Im Anschluss an Hebr 13, 13-16 und Röm 12, 1-2 wird dieser Gedanke noch weiter ausgeführt. Als Quelle notiert Haller am Rand die Auslegung des Didymus von Alexandrien zum ersten Petrusbrief[70] und das grosse antihäretische Werk des spanischen Minoriten Alfons de Castro (+1558)[71]. Bei diesem konnte er auch die oben erwähnten biblischen Beispiele göttlicher Strafgerichte und die Auslegung des Didymus zu 1 Petr 2, 9 lesen. Dass aus 1 Petr 2, 9 nicht gefolgert werden kann, dass alle Christen predigen und Sakramente spenden dürfen (ausser der Taufe im Notfall), das zeigt nach Haller auch ein Vergleich mit Ex 19, 5-6, wo Gott von den Juden sagt: «Ihr sollt mir ein priesterliches Königtum sein, ein heiliges Volk.» Das Wort lautet ähnlich wie das Wort des Petrus. Dennoch durften nicht alle Juden priesterliche Funktionen verrichten. Im Gegenteil, diejenigen, die sich solche anmassten, wurden streng bestraft. Als Quelle nennt Haller am Rand die Kontroversschrift John Fishers Assertionis Lutheranae confutatio[72].

Aus dem Neuen Testament beweist sodann Haller, dass Christus die Apostel beim letzten Abendmahl zu Priestern weihte, als er zu ihnen sprach: «Tut dies zu meinem Gedächtnis» (Lk 22, 19). Damit gab er den Aposteln die Gewalt und den Befehl, die Euchacharistie zu konsekrieren. Nach der Auferstehung verlieh er ihnen die in Mt 18, 18 verheissene Gewalt, die Sünden zu vergeben (Jo 20, 22f). Dabei müsse man bedenken, dass die Apostel bereits getauft waren — anscheinend denkt er an eine förmliche Taufe durch Jesus — und Christen waren, als sie die priesterlichen Gewalten empfingen. Priester wurden sie erst durch die Mitteilung der Konsekrationsgewalt und der Absolutionsgewalt. Vorher hätten sie diese Gewalten nicht ausüben können. Daraus gehe

[70] PG 39, 1763 f; *Fr. Zoepfl*, Didymi Alexandrini in epistolas canonicas brevis enarratio, Münster 1914, 21 f. Haller besass die Erstausgabe dieses Kommentars (Köln 1531); heute in der Staatsbibliothek Eichstätt B I 670
[71] Adversus omnes haereses libri XIV, Köln 1543, lib. XIII: Sacerdotium, f. 193v — 196v.
[72] Ausgabe Köln 1525, 202-211; zu 1 Petr 2,9: 207. Das Handexemplar Hallers ist in der Staatsbibliothek Eichstätt unter der Signatur B X 712 a erhalten.

hervor, dass nicht alle Christgläubigen Priester sind, sondern nur diejenigen, die dazu besonders geweiht worden sind. Ungeweihte können das Sakrament der Eucharistie nicht vollziehen. Unter Anspielung auf 3 Kg 12, 31 spricht Haller von ungeweihten Hieroboamspfaffen und von ungeweihten Buben. Indem er den Vorwurf der Reformatoren gegen die Messpraxis der katholischen Kirche auf sie zurückschleudert, beklagt er schmerzlich, was bei vielen «Teutschen» im neuen Glauben durch ungeweihte Pfarrer und Seelsorger an greulicher Abgötterei angerichtet werde[73].

Unser Überblick hat gezeigt, dass die sieben Predigten Hallers mehr den Charakter von theologischen Abhandlungen als den von erbaulichen Betrachtungen haben, wenn auch die Auswertung für das praktische religiöse Leben keineswegs fehlt. Der Prediger versucht, die theologischen Grundlagen der katholischen Lehre vom Messopfer dem einfachen Volk in schlichter Form nahezubringen und es zu einer hohen Wertschätzung des Messopfers zu führen. Als Quellen verwendet er die Heilige Schrift, die Schriften der Väter und zeitgenössischer Theologen. Mit der Heiligen Schrift des Alten und des Neuen Testamentes ist er sehr vertraut. Er benützt sie in der Form der Vulgata. An einer Psalmstelle (71, 16) greift er einmal durch Vermittlung des Faber Stapulensis auf den Originaltext zurück. Als katholischer Theologe legt er auch grossen Wert auf das Zeugnis der Tradition. Dabei lässt er sich von den Grundsätzen des Vinzenz von Lerin leiten, die er programmatisch an die Spitze seiner Ausführungen stellt. Die zahlreichen Väterausgaben, die die humanistische Bewegung hervorbrachte, leisteten ihm gute Dienste. Von den lateinischen

---

[73] In diesem Zusammenhang sei auf eine interessante Notiz Hallers in einem seiner Bücher hingewiesen, worin er bemerkt, der evangelische Markgraf von Ansbach habe den Eichstätter Bischof Moritz von Hutten gebeten, künftige Pfarrer seines Herrschaftsgebietes zu ordinieren. Die Notiz findet sich in der «Apologia pro Reverendissimis et illustrissimis principibus Catholicis» des Johannes Eck, die Ende des Jahres 1541 erschien und am 1. Januar 1542 in die Hände Hallers gelangte, wie er auf dem Titelblatt bemerkt. Heute wird die Schrift in einem Sammelband der Ordinariatsbibliothek Eichstätt unter der Signatur C 36 aufbewahrt. Die Notiz lautet: «R.D. meus Mauritius Eistetensis episcopus in vigilia sancta Natalicii Christi ad mensam palam retulit, Marchionem litteras ad se proxime celebratorum ordinum in Adventu dedisse petiisseque suos ordinari, qui populo suo praeessent» (f. 2r). Die Aeusserung des Bischofs Moritz von Hutten, die Haller mitteilt, dürfte in der unmittelbar vorausgehenden Weihnachtsvigil des Jahres 1541 gefallen sein, da Haller die Lektüre des Buches, in deren Verlauf er die Notiz machte, bereits am 11. Januar 1542 beendigte, wie er am Schluss des Buches bemerkt.

Vätern benützt er Cyprian, Ambrosius, Hieronymus und besonders
Augustinus. Auf Tertullian weist er hin, ohne einen Text anzu-
führen. Von den griechischen Vätern nennt er Ignatius von Antio-
chien, Irenaeus, Origenes, Didymus, Johannes Chrysostomus,
Hesychius von Jerusalem und Ps.-Dionysius. Häufig begnügt er
sich mit einem blossen Hinweis in einer Randnotiz. Die griechischen
Väter benützt er nur in lateinischen Übersetzungen. Mangel an
Kritik äussert sich in der Verwendung vielen unechten Materials.
Heiligenlegenden, ps.-ignatianische Briefe, ps.-klementinische
Briefe aus der ps.-isidorischen Sammlung und die ps.-dionysischen
Schriften werden als Zeugnisse der ältesten Zeit behandelt. Ps.-
cyprianische Predigten des 12. Jahrhunderts werden in das dritte
Jahrhundert datiert. Haller schenkte den alten Ausgaben zu viel
Glauben. Von den mittelalterlichen Theologen zieht er den
Schrifterklärer Hugo von Saint-Cher und den Tübinger Theologen
Gabriel Biel heran. Von dem ersteren benützt er den Psalmen-
kommentar, von dem letzteren die Kanonerklärung. In den
ungedruckten Predigten und in Randbemerkungen, die er in seine Bücher eintrug, verwendet er auch Schriften anderer namhafter
Theologen der Scholastik, darunter Rupert von Deutz, Bernhard
von Clairvaux, Papst Innozenz III., Albert den Grossen, Thomas
von Aquin, Bonaventura, Richard von Mediavilla, Johannes Duns
Scotus, Durandus, Johannes Gerson, Antonin von Florenz, Dionysius Carthusianus[74].

Mit der zeitgenössischen theologischen Kontroversliteratur
zeigt sich Haller wohl vertraut. In den gedruckten Predigten
benutzt er Schriften von Konrad Wimpina, John Fisher, Albert
Pighius und Alfons de Castro. In seinen ungedruckten Schriften
und in Randbemerkungen seiner Bücher verweist er auch auf

---

[74] Die Theologen der Hochscholastik und der Spätscholastik benützte Haller
sicher zum Teil aus zweiter Hand, nämlich durch die Vermittulung des «Aureum
Rosarium Theologiae» des Minoriten Pelbart von Temesvar (+1504), gedruckt zu
Hagenau 1503-1508. Der Verfasser behandelt den Stoff der vier Sentenzenbücher unter einzelnen Stichwörtern, die in jedem der vier Bücher alphabetisch angeordnet
sind. Als Quellen benützte er nach seiner eigenen Angabe den Doctor subtilis (Johannes
Duns Scotus) und seine Nachfolger, Thomas von Aquin, Bonaventura und viele andere
solide Gelehrte. Das vierte Buch wurde nach seinem Tode von seinem Schüler Oswald
von Lasko vollendet. Ein Exemplar der genannten Ausgabe in zwei umfangreichen
Bänden mit vielen Randbemerkungen von der Hand Hallers befindet sich aus seinem
Nachlass in der Staatsbibliothek Eichstätt unter der Signatur B XI 587/588. — Von
dem Sentenzenkommentar Richards von Mediavilla besass Haller in seiner Bibliothek
einen Frühdruck des vierten Buches (Venedig 1476/78), heute in der Staatsbibliothek
Eichstätt unter der Signatur B XI 585.

Johannes Dietenberger, Johannes Fabri (Bischof von Wien 1530-41), Johannes Eck, Johannes Mensing, Johannes Cochlaeus, Friedrich Nausea, Stanislaus Hosius. Für einen Theologen, dessen Arbeitsgebiet zeitlebens die praktische Seelsorge war, ist seine Literaturkenntnis erstaunlich gross[75].

In seiner antireformatorischen Polemik ist er im allgemeinen sachlich und massvoll. Persönliche Verunglimpfungen eines Gegners, wie sie damals an der Tagesordnung waren, findet man bei ihm nicht. Die schärfste Form seiner Polemik stellen die Ausdrücke dar, mit denen er die ungeweihten Priester und Seelsorger der neuen Lehre bedenkt, wenn er sie als Hieroboamspfaffen, ungeweihte Buben und Seelmörder bezeichnet und wenn er ihre Abendmahlsfeier als greuliche Abgötterei erklärt. Aus seiner Polemik spricht zwar entschiedene Ablehnung, jedoch nicht blinder Hass, sondern tiefer Schmerz über die religiöse Spaltung.

[75] Ein betrachtlicher Teil der Bibliothek Hallers ist in der Staatsbibliothek Eichstätt erhalten, ein geringerer Teil in der Ordinariatsbibliothek Eichstätt und in der Staats- und Stadtbibliothek Augsburg. Bisher konnten über 180 Bände, darunter viele Sammelbande mit mehreren Schriften, festgestellt werden. Eine erste Zusammenstellung bietet meine eingangs (Anm.1) genannte Abhandlung über das Leben und das Schrifttum Hallers im Sammelblatt des Historischen Vereins Eichstätt Jahrgang 67 (1974), 111-131. Eine Fortsetzung dazu erscheint im Jahrgang 68 (1975) des genannten Sammelblattes unter dem Titel: «Zur Bibliothek des Eichstätter Weihbischofs Leonhard Haller.» Neue Mitteilungen über das Schrifttum und über die Bibliothek Hallers werden im 69. Jahrgang (1976) des genannten Sammelblattes folgen.

SAINT THOMAS AQUINAS AND UDAYANA ON GOD

An Essay in Comparison

by

George Chemparathy

A comparison of philosophical doctrines of Western and Indian thought is not only not easy, but can even lead to misunderstanding, if it is not undertaken properly. In trying to find similarities in the views of two thinkers or two systems of thought there is at times a tendency to emphasize the aspects of similarity to such a degree that the aspects of dissimilarity or difference may be overlooked or not sufficiently stressed. Comparisons between Western and Eastern thought may nevertheless serve a very useful purpose, especially in the spiritual encounter between the West and the East, in helping us to understand better the points of view of each, with their similarities and their differences. It is for this reason that I thought it useful to make an attempt — and, be it noted, this is really only a first attempt — at comparing the doctrines of a Western and an Eastern thinker on an important philosophical theme, namely God, even though I am fully aware of the complexity of the subject and of the possibility of easily slipping into errors in a comparative treatment of such a topic.

It is not without some reason that I have chosen St. Thomas and Udayana as the two authors whose doctrine of God is to be compared. Firstly, while St. Thomas built up the most comprehensive, consistent and systematic doctrine of God of mediaeval Christian thought, Udayana is renowned as the great champion of philosophical theism in India. As the works of St. Thomas are the classical source for mediaeval Christian natural theology, so are the works of Udayana — especially his *Nyāyakusumāñjali*[1] — that form the classical source for Indian philosophical theism. Secondly, both

---

[1] The *Nyāyakusumāñjali* is a monograph on God written in Sanskrit and consisting of 5 chapters, the first four devoted to the refutation of the arguments of the opponents of theism, the last one bringing forward several proofs for the existence of God. The best edition hitherto available is : *The Nyāyakusumāñjali of Shri Udayanāchārya with four commentaries....*, ed. by Sri Padmaprasada Upadhyaya & Sri Dhundhiraja Sastri, Varanasi 1957.

St. Thomas and Udayana belong to what we call the mediaeval period of philosophy, although they were separated from each other by an interval of about two centuries, Udayana preceding St. Thomas[2]. Thirdly, both followed a scholastic method of thinking and argumentation, as their proofs for the existence of God sufficiently reveal[3].

It may, however, be pointed out that St. Thomas constructed his philosophical doctrine of God on the basis of his religious experience and in relation to his theology and superposed a theological edifice on it. Udayana, on the other hand, remained a philosopher in his writings and does not deserve the name of a theologian, at least in the same manner as St. Thomas. For, apart from the fact that he at times — and this too very rarely — confirms his philosophical arguments by quotations from the Hindu holy scriptures and that he now and then (at the beginning and the end of his *Nyāyakusumāñjali* or at the close of its chapters) expresses his religious or devotional attitude to the Supreme Being, whose existence he vindicates, in verses of salutation or of prayer, there is hardly any other fact — if these facts may at all be called 'theological' — that reveals Udayana as a theologian in the sense in which St. Thomas is.

Various aspects of the natural theology of both St. Thomas and Udayana may be taken for comparison. Some of the proofs for the existence of God, for example, adduced by these authors have points in common that allow a comparison, but we leave them out of consideration here. What we shall consider here are only some important aspects of the nature of God and some of his more important attributes. Let it also be noted that in this paper I refer only to the *Summa Theologiae*, although I am aware that St. Thomas has dealt with the theme of God also in his other works. In a first attempt at comparison a few important aspects of God's nature and attributes provide enough material and these are found in his *Summa Theologiae*. Practical considerations of the convenience of the reader have induced me to refer to my book, *An Indian Rational Theology*[4], for Udayana's natural theology.

---

[2] Udayana's date falls between 950 and 1060 A.D.
[3] The *quinque viae* of St. Thomas are too well known to be mentioned. For Udayana's proofs for the existence of God, cf. G. Chemparathy: *An Indian Rational Theology. Introduction to Udayana's Nyāyakusumāñjali*, Vienna 1972 (=Publications of the De Nobili Research Library, ed. by G. Oberhammer, Vol. I), pp. 77-137.
[4] See footnote 3.

Having demonstrated the existence of God in the first two questions of the first part of his *Summa Theologiae*, St. Thomas proceeds to consider in detail the nature of God by inquiring into his attributes. He distinguishes the divine attributes into those that pertain to his being and those that pertain to his operations. The attributes pertaining to the being of God are mainly five: simplicity (*simplicitas*), perfection (*perfectio*), infinity (*infinitas*), unchangeableness (*immutabilitas*) and oneness (*unitas*)[5]. Those that are related to the operations of God are mainly three: knowledge (*scientia*), will (*voluntas*) and power (*potentia*)[6].

Udayana's *Nyāyakusumanājali* deals primarily and almost exclusively with the existence of Īshvara[7]; for this work was specially meant to refute the objections of the non-theistic thinkers and to show by arguments that Īshvara exists. The nature or the attributes of this Īshvara were outside the immediate scope of this book. What we know of Udayana's conception of the nature and attribute of Īshvara is either from his occasional passing remarks in his *Nyāyakusumānjali* or other works, or from what we know to have been his doctrine in so far as he was a follower of the Nyāya-Vaisheṣika philosophic school. Thus compared with the vast amount of material in the nature and attributes of God available in the *Summa Theologiae*, the information we have on the nature and attributes of Īshvara in the works of Udayana is very fragmentary and imperfect.

In our comparison we shall take up, one by one, the five attributes of God pertaining to his being and the three main attributes related to his operation, as mentioned above. Our starting point or basis of comparison is the doctrine of St. Thomas. It might be objected that in such a procedure we do some injustice to Udayana in as far as we measure his doctrine by that of St. Thomas, which after all is foreign to him. Such an objection has a great deal of truth in it. But in comparing the natural theology of the two thinkers we have to start with the doctrine of one of them against which, or rather in the light of which, the doctrine of the other is measured. By refraining from any judgement of value on the doctrine of Udayana we do not place him in a favourable

---

[5] Cf. Prologue to S. Theol. Part I, q. 3

[6] Cf. Prologue to S. Theol. Part I, q. 14 and Prologue to Part I, q. 2.

[7] Īshvara (derived from the Sanskrit root *ish*, 'to be master of', 'to lord it over' with suffix -*vara*) is the Indian equivalent for God.

or unfavourable position in relation to St. Thomas. In choosing the doctrine of St. Thomas as the starting point the writer of this paper was led, rightly or wrongly, by the idea that those who may read this paper are mainly such as are well acquainted with the ideas of St. Thomas, but not much, or in any case not equally well, with those of Udayana.

A. — The five attributes of God pertaining to his being

1. Simplicity (*simplicitas*):

St. Thomas deals at length in eight articles with the simplicity of God in his *Summa Theologiae*, Part I, question 3, wherein he argues that God cannot be a body composed of extended parts; nor can God be composed of matter and form, essence and existence, genus and difference, or of substance and accidents; in fine that God is in no way at all composite, but altogether simple (*totaliter simplex*), and moreover that he does not enter into any sort of composition with other beings. According to St. Thomas, therefore, there is no composition whatever in God, and it is this absence of any kind of composition that is designated by the term 'simplicity'. Any type of real composition would presuppose in God some kind of (passive) potency (*potentia*). But according to St. Thomas God is pure act (*actus purus*) without any admixture of passive potency. In him essence and existence, substance and attributes, and attributes among themselves are all in absolute identity. Of the different kinds of identity that make up the simplicity of God, it is the identity of essence and existence that may be said to be the most basic

In considering whether Udayana ascribes to Īshvara the attribute of simplicity — in fact, any of the other attributes which we are going to consider — we should bear in mind that our author did not think or formulate his doctrines in terms of act (*actus*) and potency (*potentia*) which are basic for the Thomistic philosophy, and that consequently we have to analyse his data on the nature of Īshvara to see whether and to what extent the attribute of simplicity — or any other attribute — can be traced back *as implied* in his conception of the nature of Īshvara.

First of all, Udayana would admit that Īshvara is not a body composed of extended parts. According to him Īshvara belongs to the class of 'soul' (*ātmā*) and is without a body[8]. He does indeed admit that one of the qualities (*guna* — the Nyāyā-Vaisheṣika equivalent for 'attribute') of Īshvara is magnitude (*parimāna*). He had to ascribe to Īshvara some kind of magnitude, since it one of the qualities that are, according to the Vaiseṣika[9] metaphysics, found in all substances (*dravya*). Having conceived of Īshvara as a substance belonging to the class of souls[10], Udayana ascribes to him the magnitude proper to souls, which is supreme magnitude (*paramamahattva*) or all-pervasiveness (*sarvagatatva, vibhutva*). This magnitude, however, is not to be conceived of as physical magnitude, divisible into parts. Rather it is to be understood as a magnitude without being quantity, such as St. Augustine meant when he wrote that God is «great without having quantity» (*sine quantitate magnus*)[11].

Secondly, we can say that Udayana would have agreed with the statement that there is no composition of matter and form in Īshvara, had he formulated his doctrine in terms of matter and form. Although the Vaiseṣika conception of soul (*ātmā*) is less spiritualist than the Thomistic[12], it nevertheless considers the soul as non-material, that is to say, not composed of the material elements — earth, water, fire and wind — admitted by the system.

Thirdly, with regard to St. Thomas' conception of God as simple in the sense that there is no composition of essence and existence in him, in other words, that God's existence is not something other than or different from his essence, we may say that, despite the absence of any explicit statement on this point, Udayana

---

[8] No doubt he admits that Īshvara can take up a body for a specific purpose, but this is only a body of manifestation (*nirmānakāya*) in order to manifest his powers or to accomplish some specific task. Cf. G. Chemparathy: op. cit. pp. 140-145.

[9] Occasionally I use the term 'Vaiseṣika' rather than 'Nyāya-Vaiseṣika' while referring to doctrines that are found in specifically Vaiseṣika works. Nyāya and Vaiseṣika were originally independent systems and continued to have commentaries written on the works of each separate school, although in course of time they came to form a single composite system with common metaphysical doctrines.

[10] According to the classical Vaiseṣika all realities are classified under six categories (*padārtha*), and every reality is to be brought under one of these. The first of these categories is substance, of which 'soul' is one.

[11] St. Augustine, *De Trinitate*, V, 1. PL 42, 912 (quoted by St. Thomas in S. Theol. 1, 28, 4, Resp.)

[12] According to the Nyāya-Vaiseṣika, consciousness is not an inseparable property of the soul. Though the soul is *capable of* becoming conscious — in this it differs from the other substances — it becomes actually conscious only when united with the senses, in other words, with a body.

would have agreed with the author of the *Summa Theologiae*. In S. Theol. I, q. 3, art. 4 St. Thomas argues that, if a thing's existence differs from its essence, that existence will have to be caused by another cause, a fact which we cannot apply to God, since he is the first cause. God exists by himself (*a se*) by an existence that belongs to his essence, and is not caused by another (*ab alio*). As in the case of St. Thomas, it is a first, uncaused caused, a cause not dependent on any other cause for its own existence that Udayana seeks to prove, in order to explain the 'created'[13] universe. As regards his existence[14], Ishvara is absolutely independent of any other being. He exists, to use the scholastic expression, *a se*, by himself, and not *ab alio*, by another, that is to say, made to exist by another.

Although we can thus say that 'a-seity' (*aseitas*) is an attribute of the first cause of the universe according to both St. Thomas and Udayana, there is some difference in the importance the two authors would attach to that word when applied to God; for 'a-seity' is not the distinctive characteristic mark of Ishvara, as it is of God, according to St. Thomas. In the view of the author of the *Summa Theologiae* and all his followers, God *alone* is *a se* and has existence as his essence, while all other beings, including the so-called immaterial substances or angels, are *ab alio*, that is to say, dependent on God for their existence[15]. On the contrary, according to the tenets of the Nyāya-Vaisheṣika system, of which Udayana is a faithful adherent, there are realities other than Ishvara which exist — as far as the mere existence is concerned — independently of any other being in the same manner as Ishvara. In other words, this system recognizes realities as eternal as Ishvara himself. Such are, for instance, the atoms of the four elements, the innumerable souls, Ether, Space, Time and the inner sense called Manas. Hence the concept of 'a-seity' in the sense of God *alone* being an *ens a se*, as maintained by St. Thomas, cannot be applied in the same sense to Ishvara.

---

[13] The term 'create' with its derivatives such as 'creation', 'creature', etc. used in this paper to refer to the action of Ishvara through which the world comes into being, does not have the same connotation as in Christian philosophy. Ishvara makes use of eternally pre-existing realities (atoms, souls etc.) out of which he 'makes' or 'fashions' this universe.

[14] As we shall point out later (see below p. 18), Ishvara is dependent on external factors for his operations.

[15] Cf. S. Theol. I, 104, 1: ... *ita solus Deus est ens per essentiam suam, quia ejus essentia est suum esse; omnis autem creatura est ens participative, non quod sua essentia sit ejus esse.*

The 'a-seity' of God is so important in the system of St. Thomas that some of his exponents see in it the formal constitutive factor of divine nature, a factor that fundamentally distinguishes it from all other natures and from which all other perfections of God could be deduced. God is, above all, «he who is» as he revealed himself to Moses. From what has been said it is clear that 'a-seity' cannot be the formal constitutive or distinctive characteristic of Ishvara. An analysis of Udayana's Ishvara doctrine makes me think that, if we want to find out the formal constitutive of Ishvara, we should seek for it in his eternal omniscience (*nityasarvajnatva*)[16]. It is in as far as he is eternally omniscient that he is the Ishvara or the 'maker' (*kartā*) of the universe. It is also his eternal omniscience that marks him off from all other beings.

Fourthly, with regard to the question whether God admits composition in as far as he can be classed under a *genus* or class, St. Thomas and Udayana would disagree. According to the author of the *Summa Theologiae* God cannot be in a *genus* because otherwise a plurality of subsistent existences like God would have to be admitted, and because 'being' (*ens*), which would in that case have been the *genus* for God, cannot be a *genus*, since the 'differences' of 'being' are not outside of or other than 'being'[17]. But, as we pointed out earlier, in the metaphysics followed by Udayana, Ishvara falls under the class of substances called 'soul' (*ātmā*), even though he is endowed with qualities that are superior to those of ordinary souls. We know from a few stray fragments from lost literature that an attempt had been made by some of the earlier Nyāya-Vaisheṣikas to assign to Ishvara a unique place by taking him out of the class of souls and by making him a substance *sui generis*, thus considering him, against the traditional view, as a tenth substance[18]. But this attempt failed probably because it was considered to be a major transgression of the doctrine of categories so fundamental to the Vaisheṣika system. The view that Ishvara belongs to the class of souls came to prevail.

Finally, the simplicity of God excludes in him, as we said, any kind of real composition, including composition of substance and

---

[16] The term 'eternal' should be used with 'omniscience' in this context. For it is through the eternity of his omniscience that Ishvara distinguishes himself from all other beings, including even the yogins who *can acquire* omniscience.

[17] Cf. S. Theol. 1, 3, 5.

[18] The Vaisheṣika system admits only nine substances.

attributes. The attributes of God are in reality absolutely identical with his being, containing each other in an implicit manner; it is only our mind that distinguishes them. Udayana's view with regards to this point is, and has to be, different from that of St. Thomas. For, according to the doctrine of categories held by his school, qualities (*guna*) are realities which are distinct from the substances they inhere in and are also themselves distinct from each other. Consequently the qualities of Īshvara have also to be distinct from his substance or nature which is said to be that of souls. This does not, however, mean that the qualities in him are produced or acquired by him. For Udayana maintains that the three specific qualities (*vishesaguna*)[19], namely knowledge (*jnāna*), desire (*icchā*) and (mental) effort (*prayatna*), are eternal or unproduced. Nevertheless, being qualities, they belong to a category different from the category of substance. Thus the qualities of Īshvara are not identical with the substance (or nature) of Īshvara, nor are they identical with each other. Hence Īshvara cannot be said to be simple (*simplex*) in the sense of excluding real composition of substance and qualities.

2. Perfection (*perfectio*):

Discussing the perfections of God in S. Theol. Part I, q. 4, St. Thomas argues that God possesses all perfections and that all the perfections of all the things are in God[20], both in as far as he is the cause of all things and in as far as he is self-subsistent being (*ipsum esse per se subsistens*). Although the mode (*modus*) in which the perfections of creatures exist in God is different, nevertheless, all the perfections of the creatures can be, and must be, found in the cause or source from which the creatures participated them.

No doubt, Udayana considers Īshvara as endowed with all the perfections which he should possess in order to fulfil his specific functions of 'creation', maintenance and dissolution of the universe. Thus Īshvara possesses in an eminent degree three of the most important specific qualities possessed by all the souls, namely, knowledge, desire and (mental) effort. He possesses also the five

---

[19] These are qualities that are proper or specific to a certain class of substances in such a way that they cannot be found in any other class of substances. These are to be distinguished from the generic qualities (*sāmānyaguna*) which can inhere in more than one class of substances, in fact, inhere in all substances.

[20] Cf. S. Theol. I, 4, 2 Resp: *In Deo sunt perfectiones omnium rerum.*

generic qualities[21] possessed by every substance, namely, number sankhyā), magnitude (parimāna), individuality (prithaktva), conjunction (sanyoga) and disjunction (vibhāga). These are the eight qualities ascribed to Īshvara by Udayana. But these are not the only qualities that other (namely, ordinary) souls possess; they possess six more qualities. These qualities are excluded from Īshvara as they are found to be either inconsistent with, or not befitting his nature. Moreover the classical Nyāya-Vaisheṣika system admits ten more qualities which, though not possessed by the souls, are possessed by other substances. Thus, of the twenty-four qualities admitted by the system, only eight are ascribed to Īshvara[22]. Most of the qualities that are not ascribed to him can be said to imply some imperfection (v.g. demerit, pain, hatred, or any of the qualities of elements). There are, however, others which do not seem to imply such imperfections. Such are merit (dharma) and happiness (sukha) which were in the earlier stages of the Īshvara doctrine ascribed to him by some Nyāya-Vaisheṣika thinkers[23]. Later on even these qualities were denied to Īshvara because of the consequences which would not have fitted in with the metaphysics of the system.

Thus we cannot say that Īshvara possesses all the perfections — understanding the term guna or quality to mean 'perfection' — of the creatures. But we can say that Īshvara is perfect in the sense that he indeed possesses in an eminent degree all the perfections which he ought to have in order to be Īshvara. The perfections of creatures that are not found in him are such that their absence does not make him less perfect in his nature as Īshvara; rather their presence in him would have lowered him down to the status of creatures.

The perfections of creatures are, moreover, in the view of St. Thomas, participations of the perfections of God, their cause. Such a conception is foreign to Udayana's metaphysics. It is true that beings are dependent to a certain extent on Īshvara for their origination and continued existence, but their nature is independent of him as are also their qualities. Even the perfections

---

[21] For the notion of 'generic qualities' see footnote 19.

[22] On the eight qualities of Īshvara, see G. Chemparathy, op. cit. pp. 164-182.

[23] Thus Pakṣilasvāmin in the 5th century A.D., Uddyotakara in the 6th century and Jayanta in the 9th century ascribed to Īshvara 'merit'; Pakṣilasvāmin and Jayanta ascribed also 'happiness' to Īshvara.

(*guna*) of knowledge, desire and effort which some created being (human beings) possess are not effected by Īshvara nor are they participations of his perfections. Īshvara is not the creator of things in the way in which God is in the philosophy of St. Thomas. He does not confer existence on beings except on a secondary plane, namely, in as far as he, as a sort of prime mover, effects the combination of the eternal atoms and the equally eternal souls to have existence in a state of composition. In their existence as eternal substances the atoms, souls etc. have their qualities or perfections flowing from their very nature. In their existence as composite beings their qualities are produced from the component substances. Thus there is in them no participation of the perfections or qualities of Īshvara[24].

3. Infinity (*infinitas*):

The infinity of God may be considered under two aspects. God is, first of all, said to be infinite according to his essence (*infinitus secundum essentiam*). In his S. Theol. Part I, q. 7, art. 1 St. Thomas argues that God is pure act (*actus purus*) unlimited by any potency. God's existence (*esse divinum*) is not received in, or acquired by, any potency; rather, God is subsistent existence (*ipse est suum esse subsistens*). He alone is infinite in all respects (*simpliciter*) while things other than God may be infinite in some respects (*secundum quid*), as wood is with regard to various forms[25]. Secondly, God is infinite also in the sense that he is omnipresent, existing in all things[26].

Udayana does not speak of Īshvara's infinitiy according to his nature or essence. According to him Īshvara's existence is indeed essential to his nature so that it is not received from another, but Īshvara cannot be said to be a pure act in the sense in which the expression is applied by St. Thomas to God. For, as we remarked earlier, while for St. Thomas, God alone has existence as his essence, in Udayana's system there are innumerable eternal realities which have existence as belonging to their essence. Hence the infinity flowing from God's being a pure act or subsistent existence cannot be predicated of Īshvara in the same manner.

---

[24] Hence the notion of analogy, so important for St. Thomas in our knowledge of God, is not applicable in Udayana's natural theology.

[25] Cf. S. Theol. I, 7, 2.

[26] Ibid. I, 8, 1 'and 2.

The author of the *Nyāyakusumanjali* ascribes to Ishvara the quality of omnipresence (*vibhutva*)[27], as we pointed out earlier. However, while St. Thomas says explicitly that God is present in all things through his essence (*per essentiam*), through his power (*per potentiam*) and through his presence (*per praesentiam*)[28] and explains the threefold omnipresence of God, Udayana does not explain the nature of the omnipresence of Ishvara. It is true that Ishvara's omnipresence may be said to be a logical presupposition of his being the cause of the origination of the world; for the Nyāya-Vaisheṣikas did not accept *actio in distans*. But the omnipresence of Ishvara is mainly a quality that accrues to him in as far as he belongs to the class of souls, all of which possess the quality of supreme magnitude or all-pervasiveness. For St. Thomas, to be everywhere pertains primarily and essentially only to God[29]; for Udayana and the other Nyāyā-Vaisheṣikas on the other hand, omnipresence or all-pervasiveness is a quality equally predicable of all the souls and some other eternal substances such as Ether, Time and Space, and consequently not a prerogative specific to Ishvara.

4. Unchangeableness (*immutabilitas*):

According to St. Thomas God is absolutely unchangeable (*immutabilis*). For, in the first place, being pure act without any admixture of potentiality, God cannot undergo any change. Secondly, changing things are always composite, but God is altogether simple. Thirdly, a thing that undergoes change acquires something through its change, attaining something previously not possessed by it; but God, being the fullness of perfection, cannot acquire anything[30]. In other words, being pure act, God is absolutely unchangeable.

We have already stated that Ishvara is not a pure act, neither in the sense of being altogether simple nor in the sense of possessing all possible perfections. What we may here consider is whether, and how far, Ishvara can acquire any quality, in other words, whether there are in him qualities that are non-eternal.

---

[27] This omnipresence of Ishvara is the result of his having supreme magnitude

[28] Cf. S. Theol. I, 8, 3.

[29] Ibid. I, 8, 4: *Esse ubique primo et per se est proprium Dei.*

[30] Ibid. I, 9, 1.

In his *Nyāvakusumānjali* (p. 479, line 8) the author speaks of
Ishvara as *avyayah*, a term which can be rendered into English
by 'unchangeable'. In a later passage in the same book (p. 506,
lines 15-16) he explains that the unchangeableness (*avyayatva*) of
Ishvara consists in his freedom from specific qualities (*visheṣaguna*)
that are adventitious or accidental (*āgantuka*)[31]. This would imply
not only that Ishvara possesses none of the specific qualities of the
soul that are adventitious, but also that the three specific qualities
of the soul that are in fact ascribed to him — knowledge, desire
and (mental) effort — are, unlike in ordinary souls, not adventitious or accidental in him, but eternal. Udayana in fact argues
elsewhere that these three qualities are eternal in Ishvara[32].
Thus Ishvara can be said to be unchangeable with regard to his
specific qualities.

Concerning the unchangeableness of Ishvara with regard to
his other qualities, namely the five generic qualities (*sāmānyaguna*),
we have no explicit statement of Udayana. However, we can
surmise from the nature of these qualities that the first three
among them, namely number (Ishvara is numerically one),
magnitude (Ishvara has supreme magnitude) and individuality
(Ishvara is distinct from all other entities) were considered eternal,
in as far as these inhere in an eternal substance. As regards the
nature of the remaining two generic qualities of Ishvara, namely
conjunction (*sanyoga*) and disjunction (*vibhāga*)[33], we are not better
informed. Nevertheless we are probably right in assuming that
these are non-eternal in Ishvara. For conjunction consists in the
coming together of two things that were not earlier conjoined.
Since this conjunction has to be always produced, it cannot be
considered as eternal. Similarly, disjunction is the separation of
two things that were earlier in conjunction. This too has to be
produced, and consequently disjunction too cannot be considered
as eternal. Thus an analysis of the nature of these two qualities as
well as the fact that the Nyāya-Vaisheṣikas were unwilling to
accept an eternal conjunction (*ajasanyoga*) incline us to assume that

---

[31] Cf. G. Chemparathy, op. cit. p. 179.

[32] Ibid. passim pp. 165-179.

[33] In order to direct the other causes, Ishvara who is the efficient cause (*nimittakāra-
na*) must be in conjunction with them at the time of every new creation. Similarly, a
disjunction of Ishvara from other causes takes place at the time of the dissolution of the
universe.

198

these two qualities are non-eternal or changeable even in Īshvara. It is probably because of this reason that, while explaining the unchangeableness (*avyayatva*) of Īshvara, Udayana was silent about the generic qualities and referred to the absence in him of only adventitious specific qualities[34].

5. Unity (*unitas*):

Both St. Thomas and Udayana agree on the fact that there is only one God[35]. It is true that, unlike St. Thomas, Udayana does not deal explicitly with the question of the unity (*ekatva* — 'oneness') of Īshvara, but it is beyond all doubt that he thought of Īshvara as one only. His proofs for the existence of Īshvara as well as his explanation of the nature, qualities and operations of Īshvara cannot be understood except on the the supposition that he conceived of him as one and one only.

B. *The three attributes of God pertaining to his operation*

Having thus considered some of the important attributes pertaining to the being of God as found in St. Thomas and Udayana, let us now pass on to consider very briefly the three main attributes related to the activity of God as found in the main works of these two authors.

As earlier mentioned, while St. Thomas has dealt at great length with the operations of God, Udayana has provided us with only very scanty material on this subject. According to St. Thomas God operates in each being, not only in as far as he gives it existence, but also in as far as he preserves it in existence so long as it continues to be. The Īshvara of Udayana is the efficient cause not only in bringing beings into existence (*sriṣṭi*) and in preserving them in existence (*sthiti*), but also in causing the dissolution (*sanhāra*) of the universe[36].

In the *Prologus* to the S. Theol., Part I, q. 14 St. Thomas points out that knowledge (*scientia*), will (*voluntas*) and power (*potentia*) of God are the main attributes that are related to the divine operations

---

[34] Cf. above p. 12.
[35] Cf. S. Theol. I, 11, 3. For Udayana's doctrine see G. Chemparathy, op. cit. pp. 179-180.
[36] Īshvara brings beings into existence only in as far as he causes, at the time of every new creation, the atoms to combine to form physical bodies and thus enable the souls to enjoy the fruits of their actions. At the time of dissolution Īshvara withdraws, so to day, his causal influence.

The three specific qualities of Ishvara, of which mention has already been made, namely, knowledge (*jñāna*), desire (*icchā*) and (mental) effort (*prayatna*) are the qualities that are involved in the operations of Ishvara, and we may consider them as parallel to the above three attributes ascribed to God by the author of the *Summa Theologiae*.

1. Knowledge (*scientia*):

Both St. Thomas and Udayana agree therein that God's knowledge is all-embracing and eternal[37]. The way they argue for this fact is, however, different. The author of the *Summa Theologiae* deduces the divine intelligence or knowledge from the fact that God is absolutely immaterial or spiritual. Immateriality — understood in the Nyāya-Vaisheṣika system as not being constituted out of the four material elements: earth, water, fire and wind — does not necessarily imply the actual presence of knowledge, according to the system followed by Udayana. For example, souls which are immaterial, in the sense pointed out above, remain without consciousness or knowledge when they are separated from the body, such as during the period of dissolution of the universe or in the state of liberation (*mokṣa*). Udayana argues for the eternal omniscience (*nityasarvajnatva*) of Ishvara from the fact that such a kind of knowledge is absolutely necessary to explain the origination of the world at the time of creation. His metaphysics requires a cause which can have, independent of a body, knowledge of all the causes that operate in the creation of the universe, many of which (v.g. atoms, merit and demerit of actions inherent in souls, etc.) are perceptible only to a being having eternal omniscience.

Both our authors agree also on the fact that the divine knowledge is a single act free from any discursiveness[38]. But, while for St. Thomas the knowledge of God is identical with this being, the knowledge of Ishvara, being a quality, has to be conceived of as distinct from the substance, according to Udayana. Moreover, while in the view of St. Thomas the primary object of divine knowledge in his own divine essence, so that God knows things not in themselves, but in himself in as far as his essence contains the

---

[37] Cf. S. Theol. I, 14, 9. For the all-embracing , eternal nature of Ishvara's knowledge see G. Chemparathy, op. cit. 165-174.

[38] Cf. S. Theol. I, 14, 7: ... *simul et non successive omnia videt.* See also ibid. I, 19, 5. For the one-ness of the knowledge of Ishvara see G. Chemparathy , op. cit. pp. 173-174.

likeness of all things, the Īshvara of Udayana knows the atoms, souls etc. not in himself, but in themselves. The eternal cognitive act of Īshvara is not specified by the essence or substance of Īshvara — his essence or substance is not the exemplary cause of things — but by the objects cognized.

2. Will (*voluntas*):

The second attribute to be considered is the will of God. According to St. Thomas there is in God a will which flows from the fact that he is an intelligent being. This divine will, or 'appetite' towards the good perceived by the intellect, is not a desire for gaining what God does not possess; for, being infinitely perfect, he is incapable of gaining any new perfection. Rather it consists in the quiescence in and in the diffusion of the infinite good which he possesses in himself[39].

What corresponds in Udayana's natural theology to the 'will' of God is the *icchā* or 'desire' of Īshvara. The Vaisheṣikas define 'desire' as the seeking after, either for the sake of one's self or for the sake of another, what has not been obtained[40]. Like all the Nyāya-Vaisheṣikas, Udayana maintains that Īshvara acts, not at all for any motive of self-interest (*svārtham*), but only for the sake of others (*parārtham*), namely for the sake of the living beings; for, lacking is no perfection which he ought to possess, he has nothing to acquire for himself. St. Thomas and Udayana may be said to be at one on this aspect of the divine will.

St. Thomas further maintains that God's will is one eternal act[41] and that it is, like all other attributes in him, identical with his essence. Udayana also holds that Īshvara's desire (*icchā*) is one eternal act. Like his knowledge which is one eternal act, his desire, which flows from his knowledge, is also one eternal act. We have already drawn attention to the passage in Udayana wherein Īshvara is said to possess no adventitious or non-eternal specific quality, and desire is one of the specific qualities ascribed to Īshvara. With regard to the identity of Īshvara's desire with his essence or

---

[39] Cf. S. Theol. I, 19, 1.

[40] *Padārthadharmasangraha* (ed. with Nyāyakandalī of Shrīdharabhatta, Varanasi 1963) p. 634, line 1: *svārthan parārthan vā aprāptaprārthanecchā.*

[41] Cf. S. Theol. I, 19, 2, ad 4: ... *ita velle divinum est unum et simplex, quia multa non vult nisi per unum, quod est bonitas sua.* The same idea occurs also ibid. I, 19, 5 Resp. For the *icchā* of Īshvara, cf. G. Chemparathy, op. cit. pp. 175-176.

substance, Udayana makes no statement. However, as we have pointed out earlier, the doctrine of categories as taught by the Vaiśeṣikas demands that the qualities are really distinct from the substance of which they are qualities. Hence no true follower of the Vaiśeṣika system could hold that qualities (like desire) were identical with the nature of Īshvara.

3. Power (*potentia*):

The third and the last attribute of God which we shall consider is his power. According to St. Thomas, God, being pure act, is active potency in the fullest sense of the word[42].
The quality of Īshvara which, in my opinion, can be said to correspond to the power of God is *prayatna* which means 'effort'[43]. Taking its immediate origin from desire (*icchā*), this quality is said to be the cause of the activity (*vyāpāra*) which is capable of making a person obtain what is desirable or good for him, or make him avoid what is undesirable or bad for him[44]. As in the case of the quality of desire, here too a certain purification of the concept is necessary before it is applied to Īshvara. The desired good will be effected in the case of Īshvara, not through any physical exertion, as in the case of human beings, but through a mere mental effort. Neither the mere knowledge nor the mere desire of Īshvara is enough to produce the external effect; the (mental) effort of Īshvara is necessary as the immediate cause of the origination (and dissolution) of the universe. Neither the works of Udayana nor those of his predecessors tell us *how* exactly Īshvara effects things through his efforts. In an earlier Vaiśeṣika text, the *Padārthadharmasangraha* by Prashastapāda (about the second half of the fifth century A.D.) we are told that Īshvara creates the «Great Egg» (*brahmāṇḍa*) containing the whole universe «through mere thought» (*abhidhyānamātrāt*)[45]. During the time of Prashastapāda the doctrine of Īshvara was still in its earlier stages of development

---

[42] Cf. S. Theol. I, 25, 1.

[43] In the earlier stage of Nyāya-Vaiśeṣika theism, which seems to have been much influenced by Yoga, to Īshvara was ascribed a quality called *aishvarya* which means 'power'. In the later stage of development the Nyāya-Vaiśeṣika authors did not ascribe this quality to Īshvara, probably because it is not one of the qualities of the soul recognized by the system.

[44] *Padārthadharmasangraha*, p. 638, lines 4-5: *hitāhitaprāptiparihārasamarthasya vyāpārasya hetuḥ.*

[45] Ibid. p. 129, lines 5-6.

and, though he had mentioned in his text Ishvara's knowledge and desire, he did not speak of the effort of Ishvara. It is to be surmised that the term 'thought' (abhidhyāna) in the above context was meant to designate what later came to be specified as knowledge (jnāna), desire (icchā) and effort (prayatna). Commenting on this passage Udayana states that by saying that Ishvara creates «through mere thought» Prashastapāda means that he creates «through mere volition (sankalpamātrāt), and not through the activity of a body, like a potter»[46]. The term sankalpa in this context implies something more than mere desire, and the exclusion of bodily activity indicates that a non-corporeal activity of some nature is implied, which is probably what came to be specified as effort (prayatna). While affirming that the «Great Egg» — this could indeed be said of any ohter product — comes into being through some form of mental activity of Ishvara, Udayana denies in him corporal activity of any kind. We have to imagine that the creative activity of Ishvara takes place through some invisible power of his.

According to St. Thomas, the power of God is unlimited. Since the divine essence through which he acts is infinite, it follows that his power also has no limit, and it can bring into existence all things that are possible (possibilia), in other words, all things that do not imply a contradiction[47].

The Ishvara of Udayana falls far below this ideal of omnipotence. Unlike the God of St. Thomas who brings forth things out of nothing, and consequently does not depend upon any cause outside of himself, the Ishvara of Udayana is dependent in his operations with regard to the creatures on different external factors. In creating the material bodies he makes use of the eternally existing atoms and other eternal realities like Time, Space etc. The bodies which the living beings possess as well as the physical universe wherein they are to enjoy the fruit of their actions in the form of pleasure and pain are conditioned by the fruits of their actions in their previous lives, and Ishvara has to take this into account while he creates the universe.

In S. Theol. Part I, q. 19, art. 4 ad 4 St. Thomas points out the

---

[46] Kiranāvalī (ed. by Vindhyesvari Prasada Dvivedi § & Dhundhiraj Sastri, Benares 1919), p. 94, line 21- p. 95, line 6: abhidhyānan sankalpas tanmātrāt. na tu kulālādivat kāyavyā-pārād ity arthaḥ.
[47] Cf. S. Theol. I, 25, 3.

respective role of the knowledge, will and power of God with regard to the effect to be produced. The knowledge of God is cause in as far as it directs (*ut dirigens*), his will in as far as it commands (*ut imperans*) and his power in as far as it accomplishes or effects (*ut exequens*). In God all these three are one and the same, anf the difference between them is not a difference according to reality (*secundum rem*), but rather only according to our way of considering it (*solum secundum rationem*). As he says elsewhere in the same work (Part I, q. 25, art. 1 ad 4), power in God denotes a principle carrying out that which the will commands and to which the mind directs. What St. Thomas describes as the roles of the knowledge, will and power of God can be applied to Ishvara provided we keep in mind that, unlike in God, these three qualities in Ishvara corresponding to these three divine attributes are really distinct (*secundum rem*), one from the other.

Concluding remarks

We have considered here only a few aspects of God's nature and some of his important attributes. Even these have not been subjected to a detailed comparison. Other aspects of God's nature an attributes may similarly be compared from the viewpoints of St. Thomas and Udayana. The brief comparison we have made permits us to draw certain general conclusions.

There are, first of all, various points regrding the doctrine of God on which the Western Christian philosopher and the Eastern Hindu thinker agree. Both conceive of God as the most perfect being, endowed with all the perfections befitting his status as God. Both agree that God docs not enter into composition with other things, that he is one, omniscient and omnipresent.

There are other points, mostly points of detail, where they seem to differ, such as whether God is simple in the sense that there is no composition in him of substance and attributes or *genus* and difference, or on the extent of the divine power and creative operation.

There are some points which in our comparison we considered as similar or parallel, but which are not without some shadow of uncertainty. Even the present writer does not feel sure as to whether God's will (*voluntas*) and Ishvara's desire (*icchā*) ultimately mean the same and can be put on the same level, or whether the generic qualities of conjunction (*sanyoga*) and disjunction (*vibhāga*), though according to their nature are non-eternal, should be considered as eternal in Īshvara, and whether and to what extent they affect the real nature of Īshvara.

One thing, in any case, seems to be clear from this attempt at comparison, namely the fact that a comparison of the doctrines of two authors with different spiritual and mental backgrounds is not easy and should be entered into with great caution. St. Thomas and Udayana seem to say the same thing about God. They would apparently like to describe the nature and attributes of God in the same way. But the words they use are often different or, if they use the same words, they do not always have the same depth of meaning and implication. The basic principles of their system which affect their whole philosophical thinking and the categories of thought in which they formulate their doctrines are so foreign to each other that a comparison of the content of their statements about God becomes a very difficult task. The concepts of act (*actus*) and potency (*potentia*) (or of form and matter) which are basic to the thought of St. Thomas are foreign to Udayana; almost as foreign to St. Thomas are the metaphysical conceptions on which Udayana bases his Īshvara doctrine. In St. Thomas' system God is the creator of all things in the strictest sense; Udayana's Īshvara as the «creator» stands on a lower plane and his activity towards the world is not as universal or as significant as that of his Christian counterpart.

And yet, the ideas of our two authors on God seem to run parallel and similar, so parallel and similar at times that one wonder whether the author of the *Nyāyakusumānjali* would not have expressed himself in the same manner as did St. Thomas, had he been using the same concepts as those used by the author of the *Summa Theologiae*.

HEIL DURCH GEWALT
IN EINIGEN AFRIKANISCHEN BEWEGUNGEN

von

Ernst Dammann

Es ist vielleicht kein Zufall, dass sich in dem Sammelwerk
«Die Religion in Geschichte und Gegenwart» das Stichwort «Heil»
nicht findet. Es wäre wahrscheinlich nicht allzu schwer zu definieren, was ein Christ unter Heil versteht. Man könnte versuchen,
dieses als einen Zustand zu begreifen, in dem sich ein Mensch
befindet, der von Gott um Christi willen begnadet ist und der um
seine künftige Vollendung bei Gott weiss. Ganz anders aber wird
die Antwort bei einem Hinduisten oder bei einem Buddhisten
lauten. Aber wie sieht es in dieser Beziehung bei afrikanischen
Völkern aus? Hier mag es angebracht sein, von dem deutschen
Wort «heil» auszugehen, das sinngemäss mit dem Wort «ganz»
zusammenhängt. Einem Gegenstand, der heil ist, fehlt nichts, er
ist in seiner Ganzheit vorhanden. Angewandt auf den Menschen
bedeutet es, dass dieser in seiner Ganzheit lebt. In diesem Sinn
gibt es gerade für den Afrikaner alter Observanz Heil. Die Ganzheit ist das Charakteristikum seines Daseins. Das Leben bildet
für ihn noch eine Einheit und ist nicht in verschiedene Daseins-
sphären gespalten. Diesseits und Jenseits, Transzendenz und
Immanenz, Religiöses und Profanes sind miteinander verzahnt
und können nicht voneinander getrennt werden. Diese Einheit
umfasst nicht nur die Lebenden. Auch die Toten und die noch
Ungeborenen sind einbezogen. In dieser Ganzheit leben heisst das
Heil besitzen. Es ist aber, so sehr man es ersehnt, nicht ein Zustand,
in dem man sich ein für alle Mal befindet; es muss vielmehr immer
wieder gegenüber widrigen Kräften behauptet werden. Bisweilen
macht man grosse Anstrengungen, um es zu erwerben. Das Leben
in der Ganzheit wird nicht durchreflektiert, sondern als das Natürliche und als etwas Selbstverständliches empfunden. Und wenn
man sich aktiv um ein so verstandenes Heil bemüht, wird man es
nicht theoretisch definieren. Der Mensch fühlt sich glücklich, wenn
die religiösen, sozialen, wirtschaftlichen und politischen Faktoren
im Gleichgewicht sind und nicht durch negative Kräfte bedroht

206

werden. Diese Geisteshaltung und Lebensauffassung mag sich in der modernen Zeit bisweilen ändern, sie ist aber auch vielen modernen Afrikanern eigen.

Wenn eben gesagt wurde, dass der Begriff «Heil» in der Regel nicht durchreflektiert wurde, so wird dies durch den sprachlichen Befund bestätigt. Wenn man z.B. in dem Suaheliwörterbuch von C. Velten das Stichwort «Heil» aufschlägt, findet man die Wörter «salamu, heri» und «wokovu[1]». Letzteres ist eine christliche Bildung und heisst eigentlich «Erlösung», was bestenfalls einen Teilaspekt des Heils bezeichnet. Das Wort «heri» bedeutet «Gutes, Wohl, gut», und «salamu», ein Lehnwort aus dem Arabischen, wird vielfach in der Bedeutung «Friede» gebraucht und häufig als Grussformel verwendet. Es ist im Suaheli in seinem Inhalt abgeblasst und nicht so stark theologisch aufgeladen wie das etymologisch gleiche Schalom des Hebräischen in der jetzigen theologischen Diskussion. Ein Wort, in dem die Ganzheit als Charakteristikum des Heils erscheint, ist also nicht vorhanden. Aehnliches dürfte auch für andere afrikanische Sprachen gelten.

Die Menschen haben verschiedene Möglichkeiten, sich das Heil zu sichern und, wenn sie es verloren wähnen, es wiederzubekommen. Magische Praktiken, Riten, Kulthandlungen werden auch von afrikanischen Völkern zur Erreichung dieses Ziels benutzt. In ihnen vermutet man die «Macht», die erforderlich ist, um das Heil zu schaffen. Bisweilen begnügt man sich aber nicht mit diesen Methoden, sondern wendet Gewalt an. Dabei brauchen die magisch-religiöse Methode und die Ausübung von Gewalt nicht in Gegensatz zueinander zu stehen. Im Gegenteil, sie sind miteinander verflochten. Die Gewalt wird wirksamer, wenn sie sich mit magisch-religiösen Kräften verbindet.

Im folgenden soll nun an drei Beispielen gezeigt werden, wie religiöse Bewegungen in Afrika versucht haben, Heil in dem oben skizzierten Sinn auf gewaltsame Weise zu bewirken.

1. Der sog. Maji-Maji-Aufstand. Dieser begann 1905 unter dem seinerzeit atavistischen Stamm der Matumbi im damaligen Deutsch-Ostafrika. Von den Wohnsitzen dieses Stammes im Hinterland von Kilwa breitete er sich alsbald über den ganzen Süden des Landes aus. Die damalige Kolonialregierung fragte sich naturgemäss

---

[1] *C. Velten*, Suaheli-Wörterbuch, 2. Teil, Deutsch-Suaheli, Magliaso 1933, 372.

nach den Ursachen des Aufstandes und setzte zu dem Zweck 1906 eine Untersuchungskommission ein. Diese fand, dass nicht weniger als 17 Gründe zusammengewirkt hätten[2]. Der damalige deutsche Gouverneur, Graf von Götzen, der ein umfangreiches Buch über den Aufstand geschrieben hat, verneint ausdrücklich, dass es sich um eine religiöse Bewegung gehandelt habe[3]. Sicherlich spielen auch die Protestbewegung gegen Hüttensteuer, Zwangsanbau von Baumwolle, kurz, die vielen, oft unbequemen Neuerungen einer Kolonialregierung eine Rolle. Es wäre aber falsch, wenn hierin, wie es in der marxistischen Geschichtsschreibung geschieht, die alleinigen Gründe für den Aufstand gesehen würden. Auch bei Graf Götzen finden sich Berichte über magische Manipulationen, über die Verwendung von sog. Zaubermedizinen und über den Kult des Schlangengeistes Kolelo. Wie stark gerade dieser bei den Zaramo ansgeübt wurde, auf die sich der Aufstand in demselben Jahr 1905 ausdehnte, zeigen die Ausführungen von M. Klamroth, der in jener Zeit in Uzaramo tätig war: «Kolelo sollte das weitere Zahlen der Steuer an die weissen Fremdlinge verboten haben, Mitte Juli würde eine grosse Wasserflut kommen und alle Weissen und deren Anhänger vernichten; später hiess es, die Erde werde sich auftun und sie verschlingen, aus den Gewehren der Soldaten werde nur Wasser, aber keine Kugeln kommen, sieben Löwen würden kommen und die Fremden vernichten, 'fürchtet auch nicht, Kolelo érbarmt sich seiner schwarzen Kinder'»[4].

Es zeigt sich also deutlich, dass religiöse Faktoren von grosser Bedeutung bei dem Aufstand waren. Man würde diesen im afrikanischen Sinne missverstehen, wenn man ihn nur als eine Protestbewegung auffassen würde. Es steckte auch das Streben nach positiven Werten dahinter. Mit der Gestalt Kolelos verband sich die einer Art Heilbringers. Nach Klamroth wurde er von dem Schöpfergott Mungu gesandt, um «alles wieder in Ordnung zu

---

[2] Vgl. die «Historical Introduction» von Margaret Bates zu Abdul Karim bin Jamaliddini, Utenzi wa Vita vya Maji-Maji, Dar es Salaam 1957, 16.

[3] *G.A. Graf von Goetzen,* Deutsch-Ostafrika im Aufstand 1905/06, Berlin 1909, 47. An anderer Stelle sagt er: «Was den Einfluss, den religiöse Momente auf Entstehung und Ausbreitung von Aufständen haben können, betrifft, so lässt sich aus der Rebellion von 1905/06 wenig lernen.» (ebd. 242f.)

[4] *M. Klamroth,* Beiträge zum Verständnis der religiösen Vorstellungen der Saramo im Bezirk Saressalam (Deutsch-Ostafrika), Zeitschrift für Kolonialsprachen I (1910/11), 140.

bringen, was verdorben ist hier auf Erden»[5]. Die positiven Gedanken, welche die Aufständischen hegten, gehen m.E. auch aus einem anderen sprachlichen Beleg hervor. Bereits um 1910 verfasste der Koranlehrer Abdul Karim bin Jamaldini in Lindi im Stil alter Suahelipoesie eine Dichtung von 334 Strophen über den Maji-Maji-Aufstand. Der Verfasser stand mit seinen Sympathien auf seiten der Deutschen und sparte nicht mit seiner Kritik an den Aufständischen, die er verächtlich «Washenzi Buschneger» nennt. Trotzdem sagt er in Vers 330: «wameutaka ubora». A. Lorenz übersetzt diese Wendung «sie wollten hoch hinaus»[6], W.H. Whiteley «the pagans wanted the best»[7]. Einerlei, welche Übersetzung den Sinn am besten trifft, auf jeden Fall zeigt die Wendung, dass sogar der den Aufständischen nicht freundlich gesinnte Dichter in deren Streben etwas Positives sah.

Was war nun dies «ubora», dieses Hohe oder Beste? Im Sinn unseres Themas können wir antworten: Es war das Heil, so wie es jene Afrikaner verstanden. Dies bestand im wesentlichen in der Wiederherstellung der guten alten Zeit. Das Mittel, dieses Ziel zu erreichen, war Gewalt. Das Neue zu ignorieren, also eine Art passiven Widerstandes zu leisten, genügte nicht. Daher schritt man zur Gewalt und wurde durch Botschaften wie die Kolelos in seinem Streben bestärkt. Ausserdem suchte man den Erfolg dadurch zu sichern, dass man sich magischer Praktiken bediente. Durch sog. Zauber sollten die Krieger kugelsicher gemacht werden. Man behauptete, dass derjenige, welcher einen bestimmten von Medizin-männern bereiteten Trank genossen habe, unverwundbar sei. Die feindlichen Geschosse würden für ihn zu Wasser (Suaheli: «maji») werden. Daher hörte man bei ihnen den Ruf «maji maji — Wasser, Wasser», wovon der Aufstand seinen Namen erhielt. Vereinzelt wurde diese Anschauung mit muslimischen Gedanken gefüllt und dadurch aufgewertet. So schrieb ein Muslim an den Sultan der Yao: «... Ich schicke dir auch eine Flasche vom Propheten Mohammed; sie enthält das Mittel, die Europäer zu besiegen. Zweifle nicht daran, denn es hat grosse Kraft»[8].

---

[5] Ebd. 139. Ich lasse dahingestellt, ob bei den weitgehend muslimisierten Zaramo Vorstellungen des Mahdi in die Funktion des Kolelo eingedrungen sind.

[6] *A. Lorenz*, Gedicht vom Majimaji-Aufstand, Mitteilungen des Seminars für Orientalische Sprachen an der Friedrich-Wilhelms-Universität zu Berlin XXXVI, 3. Abt. (1933), 256.

[7] In dem in Anm. 2 erwähnten Utenzi, 69.

[8] *Graf Goetzen* , a.a.O., 161.

Es bedurfte auf deutscher Seite grosser Anstrengungen, um dieser Gewalt zu begegnen. Der Aufstand wurde niedergeworfen, das erstrebte «Heil» in dem oben skizzierten ganzheitlichen Sinne nicht erlangt.

2. Ein anderes Beispiel für eine Bewegung, die Gewalt anwandte, ist der Mau Mau-Aufstand der Kikuyu in Kenya, der um die Jahreswende 1948/9 begann[9]. Die Bedeutung des Namens ist umstritten. Leakey, als Kind im Gebiet der Kikuyu aufgewachsen und mit deren Sprache und Sitten vertraut, erklärt, keine Bedeutung angeben zu können. J.M. Kariuki, ein Kikuyu, behauptet, das Wort sei eine Umkehrung der Laute *uma uma*, wie sie häufig von spielenden Kindern vorgenommen werde[10]. Eine solche «Umkehrsprache» ist für das Suaheli der Kenyaküste belegt und heisst dort *Kinyume*[11]. Die Bedeutung von «uma» ist «geh hinaus, komm heraus, verlasse (einen Platz)»[12]. Auch wenn Kariukis Deutung zuträfe, sagt sie nichts Charakteristisches über die Bewegung aus.

Es soll im folgenden keine Biographie des Mau Mau-Aufstandes, über den bereits ein umfangreiches Schrifttum besteht, gegeben werden. Im Zusammenhang unseres Themas genügt eine kurze Situationsschilderung.

Die Kikuyu von 1949 sind nicht mit den Matumbi von 1905 zu vergleichen. Die zwischen diesen beiden Daten liegenden Jahrzehnte hatten in Ostafrika viele Veränderungen gebracht. Die Ugandabahn hatte Kenya erschlossen; inmitten des Kikuyugebiets war die Stadt Nairobi gegründet worden, die nach einigen Jahrzehnten Landeshauptstadt wurde. Von einschneidender Bedeutung wurde, dass Teile des Kikuyulandes, das weisse Kolonisten teilweise unbesiedelt vorgefunden hatten, zu weissen Mannes Land, den sog. White Highlands, erklärt wurde. Angelsächsische Missionare hatten ihre Arbeit aufgenommen und auch unter den Kikuyu Christen gewonnen. Manche Stammessitten waren aufgegeben, und politisches Interesse war besonders unter den Kikuyu entstanden. Bereits 1922 war die Kikuyu Central Association gegründet worden, deren Ziel es war, das «verlorene Land»,

---

[9] *L.S.B. Leakey*, Mau Mau and the Kikuyu, London 1953, 95.

[10] *J.M. Kariuki*, 'Mau Mau' Detainee, London 1963, 23.

[11] *C.H. Stigand*, A Grammar of Dialectic Changes in the Kiswahili Language, Cambridge 1915, 71.

[12] *A.R. Barlow*, Studies in Kikuyu Grammar and Idioms, Edinburgh 1951, 239.

d.h. die White Highlands zurückzugewinnen. In dieser Umwelt entstand die Mau Mau-Bewegung. Sie nahm militante Formen an und zwang die damalige britische Kolonialregierung, von 1952 bis 1960 über Kenya den Ausnahmezustand zu verhängen.

Mau Mau ist also vor allem eine politische Bewegung, die primär gegen die Kolonialregierung, vor allem gegen den Ausschluss von Afrikanern aus gewissen Siedlungsgebieten gerichtet war. Die Kikuyu fühlten sich in ihren Rechten geschmälert und diskriminiert. Um der Wahrheit willen muss gesagt werden, dass manche Weisse einseitig auf ihren Vorteil bedacht waren und durch ihren zur Schau getragenen Rassendünkel zur Entzweiung der Rassen beigetragen haben. Es war daher verständlich, dass sich der Kampf zu einer harten Auseinandersetzung entwickelte und man afrikanischerseits auch nicht vor Morden zurückschreckte. Gleichwohl war es nicht nur ein politisch-militärischer Kampf, der sich in nüchterner Weise ein politisches Ziel gesetzt hatte und alles nur unter diesem Gesichtspunkt pragmatisch betrachtete. In der Bewegung waren auch religiöse Momente wirksam.

a) Im Gebiet der Kikuyu waren 1934 bzw. 1947 zwei Bewegungen entstanden, die C.G. Kosberg und J. Nolttingham als messianic-type movements bezeichnen[13]. Diese Bezeichnung braucht sich nicht mit dem zu decken, was B. Sundkler bisher den messianischen Typ unter den separatistischen Bewegungen in Südafrika nannte[14]. Es waren in Kenya bereits seit etwa 1930 die *Watu wa Mungu*, «die Leute Gottes», die gegen die Weissen predigten und wünschten, dass diese das Land verliessen. Hinzu kamen Separatisten, die sich *Dini ya Yesu Kristo*, «Religion Jesu Christi» nannten und 1947 mit Vertretern der Regierung zusammenstiessen, wobei es Tote und später Todesurteile gab. Hierbei handelte es sich um ausgesprochen religiöse Bewegungen, die von Charismatikern, Propheten, im Kikuyu *arathi* genannt, gegründet und geleitet wurden. Von hier aus strömte Gedankengut in die spätere Mau Mau-Bewegung.

---

[13] *C.C. Kosberg*, The Myth of «Mau Mau»: Nationalism in Kenya, London 1966, 327.

[14] *B. Sundkler*, Bantu Prophets in South Africa, Oxford University Press ²1964' 323 ff. Neuestens (1973) hat Sundkler die Bezeichnung «Messianische Bewegungen» aufgegeben. Statt dessen spricht er von «ikonischen Kirchen», weil der charismatische Leiter «gleichsam als 'Maske' Gottes vor seiner Gemeinde steht». Vgl. *H.-J. Becken*, Das Evangelium begegnet den vorchristlichen Religionen Afrikas, Die Brücke, März 1973, 4.

b) Für den Zusammenhalt der Mitglieder der Mau Mau war eine Eidesleistung charakteristisch, die in den Publikationen eingehend erwähnt wird. Kariuku, der sich selbst den Zeremonien unterwarf, beschreibt sie in Einzelheiten[15]. Streng genommen handelt es sich um zwei Eide, von denen der zweite, der sog. Batuni-Eid, der weitergehende war und nur von denen verlangt wurde, die sich aktiv an der Bewegung beteiligen wollten. Beide Eide wurden vor Gott abgelegt, wobei nicht ersichtlich ist, ob «Gott» der Hochgott der Kikuyu oder der christliche bzw. der muslimische Gott ist. Der Eid verpflichtet den Vereidigten zu bedingungslosem Gehorsam. Er musste bereit sein, Gewalt anzuwenden, wann und gegen wen sie befohlen wurde. Da heisst es u.a.:

I speak the truth and vow before our God
That if I am called to go to fight the enemy
Or to kill the enemy — I shall go
Even if the enemy be my father or mother, my brother or
    sister.
And if I refuse
May this oath kill me
May this he-goat kill me
May this seven kill me
May this meat kill me[16].

Die Formulierung zeigt, dass bei dem Eid ein Ziegenbock, Fleisch und sieben kleine Holzstäbe (this seven) verwandt wurden. Insgesamt bestand er aus sieben Versen, die je das Gelöbnis und die Selbstverfluchung enthielten.

Dieser Eid führt uns in die magische Welt zurück. Verwünschungen der genannten Art, die gegen den Verflucher oder gegen andere gerichtet sind, finden sich auch in anderen Teilen Afrikas[17]. Gemäss dem magischen Denken wirkt die Verwünschung automatisch, wenn der Betreffende das Gelobte nicht erfüllt. Die Mau Mau-Bewegung bediente sich also religiös-magischer Mittel, um ihre Anhänger zu einem festen Kader zusammenzuschweissen. Wie stark diese Bindung war, geht daraus hervor, dass man später

---

[15] *Kariuki*, a.a.O., 25-45.
[16] Ebd. 29.
[17] Vgl. z.B. eine Verwünschung der Dschagga bei *B. Gutmann*, Dichten und Denken der Dschagga-Neger, Leipzig 1909, 168.

versuchte, durch Enteidungszeremonien Menschen aus dem Bann des Eides zu lösen.

Der Aufstand führte nicht zum Ziel. Die Gewalt der Briten war stärker als die der Mau Mau-Leute. Diese wurden in Interniertenlagern gesammelt, wobei man sich bemühte, sie durch Arbeit und Umerziehung zu positiver Mitarbeit zu bewegen. Aber erst 1960 konnte der Ausnahmezustand aufgehoben werden.

Gewalt wurde in der Mau Mau-Bewegung bis zum Überfluss angewandt. Kann man nun das erstrebte Ziel als «Heil» bezeichnen? Dies ist, wenn man «Heil» als das ungestörte Leben in der Ganzheit betrachtet, zu verneinen. Die Führer des Aufstands lebten nicht mehr in der Ganzheit. Sie hatten z.T. bereits höhere Schulen besucht, manche waren Christen. Sie waren teilweise schon seit Jahrzehnten in politischen Gruppen organisiert. Ihr Ziel war die ökonomische Befreiung, vor allem hinsichtlich der Landfrage, darüber hinaus eine politische Mitsprache, im Verlauf der Zeit vielleicht sogar die politische Herrschaft. Diese Ziele sollten durch Gewalt erreicht werden. Wenn somit «Heil» im afrikanischen und im christlichen Sinn von der Elite nicht erstrebt wurde, so mag doch eingeräumt werden, dass sich viele der Mitläufer, das sog. «Fussvolk», nach dem ersehnten Erfolg eine Heilszeit in dem Sinn erhofften, dass man wieder in der Ganzheit des früheren Lebens ohne Beschränkungen von aussen sein Leben in Sippe und Stamm würde führen können.

Es wäre zu einseitig, in dem Mau Mau-Aufstand lediglich eine politische Bewegung zu sehen. Das geschieht nicht einmal in der von den russischen Forschern D.A. Olderogge und I.I. Potechin redigierten Völkerkunde Afrikas. Für sie ist «der Geheimbund» 'Mau Mau' eine antiimperialistische Organisation mit religiöser Färbung[18]. Dagegen scheint der Verfasser einer in Prag erschienenen Arbeit dem religiösen Faktor keine Bedeutung beizumessen[19]. Die Verwendung magischer Mittel, die Eidbindung und der anzunehmende Erwartungshorizont des einfachen Mannes sind aber Beweise für die religiöse Komponente in der Bewegung.

3. Die Kitawala-Bewegung. Das Wort Kitawala ist eine bantuisierte Form des englischen *tower* in dem Namen Watch·Tower

---

[18] *D.A. Olderogge* und *I.I. Potechin*, Die Völker Afrikas, Band II, Berlin 1961, 162.
[19] *L. Venys*, A History of the Mau Movement in Kenya, Prag 1970, 9, 102.

Bible and Traxt Society, der «Bibel Wachturm und Traktatgesell-
schaft», der Vorgängerin der jetzigen «Zeugen Jehovas». Diese
haben in ihre Geschichtsanschauung eine grosse endzeitliche Auseinandersetzung zwischen dem Antichristen und seinen Mächten
auf der einen Seite und dem Herrscher des 1000 jährigen Reiches
auf der anderen Seite aufgenommen. Ihre biblische Bezugsstelle
ist die in Offenbarung 16,15 geweissagte Entscheidungsschlacht
bei Harmagedon. Die neue Zeit, das Paradies, wird darnach auf
dieser Erde entstehen. Aus biblischen Prophezeiungen glaubte
man sogar, für einige künftige Ereignisse bestimmte Termine
festlegen zu können. Diese typisch chiliastische Bewegung kam im
Anfang des 20. Jahrhundets nach Zentralafrika, wobei ein en-
glischer Missionar J. Booth, der bereits mehreren nonkonfor-
mistischen Gruppen gedient hatte, als nunmehriger Anhänger der
Watch Tower-Bewegung eine grosse Rolle spielte. Es handelt sich
dabei meistens nicht um eine deckungsgleiche Übernahme der
Gedanken dieser Bewegung und ihres Gründers, des amerikani-
schen «Pastors» Charles Taze Russell. Es bietet sich vielmehr ein
verwirrendes Bild, über das H.-J. Greschat mit seiner Arbeit Kitawala Klarheit gebracht hat[20]. Hauptgedanken, die u.a. im ersten
Anlauf zu schneller Ausbreitung führten, waren die verheissene
Befreiung von weisser Herrschaft und der die Gläubigen erwartende
materielle Reichtum, der demnächst aus Amerika eintreffen und
endgültig im 1000 jährigen Reich zugänglich sein würde. Der
afrikanischen Mentalität entsprach weithin auch die Lehre des
Watch Tower, dass alle Regierungen, also auch die der weissen
Kolomialmächte, etwas Negatives, ja Satanisches seien. Im Jahre
1914 sollte nach Russells Berechnung die grosse Wende kommen.
Später wurden andere Termine angegeben.

Während in Amerika und in Europa die Zeugen Jehovas jede
staatliche Macht und die Ausübung von Gewalt ablehnen, infolge-
dessen auch den Militärdienst verweigern und daher in manchen
Staaten zu Märtyrern wurden und werden, gibt es in Zentralafrika
Ausprägungen dieser Religionsform, die sich der Gewalt bedienen.
Man meinte z.B. um 1930 am Luapula, dass beim Weltende alle
Europäer in den dann kochenden Mwerusee geworfen würden[21].

[20] *H. J. Greschat*, Kitawala. Ursprung, Ausbreitung und Religion der Watch-
Tower-Bewegung in Zentralafrika, Marburg 1966.
[21] *Greschat*, a.a.O., 56.

Sicherlich nicht im Sinne der ursprünglichen Watch Tower-Verkündigung sprachen Prediger dieser Bewegung davon, dass amerikanische Neger nach Afrika kommen und die afrikanische Bevölkerung gewaltsam von der weissen Herrschaft befreien würden. Die Botschaft mag bisweilen so ausgeweitet worden sein, dass durch diesen eschatologischen Kampf das paradiesische Zeitalter bewirkt werden würde[22]. Man könnte diese Zukunftserwartung vielleicht als Afrikanisierung der biblischen Harmagedon-Vorstellung bezeichnen. Man hielt sich aber auch nicht zurück, bereits in der Gegenwart Gewalt anzuwenden. Als Beispiel dafür sei der Nyassa-Mann Tomo Nyirenda erwähnt, der unter dem sich selbst gegebenen Namen *Mwana Lesa* «Sohn Gottes» bekannt geworden ist[23], der sich gegen Schwarze wandte. Man muss ihn zu den Kitawala-Leuten rechnen, obwohl er in mancher Beziehung nicht die Lehre der Russelliten befolgte. Eine Besonderheit war bei ihm der Kampf gegen die schwarze Magie, landläufig «Hexerei» oder «Zauberei» genannt. Wenn er seine Massentaufen vollzog, glaubte er durch gewisse Anzeichen, die angeblichen Hexen unter den Täuflingen erkennen zu können. Diese wurden dann ausgesondert und auf verschiedene Weise getötet. *Mwana Lesa* lebte unter der Zwangsvorstellung, das Land von den bösen Kräften befreien und reinigen zu müssen. Dies war, so darf man im Sinne des *Mwana Lesa* annehmen, die Vorbedingung für die Errichtung der Herrschaft Christi auf Erden. In Zaïre, dem früheren Belgischen Kongo, haben sich die Anhänger der Kitawala, nachdem das Land 1960 selbständig geworden war, politisch, bisweilen wahrscheinlich auch militärisch betätigt. Dabei ist sicherlich nicht auf die Ausübung von Gewalt verzichtet worden.

Das Heil, das sich die Anhänger der Kitawala erhofften, ist besonderer Art. Es wird von Gott, der als der Gott der Bibel verstanden wird, den Anhängern der Kitawala nach dem Endsieg bei Harmagedon verschafft. Ausschlaggebend ist die Zugehörigkeit zur Gemeinschaft. Das äussere Zeichen dafür ist die Taufe. Die von *Mwana Lesa* angewandte und auch von anderen ausgeübte Gewalt ist eine Verkehrung der ursprünglichen Grundsätze, dürfte aber als solche nicht empfunden worden sein.

[22] *Greschat*, a.a.O., 74-75. Vgl. auch *H.-J. Greschat*, Endzeitliche Heilbringer in traditionellen Religionen Afrikas? Africana Marburgensia II, 1, 1969, 25.
[23] *Greschat*, Kitawala, passim.

Im vorstehenden wurde versucht, an drei Bewegungen in Afrika zu zeigen, wie zur Erlangung des Heils Gewalt angewandt wurde. Vordergründig mögen der Maji Maji-Aufstand und der Mau Mau-Aufstand als Reaktion gegen die jeweilige Kolonialmacht verstanden und somit als politische Bewegungen angesehen werden. Wer sie aber mit afrikanischen Augen betrachtet, gewahrt in ihnen, besonders unter dem Blickpunkt des Ganzheitsdenkens, eine starke religiöse Komponente. Diese rechtfertigt es, auch in den beiden genannten Bewegungen ein Streben nach Heil zu gewahren. Dass dieses im afrikanischen, nicht im christlichen Sinn zu verstehen ist, liegt auf der Hand. Demgegenüber ist die Kitawala zunächst stark durch die christliche Vorstellung vom Heil geprägt. Dieses zeigte als eine in naher Zukunft zu realisierende Grösse den Anhängern dieser Bewegung eine neue, in dieser Konkretheit den Afrikanern alter Observanz bis dahin unbekannte Dimension. Gleichzeitig eröffnete sich aber die Aussicht auf eine neue Ganzheit. Am Ende wird, nachdem durch Gott alle Widersacher vernichtet sein werden, die Gemeinschaft der Kitawala-Leute im Zustand des vollkommenen Heilsgenusses im irdischen Paradies leben.

Abschliessend mag die Frage gestellt werden, ob sich Heil und Gewalt miteinander vertragen. Durch das sog. Antirassismusprogramm des Oekumenischen Rates der Kirchen ist das Problem der Gewalt zum Thema vieler Diskussionen geworden. Die Geschichte zeigt, dass Heil im religiösen Sinn nicht durch Gewalt geschaffen werden kann. Und wenn man es versucht, entsteht nur Unheil. Dies sollten christliche Kreise, welche sog. Befreiungsbewegungen unterstützen, beherzigen[24].

---

[24] Die Grundgedanken dieses Aufsatzes habe ich in einem Referat bei dem 2. Europäischen Theologentag in Wien am 2. Oktober 1972 behandelt.

MYSTISCHE MOTIVE

IN DER MODERNEN ISLAMISCHEN DICHTUNG

von

Annemarie Schimmel

Einer der faszinierendsten Aspekte der modernen Lyrik in den islamischen Ländern ist die Übernahme und Umformung klassisch-islamischer Motive. Während formal ein fast vollkommener Bruch mit der Vergangenheit und ihren rhetorischen Mitteln angestrebt wird und Erinnerungen an die überlieferten Formen nur noch in mehr oder minder elegant verfremdeter Form vorliegen, sind eine Reihe von traditionellen Motiven wieder aufgenommen oder mit neuem Sinn erfüllt worden. Dazu gehören in ersten Linie einige Themen der klassischen islamischen Mystik.

Diese Neuwertung mystischer Motive und Erfahrungen scheint der bis vor kurzem allgemein herrschenden Tendenz zu widersprechen, den Sufismus abzuwerten. Die meisten Modernisten sahen in ihm nur eine Degeneration des reinen Islam der Frühzeit und überboten sich im Kampf gegen seine Entartungen. Die niederen Formen der Volksfrömmigkeit mit ihrem Gräber- und Heiligenkult, der übermässige Einfluss der mystischen Führer auf das gesamte Leben ihrer meist illiteraten Anhänger sowie die Gefahr «pantheistischer» Verschwommenheit und romantisierender Weltschau wurden von den meisten Reformern als negative Seiten des Sufismus angeführt. Bestenfalls werden ein paar bekannte Namen oder ein generelles Gefühl allumfassender Liebe bei den mehr romantisch empfindenden Schriftstellern des frühen 20. Jahrhunderts festzustellen sein. Doch in der Zeit der «Aufklärung», d.h. in den ersten Jahrzehnten unseres Jahrhunderts, wäre es kaum denkbar gewesen, dass ein Dichter mit modernen Ansprüchen sich Sufis wie Halladsch oder Bischr al-Hafi, den «Barfüssigen», als Themen seiner Verse gewählt hätte. In der modernsten arabischen Poesie jedoch ist ein deutlicher Wandel zu erkennen.

Die Situation in der arabischen Poesie ist allerdings verschieden von der im persisch-türkisch und indo-islamischen Kulturgebiet. Dort war die Dichtung durch die Jahrhunderte hin so stark von Bildern und Symbolen der Mystik durchtränkt, dass die Figuren des klassischen Sufismus dem Hörer und Leser im fernsten Dorfe von Sind oder an den Grenzen des Hindukusch vertrauter waren als irgendeine andere Gestalt aus der islamischen Geschichte. Die Tendenz zu einer allumfassenden Einheitsschau — von westlichen Beobachtern gern als pantheistisch oder monistisch bezeichnet — durchdrang einen grossen Teil dieser Dichtung: Die zentrale Gestalt al-Halladschs, des Märtyrer-Mystikers, wurde hier nicht nur zum Symbol der aboluten Gottesliebe, sondern auch zum Modell des Mannes, der seine urewige Einheit mit dem göttlichen Wesen in seinem Wort *anā l-Ḥaqq* ohne Scheu ausgesprochen hatte. Dieser Ausspruch «Ich bin die absolute Wahrheit» oder, wie es später meist übersetzt wurde, «Ich bin Gott», war eine gefährliche «Enthüllung des Geheimnisses» (*ifshā as-sirr*), die dann, wie die Legende erzählt, der Grund zu Halladschs Hinrichtung in Bagdad am 26. März 922 wurde[1].

Es ist das Verdienst Louis Massignons, das Halladsch-Bild zurechtgerückt zu haben. Er hat gezeigt, dass der Bagdader «Märtyrer der Gottesliebe» durchaus kein Vertreter pantheistischer Ideen war, sondern dass im Gegenteil in seinen Vorstellungen das ganz persönliche Verhältnis zwischen Mensch und Gott, zwischen dem in der Zeit Geschaffenen und dem Zeitlos-Ewigen, beibehalten wird. Halladsch — von Hunderten von mystischen Sängern als Modell der «Liebe ohne Ritualgesetz» gepriesen — stand in Wirklichkeit völlig auf dem Boden der islamischen Orthodoxie, deren Pflichtenlehre er durch persönliche Aneignung und existentielle Erfahrung immer wieder neu interpretierte[2].

Dieses neuentdeckte Halladsch-Bild beeinflusste als ersten Muslim Muhammad Iqbal (st. 1938), den geistigen Vater Pakistans, der dem Märtyrer-Mystiker in seinen Werken der späteren Periode einen besonderen Platz anwies. Für ihn wird Halladsch zu einem Rufer in der Wüste, einem leidenschaftlichen Anwalt für die persönliche Erfahrung des Glaubens, entgegengesetzt der

---

[1] Für das gesamte Problem des Nachwirkens Halladschs vgl. *A. Schimmel*, al-Halladsch, Märtyrer der Gottesliebe, Köln 1969.

[2] *L. Massignon*, La Passion d'al-Hosayn ibn Mansour Al-Hallaj, martyr mystique de l'Islam exécuté à Bagdad le 26 Mars 922, 2 vols, Paris 1922 (Neuauflage in Vorbereitung). Vgl. auch *H.H.Schaeders* Besprechung dieses Werks: Der Islam XV (1926). Massignon hat bis zu seinem Tode immer neue Zeugnisse für das Leben und Weiterleben Halladschs gesammelt.

218

starren Nachahmung der vorgeschriebenen Formeln, die den Geist der muslimischen Gemeinde einschläfern, ja töten. Das entspricht im grossen und ganzen dem traditionellen Bild der mystischen Dichtung persischer Prägung. Halladsch wird für Iqbal zum Verkünder einer geistigen Auferstehung, zu einem Mann, der in glühender Liebe zum Propheten entbrannt ist, der aber auch die Rolle des Satanischen deutlich erkannt und dem Satan seinen wichtigen Platz in seinem Weltbild angewiesen hat. So erscheint der Bagdader Mystiker in Iqbals «Buch der Ewigkeit» als eine Art Vorläufer des Dichters selbst, der die schlummernden Muslime zur Besinnung ruft. Gewisse kritische Aeusserungen tangieren die zentrale Stellung Halladschs im Werke Iqbals kaum[3].

Während der indo-muslimische modernistische Dichter-Philosoph sein Halladsch-Bild auf die Forschungen Massignons stützte und, wie der französische Gelehrte mir einmal schrieb, zu einer erstaunlich richtigen Interpretation gelangte, haben zahlreiche andere Dichter des Subkontinents die poetische Tradition fortgeführt, wie sie seit Jahrhunderten im Sindhi, Pandschabi, Urdu und Paschto vorlag. Für sie ist *Manṣūr*, «der Siegreiche», wie sie ihn meist mit seines Vaters Namen nennen, in erster Linie das Symbol opferwilliger Liebe. Seit Jahrhunderten war in der persischen und der unter ihrem Einfluss sich entwickelnden türkischen und indo-islamischen Poesie die Gegenüberstellung von *dār u minbar*, «Galgen und Kanzel», gebräuchlich; sie bezeichnet den Kontrast zwischen Pneumatiker und Priester, jenem Vertreter des Establishments, der im Namen der Regierung und der konsolidierten Gesellschaft von der Kanzel aus seine Freitagspredigt hält- die, der Masse kaum verständlich, sich genauen Regeln fügt und, in der er die Gemeinde zur Befolgung der gesetzlichen Vorschriften, zum Gehorsam gegen die Obrigkeit aufruft. Der Galgen aber ist der Platz, an dem derjenige «predigt» — nämlich durch sein Märtyrertum —, der es wagt, dem erstarrten Buchstaben der Tradition die Religion des Geistes entgegenzusetzen, so wie es Halladsch getan hatte. Beide 'Predigtstühle' sind aus dem gleichen Material gemacht, nämlich aus hartem Holz; beide erheben den Menschen über die Gemeinde; aber der eine dient der Erhaltung des versteinerten

[3] vgl. *A. Schimmel*, Iqbal and Hallaj, in: Hafeez Malik, Iqbal, Poet-Philosopher of Pakistan, New York 1971.

Kultus, der andere der Botschaft von der persönlichen Erfahrung Gottes.

> Das Geheimnis, das dein Herz kennt: keine Predigt wird es sein —
> Auf dem Galgen kannst du's sagen. Aber auf der Kanzel? Nein!

So fasst Mirza Ghalib, der bedeutendste Urdu-Dichter des 19. Jahrhunderts (st. 1869), die allgemeine Auffassung zusammen. Während aber der Konstrast *dār u minbar* in klassischer Zeit in erster Linie für das Paar «orthodoxer Prediger» — «gottestrunkener Sufi» verwendet wurde, hat es in den letzten Jahrzehnten auch eine eminent politische Bedeutung erhalten[4].

Eine andere poetische Formel, die gleichfalls in Ghalib's Werk oft verwendet wird, ist *dār u rasan* «Galgen und Strick». Sie ist ebenfalls in der indo-persischen und Urdu-Poesie seit Jahrhunderten gebräuchlich, um das Schicksal der gottestrunkenen Liebenden in der Nachfolge Halladschs zu bezeichnen. In der neuesten Urdu-Poesie aber, die zum grossen Teil von stark links orientierten Dichtern verfasst wird, findet diese Kombination ihren festen Platz, um den Idealisten zu beschreiben, der für seine Ideale ins Gefängnis geht. Das war schon gültig für die Zeit des Befreiungskampfes gegen die britische Kolonialherrschaft, wurde aber in jüngster Zeit oft genug angewandt für die Vorkämpfer des Sozialismus, wenn nicht Kommunismus, die verfolgt wurden und so in den Augen ihrer Mitstreiter das Halladsch-Ideal des Leidens für ein höheres Ziel verwirklichten. Dass dieses Ziel nun nicht mehr religiöser Natur ist, ändert am Wahrheitsgehalt des Symbols nichts. Und wie tief die gesamte auf Halladsch bezügliche Metaphorik in der poetischen Sprache des Mittleren Ostens verwurzelt ist, zeigt sich u.a. darin, dass ein mir bekannter indischer Muslim, der sonst kaum als Dichter aufgetreten ist, vor einigen Jahren ein langes Urdu-Gedicht zu Ehren des tschechischen Nationalisten J. Futik verfasst hatte, in dem die gesamte Symbolik des Halladsch-Motivs, mit *dār u rasan* und vielen anderen Details nahtlos verwendet und vollkommen dem nicht-islamischen Inhalt angepasst wird.

---

[4] *Mirza Asadullah Ghalib, Kulliyāt-i Fārsī*, ghazaliyāt (Bd. IV), Nr. 83; deutsch in A. *Schimmel*, Woge der Rose, Woge des Weins, Übertragungen aus Ghalibs Urdu und Persischem Divan, Zürich 1971, 67. — Für das Überleben Halladschs im Subkontinent vgl. A. *Schimmel*, Das Motiv des Märtyrer-Mystikers Halladsch in der indopersischen Dichtung, in: Festschrift Henri Corbin, Teheran 1975.

Ein wenig anders ist die Lage in der arabischen Welt. Hier hat das Motiv des wegen der «Enthüllung des Geheimnisses» zum Tode verurteilten Mystikers in der Lyrik niemals die Rolle gespielt wie in der persischen Welt, wo die Halladsch- Tradition von der Mitte des 10. Jahrhunderts an immer lebendig war. Erst letzthin wurde die Persönlichkeit Halladschs in der arabisch sprechenden Welt neu entdeckt, ob er nun von A. Badawi als früher Existentialist, eine Art arabischer Kierkegaard, analysiert wird oder aber plötzlich, fast unklärlich, in der Poesie auftaucht. Dass Massignons Forschungen auch hier den Anstoss zu einer neuen Auseinandersetzung mit dem oft verketzerten Mystiker gegeben hat, steht ausser Zweifel.

Auch in der arabischen modernen Dichtung scheint das Motiv des Weiterwirkens durch den Opfertod zentral zu sein. Unter den bedeutenden zeitgenössischen Dichtern arabischer Zunge ist kaum einer, der Halladsch nicht ein Gedicht gewidmet hätte. Das beginnt mit dem Drama des jungen Ṣalāḥ ʿAbdaṣ Ṣabūr (geb. 1930), *maʾsāt al-Hallāǧ*, englisch «Murder in Bagdad» (mit deutlichem Anklang an T.S. Eliots *Murder in the Cathedral*, da die Technik des ägyptischen Schriftstellers stark von Eliots Dramentechnik beeinflusst ist). Hier wird Halladsch als Sozialreformer verstanden, der gegen die starre Politik der schwachen Kalifen und seiner Wezire kämpft[5]. Das ist bis zu einem gewissen Grade korrekt; denn eines seiner Anliegen war in der Tat eine gerechtere Besteuerung des Volkes, und zu seiner Hinrichtung führten mehr politische Probleme als seine theologischen Anliegen; die unlösliche Verquickung von *dīn* und *dawla*, Religion und Welt, die den Islam auszeichnet, darf gerade bei Reformern wie Halladsch nie ausser acht gelassen werden. Ṣalāḥ ʿAbdaṣ Ṣabūr hat in dem schönen Sang der Jünger gezeigt, dass der Tod Halladschs notwendig war, um seine Lehre zu verbreiten: nur das in die Furchen gestreute Korn kann Frucht tragen, wie es im Chor heisst:

Die Gruppe:

Sag uns — was wäre aus seinen Worten geworden,

Wenn er nicht den Tod erlitten hätte?

Einzelne (hinausgehend):

---

[5] *Ṣalāḥ ʿAbdaṣ Ṣabūr*, maʾsāt al-Hallāǧ, Beirut 1964; englische Übersetzung von *K. Semaan*, Murder in Bagdad, Leiden 1970.

— Wir werden gehen, um in den Furchen der Felder der
Bauern zu finden, was wir bewahrt haben von seinen Worten...
— Und verbergen sie dann unter den Waren der Händler...
— Und beladen damit den Wind, der über den Wogen
einherfährt...[6].

Das Weiterleben der Gedanken Halladschs in der islamischen Mystik und vor allem in der persischen Poesie ist hier schön
symbolisiert, wiewohl der sozialistische Dichter wohl mehr an die
soziale Komponente im Werke Halladschs denkt, die nach Jahrhunderten wieder aktuell zu werden scheint . Eine ähnliche Interpretation lässt sich auch bei einigen modernen pakistanischen
Autoren feststellen, die den 1718 wegen angeblicher Rebellion
hingerichteten Mystiker Shāh ʿInāyat von Jhōk als «Halladsch
von Sind» bezeichnen, da er nicht nur die Alleinheitsschau Halladschs verwirklicht, sondern auch eine Art Landreform durchgeführt habe und dafür mit seinem Leben bezahlen musste[7].

Während bei Salāḥ ʿAbdaṣ Sabūr die Gestalt Halladschs aus
seinen Worten erkennbar wird und das Drama trotz gewisser
Schwächen den grossen mystischen Führer doch im Umriss deutlich
zeigt, ist es schwieriger, Halladsch in dem sechsteiligen Gedicht zu
fassen, das der irakische progressive Dichter ʿAbdul Wahhāb al-
Bayātī seinem Landsmann gewidmet hat. Diese Verse, gesponnen
aus einer Fülle dichter Bilder, in denen der Leser immer stärker in
die Welt des Unheimlichen gezogen wird, skizzieren den leidenden
Halladsch. Er vermischt sich in Bayātīs Bildwelt mit dem Hofnarren,
einem Lieblingsthema dieses Poeten: Wir mögen an Attars (st. 1220)
Neigung denken, die grössten und kühnsten Wahrheiten, doch auch
die heftigsten Anklagen gegen Gott, in den Mund von Narren zu
legen[8]. Halladsch wird hier in seinem Aufstand gegen die weltliche
Macht, aber auch in seiner Anklage gegen Gott, in seiner letzten
Einsamkeit gezeigt, ein Märtyrer, umgeben von Aussätzigen und
Blinden, gekrönt, aber mit einer Dornenkrone. Erst nach dem Tode

---

[6] Der volle Text in *A. Schimmel*, al-Halladsch, Köln 1968, 173, ferner in der
Anthologie: *Spiegel der Wolke*. Zeitgenössische arabische Poesie, herausgegeben und
übersetzt von *A. Schimmel*, Tübingen 1975, wo alle im folgenden genannten arabischen
Gedichte übersetzt sind.

[7] *A. Schimmel*, Shah ʿInāyat of Jhok, a Sindhi Mystic of the early 18th century, in:
Liber Amicorum in honour of C.J. Bleeker, Leiden 1969.

[8] *H. Ritter*, Muslim Mystics Strife with God, in: Oriens V, (1952); und ausführlicher in seinem Werk über ʿAttār (das viel hier relevantes Material enthält), Das Meer
der Seele, Leiden 1955.

wird er frei von den Lumpen, die ihn umhüllten, frei wie das Feuer
und der Wind, und aus seiner Asche wachsen die Bäume,

> Und wir treffen uns übermorgen am Altare der Lichter
> Denn das Oel in der Lampe trocknet nicht aus, und der
> Zeitpunkt des Treffens entgeht uns nicht
> Und die Wunde heilt nie, und die Saat stirbt in Ewigkeit nicht.

Wiederum siegt der Gedanke der Unsterblichkeit des in den Boden
versenkten Korns, des Überlebens durch Opferung[9].

Beziehungen zur christlichen Symbolik sind in Bayātīs Gedicht
deutlich; sie sind auch erkennbar in anderen Versen moderner
arabischer, vor allem irakischer und palästinensischer, Dichter.
Ganz wie Halladsch, so wird ihnen auch Christus zum Sinnbild
von Sterben und Auferstehung, von einer Kraft, die sich erst
nach dem Tode entfaltet. Badr Shākir as-Sayyāb, der jung verstorbene irakische Dichter, hat diesen Christusmythos in seinem
dichterischen Werk mehr als einmal ausgedrückt; dass dabei eine
Anklage gegen die für diesen Tod verantwortlichen Juden nicht
fehlt, versteht sich von selbst. Es ist merkwürdig zu sehen, dass sich
in der mythenlosen Welt des Islam wieder einmal die uralten
Mythen des Vorderen Orients zu erheben scheinen: Tammuz,
Attis, der sterbende und auferstehende Gott, stehen, bewusst oder
unbewusst, hinter dieser dichterischen Symbolik. Tor Andrae hat
darauf hingewiesen, dass der Tod Halladschs mit dem alten Attis-
fest zusammenfiel[10]. Das mag, realistisch gesehen, ein Zufall sein,
denn sicherlich wusste niemand im Bagdad des 10. Jahrhunderts
noch viel von den uralten Kulten des Landes; aber für die Struktur der Symbolik ist ein solches Zusammentreffen wichtig. So
stehen für die Seele des modernen irakischen Dichters Halladsch/
Christus — Tammuz/Attis in einem engen Zusammenhang, der
in seinen Versen in mehr oder minder deutlicher Form ausgedrückt
wird.

Nicht umsonst hat sich derjenige moderne arabische Dichter,
der am stärksten der Mystik verbunden ist, nämlich ʿAlī Aḥmad
Saʿīd aus dem nusairischen Bevölkerungsteil des Libanon (geb.
1931), den Dichternamen *Adonis* beigelegt, um auf jene Kontinuität
der Symbolik hinzuweisen. Adonis hat, wie seine Zeitgenossen im

---

[9] Dīwān ʿAbdal Wahhāb al-Bayātī, Beirut, 1971, II, 9ff.
[10] *Tor Andrae*, I Myrtenträdgarden, Stockholm 1947, 9 (deutsche Ausgabe:
Islamische Mystiker, Stuttgart 1960, 7, deutsch von H.H. Kanus-Crédé).

Irak und Aegypten, ebenfalls eine «Totenklage für Halladsch» ver-
fasst, in er das Thema der Auferstehung andeutet und durch seinen
Hinweis auf den «galiläisch-mächtigen Donner» wiederum die
Verbindung mit Christus schafft.

Nichts blieb mehr für die, so von ferne kommen
— Trotz Tod und trotz Eis und Echo beklommen —
Auf dieser Erde, auferstehungsträchtig...
Nichts blieb mehr: nur noch du, und die Präsenz.
O Sprache galiläisch-mächtgen Donners!
Auf dieser Erde rindenoberflächlich,
O Dichter der Mysterien und der Wurzeln!

Adonis, der über die Sprache der islamischen Mystik gear-
beitet hat, hat einmal die Ausdruckform des klassischen Sufismus als «Surrealismus vor dem Surrealismus» bezeichnet; er
schöpft selbst tief aus dieser Quelle, die es ihm erlaubt, Halladsch
und Suhrawardī Maqtūl (hingerichtet 1191), der sich in der Nachfolge Halladschs wusste, zusammen mit anderen Heroen der islamischen Geistesgeschichte in der Welt der nicht-euklidischen Geome-
trie zu schauen[11].

Übrigens war die Gestalt Halladschs, dessen Liebe und Leiden in zahllosen Gedichten der Volks- und Hofdichtung durch die
Jahrhunderte hin beschworen wurde, auch in der Türkei in jüngster Zeit nicht vergessen. Zur Zeit des ausgesprochensten Laizismus,
da seit mehr als zehn Jahren kein Religionsunterricht mehr an
türkischen Schulen erteilt wurde, nämlich 1942, erschien ein tür-
kisches Drama, *Mansur-i Hallac*, von Salih Zeki Aktay. Der Autor
versucht zwar , die zoroastrische Haltung seines Helden zu beweisen; doch ist das ziemlich schwache Stück wichtig als Zeichen, dass
gerade in einer «religionslosen» Periode dieser Mystiker die Fantasie
der Türken beflügelte. Die moderne Lyrik hat gleichermassen die
geheimnisvolle «Stimme Mansurs» oder die ekstatische Erfahrung
der Einheit widergespiegelt. So singt Asaf Halet Çelebi (st. 1959)
am Ende seines Gedichtes «Mansur»:

... Die Formen kamen aus einem Ort
Die Formen gingen zu einem Ort
Die Formen wurden unsichtbar
    Schlage die grosse Pauke

---

[11] *A Schimmed*, al-Halladsch, 172.

Alle Stimmen ersticken in einer
Mansur
Mansuuuuur[12]

Aber nicht nur die Figur des Märtyrers von Bagdad hat in den letzten Jahren eine erneute Anziehungskraft für die Dichter gewonnen. Man spürt ein wachsendes Interesse auch an anderen Gestalten der islamischen Mystik. Wir brauchen hier nicht auf die unzähligen Verse einzugehen, die im Laufe der Jahrhunderte, und auch in unserem Jahrhundert, unter dem Einfluss von Dschalāluddīn Rūmī geschrieben worden sind oder diesen grössten mystischen Dichter persischer Zunge preisen[13]. Aber es ist aufschlussreich zu sehen, dass Rūmī (st. 1273) auch ein Gedicht ʿAbdul Wahhāb al-Bayātīs inspiriert hat, das dieser seinem verstorbenen Freunde Nazim Ḥikmet gewidmet hat. Nazim Hikmet, der türkische kommunistische Dichter, der in Moskau im Exil starb, kannte die Tradition der islamischen mystischen Erzählung sehr gut. Sein Gedichtzyklus auf Badruddīn, der Qadi von Simawna, in dem seine Sprachgewalt nur gedämpft hervortritt, hat ein Thema aus der Geschichte der türkischen Mystik aufgenommen: Badraddin, wegen Rebellion im Dezember 1416 in Seres gehenkt, steht hier ähnlich wie Halladsch für den vom Establishment geopferten Reformer:

Der Regen rieselt.
Furchtsam
Wie ein Verschwörergespräch.

Der Regen rieselt.
Wie das Huschen der weissen und blossen Füsse
Eines Verräters auf feuchtem und finsterem Boden.

Der Regen rieselt.
Auf dem Markte von Seres
Einem Kupferschmiede genau gegenüber
Hängt mein Bedrettin an einem Baum.

Der Regen rieselt.
Eine späte und sternlose Stunde der Nacht ist's.

---

[12] Märtyrer der Gottesliebe, 170, daselbst auch die Uebersetzung des türkischen Gedichtes von Emin Uelgener, Mansurs Stimme.
[13] Vgl. *A. Schimmel*, Mevlàna Rumi'nin Sark ve Garp'ta tesirleri, Ankara 1963.

Und was da nass wird im Regen
Ist meines an einem blattlosen Aste schwankenden Meisters
Ganz nacktes Fleisch.

Der Regen rieselt.
Der Markt von Seres ist stumm.
Der Markt von Seres ist blind.
Und in der Luft der verfluchte Gram, nicht sprechen zu
können und nicht zu sehn.
Der Markt von Seres bedeckt sein Gesicht mit den Händen.
Der Regen rieselt.

Nazim Hikmet soll Dschalaluddin Rūmīs Verse sehr geliebt
haben: So schrieb al-Bayātī in seinem Zyklus «Nachruf auf Nazim
Hikmet» ein filigranzartes Gedicht als Variation des Eingangsverses
von Rūmīs *Mathnawī*, des «Liedes der Rohrflöte». Das Klagen der
Flöte, so prominent im Ritus des Mevlevi-Ordens, spricht zu ihm,
wie zu dem Mystiker des 13. Jahrhunderts, von dem «Weg im
Blut», den der Liebende gehen muss, und wird verbunden mit dem
Motiv der leidenden Fürstin Schirin, die Nazim Hikmet in einem
Drama besungen hatte[14].

Auch jenen Vers Rūmīs, in dem der Liebende beteuert, die
schönste aller Städte sei doch die, in welcher der Geliebte wohne[15],
hat al-Bayātī zum Motto einer kurzen autobiographischen Skizze
gemacht: Diese Anwendung ist typisch für einen Dichter, der lange
im Exil leben musste.

Dass Rūmī das Werk Iqbals zwischen 1912 und 1938 aufs
eindringlichste beeinflusst hat, ist bekannt und bedarf keiner Erörterung — zu unterstreichen ist nur, dass der indo-muslimische
Dichter-Philosoph mit erstaunlicher Intuition jene Verse Rūmis
zur Grundlage seines Werkes machte, die anstatt der überlieferten
«pantheistischen» Interpretation wieder das persönliche Verhältnis
zwischen Mensch und Gott lehrten, die von der Gewalt der

---

[14] Das Gedicht «Hükmü Humayun» ist entnommen = Orhan Burrian, Kurtulustan
Sonrakiler, Istanbul ²1946, 97; über sein Drama «Schirin» vgl. *C.U.Spuler*, Das türkische
Drama der Gegenwart, in: Die Welt des Islam NS XI 1-4, (1968), 126; Bayātīs
Trauergedicht: Dīwān I, 691.

[15] Mathnawī-yi Ma'nawī, ed. R.A. Nicholson, London-Leiden 1925-1940;
Bayātī, Dīwān II, 380. Zum ganzen Problem vgl. *Desmond Stewart*, Abdul Wahab al-
Bayati, Poet of Exile, in: The New Middle East, London, November 1972.

schöpferischen Liebe und Sehnsucht sprachen oder die Entwicklung des Menschen zu einem höheren Rang andeuteten[16]. Jene Verse Rūmīs, die seit Jahrhunderten als vollkommenster Ausdruck des durch alle Wesen gehenden und sich höherentwickelnden Lebensprinzips interpretiert worden waren und dann von den modernistischen Autoren unseres Jahrhunderts als Vorausnahme Darwinscher Ideen gedeutet wurden, i.e.

Siehe, ich starb als Stein und wuchs als Pflanze auf...

sie wurden von Iqbal im Sinne der Steigerung der menschlichen Persönlichkeit verstanden, und es sollte nicht übersehen werden, dass in Rūmīs Werk der Gedanke der ständigen Steigerung immer verbunden ist mit der Überzeugung, dass zunächst «Sterben vor dem Tode», Selbstopferung, notwendig ist, ehe eine höhere geistige Stufe erreicht werden kann: Rūmī zitiert in diesem Zusammenhang häufig Verse des Märtyrer-Mystikers Halladsch[17].

Unter den von Iqbal gewählten Versen Dschalaluddin Rūmīs ist auch jenes Gedicht, in dem es heisst:

Gestern umschritt unser Meister die Stadt mit der Lampe:
'Geister! Getier! Während Menschen ich, rein geweiht,
   wünsche!'

Dieses Gedicht wird von Iqbal als eine Art magischer Beschwörung zu Beginn seines «Buches der Ewigkeit» gesungen, um Rūmī zu rufen, der ihn dann auf dem Flug durch die Sphären hin zur göttlichen Präsenz geleitet. Das auf Diogenes zurückgehende Thema vom Meister, der mit der Laterne nach einem wirklichen Menschen sucht, ist von Rūmī nicht nur in seinem *Dīwān*, sondern noch zweimal im *Mathnawī* behandelt worden; es muss seinem Herzen also besonders nahe gestanden haben[18].

Eben auf dieses Thema greift auch Ṣalāḥ ʿAbdaṣ Ṣabūr zurück, der nach seinem Halladsch-Drama eine längere Gedichtgruppe einem früh-islamischen Asketen, dem Bishr al-Ḥāfī (st. 841)

---

[16] Iqbal ist von seinen Bewunderern oft als *Rumi-yi ʿaṣr*, der Rūmī unserer Zeit, bezeichnet worden. Dazu vgl. *A. Schimmel*, Gabriel's Wing. A Study into the Religious Ideas of Sir Muhammad Iqbal, Leiden 1963.

[17] Für dieses Problem vgl. *A. Schimmel*, Zu einigen Versen Dschelaluddin Rumis, Anatolica I (1967).

[18] Rūmī kontrastiert den «Mann» gern mit dem muḫannaṭ, dem Hermaphroditen. Das Gedicht, auch von R.A. Nicholson in seine Selected Poems from the Divan-i Shams-i Tabriz aufgenommen (1898), findet sich im Dīwān-i Kabīr, ed. B.Z. Furūzānfar, Teheran 1336 s. ff. als Nr. 441, Zeile 4639; vgl. Mathnawī II 2221 f. und V 2887.

gewidmet hat. Im letzten Gedicht dieses Zyklus, in dessen Versen der «barfüssige» Mystiker sein Leid und seine Miss-stimmung in erschütternden Worten beklagt hat, führt ihn sein imaginärer Meister Bassāmuddīn («der Lächelnde der Religion») auf den Markt. Dort verschlingen die tiergleichen Menschen einander in ständigem Kampf. Sagt nicht der Koran in einem von den Sufis oft auf ihre uneingeweihten Mitmenschen angewandten Vers von der unbelehrbaren Menge, sie seien «wie das Vieh, nein, noch irregehender» (Sura 7,149)? Beim Anblick von Vipern-Mensch, Hund-Mensch und Fuchs-Mensch und vieler anderer sogenannter Menschen, die ihre tierischen Eigenschaften vor dem Blick des Heiligen nach aussen projizieren, schreit Bishr mit ähnlichen Worten auf wie Rūmī:

Sag mir: Wo ist der Mensch... o, der Mensch?

Und er lässt sich nicht von der Hoffnung trösten, dass der wahre Mensch noch kommen und die Welt erfreuen werde. Nein:

Der Mensch, der Mensch ging vorbei
an der Masse des Volkes
vorüber, und keiner erkannte ihn dort
Er grub sich in Kiesel, schlief
mit Schmerzen bedeckt...

Diese Suche nach dem «Menschen» ist ein Zentralthema der modernen islamischen Lyrik. Für den mittelalterlichen Mystiker bedeutete diese Suche den Weg zum Meister, die Hoffnung auf jenen geistigen Leiter, der sich durch ständigen Kontakt mit Gott Gott vervollkommnete und endlich, in Gott entworden und in ihm lebend, der Welt als «Vollkommener Mensch» nach dem Muster des Propheten Muḥammad vorleuchtete. Für die Dichter des späten 20. Jahrhunderts wird die Suche ein Ausdruck ihres «sozialistischen Humanismus», der die menschlichen Qualitäten in der Gemeinschaft verwirklichen soll.

Für Iqbal war Halladsch ein solcher «Mensch» gewesen: Nicht umsonst nennt ihn die islamische Volkspoesie *mard* «Mann par excellence» oder *ghāzī* «Glaubensritter». Durch völlige Hingabe an den göttlichen Willen geläutert, ist er das Muster für alle Gläubigen, die ihre in Gebet und Selbstopfer erfahrene Gottesnähe unter den Menschen verkünden sollen. Den modernen Schriftstellern scheint der gleiche «wahre Mensch» das Musterbild des

Kämpfers gegen die traditionelle Welt, tragischer Held eines Kampfes, der erst lange nach seinem Tode Früchte tragen wird.

Das Problem bleibt für den Beobachter, inwieweit der moderne Dichter in den islamischen Ländern, der in vielen, ja in den meisten Fällen seiner offiziellen Religion entfremdet ist und sehr oft marxistische Denkformeln unterschreibt, noch von der eminent religiösen Bedeutung nicht nur Halladschs, sondern auch der übrigen islamischen Mystiker weiss. Der Sufismus gibt den Dichtern Bilder und Themen; aber man muss sich fragen, wie weit diese Bilder wissentlich und willentlich verfremdet werden. Oftmals bei der modernen Anwendung von Aeusserungen klassischer muslimischer Dichter und Mystiker ist die Tendenz deutlich, jedes Wort im Sinne eines mehr oder weniger verschwommenen «Humanismus» umzubiegen; das gilt für türkische Versuche, in Yunus Emre (st. ca. 1321), dem ersten grossen mystischen Sänger in seiner Muttersprache, den ersten islamischen Humanisten sehen zu wollen, ebenso wie bei der Betrachtung traditioneller Urdu-Dichtung im säkularisierten Indien.

Wie soll man also das plötzlich erwachte Interesse an den Gestalten der islamischen Mystik in Kreisen, wo man es am wenigsten erwarten sollte, erklären? Handelt es sich um eine Wiederentdeckung der «Religion» im Sinne des 19. Jahrhunderts als persönliche Erfahrung des einzelnen, nicht mehr gebunden an die jahrhundertelange Tradition der Gemeinde? Ist es eine mehr oder minder unbewusste Remythologisierung des Islam als Gegengewicht gegen die Entmythologisierungsversuche, die allzu aufklärungsgläubige Theologen versucht haben? Ist es der legitime Ausdruck einer echten Suche nach einer besseren Welt, wie sie allenthalben unter jungen Idealisten zu finden ist? Oder ist es ein Rückfall in ein Heidentum, das aus vorislamischen Quellen schöpft und den Islam im Sinne archaischer Mythen uminterpretiert? Mir persönlich will es scheinen, als habe die moderne Wiederentdeckung Halladschs und seiner Mitbrüder durch ihre Oeffnung zum Mythos ein fruchtbares Element in die Weltanschauung eingeführt, so dass vielleicht auf dem Umweg über kühne poetische Interpretationen die eigentliche religiöse, dynamische Qualität des Islam wieder neu entdeckt werden kann, die in der Auslegung vieler Modernisten so ganz verloren gegangen war.

PROPHETIE ET SAINTETE EN ISLAM

(Nubuwwa et Walāya)

par

Roger Arnaldez

L'Islam est une religion qui est fondée sur un Livre révélé, le Coran. Toute Révélation exige un Dieu qui parle. Mais on peut, en un sens, admettre que Dieu parle au cœur de tout homme. De ce point de vue, on serait conduit à la doctrine d'un prophétisme universel, et on voit sans peine qu'une telle conception entraînerait une totale anarchie dans les croyances et les actions. En tant qu'elle se distingue de la simple inspiration individuelle, qui sans être niée doit toujours être contrôlée, la Révélation a forcément un aspect social: elle n'est pas destinée à un seul, mais à tous, et c'est pourquoi elle se donne comme une Vérité qui doit s'imposer à tous les hommes, par suite comme une règle à laquelle doivent se soumettre les tendances et les passions particulières. Cela exige que Dieu parle par l'intermédiaire d'hommes choisis par lui, qu'il accrédite parmi les autres hommes, moins par des qualités personnelles dont la signification risquerait de rester immanente, que par des signes objectifs à travers lesquels on peut reconnaître et confesser son intervention transcendante. Les prophètes sont ces hommes élus de Dieu: leur fonction est double quoique ses deux aspects soient absolument inséparables: d'une part, agir sur les cœurs et y verser la foi, d'autre part, institutionaliser la croyance, lui donner une réalité objective dans une communauté de fidèles, unis dans une même foi et une même conception de l'action et de la vie en ce monde. Telle est. dans leur unité fondamentale, le distinction de la Foi et de la Loi.

L'Islam a eu de ces deux aspects, une conception des plus nettes On distingue en effet, l'*islām* proprement dit, et l'*imān*, la foi. Un *ḥadīth* rapporte que le Prophète , répondant aux questions d'un inconnu vêtu de blanc qui n'était autre que l'ange Gabriel, a donné lui-même les définitions de l'*islām* et de l'*imān*. «L'*islām* consiste à attester qu'il n'existe de divinité que Dieu et que Muḥammad est son Prophète; à observer comme il faut la prière; à s'acquit-

ter de l'aumône légale; à jeûner le mois de Ramaḍān; à faire le Pèlerinage à la Kaʿba si on a les moyens de le faire.» L'*islām* se ramène
donc aux cinq «piliers», le premier étant désigné sous le nom de
shahāda, la Profession de foi. Quant à la foi (*īmān*), «elle consiste à
croire en Dieu, aux Anges, au Jour Dernier, aux Livres révélés,
aux Envoyés, à ce qui est déterminé en bien et en mal».

On voit, par ces définitions, d'une part que la foi est plus large
que l'*islām* en ce sens qu'elle n'implique que la croyance à la mission
des prophètes, de tous les prophètes que Dieu a envoyés dans le
monde. La foi musulmane comporte une spécification: outre la
croyance à la mission de tous les prophètes, elle exige la croyance
en la mission de Muḥammad, le dernier des prophètes et le sceau de
la prophétie; d'autre part, que l'*islām* ajoute à l'adhésion du cœur
à la Vérité révélée, une certaine pratique cultuelle qui est contenue,
en son principe, dans la Loi coranique révélée. Par suite, la théorie
de la prophétie en Islam revêt à la fois un caractère général, concernant l'ensemble des prophètes, et un caractère particulier,
concernant le Prophète Muḥammad. Dans les cinq piliers de l'Islam, la *shahāda* représente la foi musulmane en ce qu'elle a de
proprement musulman, puisqu'elle professe que Muḥammad est
l'Envoyé de Dieu. Mais cette foi musulmane suppose la foi en
tous les prophètes que le Coran ratifie, voire en tous ceux qui ont
existé et dont le Coran ne parle pas.

Par conséquent la doctrine de la prophétie (*nubuwwa*) relève
à la fois de l'*islām* et de l'*īmān*. En tant qu'elle relève de l'*īmān*,
elle a un caractère plus théorique, plus théologique: la question est
de savoir comment il se fait que Dieu parle par des prophètes,
et on montre alors que le fondement de la prophétie est l'attribut
divin de la Parole: Dieu est Celui qui parle, et par conséquent
toute une conception déterminée de l'Etre divin est impliquée
par l'affirmation de la *nubuwwa*: personnalité divine, liberté divine,
providence divine etc. En outre, pourquoi Dieu se sert-il d'hommes
comme intermédiaires? Pourquoi, par exemple, n'envoie-t-il pas
des anges? La question est posée par le Coran lui-même, qui la
met dans la bouche des incrédules. Dieu répond qu'il faudrait
alors que ces anges prennent figure humaine pour être vus et enten-
dus, et dès lors l'incrédulité ne serait pas davantage vaincue.
D'ailleurs le Coran insiste sur le fait que les prophètes sont toujours
pris dans le peuple même auquel ils sont envoyés. Mais en outre,

certains docteurs ne manqueront pas de faire ressortir que si Dieu choisit des hommes pour porter son Message, c'est parce que l'Homme a, dans la création, une place particulière ; ils s'appuient essentiellement sur les versets de la Sourate *al-Baqara* (2, 30 sq.) où il est écrit que Dieu choisit l'Homme comme vicaire sur la terre et où Il ordonne aux Anges de se prosterner devant lui. On devine par là que sur le plan théologique, la théorie de la prophétie pouvait s'élargir considérablement en une spéculation de type gnostique sur les rapports cachés entre l'Homme et Dieu.

Mais en tant que la doctrine de la prophétie relève de l'*islām*, elle prend un caractère plus historique, voire politique, il s'agit de situer la mission de Muḥammad parmi celle des autres prophètes, de montrer sa précellence et d'expliquer en quoi elle met le sceau à la prophétie. Ici se pose alors le délicat problème de la survie de l'humanité après la mort du dernier des prophètes, donc le problème du Califat ou de l'Imāmat.

Les penseurs de l'Islam ont bien vu que la reconnaissance de la prophétie était la caractéristique la plus nette de toute conception religieuse. Que serait Dieu sans les prophètes ? Un produit de l'imagination humaine, une idée philosophique, l'expression d'aspirations obscures à un absolu, d'un besoin inassouvi de secours et de sécurité, de consolation et d'amour ? Tout cela est humain et trop humain. Les musulmans pensent qu'on ne peut connaître Dieu que s'Il parle et révèle Sa volonté. Certes, il y a des signes de l'existence de Dieu dans la Création. Mais si l'intelligence humaine est seule devant ces signes, comment saura-t-ell que ce sont d'authentiques moyens d'arriver à Dieu et qu'elle ne tombe pas dans l'illusion en les interprétant ? Il faut que ce soit Dieu même qui apprenne que ce sont-là des réalités signifiantes, sur lesquelles on peut peut et doit s'appuyer, et c'est justement ce qu'Il fait dans le Coran. Sans doute, aux yeux de la raison, la preuve par la prophétie est-elle peu convaincante ; c'est normal que la raison se défende ainsi, puisque l'argument prophétique relègue au second plan l'argument rationnel. Mais il suffit, pour se persuader de sa valeur, de considérer que, tant que la pensée humaine reste enfermée dans les limites de la raison, elle ne sera jamais sûre d'avoir prise sur la réalité des choses, de tout ce dont l'existence est en dehors de la représentation humaine. La raison est-elle capable, par elle-même, de garantir qu'elle atteint le réel ? Les théologiens musulmans ne le croient pas. Comment savoir avec certitude que cette soif d'atteindre la réalité des choses (*al-taʿaṭṭush ilā dark ḥaqāʾiq al-umūr*), dont parle Ghazālī dans le *Munqidh min al-ḍalāl*, est vraiment le fait d'une disposition intérieure qui vient de Dieu (*fiṭra min Allāh*), et non d'une illusion subjective? Qu'est-ce qui nous fait croire que les intelligibles ont plus de valeur objective que les sensibles? Ghazālī pose nettement la question: «Les sensibles dirent: par quoi es-tu sûr que ta confiance dans les intelligibles n'est pas comme la confiance que tu avais dans les sensibles, car tu avais grande assurance à leur sujet. Peut-être existe-t-il derrière la saisie de la raison un autre juge qui, s'il se manifeste, dénoncera la fausseté du jugement de la raison, de la même manière qu'en se manifestant, le juge que la raison porte en elle a dénoncé la fausseté du jugement de la sensation.» Sans doute cette faculté supérieure de connaissance, qui surpasse la raison, est-elle pour Ghazālī du domaine de la vie mystique. Mais on sait bien que sans la révélation prophétique, il n'y aurait pas de mystique véritable.

D'ailleurs, Ghazālī, dans son *Iḥyāʾ ʿulūm al-Dīn*, ne considère la science que dans un cadre religieux, Même les sciences qui ne concernent que la vie en ce monde (*ʿulūm al-dunyā*) sont présentées comme une obligation d'origine divine, et ne sont jamais regardées comme des activités indépendantes, livrées à l'initiative humaine. La médecine a pour but de soigner les corps et elle est louable (*maḥmūd*), ainsi que toutes les sciences qui contribuent aux avantages de la vie ici bas (*maṣāliḥ umūr al-dunyā*) ce qui est conforme à la volonté de Dieu. Le calcul sert à établir les partages dans les successions. Ce sont d'ailleurs des sciences dont l'exercice n'incombe pas à chaque croyant, il suffit qu'un seul, ou quelques uns s'en chargent, et ce genre d'obligation porte le nom de *farḍ kifāya*. Quant à la science obligatoire personnelle (*farḍ ʿayn*), chaque savant prétend que c'est la sienne: pour les théologiens (*mutakallimūn*), c'est la théologie (*kalām*). Pour les juristes (*fuqahāʾ*), c'est le *fiqh*; pour les mystiques, c'est le *taṣawwuf* que chacun d'eux définit à sa manière; pour les commentateurs et les traditionnistes (*al-mufassirūn waʾl-muḥaddithūn*), c'est la science du Coran et de la *sunna*, car par elle on a accès à toutes les autres sciences. Ghazālī voit bien que toutes ces disciplines, tout en étant indispensables à la communauté musulmane, ne peuvent être pratiquées par chaque crkyant à tittre personnel. Il se rallie à l'opinion d'un mystique, l'auteur du *Qūt al-Qulūb*, Abū Ṭālib al-Makkī, selon qui la science qui est d'obligation personnelle est «celle de ce que renferme le *ḥadīth* où sont énumérés les piliers sur lesquels est construit l'Islām (*mabānī 'l-islām*)», car ce sont ces cinq piliers qui constituent l'obligation pour tout musulman; «il faut donc avoir la science de la manière d'agir relativement à chacun d'eux et de la nature de l'obligation». Par suite Ghazālī conclut que la science d'obilgation personnelle est «la science de l'action qui est notoirement obligatoire pour tour les musulmans». Elle porte sur trois choses: ce qu'il faut croire (*iʿtiqād*), ce qu'il faut faire (*fiʿl*), ce qu'il faut ne pas faire (*tark*). Dès son plus jeune âge, l'enfant doit apprendre les deux *shahāda*, les comprendre, puis donner son assentiment à ce qu'elles signifient et affirmer leur vérité. On ne lui demande de connaître ni preuve (*dalīl*), ni démonstration (*burhān*), et il n'a qu'à répéter par imitation (*taqlīd*) sans avoir à faire de recherche (*baḥth*). Les autres sciences ne sont nécessaires qu'accidentellement et ne sauraient s'imposer dans la situation de tout un chacun (*fī ḥaqq kulli shakhṣ*). On voit donc que la question de la science est posée dans le cadre de la loi. Et Ghazālī écrit: «J'entends par Loi ce qui est tiré des prophètes (*mā 'stufīda min al-anbiyā'*).» Et il ajoute: «C'est ce à quoi la raison ne conduit pas» (*wa lā yurshidu 'l-ʿaql ilayhi*). C'est la Révélation qui fournit les premières connaissances; c'est elle qui définit l'usage qu'on doit faire de la raison; c'est elle encore qui oriente dans l'apprentissage et l'exercice de toutes les autres sciences. On comprend donc à quel point la question de la prophétie est primordiale dans la perspective de la pensée musulmane. De même que sur le plan de la morale, la plupart des docteurs soutiennent qu'avant l'arrivée de la Loi, l'homme était incapable de distinguer le bien du mal, ce qu'il faut faire et ne pas faire, de même sur le plan de la connaissance, il ne peut rien saisir avec certitude en dehors de l'enseignement des prophètes.

L'importance primordiale de la prophétie en Islam fait comprendre qu'il n'y a aucun point du dogme qui puisse relever entièrement de la recherche rationnelle. Beaucoup de docteurs ont insisté sur le caractère rationnel de l'Islam. Cela veut dire que la révélation coranique n'apprend rien sur l'inviolable mystère (*ghayb*) de Dieu et qu'elle s'adresse à la raison humaine que Dieu a créée justement pour recevoir et exploiter le contenu de la mission des prophètes. C'est le Coran qui ordonne de réfléchir: *fa-ʿtabirū yā ulī 'l-abṣār*. Cette question de l'*iʿtibār* a soulevé de nombreuses discussions. Certains juristes shāfiʿites ont cherché à en faire le fondement du raisonnement analogique. R. Blachère traduit ce verset (59, 2): «Tirez-en

une leçon, à ô vous doués de clairvoyance.» Cette signification, pour
peu qu'on l'étende, deviendrait aisément: tirez-en des principes
d'action pour les cas nouveaux qui se présentent à vous et dont le
Coran ne dit rien; ce serait là exactement le procédé du *qiyās*. Si on
admet cet appel à l'intervention de la raison humaine dans l'éla-
boration des règles de droit, on voit qu'elle devra toujours partir
d'un texte révélé. Et si on donne à l'*i'tibār* un sens général en le
prenant *'alā 'l-'umūm*, on arrive à l'idée que Dieu fournit à l'homme
les thèmes mêmes sur lesquels il doit réfléchir et qu'Il indique à quel
résultat cette réflexion doit aboutir. C'est ainsi qu'il demande aux
hommes de considérer leur propre origine, la puissance intelligente
qu'il a fallu pour les faire passer de l'état de vil sperne à la forme
achevée qu'ils possèdent, afin de comprendre et d'admettre que
Dieu a le pouvoir de ressusciter les morts. Nombreux seraient les
exemples de cette sorte. Notons en outre que le verset parle des
ulī 'l-abṣār, ceux qui ont de quoi voir, expression qui rappelle un
terme très fréquemment employé dans le Livre: la *baṣīra*. C'est la
faculté de voir en profondeur, qui est tout spécialement donnée
aux prophètes et à Muhammad en particulier. Nul doute que la
baṣīra soit en relation étroite avec la raison à laquelle Dieu fait
allusion quand, à plusieurs reprises, il demande: *a fa-lā ta'qilūna*,
Ne comprendrez-vous pas? et quand au contraire, il loue ceux qui
ont compris. La raison semble bien être, dans ces contextes, la
faculté de voir tous les signes que Dieu donne dans sa Création et
dont il fait mention dans sa Révélation. Cette interprétation ressort
nettement de l'enseignement de Ghazālī.

En somme, il ne s'agit pas du tout de démontrer philosophique-
ment l'existence de Dieu et de ses Attributs: le Dieu de l'Islam n'est
absolument pas le Dieu des Philosophes dont parlait Pascal. Il
s'agit d'utiliser sa raison pour confesser (*iqrār*) et reconnaître la
vérité (*taṣdīq*) de ce qu'apporte le livre révélé. Par conséquent,
même ce qui, dans la Révélation, pourrait paraître du ressort de la
démonstration rationnelle, ne peut, dans la perspective islamique,
qu'être transmis par un prophète. Or la langue arabe possède
justement deux termes pour désigner le prophète. Le premier est
nabī (le *navi* de la Bible) qui désigne le prophète dont le rôle se borne
à rappeler que Dieu existe, qu'Il est Un et Unique (dogme du
tawḥīd), qu'Il est Tout-Puissant, Omniscient, qu'il est Créateur
(*khāliq*) et qu'il pourvoit à tous les besoins de ses créatures (il est
Rāziq), qu'Il les ressuscitera après la mort et les récompensera ou les

punira dans la Vie Dernière (*ākhira*). Toutes ces vérités sont impliquées dans les termes du *mīthāq*, quand Dieu a fait sortir des reins d'Adam toute sa postérité et lui a demandé: Ne suis-Je pas votre Seigneur? Toute cette postérité s'est engagée en reconnaissant la Seigneurie divine. Aussi le *nabī* n'a-t-il qu'à rappeler cet engagement prééternel qui a marqué l'humanité d'un caractère (*fiṭra*), c'est à dire d'une disposition (*istiʿdād*) foncière à répondre à la prédication des prophètes et à se soumettre à la Parole de Dieu. Le rappel (*dhikr*) du *mīthāq* s'accompagne d'ailleurs d'une mise en garde contre le danger de laisser la *fiṭra* s'émousser et l'*istiʿdād* se perdre. Le deuxième vocable est *rasūl*, l'Envoyé, qui a en outre la mission d'apporter une Loi déterminée. Par suite, alors que le message des *anbiyā'* (ou *nabiyyūn*) est toujours le même, le contenu du message des Envoyés varie de l'un à l'autre. Les Lois se succèdent et ne se ressemblent pas dans le détail: la suivante abroge la précédente; ainsi celle de Jésus abroge celle de Moïse, et celle de Muhammad abroge les deux autres. Muhammad est le sceau des prophètes et sa Loi ne sera jamais abrogée. Notons qur tout *rasūl* est *nabī*, alors que tout *nabī* n'est pas *rasūl*[1].

Par ce qui précède on peut penser que la distinction entre *nabī* et *rasūl* recouvre la différence entre *īmān* et *islām*: le *nabī* enseigne le contenu de la foi; le *rasūl* enseigne la Loi, tout particulièrement la Loi de l'Islam. Et de même que le *rasūl* comprend le *nabī*, de même l'Islam renferme l'*īmān*, la foi véritable, fondement de la vraie religion. Par suite le mot *islām* signifie la religion de Dieu, vraie et éternelle. *Inna 'l-dīna ʿinda 'llāhi 'l-islām* (3, 19).

Bien que l'idée de prophétie soit commune au Judaïsme, au Christianisme et à l'Islam, la différence de compréhension est très importante. Pour les Juifs, il y a des Patriarches et un seul prophète auquel tous les autres se ramènent: Moïse qui a reçu la Loi. Tous les autres prophètes, Isaïe, Jérémie, Ezéchiel, etc. sont chargés par Dieu de rappeler la Loi aux hommes, sans rien y ajouter, en fonction des événements politiques et de la situation sociale et religieuse de leur temps. Philon d'Alexandrie exprimait clairement la pensée juive en disant que ces autres prophètes n'étaient que les «disciples» (γνώριμοι) de Moïse. Leur œuvre est tournée vers le passé qu'ils cherchent à actualiser dans le présent. Pour les

---

[1] Notons que les théologiens muʿtazilites ne s'intéressent pas en général à cette distinction du *nabī* et du *rasūl*.

Chrétiens, les prophètes ont pour mission de rappeler l'alliance abrahamique dont ils révèlent progressivement le sens spirituel, et ils préparent ainsi l'avènement du Christ, en reliant le passé à l'avenir. Pour les Musulmans, les prophètes, en tant que *nabiyyūn*, se succèdent en apportant toujours le même enseignement, mais à des nations différentes; les Envoyés (*rusul*) sont chargés, les uns après les autres, de révéler des Lois différentes; mais il n'y a pas de l'un à l'autre de relation positive dans le temps de l'histoire et chacun existe pour ainsi dire en soi, sans relation avec ceux qui l'ont précédé. Dans un *hadīth* rapportant le récit de l'ascension nocturme de Muḥammad, le prophète de l'Islam rencontre successivement tous les prophètes qui l'ont précédé. Son dialogue avec Moïse montre bien la totale ignorance dans laquelle se trouve le Législateur des Juifs, relativement aux commandements qui vont être donnés aux musulmans. Les deux prophètes ne peuvent se communiquer rien d'autre que ce qui leur a été ordonné par Dieu. Toute relation entre prophètes-envoyés passe par Dieu et n'existe que par la volonté de Dieu. Elle n'est jamais directe, et ce n'est d'ailleurs que dans des récits de type eschatologique qu'elle apparaît. Dans l'histoire, il y a coupure. Par conséquent, il n'y a aucun développement historique d'une révélation à la suivante; il n'y a pas de pédagogie de Dieu qui formerait l'humanité peu à peu à recevoir la Révélation totale. Cette idée est parfaitement étrangère à l'Islam. Sans doute est-il écrit (5, 3): «Aujourd'hui j'ai parfait pour vous votre religion (*akmaltu lakum dīnakum*) et j'ai donné sa complétude au bienfait que je vous accorde (*wa-atmamtu ʿalaykum niʿmatī*).» Mais les commentaires montrent bien qu'il ne s'agit nullement ici de ce que le Christianisme appelle la plénitude de la Révélation. Le *Tafsīr al-Djalālayn* explique qu'il s'agit de la perfection «des statuts juridiques et des prescriptions de la religion (*ahkāmahu wa-farā'iḍahu*) de telle sorte qu'après cela il ne sera plus révélé ni licite (*halāl*) ni interdit (*harām*)». Quant au bienfait accordé dans son intégralité, il s'agit pour certains du retour de la communauté des Croyants à la Mecque. L'Islam est parfait par ce que sa Loi ne sera pas abrogée. On pourrait, il est vrai, soutenir qu'il y a un progrès dans la succession des Lois, en s'appuyant sur le verset (5, 106): «Si Nous abrogeons un verset ou si Nous jetons sur lui l'oubli, Nous en apportons un qui est meilleur que lui ou lui est semblable.» Ici encore, le *Tafsīr* nous donne le sens musulman de ces paroles: un verset meilleur est celui qui est plus utile pour les hommes (*anfaʿ li'l-ʿibād*) relativement à la facilité (*suhūla*) et à l'abondance de la rétribution (*kathrat al-adjr*). Ainsi la succession des Lois n'a pas pour fin de parfaire la connaissance que les hommes peuvent acquérir de Dieu; il n'y a là que le passage d'une Loi à une autre, d'un commandement à un autre, ce qui abroge étant meilleur que ce qui est abrogé, parce que Dieu le veut, car il n'y a pas un bien en soi, mais le bien est ce que la Volonté divine décrète comme bien; le mal, ce que la Volonté divine décrète comme mal. Ou, en d'autres termes, Dieu voulant que l'homme lui rende un culte (*ʿibāda*), le bien est l'observance de ce culte, et ce culte est ce que Dieu veut, il n'y a pas de culte qui soit en lui-même meilleur qu'un autre. La seule valeur d'un culte est d'être prescrit par la Loi Notons néanmoins que cette vision purement volontariste, tout en étant de beaucoup la plus répandue en Islam, n'est pas absolument la seule. Les Muʿtazilites ont sur ce point en général, et sur la conception du bien et du mal en particulier, une attitude différente, quand ils disent que Dieu ne fait que le bien, que le mal ne provient que de la liberté de la créature, ce qui implique, sinon qu'il existe une sorte d'Idée platonicienne du Bien à laquelle Dieu se conformerait (le Muʿtazilisme rejette en effet la doctrine qui met dans la pensée divine des Idées exemplaires des choses créées), du moins que le bien n'est pas le résultat d'un Décret arbitraire, mais qu'il est en relation avec l'essence même de Dieu, puisqu'il est impossible à Dieu de faire le contraire du bien.

Il résulte de ce qui précède que la seule relation qui soit concevable entre les diverses Lois, est celle de l'abrogation. On peut rapprocher cette façon de voir la suite des révélations, d'une doctrine qui sera développée par le docteur ashʿarite Bāqillānī sur la discontinuité du temps. Selon une intuition qui fait songer aux idées de Descartes et de Malebranche, Bāqillānī enseigne qu'un accident ne demeure pas par lui même en un corps (un atome) deux instants successifs. Il faut que Dieu le crée une première fois dans ce corps en un premier instant, et une seconde fois dans l'instant suivant. Ainsi Dieu est toujours libre de faire ce qu'il veut à tout moment: la création, les êtres, leurs mouvements ne sauraient continuer sur leur lancée; l'acte de création n'est pas la chiquenaude initiale après laquelle le créé continuerait à exister en vertu d'une force qui serait déposée en lui. Dans cette perspective, Bāqillānī soutient la doctrine de l'atomicité de la matière (les atomes pouvant être redistribués à chaque instant dans les combinaisons que Dieu veut à cet instant) et de l'atomicité du temps (ce qui conduit à la négation de la réalité des causes secondes et à l'occasionnalisme). On tire aisément de là que si le temps est discontinu, l'histoire est elle-même discontinue : une période ne prépare pas la suivante et ne l'explique pas ; le temps est incapable de rien mûrir, et par suite il ne saurait y avoir de développement de la Révélation sur le plan horizontal de l'histoire : toute révélation descend du Ciel, verticalement, c'est le *tanzīl*, et les points d'impacts dans le temps historique sont forcément en discontinuité. Cette rencontre entre la théorie élaborée qui est celle de Bāqillānī, et la présentation des diverses Lois dans le Coran, est un indice certain que cette façon de voir est profondément musulmane.

Néanmoins la lecture du Coran et des commentaires suggère que l'idée d'une continuité temporelle n'est·pas étrangère à la pensée islamique. Il s'agit de la continuité généalogique. Très vraisemblablement, la valeur attachée à l'ascendance et à la filiation provient d'un vieil idéal des Arabes de la *Djāhiliyya*. Le culte de l'honneur ancestral est le thème de la *mufākhara*, cette rivalité dans l'honneur et dans l'illustration de la tribu, cette jactance qui a inspiré tant de poèmes. En un sens, l'idéal musulman était exactement contraire à une telle éthique, dans laquelle les vertus sont essentiellement compétitives : par exemple, on n'est généreux que si on est plus généreux que les autres et le *karam* se traduit par la *mukārama*. Il y avait là une disposition peu favorable à l'acceptation de la morale musulmane qui abaisse devant la Majesté de Dieu toutes les grandeurs humaines, personnelles ou collectives. En outre, l'éthique bédouine était une éthique de guerriers pour qui ce qui compte, c'est de l'emporter sur son adversaire et de le vaincre. Or l'Islam veut que la paix règne entre les Croyants, et quand il parle de la guerre sainte contre les infidèles (*djihād*), il prend soin de la présenter comme bien différente des anciennes razzias (*ghazw*) dont le but essentiel était de faire du butin : le *djihād* doit être fait «dans la voie de Dieu» ; aissi le partage du butin est-il strictement réglementé pour signifier que cela ne vient qu'en second lieu, et surtout les combattants doivent savoir qu'ils ne tiendront la victoire que de Dieu, à condition qu'ils respectent l'esprit religieux du *djihād*. Enfin, l'Islam a l'idéal d'une communauté des fidèles qui n'a rien à voir avec les tribus fondées sur les liens du sang. On sait qu'arrivé à Médine, après l'hégire Muḥammad tenta de créer une telle communauté cimentée par les liens de la foi. On en a un témoignage dans le Coran (8, 72): «Ceux qui croient, qui ont fait l'*hégire* et le *djihād* de leurs biens et de leurs personnes, dans la Voie de Dieu, ceux qui leur ont donné refuge et les ont secourus, ceux-là sont affiliés les uns aux autres (*baʿḍuhum awliyāʾ baʿḍ*).» Mais cet idéal profondément religieux ne put se maintenir dans toute sa pureté. On sait que les rivalités de tribus jouèrent un rôle considérable dans l'histoire des dynasties de califes et de sultans. D'ailleurs, le verset témoin que nous venons de citer, fut, de l'avis de tous, abrogé par Dieu Lui-même qui a dit (33, 6): «Les parents par le sang sont plus dignes d'une part (de l'héritage), dans la Loi de Dieu, que les Croyants et les *Muhādjirūn*.» Par suite, les liens du sang reprennent toute leur importance dans la loi de l'héritage, et par là dans l'ensemble de la structure sociale de la communauté musulmane. Le Coran de façon très nette se borne à juxtaposer les deux ordres de réalités: groupes ethniques et valeurs religieuses (49, 13): «Nous vous avons constitués en peuples et en tribus, afin que vous vous connaissiez les uns les autres. Assurément le plus noble parmi vous aux yeux de Dieu, c'est celui d'entre vous qui est le plus pieux.»

Nous renvoyons à un commentaire intéressant de ce verset par Ibn Ḥazm dans son ouvrage intitulé *Djamharat ansāb al-ʿArab* (cf. E I², tome III, p. 821, col. 1 bas et 2). Les généalogies ont joué un si grand rôle dans la civilisation musulmane que s'est sous cette forme que Balādhurī qui vivait au 3e/9e siècle, a présenté ses *Ansāb al-Ashrāf*, qui sont un ouvrage d'histoire relevant du genre *tabaqāt*. Il est vrai que les auteurs ne remontaient pas toujours à Adam, Seth ou Noé, et que, dans la société musulmane, les généalogies, souvent fabriquées, servaient à prouver l'origine arabe d'un personnage.

Quoi qu'il en soit, bien que l'Islam ait toujours considéré les polythéistes comme voués à l'enfer, fussent-ils les ancêtres d'authentiques musulmans, l'intérêt que les Arabes éprouvaient pour leur ascendance n'a pas faibli. Ce qui est remarquable en ce qui concerne la présente question, c'est que ce goût des généalogies a trouvé à se satisfaire dans l'Islam même, considéré par rapport à son passé. Parmi tous les prophètes dont parle le Coran, Abraham joue un rôle éminent. Pourquoi? Sur cette question, on peut faire voir clairement la spécificité d'une réponse purement islamologique. L'historien critique aura beau jeu de montrer que parmi tous les prophètes cités par Dieu, le premier sur lequel on ait des documents suffisamment étendus et importants, c'est Abraham. Y. Moubarac (*Abraham dans le Coran*, p. 25) fait remarquer qu'Abraham « ne commence à figurer vraiment que dans les sourates où les récits tendent précisément à l'édification plutôt qu'à la menace: 19, 18 et 21. Mais déjà il apporte cette note dans les séries de châtiment: ainsi dans la sourate 51, où il est le seul à faire l'objet d'un récit, les autres prophètes ne jouissant que de mentions trés brèves.» En effet, il est question, dans la sourate 51, outre Moïse, de Noé dont l'histoire tourne autour de ce terrible châtiment que fut le déluge, de la tribu de ʿĀd et de celle des Thamūd auxquelles furent envoyés respectivement les prophètes Hūd et Ṣāliḥ. Or que savons-nous de ces deux derniers personnages? Les commentateurs sont fort peu renseignés. Fakhr al-Dīn al-Rāzī nous rapporte qu'*on dit* que Hūd était fils de Shālikh (hébr. Shālah), fils d'Arphakshad, fils de Noé. Quand aux ʿĀd, ils sont une population qui habitait dans le Yémen une région de sables appelés al-Aḥqāf, entre le ʿOmān et le Ḥaḍramawt.

Nous ne trouvons pas davantage de précisions sur les Thamūd. Certains disent que leur nom vient de *Thamad* ou *Thamd* qui désigne une flaque ou une petite masse d'eau que la chaleur assèche rapidement; en effet le pays habité par cette tribu n'avait que très peu d'eau. C'était la région de Ḥidjr, entre le Ḥedjaz et la Syrie, sur la route de Wādī 'l-Qurā (cf. Ibn Hawqal, trad. G. Wiet, I, p. 31). Mais d'autres prétendent que cette dénomination vient du nom de leur ancêtre Thamūd, fils de ʿĀd (hébr. ʿUd?), fils d'Aram, fils de Noé. Ṣāliḥ, ajoute Rāzī, appartenait à cette tribu et descendait par conséquent de Noé. La *Genèse* (10, 21-31), dans l'énumération de la descendance de Noé, ne cite ni Hūd, ni Ṣāliḥ. Il était normal qu'on leur donnât une généalogie remontant aux survivants du Déluge. Mais cet effort des commentateurs pour situer, autant que faire se pouvait, ces deux prophètes dont seul le Coran parle, n'a pas eu de conséquences importantes. En fait Hūd, Ṣāliḥ, comme Shuʿayb le prophète de Madian, sont surtout destinés à illustrer l'idée du châtiment dont Dieu frappe tout peuple qui rejette la prédication du prophète qu'Il lui a envoyé. Il n'en va pas de même pour Abraham, puisque par son fils Ismaël il est l'ancêtre des Arabes. La Bible et les traditions juives donnent sur lui de nombreux renseignements. On comprend alors la place prééminente qu'il reçoit en Islam.

En réalité, si on s'en tient au Coran, comme toute étude islamologique l'exige, on voit que le rôle d'Abraham n'est pas fondementalement déterminé, ni par le fait qu'il est le père d'Ismaël, ni par le fait qu'il est, dans la Thora, le premier «prophète» dont la vie fasse l'objet d'un exposé suivi et étendu. Abraham est avant tout le Croyant qui, avant Moïse et Jésus, n'est ni Juif ni Chrétien. Il reçoit le nom de musulman. Il est donc le type même du vrai Croyant, et sa relation religieuse au prophète de l'Islam Muḥammad passe avant les liens de parenté entre Ismaël et les Arabes. «O Détenteurs de l'Ecriture! pourquoi argumentez-vous au sujet d'Abraham, alors qu'on n'a fait descendre la Thora et l'Evangile qu'après lui? ... Abraham ne fut ni juif ni chrétien, mais il fut ḥanif et soumis à Dieu (muslim). Il ne fut pas au nombre des Associateurs. En vérité, les plus liés (awlā) des hommes à Abraham sont assurément ceux qui le suivent, ce Prophète (Muḥammad) et ceux qui croient» (3, 65, 67 et 68). Dans ces versets la note purement religieuse est seule accentuée. Rāzī, commentant ces versets, fait les observations suivantes: «On peut dire: cela vous charge également (vous les musulmans), car vous déclarez qu'Abraham suivait la religion de l'islam (kāna ʿalā dīn al-islām); or l'Islam ne fut révélé qu'après lui et longtemps après. Si vous dites que le sens du verset est qu'Abraham, dans les principes de la religion (fī uṣūl al-dīn) suivait la doctrine (madhhab) que suivent les musulmans actuellement, nous répondrons: pourquoi n'est-il pas également possible que les Juifs soutiennent qu'Abraham était juif en ce sens qu'il suivait la religion que suivent les Juifs, et que les Chrétiens soutiennent qu'il était chrétien en ce sens qu'il suivait la religion que suivent les Chrétiens? En ce sens, que la Thora et l'Evangile aient été révélés après la mort d'Abraham, cela n'empêche pas qu'Abraham soit juif ou chrétien, de même que le fait que le Coran a été révélé après lui n'empêche pas qu'il soit musulman. La réponse est la suivante: Il est écrit dans le Coran qu'Abraham était ḥanif et muslim, alors qu'il n'est pas dit dans la Thora et dans l'Evangile qu'il était juif ou chrétien. La différence est évidente. Quant à nous, nous déclarons en ce qui concerne les Chrétiens qu'ils ne suivent pas la religion (milla) d'Abraham; c'est là chose évidente, car le Christ n'existait pas au temps d'Abraham et par conséquent le culte du Christ n'était pas objet de loi en ce temps-là, c'est certain. Donc s'occuper de rendre un culte au Christ est contraire à la religion d'Abraham, c'est également certain. En ce qui concerne le fait que les Juifs ne suivaient pas la religion d'Abraham, la raison en est que sans aucun doute Dieu avait imposé aux créatures (humaines) des obligations (*takālīf*) avant la venue de Moïse. Sans aucun doute non plus celui qui fit parvenir des *takālīf* aux créatures humaines fut pris parmi les hommes. Aucun doute qu'il fut assisté par des miracles, sinon les créatures humaines n'auraient pas eu à recevoir de lui ces charges obligatoires. Par conséquent, il y eut des prophètes avant la venue de Moïse et ils avaient des lois déterminées. A la venue de Moïse, de deux choses l'une: ou bien on dira qu'il est venu pour confirmer ces lois, ou bien qu'il n'est pas venu pour cela, mais pour en apporter d'autres. S'il est venu pour les confirmer, il n'est pas le Maître de cette Loi (*ṣāḥib tilka 'l-sharīʿa* = la Loi mosaïque). Il aurait été comme un *faqīh*, reconnaissant une Loi antérieure à lui. Or les Juifs n'acceptent pas cela. Et s'il est venu avec une Loi de celui qui l'a précédé, il a dû la déclarer abrogée. Or il appert incontestablement que la religion (*dīn*) de chacun des prophètes a le pouvoir de prononcer l'abrogation. Mais les Juifs n'admettent pas l'abrogation. Il est donc sûr qu'ils ne suivent pas la religion (*milla*) d'Abraham.» Sous une apparence compliquée, l'argument est simple: pour pouvoir se dire tenants de la religion d'Abraham, il faudrait que les Juifs ou bien nient la spécificité de la Loi de Moïse (ce qu'ils ne font pas, non plus d'ailleurs que les Musulmans), ou bien qu'ils admettent l'abrogation, dogme qui est censé faire corps avec l'authentique conception de la mission prophétique (*risāla*) et de la Révélation, et qui par suite relève aussi de la religion d'Abraham qui est vraie. Or ils refusent l'abrogation. La conclusion s'impose. Au contraire, l'Islam satisfait aux deux conditions, et il en résulte que les musulmans suivent la religion d'Abraham.

En tout cela, on voit poindre une polémique contre les Juifs et les Chrétiens. Le Coran ne rejette pas la lignée chronologique des prophètes; il insiste au contraire sur elle: «Dites: Nous croyons en Dieu, à ce qui nous a été révélé, et à ce qui a été révélé à Abraham, Ismaël, Isaac, Jacob et les (douze) Tribus, à ce qui a été donné à Moïse et à Jésus...» (2, 136). Cette succession, quoique discontinue comme nous l'avons vu, est conservée en droit. Mais il se trouve que les Juifs ont altéré le message de leur prophète, comme les Chrétiens ont altéré le message du Christ. C'est ce qui fait que Muḥammad, en face d'adversaires qui prétendent monopoliser à leur profit exclusif ce que leur ont apporté leurs prophètes respectifs, est présenté par le Coran comme l'Envoyé qui, par dessus Moïse et Jésus dont les Juifs et les Chrétiens ont modifié ou dissimulé les messages, se rattache directement à Abraham. Il n'y a dans tout cela aucune trace d'une idée de descendance charnelle. D'ailleurs, Ismaël est toujours cité avec Isaac, sauf dans le verset 2, 125: «Nous avons fait un pacte avec Abraham et Ismaël: Purifiez mon Temple pour ceux qui font la circumambulation.» Ce n'est donc qu'à propos de la fondation de la Ka'ba et de l'institution des rites du Pèlerinage qu'Abraham et Ismaël sont réunis à l'exclusion d'Isaac et cela se comprend puisqu'Isaac n'a rien à voir avec cet événement. Le problème qui se pose est ici de savoir si l'idée première a été celle de l'importance religieuse de la Mecque, entraînant l'association Abraham-Ismaël et par suite l'insistance sur la filiation abrahamique des Arabes par Ismaël, ou si, au contraire, c'est en raison de l'idée de cette filiation que la Mecque et son Temple ont été mis en valeur comme centre d'un Islam conçu comme directement rattaché à la religion d'Abraham. Bien que cette question soit difficile à trancher, il semble, quand on étudie les textes de près que l'idée de la filiation soit seconde. (Sur cette question controversée, on se reportera aux ouvrages de Y. Moubarac, surtout *Abraham dans le Coran*, et à ceux de M. Hayek, en particulier *Le Mystère d'Ismaël* et *Les Arabes ou le baptême des larmes*).

Rāzī revient d'ailleurs, à propos de la fin du verset 68 de la sourate 3, sur la relation particulière de Muḥammad à Abraham, sous forme de réponse à une critique possible: «Si on objecte: Quand vous dites qu'Abraham suivait la religion de l'Islam, entendez-vous par là la concordance (*muwāfaqa*) dans les principes (*fī 'l-uṣūl*) ou dans les dérivations (*furū'*)? Que ce soit une concordance dans les principes, ce n'est pas particulier à la religion de l'Islam. Au contraire nous jugeons catégoriquement qu'Abraham suivait la religion des Juifs, je veux dire cette religion apportée par Moïse; et de même qu'il suivait la religion des Chrétiens, je veux dire ce Christianisme apporté par Jésus, car il n'est pas possible que les religions des prophètes diffèrent dans les principes (*fa-inna adyān al-anbiyā' lā yadjūzu an takūna mukhtalifatan fī 'l-uṣūl*). Mais si vous entendez par là la concordance dans les questions dérivées, il faut en conclure nécessairement que Muḥammad n'est pas le Maître de la Loi (qu'il a apportée), mais qu'il ne fait que confirmer la religion d'un autre que lui. En outre, on sait de science évidente que le culte de Dieu fondé dans le Coran n'existait pas à l'époque d'Abraham. En effet, la lecture du Coran est légalement obligatoire dans la prière des musulmans et ne l'est pas dans la prière des autres. Notre réponse est la suivante: Il est possible qu'il s'agisse de la concordance dans les *uṣūl*. Le but serait alors d'expliquer qu'Abraham n'était pas en accord sur les principes qui suivent la doctrine de ces Juifs et de ces Chrétiens qui vivent à notre époque. Mais il est également possible de soutenir qu'il s'agit d'une concordance dans les questions dérivées. C'est que Dieu a abrogé ces *furūʿ* (de la Loi d'Abrahám) par la Loi de Moïse; puis au temps de Muḥammad, Il a abrogé la Loi de Moïse par cette Loi (nouvelle de l'Islam) qui était déjà établie du temps d'Abraham. Cette supposition permet de dire que Muḥammad est Maître de la Loi (musulmane), mais comme elle est dans sa majeure partie en accord avec la Loi d'Abraham, en dépit de quelques différences peu nombreuses, rien n'empêche que la concordance soit réalisée.» Une fois de plus, nous constatons qu'il n'est fait aucune allusion à une filiation charnelle.

Nous pouvons donc conclure que la continuité généalogique entre Abraham, Ismaël et les Arabes n'a rien d'essentiel dans la conception musulmane de la prophétie et de la série des prophètes. De même que la tentative de Muḥammad à Médine pour créer une communauté uniquement fondée sur les liens religieux de la foi a dû s'accommoder de l'invincible attachement des Arabes aux liens du sang, de telle sorte que l'idéal d'une *umma* des Croyants se superpose à la réalité des groupes familiaux et tribaux sans jamais se substituer à elle, de même le rattachement religieux de Muḥammad à Abraham a été peu à peu estompé par la force d'une exégèse qui met de plus en plus en avant le rattachement généalogique. La différence, c'est que le Coran lui-même a abrogé les dispositions que le Prophète avait prises immédiatement après l'hégire, au moins en ce qui concerne la loi de l'héritage, tandis que nulle part Dieu ne révèle explicitement qu'Abraham et Ismaël doivent être considérés par les fidèles comme leurs ancêtres selon la chair. C'est la spéculation postérieure qui, s'appuyant sur quelques rares versets et en les interprétant, a mis l'accent sur un point de vue qui est à peine esquissé dans le texte coranique. Généralement parlant, cette insistance sur la descendance abrahamique semble bien en rapport avec un changement de perspective: la lutte contre les Juifs et accessoirement contre les Chrétiens, se marque d'abord par l'abrogation de la règle de la *qibla*: les fidèles auront désormais à se tourner vers la Mecque, et non plus vers Jérusalem pour faire leur prière, d'où l'importance du Temple de la Mecque, d'où enfin l'importance d'Abraham et de son fils Ismaël comme fondateurs de la Ka'ba. Mais il ne suffisait pas de se séparer des Juifs par l'abrogation d'une pratique cultuelle, voire de toute la Loi de Moïse. Il fallait une réelle discrimination sur le plan de la vie politico-sociale, sur le plan de l'histoire, sur le plan des ethnies. Dans la suite discontinue de l'histoire des prophètes, les besoins de la polémique conduisent à mettre entre parenthèse ces Juifs qui prétendent à tort être les adeptes de Moïse, et ces Chrétiens qui prétendent tout aussi injustement être les sectateurs du Christ. Sans nier les prophéties de Moïse et de Jésus, dans ce qu'elles ont d'authentique du point de vue musulman, l'Islam va sauter par dessus tous ceux qui se réclament d'eux, et par là-même, dans une certaine mesure, par dessus eux. Qu'ils se disent héritiers d'Abraham par Moïse ou par le Christ: Muḥammad déclare les Croyants musulmans héritiers directs d'Abraham par leur père Ismaël. Attitude polémique par conséquent, et qui est loin d'être aussi centrale que l'attitude purement religieuse. Dieu a fourni aux Musulmans un argument, comme il l'a fait si souvent, pour réfuter les prétentions de leurs adversaires. Ce n'est qu'une péripétie entre plusieurs autres, sauf qu'elle a été orchestrée plus que d'autres. Mais l'essentiel de l'enseignement divin n'est pas là. Il en résulte que cette continuité historique par la généalogie abrahamique est loin d'être centrale dans l'Islam, et la doctrine discontinuiste de la prophétie reste la seule essentielle.

Signalons toutefois que cette façon de voir est celle des sunnites. Pour les shī'ites au contraire, du fait peut-être que pour eux l'hérédité par le sang prend, dans la théorie de l'Imāmat une importance que le sunnisme lui a toujours refusée, il y a une réelle continuité entre les différents prophètes: leur hiérarchie s'organise, leurs fonctions se définissent, se complètent et s'orientent vers un terme qui est une ère messianique (théorie du *mahdī*). Selon cette vieille idée, avancée par les Grecs, que le temps est l'image de l'éternité, les shī'ites ont mis sur pied toute une cosmologie de type gnostique, selon laquelle les rapports historiques entre les prophètes et ensuite entre les Imāms, sont l'image temporelle des rapports intelligibles qui relient les principes éternels ou prééternels de l'Etre et des êtres. Sur ces doctrines, on se reportera aux ouvrages de H. Corbin. Quant à la Loi elle-même, elle cesse d'être le pur décret du Dieu Tout-Puissant qui fait ce qu'Il veut. Elle exprime à sa manière la Loi même de l'Etre et de l'Univers. L'idée est ancienne: on en trouve une expression dans la *République* de Platon (le Sage redescendu dans la Caverne tente d'y créer une société constituée dans sa structure par des Lois inspirées des Idées intelligibles et du Bien); plus tard, Philon d'Alexandrie, voulant expliquer la Loi de Moïse, commence son exposé par une étude métaphysique et cosmologique portant sur le création du monde (Cf. *De Opificio Mundi*). En Islam, des considérations analogues se retrouvent dans la Politique de Fārābī, et dans celle d'Avicenne. Pour ces *falāsifa*, Dieu étant Premier et Dernier, ainsi que l'enseigne le Coran et que les philosophes le démontrent, il faut apprendre aux hommes deux vérités fondamentales qui seront à la base de toute saine législation politique et sociale : le *tawḥīd*, dogme de l'unicité divine, et le *maʿād*, dogme du retour à Dieu. Chez ces deux auteurs, on constate en effet, que la recherche sur la politique est toujours associée à une étude sur l'ordre intelligible de l'Univers. On voit que ces penseurs, dont les tendances shīʿites sont nettes, là même où ils subissent des influences extérieures à l'Islam, ne se fondent pas moins sur des versets coraniques. Il est vrai qu'ils s'appuient aussi sur des nombreux *ḥadīth* dont le sunnisme nie l'authenticité.

Revenons au sunnisme. La notion d'alliance est fréquente dans le Coran. Dieu, y est-il écrit, a fait alliance avec Adam, avec Abraham et Ismaël, Moïse, et d'une façon générale on peut penser que toute mission de prophète s'accompagne d'une alliance (*ʿahd*) avec lui et le peuple auquel il est envoyé. Cette idée d'alliance est expliquée par les commentateurs comme liée à un commandement que l'homme doit accomplir. Un autre terme est aussi employé c'est celui de *mīthāq*, que L. Massignon traduisait par «covenent prééternel», mais qui parfois est simplement synonyme de *ʿahd*. Toutefois ces deux termes sont nettement séparés dans le verset (2, 27): «Ceux qui violent le pacte (*ʿahd*) de Dieu après son alliance (*mīthāq*).» Sur la compréhension de ce verset, les commentateurs diffèrent. Certains pensent qu'il s'agit de ceux qui violent leurs serments solennels après s'être engagés. Mais Rāzī rejette cette interprétation comme trop particulière. D'autres pensent qu'il s'agit de ceux qui ne respectent pas les preuves que Dieu a données de son unicité et de la mission des prophètes. Rāzī est sensible à la portée générale de cette explication. Elle peut d'ailleurs renvoyer à l'engagement prééternel par laquel l'humanité a reconnu la Seigneurie divine et qui est ensuite renié quand les hommes repoussent la prédication des prophètes qui leur sont envoyés. C'est ce que comprend Ibn ʿAbbās qui distingue bien entre ʿahd lié à la mission des prophètes (en particulier aux lois qu'ils apportent) et mīthāq prééternel, engagement universel de l'humanité. Al-Qaffal estime qu'il s'agit des Gens du Livre qui, après avoir reçu les Livres de leurs prophètes, se refusent à y voir l'annonce de la prophétie de Muḥammad. Mais cette interprétation limitée, entre sous les significations de la précédente. Donc, si, comme nous l'avons vu, les prophètes, selon les Chrétiens, sont chargés de rappeler l'alliance abrahamique, on voit que dans l'Islam ils rappellent une alliance plus ancienne encore, le mīthāq prééternel, dont les différents pactes d'alliance (ʿuhūd) ne sont que des spécifications relativement à certains peuples, en différents moments de l'histoire. Toute Loi rappelle l'engagement primordial, mais elle annonce aussi la venue de la Révélation définitive, celle du Prophète qui est le sceau de la prophétie. Néanmoins il n'est pas dit que dans le mīthāq, la descendance d'Adam s'est engagée à reconnaître Muḥammad. Que dit dance d'Adam s'est engagée à reconnaître Muḥammad. Que l'idée de Muḥammad soit déjà présente dans cet acte prééternel, c'est ce qu'affirment les shīʿites et tous les penseurs musulmans qu'ils ont influencés. Pour les sunnites, il n'y a pas de Muḥammad prééternel, de ḥaqīqa muhammadiyya qui réglerait tout le développement religieux du monde et de l'humanité. Mais en reconnaissant que Dieu est leur Seigneur, la descendance d'Adam s'engageait à accepter tous les signes que Dieu enverrait au cours des temps, et particulièrement les signes annonciateurs, contenus dans tous les livres révélés, de la venue de Muḥammad.

Il résulte de ce qui précède que les alliances de Dieu sont temporaires, sauf la dernière. Chacune n'est qu'une expression particulière du mīthāq fondamental, le seul qui demeure dans son universalité jusqu'au Jugement Dernier. On lit dans le Coran (2, 47): «O Fils d'Israël! Rappelez-vous le bienfait dont je vous ai comblés! Rappelez-vous que je vous ai placés au-dessus du monde.» Mais les commentateurs soulignent bien que cette prééminence n'est ni universelle ni éternelle: c'est seulement en leur temps et pour leur temps que les Juifs ont été élevés au-dessus des nations.

Sans doute la lignée des prophètes qui vont depuis Adam jusqu'à Muḥammad, peut-elle paraître unique. C'est en tout cas cellé sur laquelle le Coran s'explique presque exclusivement. Nous avons vu que Hūd, Ṣāliḥ et Shuʿayb étaient rattachés plus ou moins artificiellement par les commentateurs à la souche des fils de Noé, au

Noé de la Bible, et que par conséquent ils ne nous font pas sortir du monde proche-oriental. Mais en principe, toute nation a reçu son prophète avertisseur et annonciateur. Il est admis par l'exégèse ultérieure, que le Livre sacré ne fait mention que d'un petit nombre de ces envoyés. Certains musulmans chinois estiment que les sages de l'ancienne Chine furent des prophètes. Mais s'il en est ainsi, la prophétie est éparpillée à travers la terre, et la conception discontinuiste et atomistique que nous venons d'exposer relativement au temps, se double d'une dispersion et d'un émiettement dans l'espace. On est très loin dès lors du point de vue juif et surtout chrétien qui concentre la fonction prophétique dans un peuple choisi entre tous. Le christianisme fait tout converger vers Jésus. On pourrait dire que l'Islam fait tout converger vers Muḥammad; mais ce serait inexact de parler ici de convergence: le Prophète de l'Islam n'est pas un terme vers lequel tout s'oriente; il est simplement un terme, un point final. Envoyé aux Arabes, il faut donc qu'il soit le prophète de tous les peuples du monde, et toutes les Lois disséminées, plus ou moins altérées, sont abrogées: la prophétie se concentre en lui. Concentration mais non convergence.

Voyons maintenant ce qu'est le prophète dans sa réalité personnelle. Selon la doctrine sunnite qui suit au plus près la lettre du Coran, le prophète est un homme comme les autres. Sa seule qualification est négative. En effet, il doit être comme une table rase, parfaitement disponible pour recevoir sans l'altérer la Révélation divine, Parole éternelle de Dieu qui descend sur lui, «sur sa langue», par l'intermédiaire de l'Ange Gabriel. C'est le sens profond que les commentateurs donnent au mot *ummī* qu'on traduit alors par «illettré». Le Coran emploie plusieurs fois cette expression de «prophète illettré» (*al-nabī al-ummī*: 7, 157; 7, 158). Toute la science d'un prophète vient de Dieu, car l'homme ne doit rien dire de lui-même; ses tendances psychologiques n'interviennent pas, bien qu'elles existent et subsistent. Le prophète en effet reste soumis aux faiblesses de l'humanité. Il doute, il oublie, il se trompe. Mais sur le plan de sa mission, Dieu prévient toute faute. Il ne reçoit pas le don de l'infaillibilité personnelle; mais par le secours sans cesse renouvelé de Dieu (qui fait penser à la création à chaque instant continuée), il est en fait infaillible. Telle est la portée limitée de l'idée de *'iṣma* qui signifie exactement «immunité». Néanmoins, par cette disponibilité qui engendre la soumission (c'est le sens du mot *islām*), l'obéissance (*ṭā'a*), l'abandon à Dieu (*tawakkul*), la patience devant les épreuves voulues par Dieu (*ṣabr*), le prophète représente et incarne l'idéal du parfait musulman. Il devient ainsi un modèle pour les Croyants, et cette conviction qu'il doit être imité jouera un grand rôle dans la recherche et la fixation par écrit de toutes les traditions qui rapportent les paroles, les actions, voire les silences du l'Envoyé de Dieu. Notons que le Coran a fortement souligné la valeur de ces qualités (*ṣifāt*) qui caractérisent le Croyant, quand il dit: «*Inna 'llāha yuḥibbu 'l-mutawakkilīn*» (3, 159), Dieu aime ceux qui font abandon d'eux-mêmes à Lui; et: «*wa'llāh yuḥibbu 'l-ṣābirīn*» (3, 146), Dieu aime ceux qui supportent avec patience (cf. *Inna 'llāha maʿa 'l-ṣābirīn*, 8, 46 et 66). Ces valeurs religieuses sont senties en islam comme si hautes que les soufis en feront des états mystiques (*aḥwāl*).

Le prophète est donc le parfait serviteur de Dieu. Jésus dit de lui-même dans le Coran (19, 30): «Je suis le serviteur de Dieu (*ʿabd allāh*).» C'est pourquoi, non seulement il apporte la révélation de la Loi qui régit le culte divin (*ʿibāda*), mais encore il montre comment il faut le pratiquer dans le détail. En effet, le Coran légifère souvent, et en matières cultuelle en particulier, de façon globale (*ʿalā l-idjmāl*), et c'est par l'exemple de la pratique de l'Envoyé, que les fidèles savent exactement comment ils doivent satisfaire à l'obligation dans tous ses détails (*ʿalā 'l-tafṣīl*). Car rendre un culte à Dieu, le «servir», c'est se conformer en tout à ce qu'Il veut. Si les prophètes gardaient une volonté particulière, ils ne seraient plus les garants scrupuleux des actions qui constituent une parfaite obéissance. Il est vrai que le prophète peut se tromper et juger par lui-même. Dans ce cas, une révélation intervient pour rectifier l'erreur, et il se soumet aussitôt. Cela est arrivé à Muḥammad dans quelques cas rapportés par la tradition.

La prédication prophétique engage les hommes à l'obéissance en leur annonçant la bonne nouvelle (*tabṣīr*) des joies du Paradis et en les mettant en garde (*indhār*) contre les châtiments de l'Enfer. Elle consiste à faire connaître la promesse (*waʿd*) et la menace (*waʿīd*). Mais cette prédication est essentiellement fondée sur le dogme de l'Unicité divine (*tawḥīd*). Il n'y a aucun recours contre Dieu; on ne peut chercher nul secours, nul appui en dehors de Lui. Les Idoles sont vaines et impuissantes. On n'interroge pas Dieu; c'est lui qui interroge (cf. 21, 23). Toute la Loi repose sur l'absolue puissance de la volonté divine. C'est cette Toute-Puissance que l'homme a d'abord à comprendre et c'est elle que le prophète doit

avant tout prêcher. La théologie dogmatique contenue dans le
Coran commande le Droit religieux qu'est le *fiqh*. On voit ainsi,
entre autres exemples, qu'Ibn Ḥazm commence sont traité d'*Uṣūl
al-fiqh*, le *Muhallā*, par un exposé du *tawḥīd*. Ce procédé est symp-
tomatique.

Le prophète est donc un homme entièrement disponible, di-
rions-nous aujourd'hui. Quelles que soient les incertitudes, quels
que soient les doutes du prophète, et nous savons que Muḥammad
n'en a pas été épargné, tout se tait en lui devant l'ordre de Dieu
qui seul parle. Il y a là une différence à noter avec les prophètes
bibliques. Ils sont eux aussi des envoyés, et le verbe hébreu *sāloah*,
qui signifie «envoyer», se trouve dans la Bible, comme son équiva-
lent arabe *arsala* dans le Coran. On lit dans l'*Exode* que Moïse dit
aux Fils d'Israël (3, 13-14): «Le Dieu de vos pères m'a envoyé
vers vous... Dieu dit à Moïse: C'est ainsi que tu répondras aux Fils
d'Israël: Celui qui s'appelle Je suis m'a envoyé vers vous.» Dans le
Coran, c'est Dieu qui dit au Prophète: «C'est Nous qui t'avons
envoyé avec la Vérité comme annonciateur de la Bonne Nouvelle
et comme avertisseur» (2, 119). Bien que Dieu ordonne souvent à
Muḥammad de dire ceci ou cela (*qul*: dis !), Il ne lui donne pas
d'ordre comparable à ce que nous lisons dans la Bible, mais c'est
lui-même qui déclare: «Dieu est Celui qui a envoyé son Envoyé»
(48, 28), ou: «Muḥammad n'est qu'un Envoyé» (3, 144). Il s'agit
d'ailleurs de montrer que le prophète tient sa mission de Dieu,
mais qu'il n'est rien de plus qu'un envoyé: il n'est pas un ange.
Néanmoins dans plusieurs versets concernant Noé, Hūd, Shuʿayb,
Ṣāliḥ, Moïse, Loth, le prophète dit lui-même: Je suis l'Envoyé du
Seigneur des Mondes. Dieu commande à Moïse et à son Frère Aaron: «Allez trouver Pharaon et que chacun de vous dise: Je suis
l'Envoyé du Seigneur des Mondes» (26, 16). Mais dans tous ces
versets, les prophètes qui parlent en leur nom personnel ont à faire
face à des contestations et doivent affirmer leur qualité. Mais la
prédication, en elle-même, consiste seulement à transmettre ce que
Dieu révèle et non à se présenter d'abord comme prophète. Dieu
prouve lui-même qu'un homme qu'il a envoyé est prophète quand
Il le veut et comme Il le veut. Pourtant il y a un verset (7, 58), où il
est écrit: «Dis: Je suis l'Envoyé de Dieu pour vous tous.» Les commentateurs pensent que cette parole est adressée à Muḥammad.
Le contexte n'est pas clair. Quoi qu'il en soit, ce serait sur ce point

le seul verset du Coran qui soit exactement comparable à ce qu'on lit dans la Bible.

Notons une autre différence: les prophètes hébreux, en attendant l'appel de Dieu, commencent par protester de leur faiblesse, de leur indignité, de leur incapacité. Ainsi Jérémie s'écrie (1, 6-7): «Ah Seigneur! C'est que je ne sais pas parler, car je suis un enfant.» Moïse répond de même (*Exode* 3, 11). Mais le Prophète, du point de vue musulman, et quels que soient ses sentiments intérieurs, ne soulève devant Dieu aucune objection; du moins le Coran n'en parle pas. Muḥammad s'est ouvert de ses inquiétudes à sa femme Khadīdja. Mais il a dit tout de suite oui en réponse à l'ordre divin. Plus exactement, il ne dit rien; il obéit. Il arrive que Dieu, connaissant ses peines et ses soucis, le console et le réconforte. Mais c'est Lui, Dieu, qui prend l'initiative en toutes circonstances. Ce que l'homme peut penser de lui-même, de ce qu'il peut ou ne peut pas faire, n'a aucune importante: c'est là attitude humaine et il convient que le prophète y renonce.

Ainsi le sunnisme a insisté sur le fait que le prophète est homme comme tous les hommes. Sans doute Dieu le choisit (*iṣṭafā*): «Dieu a choisi Adam, Noé, la famille d'Abraham, la famille de ʿImrān» (3, 3). «Moïse! Je t'ai choisi d'entre tous les hommes pour te charger de mon Message et de mon Verbe» (7, 144). «Fais mention de Nos serviteurs, Abraham, Isaac, Jacob... En vérité ils sont auprès de Nous parmi les Elus les meilleurs» (*min al-muṣṭafayn al-akhyār*) (38, 45-47). Mais de même que l'infaillibilité du prophète est l'effet de la puissance divine qui ne confère aucune qualité intérieure à l'homme, de même l'élection ne s'accompagne d'aucune onction qui élèverait la nature humaine à un dégré supérieur. Le choix divin ne dépend que de l'absolue liberté de la volonté divine: rien dans la créature ne le motive, et la qualification qu'il donne reste purement extrinsèque. Si l'être humain se détériore chez le libertin, le rebelle, l'infidèle, il reste ce qu'il est, ou plus exactement ce que Dieu veut qu'il soit, chez l'homme pieux, obéissant et fidèle, et tout particulièrement chez les prophètes. Mais ils ne sont que de homme pieux, obéissants et fidèles, par conséquent, leur élection n'en fait pas des surhommes. L'Islam est d'ailleurs très hostile à l'idée même du surhomme. L'homme est défini comme créature de Dieu et doit le rester.

Mais cette attitude était difficile à conserver intacte. La piété des fidèles a rapidement introduit dans la doctrine des valeurs plus mystiques, souvent aussi plus merveilleuses. Ainsi, le strict sunnisme ne reconnaît que peu de miracles dans la vie de Muḥammad. S'il admet d'une manière générale que les miracles qu'il est donné de faire à tous les prophètes, existent et sont destinés à confirmer aux yeux des hommes les missions prophétiques, il considère que le seul grand miracle est d'avoir apporté le Coran inimitable (cf. la théorie de l'inimitabilité, (i'djāz) du Coran. On peut encore citer le miracle de l'ascension nocturne au Ciel, et celui de la lune fendue en deux auxquels le Coran fait lui-même allusion. Cette particularité en ce qui concerne Muḥammad vient, selon les commentateurs, du fait que les miracles, étant destinés à convaincre les hommes auxquels est envoyé le prophète, doivent être adaptés à la mentalité des générations auxquelles ils s'adresent. L'âge de Moïse, étant celui de la magie, les miracles de Moïse sont de nature à rivaliser et à surpasser ceux des magiciens. L'âge du Christ est celui du développement de la médecine: le Christ guérit les malades et ressuscite les morts. L'âge de Muḥammad est celui de la raison: le miracle d'apporter le Coran est le seul capable de persuader l'homme raisonnable, le ʿāqil. Nous avons vu en quel sens l'Islam conçoit la révélation coranique comme rationnelle. Mais la vénération des fidèles les a poussés à attribuer à leur Prophète des miracles du même type que ceux qu'avaient accompli ses prédécesseurs, et dont toute une littérature hagiographique populaire était remplie. Le sunnisme ne put fermer la porte au merveilleux. On vit se multiplier les « saints » et les thaumaturges. Ibn Taymiyya lui-même, admet, à côté des miracles (muʿdjizāt) des prophètes, les interventions miraculeuses de saints personnages, ce qu'on appelle des karāmāt (prodiges). Il s'efforce de montrer que ces prodiges n'ont pas de valeur par eux-mêmes, et que Dieu ne les permet que dans leur relation aux miracles des prophètes, pour confirmer, après leur mort, la valeur de leur Loi et de leur message. Quoi qu'il en soit, un élément nouveau va s'introduire.

Ici se pose la question de la sainteté (walāya). Le mot arabe walī (pl. awliyāʾ) a le sens de protecteur, et par suite d'ami. Dans presque tous les versets du Coran où il se trouve, il est appliqué à Dieu. «La walāya appartient à Dieu» (18, 44). Mais on trouve le texte suivant: «Non! En vérité nulle peur ne pèsera sur les awliyāʾ de Dieu et ils ne seront pas attristés» (10, 62). On lit également une apostrophe aux Juifs: «Si vous prétendez être les awliyāʾ de Dieu, à l'exclusion des autres hommes, souhaitez la mort» (62, 6). Mais voici un texte encore plus intéressant: «Mon *walī* est Dieu qui a révélé le Livre et qui se charge de la protection des hommes intègres» (*wa huwa yatawallā 'l-ṣāliḥīn*) (7, 196). Notons le rapprochement du nom *walī* et du verbe *tawallā*. La *walāya* de Dieu est mise en rapport étroit avec l'intégrité de l'homme. On comprend que le mot *walī* devenu synonyme de *ṣāliḥ* ait pu s'appliquer aux hommes et signifier le saint, tandis que la *walāya* en venait à désigner la sainteté.

En tant que *walī*, Dieu conduit les hommes des ténèbres à la lumière. Appliqué au croyant, le mot *walī* qualifie l'homme baigné dans la lumière divine. Or qui mériterait plus que les prophètes en général et Muḥammad en particulier, de porter ce nom? Mais entre la lumière et les ténèbres, il y a plusieurs degrés; les prophètes se situent aux degrés les plus hauts, et Muḥammad est plus élevé encore. C'est d'ailleurs le Coran qui parle de cette hiérarchie des prophètes, quand Dieu dit qu'il a placé certains d'entre eux au-dessus des autres. C'est le *tafḍīl*, par exemple: *faḍḍalnā baʿḍ al-nabiyyīn ʿalā baʿḍ* (17, 55). Dès lors il n'y avait plus qu'un pas à faire pour attribuer à Muḥammad la *walāya* à côté de la *nubuwwa* et de la *risāla*. Il est *walī* comme il est *nabī* et *rasūl*. Ismāʿīl Ḥaqqī définit l'expression *awliyāʾ Allāh*, en disant que ce sont les purs Croyants (*khullāṣ al-muʾminīn*) en raison de leur proximité spirituelle de Dieu, car ils l'ont pour ami (*yatawallawna*) du fait qu'ils Lui obéissent et et qu'ils se plongent dans l'effort pour Le connaître. Une telle définition convient parfaitement aux prophètes si bien qu'on peut se demander si on peut séparer la *nubuwwa* de la *walāya*. En revanche on peut distinguer la *walāya* de la *nubuwwa*, car on peut être *walī* sans être *nabī*.

En effet, si Muḥammad est le sceau des prophètes, s'il ne doit plus y avoir après lui de Loi nouvelle qui abroge la sienne, s'il n'y a rien à changer ni à ajouter à la Révélation coranique, si la *nubuwwa* et la *risāla* ont atteint leur terme avec lui, que dire de la *walāya*? N'y aurait-il plus d'hommes intègres (*ṣāliḥūn*), plus de saints (*awliyāʾ*) après sa mort? Cela était insoutenable.

D'ailleurs le sunnisme lui-même ne le soutient pas. Nous avons déjà indiqué qu'Ibn Taymiyya, le grand docteur ḥanbalite, mort en 728 de l'hégire /1328 C., dans son *Kitāb al-Nubuwwāt*, admet la réalité des *karāmāt* ou prodiges accomplis par les *ṣāliḥūn* et les *awliyāʾ*. La seule condition posée est que ces saints hommes soient dans l'obédience d'un prophète, qu'il transmette son enseignement. En eux-mêmes, ils ne font que confirmer la vérité d'un message prophétique. Ils ne peuvent rien ajouter, et les dons merveilleux qu'ils ont reçus ne leur confèrent aucune qualification pour enseigner du nouveau. Le prophète et sa mission, sa foi, sa loi sont les seuls bénéficiaires des actes extraordinaires de ces parfaits croyants. De même qu'il y a souvent des prodiges annonciateurs (*arhāṣ*) de la venue d'un prophète en ce monde, dès avant sa naissance, et de même qu'ils n'ont de sens que parce qu'ils soulignent la valeur de son futur message, de même après sa mort, il peut y avoir des *karāmāt*, qui n'ont de valeur qu'en fonction de la confirmation de ce message antérieur.

On voit que cette doctrine sunnite limite la *walāya* et la laissa dans le sillage de la prophétie. Les valeurs qu'elle porte en elle ne sont que l'épanouissement de la Loi révélée chez les purs croyants, tels les fruits que porte un arbre et qui prouvent par leur saveur que cet arbre est bon. L'Islam a, en effet, un côté législatif que le sunnisme a toujours voulu garder au centre de son enseignement. Mais le shī'isme a modifié le rapport des valeurs. S'il reconnaît la Loi, elle ne représente à ses yeux que l'extérieur (*ẓāhir*) de la Révélation. S'il admet que Muḥammad est le dernier prophète et que sa Loi est la dernière de toutes, il ne voit pas dans la *risāla* l'essentiel de la fonction prophétique. La Révélation coranique a une dimension intérieure (*bāṭin*) et quand on la découvre, on pénètre dans les mystères de Dieu, de l'Homme et de l'Univers. Il ne s'agit pas seulement de découvrir un sens spirituel sous les préceptes matériels, ainsi que l'ont fait certains moralistes à tendance mystique, tel Ghazālī. Il s'agit de recevoir à travers le texte du Coran, une illumination qui confère la Connaissance absolue, la *ma'rifa* (qu'on a parfois traduite par *gnose*). Mais ce texte, en lui-même figé et mort, écrit sur des feuilles de papier, peut bien garantir l'application de la Loi dans sa matérialité; il n'en garantit pas l'esprit; à plus forte raison ne garantit-il pas une compréhension qui enferme en elle la réalité intégrale. Le Coran a besoin d'être animé par un souffle qui vient de Dieu, éclairé par une lumière qui vient de Dieu. Ce souffle (*rūḥ*), cette lumière (*nūr*) sont donnés personnellement à des hommes qui jouent à chaque époque par rapport aux textes révélés, le rôle même que jouait le Prophète de son temps. Car le Prophète n'avait pas seulement à annoncer, par la *nubuwwa* et la *risāla* l'existence du Dieu Tout-Puissant et la Loi qu'Il impose; il avait aussi à toucher les cœurs, à les éclairer, à les rendre sensibles aux vérités de la Révélation. Il n'était pas seulement un exemple à imiter, mais une illustration vivante et une source de lumière. C'est grâce à la *walāya*, conçue ici comme une puissance mystique, profondément spirituelle, qu'il a pu accomplir cette œuvre qui est un moment de l'histoire du monde et qui donne la clé des mystères secrets (*asrār*). S'il ne pouvait transmettre à d'autres hommes la fonction prophétique, il pouvait transmettre la *walāya* et c'était même indispensable. La Loi (*sharīʿa*) se double de la Réalité (*haqīqa*) et pour passer de l'une à l'autre, il faut un guide vivant qui conduit sur la Voie (*tarīqa*). Pour les shīʿites ce guide est l'*Imām*, descendant de Muḥammad par sa fille Fāṭima et son gendre ʿAlī. Il est assisté de ses délégués, qui transmettent à des initiés la Connaissance. Néanmoins la notion de *walī* a gardé dans le shīʿisme la généralité que nous lui avons vue dans le sunnisme: tout homme est appelé à devenir *walī*, en pratiquant une certaine ascèse, en recevant une formation déterminée d'un Maître qui a reçu l'autorisation et le pouvoir de donner l'initiation. Par l'intermédiaire de ce maître, le novice se rattache à l'Imām, à ʿAlī, à Muḥammad. Ainsi se constituent des chaînes qui relient aux sources et qui sont un *isnād* initiatique. Il y a un influx divin qui passe par hérédité de Muḥammad à ʿAlī et à leurs descendants les Imāms, et par initiation aux saints et amis de Dieu (*ṣāliḥūn* et *awliyā'*).

Il est certain que les traditions shīʿites ont joué un très grand rôle. Nombreux sont les *hadīth* de ce genre, qui présentent les Gens du Manteau (*Ahl al-Kisā'*), c'est à dire Fāṭima, ʿAlī et leurs deux fils Ḥasan et Ḥusayn, comme les manifestations visibles d'un plérôme comprenant, avec Muḥammad, cinq archétypes prééternels. Le Prophète les aurait pris sous son manteau en récitant le verset 33 de la sourate 33: «Ce que veut Dieu, c'est ôter de vous la souillure, ô membres de la Maison, et vous rendre parfaitement purs.» Les shīʿites considèrent ces paroles comme la reconnaissance d'un privilège unique, qui exprime l'être idéal, pur er immaculé, qu'est l'essence archétypale de ces cinq personnes.

La personne de Muḥammad devait être plus encore sublimée. Certains mystiques gnostiques, sans être shīʿites, mais influencés à coup sûr par la «théosophie» shīʿite, tel Ibn ʿArabī, parlent d'une Réalité muḥammadienne (*haqīqa muḥammadiyya*), d'une lumière muḥammadienne (*nūr muḥammadī*), qui préexiste au devenir de ce monde, mais le régit et le conduit. Imiter le Prophète, ce n'est plus suivre l'exemple de l'homme qui a vécu au 7e siècle en Arabie. C'est participer à la Réalité dont il est l'incarnation, qui est non seulement la source de toute prophétie, mais la cause exemplaire et finale de la Création universelle. Muḥammad représente l'Homme Parfait (*al-Insān al-Kāmil*), la parfaite image de Dieu, dans laquelle l'Etre inconnaissable et ineffable, Lui (*huwa*), se contemple, se complaît, se connaît, s'exprime. Il est l'épiphanie de Dieu, car il n'est plus rien que lumière émanée de la Lumière divine, ou comme le dit le Coran «lumière sur lumière» *nūr ʿalā nūr* (24, 35). L'homme qui l'imite est alors comparable à un miroir taché qui est poli progressivement, au point que sa matière disparaît, et qu'il devient pure lumière reflétant la Lumière divine. C'est le sens qui est donné au célèbre verset de la Lumière: «Dieu est la Lumière des cieux et de la terre. La ressemblance de cette lumière, c'est comme une niche où il y a une lampe; la lampe est dans un verre; le verre est comme s'il était une étoile étincelante. Elle est allumée à un arbre béni, un olivier qui n'est ni à l'Orient ni à l'Occident. Son huile éclairerait, même si aucun feu ne la touchait. Lumière sur Lumière. Dieu conduit vers Sa Lumière qui Il veut.»

Voici le Commentaire de Rāzī: «La niche est la poitrine de Muḥammad et le verre est son cœur. La lampe est la religion qui est dans son cœur. Elle est allumée à un arbre béni: cet arbre est Abraham qui ne priait pas en se tournant vers l'Orient ou vers l'Occident, comme font les Juifs ou les Chrétiens, mais en se tournant vers la Kaʿba.» Rāzī est sunnite, et son commentaire reste modéré. Mais il montre clairement la voie dans laquelle s'engagent les exégètes shīʿites. Ce qui fait que le Prophète est une lumière à la ressemblance de la lumière divine, c'est la *walāya*, qui résulte, nous nous l'avons vu, dans la proximité où il est par rapport à Dieu. Cette *walāya*, Muḥammad la possède au suprême degré et ici-bas et dans la prééternité, et c'est à elle que participent tous les autres prophètes, les imāms et les saints. La lumière muḥammadienne s'est manifestée sur la terre à travers la foi d'Abraham, l'olivier auquel a été allumée la lampe du Muḥammad historique. Mais l'huile de cette lampe, la quintessence de la religion s'allume d'elle-même et éclaire par elle-même de toute éternité, dans la *haqīqa muḥammadiyya* transhistorique. Abraham est le fondateur du Temple sacré, devenu le foyer de l'Islam, qui sera sublimé en une Kaʿba mystique, lieu d'accumulation et de concentration de toutes les lumières (*tarāduf hādhihi 'l-anwār wa 'djtimāʿuhā*).

Telles sont les différentes idées touchant la *nubuwwa* et la *walāya* en Islam, ainsi que les deux grandes conceptions qui s'y rapportent. Mais il est certain que l'opposition du sunnisme et du shī'isme, si elle apparaît nettement à propos de ces prises de position religieuses, ne saurait s'expliquer par ces divergences théoriques. Elle est fondée dans l'histoire et elle s'exprime essentiellement à travers la doctrine du califat (ou de l'imāmat).

ANTON ANTWEILER

Verzeichnis Seiner Veröffentlichungen*

Abkuerzungen

LThK   = Lexikon für Theologie und Kirche, Freiburg, Herder.
Frb Zt PhTh   = Freiburger Zeitschrift für Philosophie und Theologie, Freiburg—
                Schweiz, Paulusverlag.
RelTh   = Religion und Theologie, Düsseldorf.
ThGl   = Theologie und Glaube, Paderborn, Schöningh.
ThR   = Theologische Revue, Münster, Aschendorff.
ZMR   = Zeitschrift für Missionswissenschaft und Religionswissenschaft,
                Münster, Aschendorff.

Bemerkungen

— *in* kennzeichnet die Sammelwerke.
— Besprochene Bücher werden zwischen (...) gesetzt.
— Übersetzte Texte anderer Verfasser werden zwischen (...) gesetzt, eben-
  falls Abdrucke sonstiger numerierter Veröffentlichungen.

1924

1. *Petrus de Villemandy. Ein Beitrag zur Theorie und Geschichte des Cartesianismus*, Diss.
    Phil. Bonn: im Auszug gedruckt in *Philosophisches Jahrbuch* der Universität Bonn.

1931

2. «Vom Bau der Körperwelt», Vortrag im Westdeutschen Rundfunk am 26.3.

1932

3. *Vom Priestertum*, Essen, Fredebeul und Koenen, 152 S. (Ins Flämische übertragen
    mit einer Einleitung von H. Rongen: *Het Priesterschap*, Deurne—Antwerpen, L.V.
    Tijl, 1934, 307 blz.)

1933

4. *Unseres Königs Kreuzweg*, Essen, Fredebeul und Koenen, 61 S.

5. *Des heiligen Bischofs Hilarius von Poitiers zwoelf Buecher ueber die Dreieinigkeit*, aus dem
    Lateinischen übersetzt und eingeleitet, München, Kösel-Pustet, I. Bd., 386 S.

6. «Anselmus von Canterbury: Monologion und Proslogion», *Scholastik* 8, 551-560.

7. + Predigt: Opfer, *Volksseele* Nr. 99, 6-8.

8. + Predigt: St. Joseph, Schutzherr der Kirche, *Volksseele* Nr. 102, 6.

9. + Predigt: Jesus, Heiland der Sünder, *Volksseele* Nr. 104, 8.

10. + Predigt: Stille Nacht, Heilige Nacht! *Volksseele* Nr. 109, 4. 5.

1934

11. (7) *Des hl. Bischofs Hilarius von Poitiers...*, II. Bd. , 352 S.

---

* Die Numerierung der Beiträge dieser Bibliographie ist für die Jahrgänge
1924-1969 weitgehend mit der aus *ZMR* 50, 37-44 und 55, 279-281 identisch. Wo
unsere Zählweise von der dortigen abweicht, sind die Nummern von ZMR in Klam-
mern jeweils dahintergestellt (s. die Jahrgänge 1933-1938).

12. (8) *Unendlich. Eine Untersuchung zur metaphysischen Wesenheit Gottes auf Grund der Mathematik, Philosophie, Theologie*, Diss. Theol. Bonn, Freiburg i. Br., Herder, 200 S.
13. + Predigt: Neujahr, *Volksseele* 110, 5.6.
14. + Predigt: Ein Herr, ein Glaube, eine Taufe, *Volksseele* 118, 4.

1935
15. (9) «Origenes», *LThK* VII, Sp. 776-780.
16. (10) «Origenische Streitigkeiten», *LThK* VII, Sp. 780-781.
17. + Predigt: Seid stark im Herrn durch seine mächtige Kraft, *Volksseele* 132, 7.8.

1936
18. (11) *Der Begriff der Wissenschaft bei Aristoteles im Hinblick auf die neuesten Aristoteles-forschungen quellenmaessig dargestellt*, Bonn, Hanstein, 120 S.
19. (12) «Pomponazzi», *LThK* VIII, Sp. 366.
20. (13) «Präadamiten», *LThK* VIII, Sp. 404-405.
21. (14) «Über den Gegenstand der Philosophie», *ThGl* 28, 265-281.
22. (15) «Der neue Mensch», in *Priesterwallfahrt zum Kolpinggrab*, Köln, Kolpingverlag, 15-21.
23. (16) «Das Priestergrab der Minoriten», *ebd.* 55-60.
24. + Predigt: Der Weihrauch des Gebetes, *Volksseele* 135, 8.9.
25. + Predigt: Berg und Meer, *Volksseele* 141, 6-8.

1937
26. (31) *Gross-stadt fuer Christus*, München, Kösel-Pustet, 168 S.
27. (32) «Subordinatianismus», *LThK* IX, Sp. 876-877.
28. (33) «Synergismus», *LThK* IX, Sp. 943-944.
29. (34) «Synkretismus», *LThK* IX, Sp. 945-947.
30. (35) «Über die Beziehung zwischen historischer und systematischer Theologie», *ThGl* 29, 489-497.
31. (36) «Der Glaube nach Joh. Duns Scotus», *Wissenschaft und Weisheit* 4, 161-182.

1938
32. (37) «Der Glaube nach Joh. Duns Scotus» (Schluss), *ebd.* 5, 167-182.
33. (38) *Unser Glaube. Christliche Wirklichkeit in der heutigen Welt*, München, Kösel-Pustet, 212 S.
34. (39) «Tixeront», *LThK* X, Sp. 183.
35. (40) «Gedanken zu zeitgemässer Jugendseelsorge», *Jugendseelsorger* 1—2, 21-34.
36. (41) «Arbeit oder Wirklichkeit?», *Die Seelsorge* 16, 76-93.
37. (42) «Gedanken zur Frauenseelsorge», *Frauenart und Frauenleben* 28, 122-129, 150-157.
38. (43) (*M. Picard*, Grenzen der Physiognomik), *Die Seelsorge* 16, 371-372.
39. (44) (*D. Mahnke*, Unendliche Sphäre und Allmittelpunkt), *ThR* 37, 22-23.
40. (45) (*C. Feckes*, Die Harmonie des Seins), *ThR* 37, 61-62.
41. + Predigt: Der schweigende Heilige, *Volksseele* 162, 4.
42. + Predigt: Gottes Name. Quatember-Beilage, *Volksseele* 163, 1.2.
43. + Predigt: Leben aus Wahrheit, *Volksseele* 164, 6.
44. + Predigt: Warum Rosenkranz? *Volksseele* 167, 4.5.
45. + Predigt: Wüstensand, *Volksseele* 168, 4.5.

1939
46. «Schwierigkeiten der Frauenseelsorge», *Frauenart und Frauenleben* 29, 61-73.
47. «Theorie und Praxis», in *Jahrbuch kath. Seelsorge*, Hildesheim, Borgmeyer, 50-65.
48. (*Tyciak-Wunderle-Werhun*, Der christliche Osten), *Die Seelsorge* 17, 207-209.

+ Predigten in den Jahren 1933-1938 durch NS-Zensur verboten

1940

49. *Weg zum Glauben. Zur religioesen Unterweisung fuer Eltern, Erzieher und Seelsorger,* Köln, Bachem, 168 S.
50. «Das allgemeine Priestertum als Grundlage des Laienapostolates», *Die Seelsorge* 18, 1-5.
51. «Aufgaben des allgemeinen Priestertums», *ebd.* 18, 50-54.
52. «Störungen im religiösen Leben des Mannes der Gegenwart», in *Zum 75. Todestag Adolf Kolpings,* Köln, Kolpingverlag, 25-31.
53. «Uns das'Licht leuchtet... Von der Gotteskindschaft..», in H. Schneider, *Uns ruft das Leben,* Köln, Bachem, 5-10.
54. «Von der Schönheit menschlicher Werke», in H. Schneider, *Heilig sei dir dein Tag,* Köln, Bachem, 16-23.
55. «... und auf Erden», in H. Schneider, *Gotteskinder beten,* Köln, Bachem, 18-23.

1949-1950

56. «Die religiöse Lage in Deutschland», Vortrag in Löwen am 15.11.1949, ins Flämische übersetzt: «Het fluwelen Gordijn», *De Vlaamse Linie* 3, Nr. 68,13.1.1950.

1951

57. (*F. Van Steenberghen,* Erkenntnislehre), *ThR* 47, 182-183.

1952

58. «Der Begriff der Metaphysik», *ThGl* 42, 269-288.
59. (*F. Van Steenberghen,* Directives pour la confection d'une monographie scientifique), *ThR* 48, 51-52.

1953

60. «Gott, Gottesbegriff, Gottesbeweis», *Lexikon der Paedagogik* (Herder) II, Sp. 477-480.
61. «Theorie und Praxis», *ThGl* 43, 1-14.
62. «Studium universale: Notwendigkeit und Grenzen», *ThGl* 43, 170-178.
63. (*H. Roos,* Die Modi significandi des Martinus de Dacia), *ThR* 49, 164-165.

1954

64. *Die Verantwortung der Erkenntnis,* Bonner Akademische Reden 12, Bonn, Hanstein, 37 S.
65. «Leib-Seele (Neuzeit)», *Lexikon der Paedagogik* III, Sp. 286-287.
66. «Logik», *ebd.* III, Sp. 364-367.
67. «Metaphysik», *ebd.* III, Sp. 474-476.
68. «Philosophie und Unterricht», *ebd.* III, 876-879.
69. «Philos.-theologische Hochschulen und Seminare», *ebd.* III, Sp. 879-881.
70. «Das Wort», *Frb Zt Ph Th* 1, 246-280.
71. (*A. Lang,* Fundamentaltheologie, I, 2), *Koelner Pastoralblatt* 6, 301-304.

1955

72. *Das Problem der Willensfreiheit,* Eichstätter Studien, Freiburg i. Br., Herder, 204 S.
73. *Zeitschriften im deutschen Sprachbereich fuer Seelsorger und Erzieher zusammengestellt,* Köln, Verlag für kirchliches Schrifttum, 70 S.
74. «Theismus», *Lexikon der Paedagogik* IV, Sp. 591-593.
75. «Der Materialismus», *ThGl* 45, 1-22.
76. (*H. Looff,* Der Symbolbegriff in der neuen Religionsphilosophie), *ThR* 51, 265-266.
77. (*M. Eliade,* Die Religionen und das Heilige), *RelTh* 1, 20; *ZMR* 39, 151.
78. (*H. Koester,* Vom Wesen und Aufbau der katholischen Theologie), *ZMR* 39, 342-343.
79. (*L. Koester,* Die Kirche unseres Glaubens), *ZMR* 39, 343.

1956

80. (*J. Campbell*, Der Heros in tausend Gestalten), *ZMR* 40, 77.
81. (*H. Bader*, Die Reifefeiern bei den Ngada), *ZMR* 40, 173.
82. (*H. Walter*, Schellings Lehre von den letzten Dingen), *ZMR* 40, 175.
83. (*Solon*, Fragmente), *ZMR* 40, 176.
84. (*L. Bentfeldt*, Das verheissene Reich²), *ZMR* 40, 244-245.
85. (*G. Mensching*, Buddhistische Geisteswelt), *ZMR* 40, 247-248.
86. (*G. Mensching*, Toleranz und Wahrheit in der Religion), *ZMR* 40, 248-250
87. (*H. von Schweinitz*, Buddhismus und Christentum), *ZMR* 40, 252.
88. (*R. Zocher*, Philosophie in Begegnung mit Religion und Wissenschaft), *ZMR* 40, 329.
89. (*F. Parpert*, Philosophie der Einsamkeit), *ZMR* 40, 333.
90. (*W. Eidlitz*, Die indische Gottesliebe), *RelTh* 3, 19.
91. (*E. Frauwallner*, Geschichte der indischen Philosophie), *RelTh* 4, 19.

1957

92. *Philosophie als Durchdringung und Grundlegung des Unterrichts*, Frankfurt — Main, Diesterweg, IV — 72 S.
93. «Ablass (pastoraltheologisch)», *LThK*² I, Sp. 54.
94. «Der Geist», *ThGl* 47, 122-127.
95. «Schwierigkeiten des Theologiestudiums», *ThGl* 47, 348-362.
96. «Islam und Christentum: die Gespräche in Bhamdoun», *ZMR* 41, 283-294.
97. «Die Funktion der Theologie in der Kirche», *Trierer Theologische Zeitschrift* 66, 80-93; Nachdruck in *Theologisches Jahrbuch*, hrsg. von A. Dänhardt, Leipzig, St.-Benno-Verlag, 35-47.
98. «Der Zweck in Religion und Moral. Zu Kants *Religion innerhalb der blossen Vernunft*», *Frb Zt PhTh* 4, 273-316.
99. «Die Freiheit religiös und theologisch betrachtet», *Vierteljahresschrift fuer wissenschaftliche Paedagogik* 33, 1-38.
100. «Albert Lang 60 Jahre alt», *ThR* 47, 68-69.
101. «Thomas Ohm zum 65. Geburtstag», *ZMR* 41, 249.
102. «Religionswissenschaftliche Tagung in Marburg 1957», *ZMR* 41, 321-323.
103. (*J.-A. Cuttat*, Begegnung der Religionen), *RelTh*, 5, 17-18.
104. (*J. Maringer*, Vorgeschichtliche Religionen. Religionen im steinzeitlichen Europa), *RelTh* 5, 18.
105. (*H. Hoffmann*, Die Religionen Tibets), *RelTh* 6, 16.
106. (*G. Soehngen*, Philosophische Einübung in die Theologie), *ThR* 53, 23-24.
107. (*G. Stephenson*, Gottheit und Gott in der spekulativen Mystik Meister Eckharts), *ZMR* 41, 145-146.
108. (*A. Lang*, Wesen und Wahrheit der Religion), *ZMR* 41, 161-162.
109. (*P. Schebesta*, Die Negrito Asiens, II: Ethnographie der Negrito, 1. Halbbd: Wirtschaft und Soziologie), *ZMR* 41, 244-245.
110. (*A. Vorbichler*, Das Opfer, auf den uns heute noch erreichbaren ältesten Stufen der Menschheitsgeschichte), *ZMR* 41, 327.

1958

111. «Buddha», *Staatslexikon der Goerresgesellschaft* (Herder) I, Sp. 194-197.
112. «Buddhismus», *ebd.* I, Sp. 197-206.
113. «Weiteres zur islamisch-christlichen Zusammenarbeit», *ZMR* 42, 221-223.
114. (*G. Matisse*, L'incohérence universelle, 3 Bände), *Erasmus* 11, 8-13.
115. (*R. Raffat*, Drei Wege durch Indien), *RelTh* 7, 14.
116. (*W. Eidlitz*, Der Glaube und die Heiligen Schriften der Inder), *RelTh* 7, 14.
117. (*H. Biezais*, Die Hauptgöttin der alten Letten), *ZMR* 42, 92-93.
118. (*P. Schebesta*, Die Negrito Asiens, II, 2. Halbbd: Religion und Mythologie), *ZMR* 42, 168-169.

119. (*G. van der Leeuw*, Vom Heiligen in der Kunst), *ZMR* 42, 170.
120. (*F. Bammel*, Die Religionen der Welt und der Friede auf Erden), *ZMR* 42, 247.
121. (*P.F. Goessmann*, Das Era-Epos), *ZMR* 42, 248-249.
122. (*C. Dodd*, La Bible aujourd'hui), *ZMR* 42, 351-352.

1959

123. «5000 Jahre Kunst aus Indien. Ausstellung in Essen, Villa Hügel», *Kairos* 1, 109-110
124. «Eine Leichenverbrennung in Bali», *Kairos* 1, 161-166.
125. «9. Internationaler Kongress für Religionsgeschichte in Tokyo», *ZMR* 43, 45-48'
126. (*E. A. Worms*, Australian mythological terms, their etymology and dispersion)' *ZMR* 43, 155.
127. (*K. Rahner*, Das Dynamische in der Kirche), *ZMR* 43, 317-320.
128. (*E. Sutcliffe*, Der Glaube und das Leiden), *ZMR* 43, 237-238.
129. (*W. von Uxkull*, Die Entwicklung im Alten Aegypten, nach dem Buch Toth geschildert), *ZMR* 43, 238.
130. (*E. Voegelin*, Wissenschaft, Politik und Gnosis), *ZMR* 43, 238-239.
131. (*G. Mensching*, Die Söhne Gottes), *ThR* 55, 6-7.
132. (*H. Dumoulin*, Zen: Geschichte und Gestalt), *ThR* 55, 54-56.
133. (*Ringgren-Stroem*, Die Religionen der Völker), *ThR* 55, 104-105.
134. (Upanishaden, altindische Weisheit, übertragen und eingeleitet von A. Hillebrandt), *ThR* 55, 131.
135. (*H. B. Panill*, The religious faith of John Fiske), *Erasmus* 12, 643-645.

1960

136. «Hilarius», *LThK*² V, Sp. 337-338.
137. «Furt und Brücke. Über die Aufgabe des Priesterstandes. Die Kirche und ihre Aemter und Stände», in *Festgabe fuer Kardinal Frings*, Köln, Bachem, 73-92.
138. «The concept of religion», in *Proceedings of the IXth international Congress for History of Religions*, Tokyo and Kyoto 1958. Tokyo, Maruzen, 481-486.
139. «Die Anfangslosigkeit der Welt nach Thomas von Aquin und Kant», in *X. Intern. Kongress fuer Religionsgeschichte*, 11.-17. Sept. 1960 in Marburg — Lahn, 180-182.
140. «Der zehnte internationale Kongress für Religionsgeschichte», *ZMR* 44, 307-308.
141. (*M. H Kamel*, City of wrong. A friday in Jerusalem), *ZMR* 44, 76.
142. (*E.L. Ehrlich*, Die Kultsymbolik im Alten Testament und im nachbiblischen Judentum), *ZMR* 44, 230.
143. (*A. Kirchgaessner*, Die mächtigen Zeichen. Ursprünge, Formen und Gesetze des Kults), *ZMR* 44, 231-232.
144. (*E. W. Bethmann*, Yemen on the threshold), *ZMR* 44, 234.
145. (*H. Jenny*, Israel, junger Staat auf altem Grund), *ZMR* 44, 234-235.
146. (*G. Mensching*, Die Religion), *ZMR* 44, 317-318.
147. (Erkenntnis und Wirklichkeit, hrsg. von Kohler-Windischer), *ZMR* 44, 319.
148. (*Al-Ghasali*, Das Elixier der Glückseligkeit), *ThR* 56, 33.
149. (*F. Heiler*, Die Religionen der Menschheit in Vergangenheit und Gegenwart), *Kairos* 2, 56-57.
150. (*M.C. D'Arcy*, The meeting of love and knowledge), *Kairos* 2, 188-189.

1961

151. *Die Anfangslosigkeit der Welt nach Thomas von Aquin und Kant*, Trier, Paulinus-Verlag, 152 S. Textteil.
152. «Metaphysik, Religion und Weltanschauung», *Katechetisches Woerterbuch* (Herder), Sp. 501-502.
153. «Philosophische Propädeutik», *ebd.*, Sp. 622-623.
154. «Weltanschauung», *ebd.* Sp. 806.
155. «Religion als Spiel», *Numen* 8, 199-235.
156. «Das himmlische Königspaar als Bild des Göttlichen», *ZMR* 45, 126-142.

157. «Jeder ist der Bösen fähig. Zum Fall Eichmann», *Semesterspiegel* 8, 6.
158. «Armut», *Frb Zt PhTh* 8, 75-92.
159. «Die Aufgabe der Religion», *ThGl* 51, 336-346.
160. «Universität ohne Theologie?», *Rheinischer Merkur* 16, Nr. 45, 9-10.
161. «Um die Theologie als Wissenschaft», *ebd.*, Nr. 47, 9-10.
162. «Prälat Professor Johannes Steffes. 50 Jahre kath. Missionswissenschaft in Münster, 1911-1961», in *Festschrift*, hrsg. von J. Glazik, Münster, Aschendorff, 55-57.
163. «Achte religionswissenschaftliche Jahrestagung des deutschen Zweiges der internationalen Vereinigung für Religionsgeschichte», *ZMR* 45, 296-298.
164. (Ursprung der Religion, hrsg. von P. Schebesta), *RelTh* 14, 22-23.
165. (*H. Stieglecker*, Die Glaubenslehren des Islam, 1. Lieferung), *ThR* 57, 7-8.
166. (*S. Kierkegaard*, Der Begriff der Angst), *ThR* 57, 69-70.
167. (*J. Schasching*, Kirche und industrielle Gesellschaft), *ThR* 57, 75-76.
168. (*A. Mueller-Armack*, Religion und Wirtschaft), *ThR* 57, 125-127.
169. (*R. Pettazoni*, Der allwissende Gott. Zur Geschichte der Gottesidee), *ThR* 57, 153.
170. (*E. Gilson*, Die Metamorphosen des Gottesreiches), *ThR* 57, 245-247.
171. (*J.-A. Cuttat*, La rencontre des religions), *ThR* 57, 273.
172. (*B. Freudenfeld*, Israel. Experiment einer nationalen Wiedergeburt), *ZMR* 45, 77.
173. (Aegyptische Kunst), *ZMR* 45, 151.
174. (Religious studies in Japan), *ZMR* 45, 170-171.
175. (*Bergounioux-Goetz*, Die Religionen der vorgeschichtlichen primitiven Völker), *ZMR* 45, 311-312.

1962

176. *Entwicklungshilfe. Versuch einer Theorie*, Trier, Paulinus-Verlag, 212 S.
177. «Die Studienpläne der kath.-theologischen Fakultäten in der Bundesrepublik Deutschland», *ThGl* 52, 325-349.
178. «Vorschläge zu einer Neuordnung der Studienpläne der kath.-theologischen Fakultäten in der Bundesrepublik Deutschland», *ThGl* 52, 407-425.
179. «Der Theologennachwuchs des Bistums Münster in den Jahren 1948-1956», *ThGl* 52, 448-456.
180. «Der Kampf gegen Hunger und Armut», in *Entwicklungshilfe und Entwicklungslaender, Begriff, Probleme und Moeglichkeiten*, Westf. Geogr. Studien 15, 5-28.
181. «Entwickeln, Helfen, Entwicklungshilfe», *ebd.*, 29-30.
182. «Orient — Okzident, das dritte Emser Gespräch», *ZMR* 46, 52-54.
183. (*H. Stieglecker*, Die Glaubenslehren des Islam, 2. und 3. Lief.), *ThR* 58, 149.
184. (*J. Beckmann*, Weltkirche und Weltreligionen), *ZMR* 46, 73-74.
185. (*J.W.Hauer*, Toleranz und Intoleranz in den nichtchristlichen Religionen), *ZMR* 46, 154.
186. (*J. M. Robinson*, Kerygma und historischer Jesus), *ZMR* 46, 233.
187. (*N. Smart*, A dialogue of religions), *ZMR* 46, 233-234.
188. (*G. van der Leeuw*, Einführung in die Phänomenologie der Religion), *ZMR* 46, 236.

(«Wege der Entwicklungshilfe», *Forum der freien Welt*, 4, 9-12 = Buch *Entwicklungshilfe* (Nr. 176), 142-152. «Erstmals in der Geschichte, Europas Leistung und die Entwicklungsländer», *Rheinischer Merkur* 17, Nr. 23, 3 = *Entwicklungshilfe*, 164-168.)

1963

189. *Die Universitaet. Ihre Freiheit und Verantwortung*, Münster, Aschendorff, 213 S.
190. «Von der Aufgabe der Universität», *Studium Generale* 16, 178-185.
191. «Das Lateinische in der Kirche», *Tuebing. Theol. Quartalschrift* 143, 257-324.
192. «Die Methode der Theologie», in *Eine Freundesgabe der Wissenschaft fuer Ernst Hellmuth Vits*, Frankfurt—Main, Fritz Kapp Verlag, 21-39.

193. (Über die Todesstrafe), Beitrag in *Dokumentation ueber die Todesstrafe mit einer rechts-vergleichenden Darstellung des Problems der Todesstrafe in aller Welt*, von Prof. Dr. A. Mergen, Darmstadt, Stoytscheff, 32.
194. «P. Ernst Adolf Worms SAC †», *ZMR* 47, 287-288.
195. (*H. Stieglecker*, Die Glaubenslehren des Islam, 4. Lief), *ThR* 59, 371-372.
196. (*J.W. Hauer*, Verfall oder Neugeburt der Religion?) , *ZMR* 47, 77-78.
197. (*M. Eliade*, Mythen, Träume und Mysterien), *ZMR* 47, 159-160.
198. (History of Religion. An international journal for comparative historical studies), *ZMR* 47, 165.
199. (*H. Meschkowski*, Das Christentum im Jahrhundert der Naturwissenschaften), *ZMR* 47, 248-249.
200. (*J. Wach*, Vergleichende Religionsforschung), *ZMR* 47, 250-251.
201. (*S. A. Muhammed*, Jesus — Leben, Auftrag und Tod), *ZMR* 47, 315.
202. (*A. Anwander*, Wörterbuch der Religion), *ZMR* 47, 316.
203. (*F. Zabeeh*, Hume, precursor of modern Empiricism), *Erasmus* 15, 653-658.

1964
204. «Über die Religionsphilosophie. Zu *Tillich Paul, Religionsphilosophie*», *ZMR* 48, 130-128.
205. «Religionswissenschaft», *ZMR* 48, 271-284.
206. «Nochmals: die Studienpläne», *ThGl* 54, 101-115.
207. «Moderne Industriestaaten und agrarische Entwicklungsländer», *ThGl* 54, 358-362.
208. «Der Westen und die Entwicklungsländer», *Monatsschrift der Vereinigung deutscher Auslandsbeamten* 27, 309-330.
209. (*F. Heiler*, Erscheinungsformen und Wesen der Religion), *ZMR* 48, 67-68.
210. (*F. Herrmann*, Symbolik in den Religionen der Naturvölker), *ZMR* 48, 155-156.
211. (*Hammerschmidt — Hauptmann — Krueger — Ouspensky — Schulz*, Symbolik des orthodoxen und orientalischen Christentums), *ZMR* 48, 159-160.

1965
212. «Ist Glaube ein Vorurteil?», *Tuebing Theol. Quartalschrift* 145, 129-187.
213. «Religion als Einweihung», in *Initiation*, Contributions to the theme of the study-conference of the International Association for the History of Religions, held at Strasburg, Sept. 17-22, 1964, Leiden, Brill, 232-260.
214. «Die religionsgeschichtliche Sammlung an der Kath.-theologischen Fakultät der Universität Münster», in *Jahresschrift 1964 der Gesellschaft zur Foerderung der Westf. Wilhelms-Universitat*, Münster, Aschendorff, 41-61.
215. «Zur Bibliographie von E.A. Worms SAC», *ZMR* 49, 45-46.
216. «Dominikus damals und heute, Bericht über eine Tagung in Fanjeaux (Aude) 26.-31. Juli 1965», *ZMR* 49, 297-300.
217. (*A. Bolley-G. Clostermann*, Abhandlungen zur Religions- und Arbeitspsychologie), *ZMR* 49, 63.
218. (*S. Wisse*, Das religiöse Symbol. Versuch einer Wesensdeutung), *ZMR* 49, 141-145.
219. (*G. Widengren*, Die Religionen Irans), *ZMR* 49, 316-317.

1966
220. «Die I.A.H.R. und ihr elfter internationaler Kongress», *ZMR* 50, 26-34.
221. «Religion und Naturwissenschaft», *ThGl* 56, 244-258.
222. «Religion als Form», *Kairos* 8, 164-166.
223. «Das Eigentum», *Jahrb. f. christl. Sozialwissenschaften* der Westf. Wilhelms-Universität Münster 7/8, 203-213.
224. (*W. Fuchs*, Formeln zur Macht), *ZMR* 50, 126-127.

266

225. (Quellen des alten Orients I. Die Schöpfungsmythen. Aegypter, Sumerer, Hurriter, Hethiter, Kanaaniter und Israeliten. Mit einem Nachwort von Mircea Eliade), *RelTh* 24, 30.

1967

226. *Der Priester heute und morgen. Erwaegungen zum Zweiten Vatikanischen Konzil*, Münster, Aschendorff, 146 S.

227. *Eigentum*. Schriften des Instituts für christliche Sozialwissenschaften der Westfälischen Wilhelms-Universität 18, Münster, Aschendorff, 53 S.

228. *Zweites Vatikanisches Oekumenisches Konzil. Dekret ueber die Ausbildung der Priester*, lat. u. dt. Mit einer Einleitung von Anton Antweiler (Einl. S. 5-27), Münster, Aschendorff, 69 S.

229. «Sind konfessionelle Schulen notwendig?», *Lehren und Glauben*, Beilage der Arbeitsgemeinschaft für rel. Bildung, Nr. 7, 25-27 (zu *Neue Deutsche Schule* 19).

230. «Wissenschaftliche Ausbildung der Theologen», *Informationsblatt des Instituts fuer Europaeische Priesterhilfe*, 1, Heft 1, 2-8.

231. «Ziel und Spielraum der Priesterausbildung. 1. Teil: Grundlagen», *ThGl* 57, 411-426.

232. «Die Weltgemeinschaft der Religionen», *ZMR* 51, 49-52.

233. (*C.F.A. Borchardt*, Hilary of Poitiers' Role in the Arian Struggle), *Erasmus* 19, 645-647

234. (The Prospects of Christianity througout the World. Edited by M.S. Bates and W. Pauck), Z.M.R. 51, 192.

1968

235. *Zur Problematik des Pflichtzoelibats der Weltpriester. Kritische Erwaegungen zur Enzyklika Papst Pauls VI. ueber den priesterlichen Zoelibat*, Münster ¹1968, ²1968, ³1968, 77 S. (als Manuskript gedruckt)

236. «Religion and Technology. The impact of modern culture and traditional religions» in: *Proceedings of the XIth International Congress of the International Association for the History of Religions*, vol. 1, Leiden, Brill, 135-140.

237. «Ziel und Spielraum der Priesterausbildung. 2. Teil: Möglichkeiten», *ThGl* 58 131-148.

238. «Zölibat ohne Zukunft», *Stuttgarter Nachrichten*, Jg. 23, Nr. 182 (3. 8.) 33

239. «Charisma kann weder befohlen noch organisiert werden», *FAZ*, Nr. 234 (8. 10.) 17-18

240. (Saeculum Weltgeschichte Bd. 1), *ZMR* 52, 79-87

241. (Saeculum Weltgeschichte Bd. 2), *ZMR* 52, 87-88

242. (Saeculum Weltgeschichte Bd. 3 u. 4), *ZMR* 52, 307-310.

243. (*E. Cornelis*, Valeurs chrétiennes des religions non-chrétiennes. Histoire du salut et histoire des religions. Christianisme et Bouddhisme), *ZMR* 52 150-151.

244. (*W. Stoehr u. P.J. Zoetmulder*, Die Religionen Indonesiens = Die Religionen der Menschheit, Bd. 5, 1) *ZMR* 52, 154-155.

245. (*N. Soederblom*, Der lebendige Gott im Zeugnis der Religionsgeschichte. Mit einer biogr. Einl. hrsg. v. F. Heiler), *ZMR* 52, 241.

246. (*H. Maurier*, Theologie des Heidentums), *RelTh* 27, 37-38.

1969

247. *Zoelibat. Ursprung und Geltung*, München, Hueber, 198 S.

226a. *El sacerdote de hoy y del futuro. Reflexiones en torno al Concilio Vaticano II*, Santander, Sal Terrae, 181 S. (erweiterte Übers. v. 226).

248. *Ehe und Geburtenregelung*, Münster-München, Hueber, 164 S.

235a. *A propos du célibat du prêtre*, Paris, Desclée et Cie, 156 S. (erweiterte Übersetzung von 235).

249. *Stimmen zum Pflichtzoelibat* (hrsg. v. A. Antweiler), Münster, 169 S. (als Manuskript gedruckt).

250. «Zur Terminologie des Zölibats», *Klerusblatt* 49, 404.

251. «Erlösung. Bericht über eine Tagung in Jerusalem (14.-19. 6. 1968)», *ZMR* 53, 52-54.

252. «Pius XII. über Geiselerschiessung», *Publik*, Jg. 2, Nr. 36, 14.

253. «Scholastik als psychologisches Phänomen», in: *Actes du quatrième Congrès international de philosophie médiévale* (27 août — 2 sept. 1967), Montréal-Paris, 1087-1103.

254. «Die Kirche in Stadt, Gross-stadt, Weltstadt, zu: J. Comblin, Théologie de la ville», *ZMR* 53, 290-293.

255. (*F. Boeckle* (Hrsg.), Der Zölibat. Erfahrungen — Meinungen — Vorschläge)› *RelTh* 29, 19.

256. (*Mircea Eliade*, From Primitives to Zen), *ZMR* 53, 308-309.

257. (*F. Leist*, Zölibat — Gesetz und Freiheit. Kann man ein Charisma gesetzlich regeln?), *RelTh* 29, 19.

258. (*G. Rosenkranz*, Der christliche Glaube angesichts der Weltreligionen), *ZMR* 53, 108-109.

1970

259. *Wider die Thesen zum Pflichtzoelibat*. Mit einem Anhang: «Der Freiwilligkeitseid», Nürnberg, Glock und Lutz, 77 S.

260. «Brief an Kardinal Daniélou 4. 2. 1970», *Pipeline* 6/2. 49-50.

261. «'Frei gewählter' oder 'auferlegter' Zölibat», *Pipeline* 6/2, 51-54.

262. «Die Abstimmung über den Zölibat in Nordwijkerhout. 5. Holländisches Pastoralkonzil, 4.-7. Januar 1970», *FAZ*, Nr. 15 (19.1.) 6.

263. «Zum Pflichtzölibat der Weltpriester», *Klerusblatt* 50, 28-29.

264. «Der Priester nach den Konstitutionen und Dekreten des Vatikanun II», in: *XXVI Semana Espanola de Teologia*, Madrid, Consejo Superior de Investigaciones Cientificas, 131-136.

265. «Unterwegs zu einer emanzipierten Kirche. Die Tagung der Paulus-Gesellschaft in Kronberg im Taunus (20.-22.3.70)», *FAZ*, Nr. 72 (26.3.)32

266. «'Frei gewählter' oder 'auferlegter' Zölibat. Eine Entgegnung auf die 10 Thesen Kardinal Höffners», *Kirchenzeitung fuer das Bistum Aachen* 25, Nr. 16 (19.4.) 13.

267. «Unauflösliche Ehe und verbindlicher Zölibat», *Frankfurter Rundschau* 26, Nr. 93 (22.4.) 20.

268. «Die Mehrheit als Prinzip in der Kirche», *ThGl.*60, 81-102.

269. Briefwechsel mit KAB Kleve über die Aufgabe des Priesters, *Pipeline* 6/3, 15-18

270. «Briefwechsel zur Zölibatsfrage mit der KAB», *Pipeline* 6/3, 16-18

271. «Der Freiwilligkeitseid», *Pipeline* 6/3, 63-69.

272. «Bittbrief eines buddhistischen Klosters», *ZMR* 54, 281-283.

273. «Eine neue Missionszeitschrift?, zu : Verbum SVD», *ZMR* 54, 284-285.

274. «Das Dogma von der päpstlichen Unfehlbarkeit», *Frankfurter Rundschau* 26, Nr. 168 (24.7.) 4.

275. «Theologie als Primär- und Sekundärwissenschaft», *Theologie der Gegenwart* 13, 81-87.

276. «Die Geiselnahme aus Anlass von Kriegshandlungen», *ThGl* 60, 426-446.

277. (*J. Friese*, Die säkularisierte Welt), *ZMR* 54, 68-69.

278. (*H. Nevermann— E.A. Worms — H. Petri*, Die Religionen der Südsee und Australiens), *ZMR* 54, 151-152.

279. (*E. Cold*, Christus oder was ist Auferstehung), *ZMR* 54, 314-315.

280. (*P. Gerlitz*, Kommt die Welteinheitsreligion?), *ZMR* 54, 319-320.

281. (*H. Kuehner*, Gezeiten der Kirche in zwei Jahrtausenden),*Der Monat* 22/267, 113f.

1971

282. «Die Zukunft der Religionen. Anlässlich einer Tagung der Paulus-Gesellschaft (Bad Reichenhall 24.-27.9.1970)», *ZMR* 55, 98-103.

283. «Über den Schutz des Lebens. Zum Paragraphen 218 des StGB», *ThGl* 61, 180-201.

268

284. (*M. Boelens*, Die Klerikerehe in der Gesetzgebung der Kirche unter besonderer Berücksichtigung der Strafe. Eine rechtsgeschichtliche Untersuchung von den Anfängen der Kirche bis zum Jahre 1139), *ZMR* 55, 68f.
285. (*F. Enzler* (Hrsg.), Priester-Presbyter), *ZMR* 55, 70f
286. (*Pire Dominique*, Baut den Frieden), *ZMR* 55, 75f.
287. (*Pire Dominique*, Vivre ou mourir ensemble), *ZMR* 55, 76f.
288. (*F. Heiler*, Das Gebet), *ZMR* 55, 142.
289. (*R. Coste*, Théologie de la liberté religieuse), *ZMR* 55, 156f.
290. (*J. Comblin*, Théologie de la Révolution. Vol. I: Théorie), *ZMR* 55, 198-200.
291. (Saeculum Weltgeschichte, Bd. 5), *ZMR* 55, 236-238.
292. (*W. Wickler*, Biologie der Zehn Gebote), *ZMR* 55, 273-279.
293. (*G. Siegmund*, Buddhismus und Christentum, Vorbereitung eines Dialogs), *Archiv fuer Religionspsychologie* 10, 351.

1972

294. «Nochmals: Über den Schutz des Lebens», *SOG*-Papiere 5, 70-74.
295. «Kalte Dusche mit Kölnisch Wasser. Abfuhr für Prof. Antweiler Anno 1955 in seinem Bemühen um gerechten Lohn für die Haushälterinnen der Priester», SOG-Papiere 5, 130-148.
196. «Stufen des Glaubens, der Kirche, der Steuer», in: Ex orbe religionum Studia Geo Widengren II, 340-352.
297. (*O. Schatz* (Hrsg.), Hat die Religion Zukunft?), *ZMR* 56, 68-70.
298. (*G. Schuettler*, Die letzten tibetischen Orakelpriester), *ZMR* 56, 70-71.
299. (*E. Heck*, Der Begriff religio bei Thomas von Aquin. Seine Bedeutung für unser heutiges Verständnis von Religion), *ZMR* 56, 114.
300. (*P. Hevett*, Koexistenz der Gegensätze, Aufgabe freier Religion), *ZMR* 56, 145-146.
301. (*H.R. Schlette*, Einführung in das Studium der Religionen), *ZMR* 56, 234-235.
302. (*H. Kahl*, Jenseits aller Ansprüche), *ZMR* 56, 223-224.
303. (Saeculum Weltgeschichte Bd. 6), *ZMR* 56, 236-239.

1973

304. *Heutige Einwaende gegen das Christentum*, Zürich-Einsiedeln-Köln, Benziger Verlag, 57 S.
305. «Vom Wesen und Sinn des Menschen und Gottes», *ZMR* 57, 119-128.
306. «Fragen zur Erklärung der Dt. Bischofskonferenz», in *Fehlbar, eine Bilanz* mit Beiträgen von Anton Antweiler... Brian Tierney, 205-216.
307. «Allmacht — Macht — Ohnmacht», *Frb Zt Ph Th* 20, 239-252.
308. «Über die Heiligkeit des Lebens», Saarländischer Rundfunk, 3.6.1973.
309. (*P. Antes — B. Uhde*, Das Jenseits der Anderen. Erlösung im Hinduismus, Buddhismus und Islam), *ZMR* 57, 144.
310. (Archiv für Religionspsychologie, Band 10) *ThR* 69, 157-159.
311. (*E. Dammann*, Grundriss der Religionsgeschichte), *ZMR* 53, 235-236.
312. (*E.M. Hooykaas — B. Schierbeer*, Zazen), *ZMR* 57, 309.

1974

313. «Streik», *Jahrbuch fuer Christliche Sozialwissenschaften* 15, 163-173.
314. (*D.D. Runes*, Handbook of Reason), *ZMR* 58, 68-69.
315. (*Maclay George — Knipe Humphrey*, Adam im Hühnerhof, Dominanzverhalten am Beispiel der menschlichen Hackordnung. Aus dem Englischen übertragen von Norbert Junius), *ZMR* 58, 148-149.

Übersetzungen:

1961: (*M. Mehauden*, Ein vergleichendes Museum der religiösen Phänomene als ein Zentrum der wissenschaftlichen Dokumentation und der menschlichen Annäherung), *ZMR* 45, 268-272.

1963: (*A. Basu*, Der Gottesbegriff im Hinduismus), *ZMR* 47, 270-281.
1964: (*A. Th. Khoury*, Gespräch über den Glauben zwischen Euthymios Zigabenos und einem sarazenischen Philosophen), *ZMR* 48, 192-203.

Die Autoren

Prof. Dr. *C.J. Bleeker*, Churchill-Laan 290, Amsterdam, Holland

Prof. Dr. *A. Khoury*, 4401 Altenberge, Buchenallee 35, Bundesrepublik Deutschland

Prof. Dr. *W. Heinen*, 44 Münster, Elisabeth-Ney-Strasse 18, BRD

Prof. Dr. *F. Klostermann*, A 1170 Wien, Waldegghogfasse 3-5, Oesterreich

Dr. *P. Khoury*, Imm. Maroun Karam, Rue Ghandour Simaan, Ain-Remmaneh, Beirut, Libanon

Prof. Dr. *W. Schuetz*, 44 Münster, Kerkheideweg 17, BRD

Dr. *A. Mouhanna*, Institut Saint-Paul de philosophie et de théologie, 5080 Harissa, Libanon

Prof. Dr. *L. Ott*, 8833 Eichstätt, Am Graben 17, BRD

Dr. *G. Chemparathy*, Rijksuniversiteit te Utrecht, Instituut voor Oosterse Talen, Nobelstraat 2B, Utrecht, Holland

Prof. Dr. *E. Dammann*, 355 Marburg-Lahn, Lahntor 3, BRD

Prof. Dr. *A. Schimmel*, 53 Bonn, Lennéstr. 42, BRD

Prof. Dr. *R. Arnaldez*, 11, rue Charbonnel, 7513 Paris, France

Imp. St. Paul
Jounieh - Liban